초현실의 나라
스페인

유럽 오형제 2
· 차남 이야기 ·

인격 유럽 문명론 Ⅲ

초현실의 나라
SPAIN
스페인

이성훈 글

성인덕

✦ 차 례

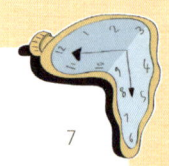

머리말 ... 7

제1장 ✦ 초현실의 나라 스페인 ... 13

제2장 ✦ 스페인의 뿌리 ... 49

제3장 ✦ 로마와 기독교를 통해 찾은 자기 ... 63

제4장 ✦ 스페인을 지배한 이방인 ... 85

제5장 ✦ 통일 스페인과 세계 속의 대제국 ... 105

제6장 ✦ 합스부르크 왕가의 스페인 ... 131

제7장 ✦ 부르봉 왕가의 스페인 ... 153

제8장 ✦ 스페인 내란과 제국의 몰락 ... 165

제9장 ✦ 대혼돈과 내전 ... 173

제10장 ♦ 프랑코의 스페인	185
제11장 ♦ 현대 스페인	203
제12장 ♦ 스페인 문학과 사상	219
제13장 ♦ 스페인 미술	255
제14장 ♦ 스페인 음악과 영화	305
제15장 ♦ 스페인 음식, 축제와 신앙	345
제16장 ♦ 다양한 스페인을 찾아서	369
제17장 ♦ 스페인은 누구인가?	417
제18장 ♦ 스페인의 자기 찾기와 미래	435
참고문헌	472

머리말

스페인은 정말 매력 있는 나라이다. 유럽여행을 다들 좋아하지만, 스페인을 좋아하는 사람들은 조금 다르다. 처음부터 스페인 여행을 하는 사람은 거의 없다. 특히 한국 사람은 유럽에 대한 이상과 동경이 있다. 역사책에서만 보던 대단한 나라들을 직접 보고 경험하는 것만으로 흥분되는 일이다. 그래서 대개 영국, 프랑스, 이탈리아와 스위스 등을 묶어서 패키지로 방문한다. 그러나 한번 갔다 오면 다시 같은 방식으로 가려고 하지 않는다. 이러한 유럽에 볼거리는 많지만, 너무 복잡하고 상업화되어 있어 여유로운 여행을 즐기기가 쉽지 않았다.

그래서 그다음 유럽 여행지로는 조금 여유로운 곳을 찾는데, 가장 많이 추천받는 곳이 스페인이다. 스페인은 우선 그렇게 번잡하지 않고 조용한 시간을 가지면서 여행을 즐길 수 있다. 그리고 만나는 사람들도 여유로워 보이고 상업화되어 있지 않고 친절하다. 다른 유럽은 다소 이질적이고 우리와 다른 우월한 어떤 것을 느끼며 긴장하였다면, 스페인에서는 이러한 유럽과 다르게 우리의 이웃처럼 편안함을 느낀다. 그리고 스페인에는 다른 유럽에 없는 다양하고 묘한 볼거리가 있어, 한 번 갔다 온 사람들이 다시 가고 싶어 한다. 그리고 적지 않은 분들이 스페인에 푹 빠지는 광팬이 되기도 한다. 이처럼 스페인은 다른 나라에 없는 뭔가의 매력이 있다.

처음에는 겉에 있는 유적과 유물 중심으로 관광을 하다가 그들을 더 깊이 만나고 싶어 그들의 역사, 예술, 문화, 음식과 삶 등에 관심을 가지고 더 알아간다. 이렇게 만나가면서 그냥 지식이나 호기심을 채우는 것으로 끝나지 않고 그들에 대한 묘한 감정을 느끼게 된다. 그들이 겉으로 드러난 것과 속에 있는 것이 같아 보이지 않아, 그들을 만날수록 궁금증이 더해진다. 그래서 열심히 그들을 알아보지만, 알수록 명확해지기보다는 모호한 신비로움만 더한 것 같다. 그래서 더욱 그들에게 끌리게 된다.

왜 그럴까? 그것은 그들을 통해 우리 자신을 만나기 때문으로 생각된다. 그들의 모습에서 자신 속에 있는 모호한 무언가가 건드려져서 그런 것이다. 이처럼 스페인은 자신과 교차하면서 더 모호하고 신비롭게 느껴진다. 이것이 우리를 끄는 스페인의 매력이 아닌가 생각된다.

그래서 스페인에 관한 책도 처음에는 단순히 그들을 소개하는 책이 중심이었다가, 점점 그들의 매력을 깊이 다루는 책들이 많이 나오게 되었다. 스페인의 역사, 문화와 예술을 통해 그들의 매력과 신비를 설명하는 좋은 책들이 많이 있다. 저자도 이러한 동기에서 이 책을 쓰게 되었다. 그러나 저자는 그들의 역사, 문화와 예술만이 아니라 그들의 내면으로 직접 들어가 보고 싶었다. 이러한 시도의 배경에는 저자의 직업의식도 작용했겠지만, 무엇보다 그들의 신비롭고 난해한 무언가를 그들의 인격에서 풀어보고 싶은 마음이 더 크게 작용하지 않았나 생각된다.

그렇다고 스페인의 심층을 학술적으로 분석하려는 것은 아니다. 스페인이 좋아 그들의 삶과 역사 그리고 문화에 관한 책을 읽으면서 그들을 만난 이야기를 쓰고 싶었던 것이었다. 저자는 죄송하게도 스페인을 직접 가보지 못한 사람이다. 그래서 내가 만난 스페인은 모두 책을 통한 간접 경험이었다.

저자는 진료실에서 다양한 사람들의 이야기를 듣는 일을 한다. 그러나 이야기만 듣는 것이 아니라 그들의 이야기를 통해 그들의 인격과 마음을 만나고 이해하게 된다. 치유는 그들을 인격으로 이해하고 만나야만 가능하기에 그들의 이야기를 통해 인격을 만나는 것이 나에게는 익숙한 일이었다.

스페인도 그들의 이야기를 통해서 하나의 인격과 마음으로 만날 수 있었다. 그러나 스페인은 정말 이해하기 어려운 인격이었다. 이해하기 어려운 사람을 많이 만나봤지만, 정말 스페인만큼이나 난해한 적은 없었다. 그냥 있는 그대로 알고 지내는 것도 나쁘지 않지만, 그들은 하나의 인격으로 이해하지 않고는 그들을 설명할 길이 없었기에 그래도 포기하지 않고 이를 시도해보았다. 그들의 역사만으로는 충분하지 않아 그들의 문화와 예술 속에 숨어 있는 그들의 마음과 인격을 만나려고 하였다. 물론 그들에 대한 정해진 답은 결코 없을 것이다.

이 책은 스페인이란 이런 것이라고 소개하거나 설명하는 책은 아니다. 이미 그러한 좋은 책들이 많이 있다. 비전문가인 저자까지 나서서 이런 책을 낼 이유는 없을 것이다. 이 책은 그냥 내가 만난 그들의 이야기를 설명하기 위한 것이다. 진료실에서 환우들의 이야기를 통해 그들의 인격을 만나듯이, 나도 그들의 이야기를 통해 그들을 만난 이야기를 쓰고 싶었다. 그래서 이것이 맞고 아니고 하는 이야기는 아니다. 그냥 내가 만나고 본 스페인의 이야기인 것이다. 다른 사람은 또 다르게 만날 수 있을 것이다. 그렇지만 너무 주관적이거나 감정으로 흐르지 않기 위해 가능한 객관성과 사실성을 바탕으로 이야기를 풀어가려고 하였다.

이는 저자가 먼저 내놓은 '인격발달로 본 유럽 문명사'의 각론各論으로 쓴 책이다. 먼저 쓴 책을 통해 유럽의 5개국을 로마가 낳은 형제들로 보고 그들의 공통점과 각기 다른 삶을 살아온 자취를 찾으며 그들을 인격으로 설명해보려고 하였다. 그다음 장남인 이탈리아를 '모성의 나라'로 설명하는 책을 내었다. 그다음 작업으로 차남인 스페인을 쓰게 되었다. 그들에게는 너무도 이해하기 어려운 다양하고 난해한 현상들이 많아 그들을 의식적 정신으로만 설명하기가 어려웠다.

그래서 그들의 무의식을 탐구하는 정신분석을 동원하지 않을 수 없었다. 환자의 난해한 초현실적 생각과 행동을 이해하기 위해서 그들의 무의식을 탐구하듯 스페인의 무의식에 대한 분석이 필요했다. 그리고 그들의 문제를 임상적 병리로 설명해보았고 그들의 문제를 해결하기 위해서는 어떠한 치료가 필요하다는 의사로서의 제언도 곁들여 보았다. 이것이 얼마나 공감되고 실제로 스페인에 도움이 될지는 모르지만, 임상 의사로서 만난 인격적 스페인에 대한 이해와 처방으로 받아주기를 바란다.

아마도 이러한 관점과 접근은 거의 시도되지 않은 것으로 알고 있다. 새로운 무의식적인 접근인 만큼 많은 이론적인 도약과 상상이 동원되지 않을 수 없었다. 꿈을 이해하고 분석하듯이 그들을 이해하고 접근해보려고 하였다. 이를 통해서 그들을 더 근원적이고 통합적으로 이해할 수 있을 것으로 기대하기 때문에 이러한 난해한 시도를 해본 것이다. 그들의 역사를 돈키호테와 같은 초현실적인 역사라고 말할 수 있을지 모른다. 그런데 그러한 역사를 이해하고 해결할 수 있는 길도 돈키호테에게 있다고 생각한다. 합리적이고 논리적인 방법으로는 그들의 문제를 이해하고 해결할 수 없을지 모른다. 돈키호테와 같은 엉뚱한 방법으로만 그들을 이해하고 해결할 수 있을지 모른다. 그래서 이런 엉뚱한 시도도 돈키호테의 방식으로 이해해주었으면 한다. 그래서 저자는 그들의 꿈같은 초현실적 현상을 돈키호테 식의 초현실적 관점으로 접근해보려는 것이다.

스페인에는 아주 다양한 이야기가 있다. 그 속에서 다양한 사람의 이야기를 만날 수 있다. 이것이 스페인의 매력일 것이다. 여행의 가장 큰 뜻은 새로운 경험을 통해 자기가 몰랐던 자신을 새롭게 발견하는 것이다. 그래서 스페인을 통해 자신 속에서 막연하게 느끼는 무언가를 이 책을 통해 만나볼 수 있다면, 그것처럼 보람된 일은 없을 것이다. 저자는 스페인을 만나면서 더욱 그들을 이해하고 사랑하게 되었다. 그들의 무의식까지 만나니 너무도 가까이 만나는 것 같았다. 여러분들도 이 책을 통해 스페인을 더 깊고 가까이 만날 수 있길 바란다.

이러한 간접 경험을 할 수 있도록 좋은 책들을 미리 내어주신 여러 저자 분에게 깊은 감사를 드린다. 그분들의 이야기가 아니었으면, 그들을 알 수 없었기에 그들의 노력과 수고에 깊이 감사를 드린다. 이글에 나오는 대부분 내용은 이미 출간한 책들에서 인용한 것이지만, 이 책이 학술

서적이 아니기에 일일이 인용 부분을 밝히지 못하고 전체 인용 서적으로 대신한 점, 양해를 구하고 싶다. 그리고 이 책에 나오는 부족한 부분이나 오류가 있다면, 이는 전적으로 저자의 부족함에 오는 것일 것이다.

가장 어려운 스페인을 일단 마무리하고 이제 피레네산맥을 넘어 프랑스로 가보려고 한다. 그들을 만날 생각에 벌써 설레기도 한다. 그들은 누구일까? 하는 호기심과 기대감이 있는 것이다. 이를 통해 다양한 인격과 삶을 만날 수 있어 좋은 것 같다. 여러분도 계속 관심을 가지고 지켜봐 주었으면 한다.

2023년 8월

강원도 성인덕에서

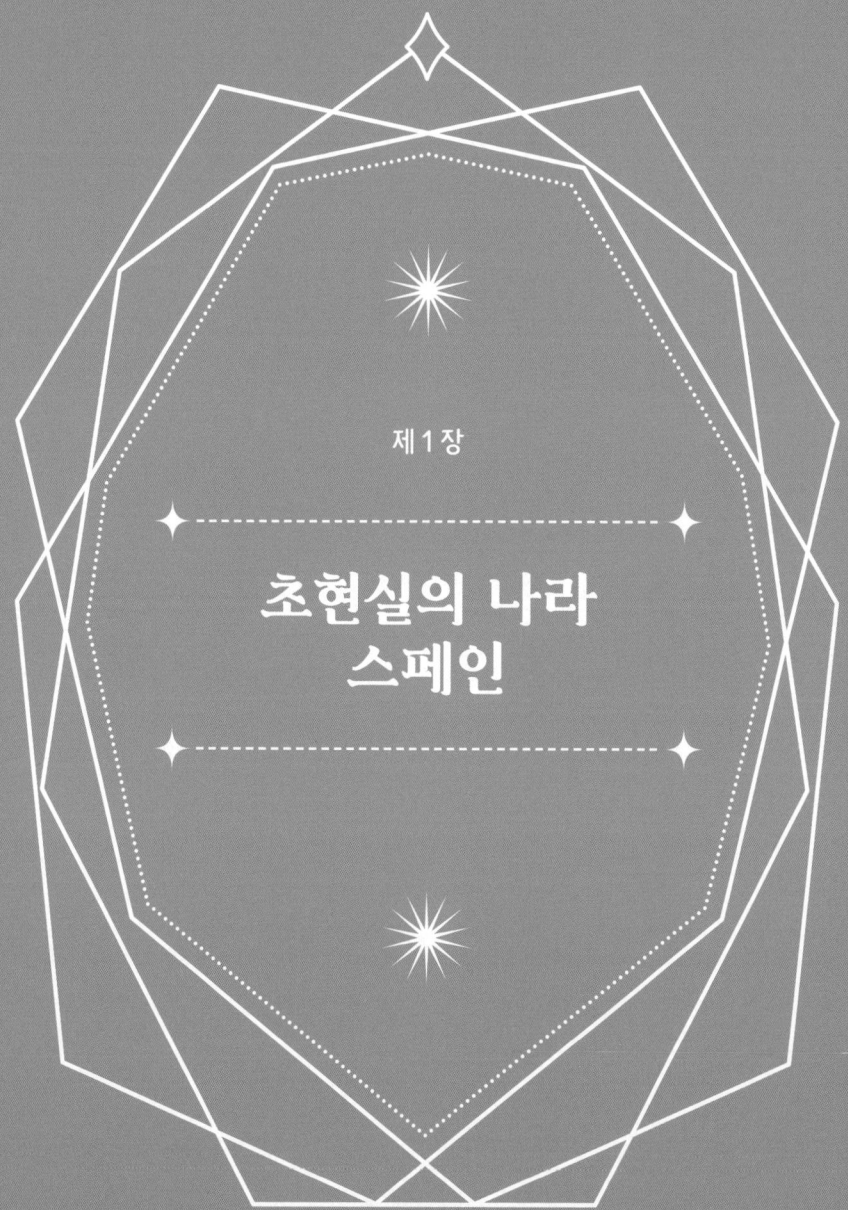

제 1 장

초현실의 나라 스페인

왜 하나를 찾아야 하는가?
✦

과학은 수많은 현상을 단 하나의 수식으로 설명하기에 놀랍고 신비롭다. 아인슈타인의 '상대성이론'을 예술 작품처럼 이 세상에서 가장 아름다운 수식이라고 말하기도 한다. 그래서 사람들이 살아온 역사와 다양한 삶에서도 하나의 수식은 아니라도 하나의 흐름을 찾아본다는 것은 무척 흥미롭고 가치 있는 일이라 생각된다. 그렇지만 한편으로는 다양성을 하나의 틀 속에 가두어 놓아야 하는가에 대한 의문이 들 수도 있다. 그냥 그들의 현상을 다양한 모습 그대로 느끼고 보아주는 것도 좋지 않을까? 그 현상을 이해하고 해석하는 것은 그것을 보는 각자의 몫으로 남겨두고 있는 것만을 그대로 설명하고 보여주는 것으로도 좋지 않을까?

스페인은 그냥 그들을 있는 그대로 보고 느끼는 것만으로 너무 좋다고들 한다. 그 매력에 빠져 한 번이 두 번이 되고 세 번이 되어 그 속으로 빠지는 사람들이 많다. 스페인 사람도 그 땅에서 그냥 그렇게 살아간다. 왜 다양한 그들을 하나로 묶어 그들은 누구이고 왜 그들은 그렇지 않은가 등의 이야기가 필요할까? 그들의 정체성을 그냥 다양성 자체로 보아주면 안 될까? 꼭 하나라는 흐름을 찾을 필요가 있을까?

하나 혹은 전체라는 개념은 생명체에서 나온 것이다. 자연과 우주도 결국 하나의 생명체의 연장으로 볼 수 있기에 그 속에 흐르는 하나의 법이 있을 것이다. 그래서 과학자들은 이를 연구하고 찾는다. 수많은 과학의 원리와 법칙이 자연과 우주를 관통하는 법들이다. 우주를 최종적으로 설명하는 하나의 법을 찾으려고 과학자들이 노력하고 있지만, 아직은 찾지 못하고 있다. 무기질도 하나로 통하는 질서와 전체가 있는데, 유기질과 생명체에 이러한 것이 없겠는가? 생명은 하나로 존재하는 상태로 본다면, 죽음이란 그 하나가 분해되고 상실되는 것을 말한다. 그래서 생명의 본질을 하나로써의 전체를 유지하는 것으로 볼 수 있다. 생명은 수많은 분자와 세포들이 하나로 작동하고 존재한다. 그리고 하나로 존재하기 위해 가장 효율적인 길을 찾아 스스로 보존하고 증식하는 것이 생명이다.

사람도 생명이다. 사람이 사는 사회와 역사 역시 생명체인 인간들의 현상이다. 자연과 우주가 생명체의 연장이듯 역사와 문명 역시 생명 현상의 연장으로 볼 수 있을 것이다. 앞서 발간된 인격 문명론에서 문명은 생명의 생노병사처럼 흥망성쇠가 있었고 이를 유럽 문명사를 통해 분석한 바 있었다. 생명은 하나가 되어야 생명력을 얻어 더욱 발전하고 강건해질 수 있었다. 하나는 중심이 있고 그 속에는 자기가 있다. 이를 정체성이라고 한다. 그래서 정체성은 하나의 중심을 말하는 것이다. 문명과 역사가 발전하기 위해서는 그 집단이 하나가 되어야 하고 중심을 찾는 자기의 정체성이 형성되어야 한다.

 스페인이 박물관이나 관광지로서 수많은 것들을 전시해놓고 각자 보고 느끼는 것만으로 살아갈 수 있을까? 소위 말해서 스페인이 관광수입만으로 살아갈 수 있을까? 만일 그렇게 살아간다면 그들을 그냥 있는 그대로 펼쳐놓고 각자 보고 가도록 하면 된다. 그러나 그들은 단순한 박물관과 미술관이 아니다. 그들은 과거의 복제된 것만으로 살아가서는 안 된다. 그것을 기초로 살아 움직이는 생명으로서의 스페인이 되어야 한다. 그들의 문화유산과 자연에서 그들의 살아있는 하나의 인격과 생명을 볼 수 있어야 하고 이를 더욱 살아 움직이게 해야 한다. 이러한 뜻에서 그들 속에 있는 하나와 자기의 정체성을 찾아볼 필요가 있는 것이다.

 그러나 이 작업은 정말 어려운 작업이다. 이미 많은 사람이 이를 시도하였다. 물론 이 책에서도 어떠한 결론이 나올 것으로 생각하지 않는다. 하나의 다른 각도에서 시도해보는 이야기가 될 것이다. 이러한 많은 이야기가 모여 언젠가는 스페인이라는 거대한 문명이 하나로 설명될 수 있을 것으로 기대해본다.

달리와 라캉을 통해 본 스페인

✦

스페인은 정말 난해하다. 복잡하다. 도저히 일반적인 이야기로는 설명하기 어렵다. 그래서 좀 더 새로운 방법을 찾아보려고 한다. 스페인이 자랑하는 대표적인 현대 화가가 있다. 살바도르 달리Salvador Dali(1904-1989)이다. 먼저 그에 관한 이야기를 시작함으로 스페인을 풀어보려고 한다. 그를 이해함으로 스페인을 이해할 수 있을 것이라 기대하기 때문이다. 그의 초현실적인 삶과 작품을 이해하지 못한다면 스페인을 이해하기 어려울 것이고 그를 바로 안다면 스페인을 바로 이해할 수 있을 것이라는 생각에서 그의 작품과 삶에 대해서 먼저 생각하고 분석해보려는 것이다. 그를 극복해야 스페인의 난제를 넘어설 수 있을 것으로 생각하기 때문이다. 그가 어려운 만큼 스페인이 어려운 것이다.

달리와 스페인의 인격을 정신분석을 통해 이해해보려고 한다. 난해한 그들을 이해하는데 가장 적합한 정신분석 이론이 라캉Jacques Lacan(1901-1981)의 이론이라고 생각된다. 그들은 동시대의 사람이고 서로 만나 영향을 주고받은 바 있으며, 특히 라캉은 브르통Andre Breton(1896-1966)을 비롯한 초현실주의 작가들과 가까웠기에 그들을 이해할 수 있는 가장 적합한 정신분석 개념이라고 생각하는 것이다.

달리는 어떻게 초현실주의자가 되었는가?

✦

달리는 자신은 "초현실주의자가 아니고 초현실주의다"라고 말했다. 그리고 그는 "초현실주의는 정당이나 상표가 아니다. 개개인의 독특한 정신적 상태이며 어떤 원칙이나 금기 사항, 도덕성에 영향을 받을 수 없다. 존재의 완전한 자유이자 꿈을 꿀 수 있는 절대적 권리이다."라고 말했다. 그는 그야말로 초현실적 존재로 살았다. 왜 그는 그러한 작업과 삶을 살아야 했을까? 그는 화가이지만 자신의 인격을 초현실로 이해하고 그렇게 살려고 하였다. 그가 초현실이었기에 초현실주의 화가가 된 것이지, 초현실주의 화가였기에 그렇게 산 것은 아니었다.

그가 말한 초현실이라는 뜻은 무엇일까? 그는 현실을 거부하고 초현실 속에서 살았다는 뜻이다. 우리는 이렇게 사는 사람들을 기인奇人 혹은 광인狂人이라 한다. 임상적으로는 심각한 정신질환자로 볼 수 있다. 그러나 그는 정신병원에 입원하거나 제대로 치료받은 적도 없고 현실적으로 존경받는 세계적인 화가로 살았다. 그는 현실 속에 살지만, 초현실적 존재로 살려고 하였다는 것이다. 거의 경계선에서 아슬아슬하게 줄타기하며 살았다. 아마 그는 초현실주의 화가가 아니었으면 심각한 정신질환자로 병원 치료를 받았을지도 모른다. 초현실주의가 그를 구원해준 것이고 그의 방주가 되었다.

그의 성장 과정에서 각종 정신 병리가 화려하게 나타났었다. 그럼에도 그가 현실에서 살아남을 수 있었던 것은 바로 그의 화가로서 능력 때문이었다. 그는 이를 발전시켜 결국 그가 살 수 있는 길을 찾은 것이었다. 그 길이 초현실주의였다. 물론 그는 처음부터 이 길을 알고 간 것은 아니었다. 이제 그의 초현실을 향한 여정을 살펴보려고 한다.

달리가 태어난 곳은 스페인의 북동부 카탈루냐의 알 엠포르다라는 지역이다. 엠포르다의 중심도시는 피게라스였고 그는 피게라스와 그 옆의 지중해변의 까다께스에서 주로 살았다. 이 지역은 바르셀로나에서 가까운 북부지역이다. 그의 조부는 우울증으로 자살하였다. 그의 아버지는 다소 완고한 편으로서 공증 일을 하는 중산층이었다. 증조 외조부는 공예가였고 그의 모친도 조각상을 만드는 것을 좋아했고 외삼촌도 창의력이 뛰어나 어린 달리에게 적지 않은 영향을 주었다. 달리는 그의 우울증 기질은 주로 친가로부터 받았고 그의 예술성은 주로 모계로부터 받았다고 볼 수 있다.

그의 형은 생후 22개월에 병으로 사망하여 부모는 심한 충격과 우울에 빠졌다. 그러나 어머니가 곧 임신하였는데, 그가 바로 달리였다. 그런데 죽은 형의 잔상이 사라지기도 전에 그가 태어나는 바람에, 그는 숙명적으로 형의 이름을 그대로 이어받았고 상실한 형의 자리를 대신하게 되었다. 그는 태생부터 달리 자신이 아니었고 형의 환생으로 받아들여졌다. 그리고 달리가 5살 되는 해에 형의 무덤 앞에서 아버지가 넌 '형의 환생'이라고 말하였고, 달리는 이를 한평생 기억하며 살았다. 부모는 다시 아들을 잃지 않으려고 달리를 심하게 과잉보호하였다. 그래서 달리는 부엌에 들어가는 것 외에는 모든 것을 마음대로 해도 되는 절대군주였다.

겉으로 보면 과잉보호와 함께 많은 사랑을 받았고 무엇이든 마음대로 할 수 있었음에도 그는 심한 정신 병리를 보였다. 어떻게 보면 그는 부모의 엄청난 보호와 사랑을 받으며 자라났다. 그럼에도 그는 어떻게 이런 심한 병리를 보이게 되었을까? 이를 이해하고 설명하는데 라캉의 정신분석 이론이 도움이 된다. 라캉 이론을 도입하는 것은 라캉이 달리와 같은 초현실주의자들과 가깝게 지냈기 때문만은 아니다. 그의 이론이 인격의 주체 형성을 아주 잘 설명하고 있기 때문이다. 우리는 달리와 스페인의 자기 즉 주체에 관해 관심을 가지고 이를 찾아보려고 하기에 라캉의 이론이 이에 적합하다고 생각하는 것이다.

인간은 단독적 존재가 아니다. 관계를 통해 자기를 형성하고 살아간다. 아이가 스스로 인식하여 자기를 찾기보다는 관계를 통해 자기를 찾아간다. 어려서는 부모가 자기에게 어떻게 해주었는 가가 바로 자기 인격의 기초가 된다. 부모가 자기에게 잘해주면 자기는 긍정적인 자기로 인식하면서 자기를 잘 형성할 수 있다. 자기가 필요할 때 부모가 원하는 대로 해주지 못하면 자기는 부정적인 존재로 인식되어 자기에 대한 불신과 무가치함이 생겨 자기를 형성하기 어렵다. 이처럼 부모라는 대상은 자기를 보는 거울이다. 라캉은 이를 '거울 단계'라고 하였다. 그리고 거울을 통해 자기의 이미지를 상상하기에 '상상계'라고 하였다.

그렇다면 달리는 어려서 부모가 사랑으로 잘해주었기 때문에 긍정적인 자기가 형성되고 좋은 자기 이미지가 상상되어야 하는데, 그는 그렇지 못했다. 늘 자신이 없었고 두려워하고 관계를 제대로 맺지 못했다. 자기에 대한 긍정적인 이미지를 상상하지 못했고 건강한 자기를 형성하지 못했다. 그 이유는 무엇이었을까? 그것은 달리는 자기로서 진정한 인정과 사랑을 받지 못했기 때문이었다. 보호와 사랑이 있었지만, 그것은 자기로서의 사랑이 아니라 대상 즉 부모의 환상과 욕망이었기 때문에 그 사랑으로부터 달리는 소외되었고 그 대상과 사랑은 허구였다. 부모는 달리를 사랑한 것이 아니라 그의 형의 환영과 환상으로 사랑한 것이었다.

그는 자신이 아니었고 형으로 살아야 했다. 결국 자신은 버림받고 거절당한 것이다. 어려운 시절에 형이든 자기이든 사랑을 받으면 됐지, 꼭 자기여야 하는 이유가 있을까? 그러나 인간의 생명과 인격은 이를 혼동하지 않는다. 환상은 사랑을 흉내 내는 허상이기에 생명의 인격은 이를 아주 예민하게 인지한다. 환상은 환상을 사랑하는 것이지 대상의 생명과 인격을 사랑하는 것이 아니다. 고차적 생명은 저차적 환상과 고차적 사랑을 자동으로 구별한다. 그래서 결국 생명의 인격은 사랑과 신뢰를 받지 못하고 버림받고 병드는 것이다.

결핍되고 거절된 자기는 새로운 대상과 사랑을 찾는다. 그러나 진정 그 대상이 무엇인지 모른다. 그가 찾고 원하는 것은 그가 상실하고 버림받은 것으로써 그의 깊은 무의식 속에 있다. 그 무의식은 상징으로만 표출된다. 그래서 그는 자신이 원하는 대상을 상징으로 찾기 시작하였다. 그의 삶과 그림은 이러한 상징으로 가득 차 있다. 라캉은 이를 '상징계'라고 하였다.

이러한 상징은 현실보다 꿈과 무의식에서 더욱 순수하고 현란하게 나타난다. 현실의 상징은 현실의 영향을 많이 받아 그만큼 순수하지 않다. 그래서 그는 현실을 부수고 무의식 속에 있는 상징을 표현하려고 하였다. 이것이 그가 초현실주의가 된 이유였다. 그리고 그는 작품만이 아니라 삶 자체도 초현실적인 상징으로 표현하는 행동 예술가로 살았다. 그는 현실적으로 이해할 수 없는 기이한 수많은 행동을 한 기인 혹은 광인으로 기억되고 있다.

달리의 상징 속에 있는 무의식
✦

그의 상징물은 수없이 많지만, 대표적인 몇 가지만 소개하려고 한다. 그가 아주 좋아하는 상징물은 '갑각류'이다. 성게나 바다가재 등이 그의 작품에 많이 등장한다. 갑각류의 특징은 겉은 거칠고 딱딱하지만 속은 아주 부드러운 것이다. 현실은 갑각류의 껍질처럼 딱딱하지만, 그는 이를 부수고 그 속에 있는 부드러운 것을 꺼내어 즐긴다. 그의 초현실주의는 바로 이러한 갑각류의 해체 작업이었다. 그 부드러운 것이란 바로 그가 찾는 모성적인 부드러운 사랑이었다.

♦◇ 살바도르 달리의 '가재 전화기'(1936). 달리의 그림에는 무의식의 상징으로 가득 차 있다. 그가 아주 즐겨 찾는 상징으로 갑각류가 있다. 초현실주의란 갑각류처럼 딱딱한 의식을 해체하여 무의식 속의 부드러운 사랑을 드러내는 작업이었다. **wikipedia**

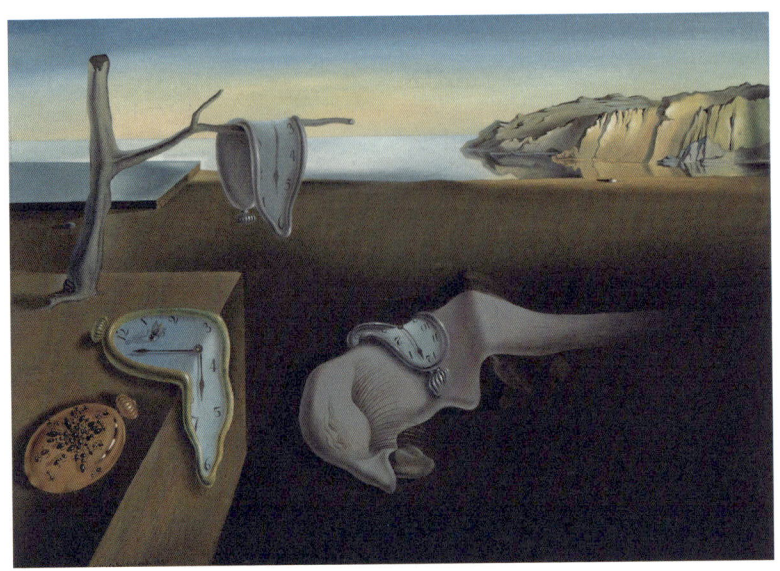

♦◇ 달리의 대표적 작품인 '기억의 지속'(1931). 이 작품에는 '늘어진 시계'라는 상징이 나온다. 의식의 세계는 엄격한 시계에 의해 흘러간다. 그러나 무의식은 시계로부터 자유롭다. 시간을 넘어선 무의식에서 초현실을 맘껏 표현하며 누린다. britannica.com

    이와 비슷한 상징으로서 '흘러내리는 시계'가 있다. 그의 가장 유명한 작품인 '기억의 지속'에 이 시계가 등장한다. 시계의 의미는 정밀성이다. 아주 엄격하고 딱딱하다. 갑각류의 껍질 같은 것이다. 이것이 세상이다. 세상은 시계처럼 굴러가고 시간이 세상의 가장 엄격한 기준이 된다. 시간을 지키는 것이 세상의 가장 기초적인 약속이고 원리이다. 그는 바로 시계가 지배하는 세상을 허무는 것이다. 그리고 비시간의 세계로 들어가 그 속에서 자신만의 세계를 맘껏 누리며 유희하는 것이다. 꿈속에서는 시간이 없다. 시간의 순서가 파괴되는 것이 꿈이다.

    그는 예술가이지만 과학을 특별히 좋아했다. 그의 그림에는 과학의 상징물이 꽤 많이 등장한다. 그가 과학을 좋아하는 것은 과학은 현상 자체보다는 그 속에 숨은 본질을 드러내기 때문이었다. 과학은 시계처럼 엄격한 수식으로 표현된다. 아인슈타인의 상대성이론도 그렇다. 그러나 그는 엄격한 과학을 부수고 그 속에 기계 같은 시간이 해체되는 상대성의 원리를 끄집어내었다. 그의 그림은 과학적인 X선 사진을 투영한 것과 같은 작품이 많다. 겉과 전혀 다른 속의 앙상하면서도 다른 모습을 드러내는 것이었다. 그리고 그는 대량살상과 파괴의 주범인 핵폭탄을 통해 보이는 형체를 파괴하여 원자로 해체하는 핵 신비주의 nuclear mysticism를 주창하기도 했다. 그리고 파괴적인 히틀러를 그림의 주제로 삼기도 했다.

그러나 그에게 있어서 갑각류의 껍질은 해체의 대상만은 아니었다. 그의 꿈과 환상을 보호해주는 단단한 껍질이기도 하였다. 그는 이를 부수기만 한 것이 아니라 이를 필요로 하였다. 초현실을 주창하였지만, 이를 이루고 보호해주는 현실이 있어야 했다. 현실을 떠난 초현실주의는 사실상 의미도 없고 불가능하다. 모든 것이 초현실이면 그냥 죽음이고 해체이지 초현실의 의미가 없어진다. 현실에서 살아있어야 초현실이 가능한 것이었다. 이것이 그의 가장 큰 고민이었고 갈등이었다. 그는 초현실 속에 살아야 하지만, 그는 하나의 예술가로서 현실에서 존재하고 활동해야 했다. 이를 동시에 이룬다는 것은 그에게 너무도 가혹하였다.

그래서 현실의 또 다른 자기가 필요했다. 그가 바로 그가 사랑한 연인 갈라Gala Dali(1894~1982)였다. 갈라는 10년 연상으로 그에게는 단순한 연인을 떠나 뮤즈와 같은 여신이었고 완벽한 모성이었다. 자신의 초현실을 현실에서 보호해줄 수 있는 완벽한 갑각류의 껍질이었다. 실제로 그녀는 달리의 초현실성을 현실에서 완벽하게 보호해주었고 현실의 여러 일을 대신해주는 성城과 같은 갑각류였다. 그녀의 덕분에 그는 초현실에 집중할 수 있었다. 그리고 그는 실제로 그녀를 위해 작은 성을 보수해서 살도록 해주었고 그 안을 그가 그리던 초현실 세계의 박물관으로 만들었다. 그 성은 그가 그리던 완벽한 갑각류였다.

이처럼 그는 현실에서 그의 상징을 찾고 제작하는 작업을 몸부림치듯 맹렬하게 진행하였다. 그러나 그는 이를 통해 결코 그의 내적인 결핍과 상실을 다 채울 수 없었다. 이처럼 어떠한 상징계를 통해서도 채울 수 없는 내적인 욕구와 존재를 라캉은 '실재계'라 하였다. 달리도 여러 어려운 과정이 있었고 자신이 할 수 있는 상징계를 열심히 추구하고 실현해보았지만, 그는 여전히 결핍에 목말라 있었다. 그래서 그의 그림은 점차 변하기 시작했다. 초현실에서 초월의 세계로 넘어가고 있었다. 초현실과 초월은 현실을 모두 뛰어넘는 것이지만, 조금 다른 차원이다. 초월은 영원과 무한 그리고 영성적 신비주의의 세계를 지향한다. 초월은 초현실적인 상징에 머물지 않고 그 이상의 세계에 열린다. 이때 그는 과거 그의 대표작인 '기억의 지속성'을 '기억의 지속성의 붕괴'라고 제목으로 다시 그렸는데, 그는 이 그림에서 과거의 갑각류를 허물고 영원을 향해 달리고 있는 분자들을 그렸다. 이 그림에서 과거의 '늘어진 시계'는 '영원의 비시간'이 되었다.

달리와 그의 작품을 이렇게 설명하는 것은 그를 통해 스페인을 심층적으로 이해하기 위해서이다. 달리의 초현실을 정신분석을 통해서 제대

♦◇ 달리의 고향인 피게라스에 세워진 그의 박물관이다. 이는 그의 영원한 뮤즈이고 모성인 아내 갈라를 위해 마련한 성인데, 이를 나중에 박물관으로 개조하였다. 그녀는 그의 초현실의 무의식을 보호해주는 성이었고 그녀의 견고한 성안에 그는 초현실의 무의식이 맘껏 펼쳤다. **wikipedia**

로 이해할 수 있는 것처럼 난해한 스페인도 정신분석을 적용해야만 제대로 이해할 수 있지 않을까 하는 뜻에서 이렇게 달리의 이야기를 먼저 시작해본 것이다.

스페인은 정말 난해한가?

✦

그렇다면 스페인은 정말 초현실적으로 난해한가? 스페인을 여행한 사람들은 스페인은 평화롭고 아주 단순해 보인다고 한다. 그래서 그 매력 때문에 스페인을 좋아하게 되었는데, 스페인을 자꾸 난해하다고 하니 불편하게 들릴 수 있다. 더욱이 난해한 정도가 달리의 초현실 그림 만큼이라고 하니 정말 이해하기 어렵다. 왜 스페인을 단순하게 있는 그대로 보아주지 않고 어렵게 만들어 가는지 이해할 수 없다고 불평할 수 있다. 맞는 말이다. 스페인은 언뜻 보기에 너무 조용하고 평화롭고 단순해 보인다. 그러나 이는 극히 스페인의 표층적 일부이지 스페인의 깊은 곳을 들어가게 되면 전혀 그렇지 않다는 것이다.

이제 스페인이 난해한 이유를 찾아 열거해보려고 한다. 그들은 조용하고 평화롭고 친절하고 인간적이다. 그러나 한편으로는 엄청나게 뜨겁고 열정적이다. 투우, 플라멩코, 끊이지 않는 축제, 폭력적이고 공격적인 성격과 함께 내전을 통해 서로를 잔혹하게 살상하고 파괴한 여러 번의 역사가 있었다. 이처럼 그들에게는 겉에 드러난 모습과 정반대의 또 다른 모습이 있다. 그들의 평소 성격을 기억한다면 그들의 폭력성은 이해되지 않는다. 어떻게 그렇게 좋은 사람이 그렇게 난폭해질 수 있을까? 어쩌다가 한번이 아니고 여러 번 이런 일이 일어날 때, 그들을 난해하다고 말하지 않을 수 없는 것이다.

무기력하고 잘 단결하지 못하고 정체성이 없는 것 같다가도 어떤 때는 하나로 뭉쳐 끝까지 저항하는 것을 본다. 그들은 최강의 로마에 대해 200년 이상을 저항한 나라이다. 그러나 그들의 정체성에는 정말 이해할 수 없는 점이 있었다. 그렇게까지 저항한 로마에 쏙 빠져, 가장 빠르게 로마화 한 나라가 되었다. 로마보다 더 로마다운 나라였다. 가장 로마가 되기 싫어하다가 가장 로마가 된 나라였다.

서로마가 멸망할 때에 동로마는 자신을 충분히 방어하며 발전해나갔다. 그러나 이스파니아의 로마는 서로마와 같이 멸망하였다. 자신들이 원래 이스파니아 인이라는 정체성을 조금이라도 가지고 있었다면, 서로마가 망하는 것을 새로운 기회로 얼마든지 활용할 수도 있었다. 그러나 그들은 무기력하게 자신의 땅을 군사가 얼마 되지도 않은 서고트에게 내주고 말았다.

그런데 또 이상하게도 그 이후 서고트 족이 300년을 지배하면서 이스파니아가 서고트화 된 것이 아니라 반대의 일이 일어났다. 그들은 없는 것 같았지만, 서고트를 이스파니아화 한 것이었다. 그러다가 다시 너무도 쉽게 이슬람에게 허물어졌다.

강력한 이슬람이 스페인을 800년 이상을 지배하였으면, 그들은 다시 이슬람화하여야 하는데 반대의 일이 또 일어났다. 과거의 로마와 기독교가 흔적도 없이 사라졌을 것으로 생각되었는데, 놀랍게도 그들은 죽지 않고 살아서 그 강력한 이슬람을 다시 몰아내고 기독교 정체성으로 국토를 회복하였다. 정말 그들은 있는 것 같다가 사라지고, 이제는 다 죽고 없구나 하는 순간 불현듯 일어나는 도깨비 같은 나라였다.

롤러코스트 같은 나라
✦

그들은 지중해와 유럽의 문명권에서 늘 변방이었다. 그런데 그들은 갑자기 유럽과 세계의 중심에 서는 최강의 제국이 되었다. 가장 앞서 신대륙을 정복하고 무적함대를 거느리며 해가 지지 않는 세계최강의 나라가 된 것이었다. 그런데 그 막강한 나라가 갑자기 버블처럼 사라지면서 유럽의 최빈국이 되었다. 이는 마치 전교 꼴찌가 갑자기 1등이 되었다가 다시 꼴찌로 곤두박질치는 그러한 경우이다. 이러한 것들이 초현실같이 난해하다는 것이다.

  그들이 열광적으로 즐기는 것으로 유명한 투우가 있다. 투우와 함께 소는 그들의 상징이기도 하다. 소는 마치 스페인을 닮았다. 소는 아주 조용하고 우둔하고 유순하다. 인간을 위해 조용히 희생하며 자신의 모든 것을 준다. 그래서 다른 나라에서는 이러한 모성적인 소를 우상화한다. 그러나 스페인은 이러한 소를 고마워하지만, 공격적인 소를 더 좋아한다. 소의 이중성을 모두 좋아하는 것이다. 이는 스페인이 이러한 소의 이중성을 닮았기 때문이다. 스페인은 겉으로 보면 유순하고 순응적인 것 같지만, 어떤 때는 그 누구보다 과격하고 공격적이다. 외국의 침략과 압제에는 비교적 잘 적응하고 순응하다가, 그들은 100년 이상 자기들끼리 극심하게 싸우는 내란과 내전의 역사가 있었다. 스페인은 이러한 소와 싸우는 투우의 역사였다. 그러다가 소를 길들이지 못하고 멸망하기도 하였다. 그래서 투우는 그들의 상징이었다.

  이러한 이중성이 스페인을 대표하는 문학인 돈키호테에서도 잘 나타난다. 돈키호테가 어떻게 세계적인 문학이 될 수 있었을까? 그 내용은 너무도 단순하다. 한 미친 기사가 좌충우돌하는 이야기이다. 마치 스페인의 모습 같기도 하다. 그러나 그 이야기는 그렇게 단순하지 않다. 그 속에는 스페인을 살리는 또 다른 신비한 힘이 있다. 그래서 그 작품이 세계적인 작품이 된 것이다. 이것이 스페인의 모습이다. 전혀 아닌 것 같은데, 그 속에 이상한 힘과 역동성이 있는 것이다.

초현실에 익숙한 나라

✦

스페인에는 다른 나라에서 보기 어려운 신비주의와 영성이 특히 발달하였다. 신비주의는 초현실을 의미한다. 신비주의가 그들에게 성행할 수 있었다는 뜻은 그들이 이미 초현실적 현실과 문화에 익숙하기 때문일 것이다. 신비주의적 영성 신앙과 신학이 발달하였고, 문학, 미술과 음악 등에도 이러한 신비주의 경향이 강하게 나타났다. 그리고 오래전부터 산티아고가 유럽 최고의 성지가 되어 많은 순례자가 이곳을 찾고 있다. 이곳은 다른 성지와 다르게 종교적인 의미보다는 영성과 신비를 경험하기 위해서 찾는 곳이기도 하다. 그리고 기독교와 관계없이 지금도 세계의 많은 사람이 이를 경험하기 찾고 있다. 이처럼 그들에게는 초현실이 익숙한 것이었다.

또 하나의 특징은 스페인은 지역마다 너무도 다른 문화와 전통이 있다는 것이다. 북쪽의 스페인은 신비와 깊은 영성을 간직하고 있다. 또 다른 북쪽은 근면하고 깊게 생각을 많이 한다. 동쪽은 아주 실용적이고 현실적이다. 대신 중앙은 허구적인 이상을 추구한다. 그러나 남쪽은 아주 세속적이고 육체적이고 감각적이다. 내용적으로 함께 하기 어려운 것들이 스페인에서는 공존하고 있다. 이처럼 스페인이라는 화폭은 난해한 초현실의 그림인 것이다.

지금의 남쪽은 감정적이고 감각적이지만 과거에는 그렇지 않았다. 로마 시절에는 세비야가 수도였고 이곳에는 학문이 아주 발달하여 로마로 역수출할 정도였다. 그 후 이슬람이 지배할 때는 코르도바가 중심도시였는데, 이곳에서도 학문이 아주 발달하였다. 그들의 학문은 세계 최고 수준이었다. 그래서 암흑기에 있었던 유럽에 새로운 학문을 수출하였다. 특별히 아리스토텔레스의 학문을 유럽에 전파하여 유럽의 근대 학문이 시작되었다.

그러나 그 이후 유럽은 근대 학문과 과학으로 발전하였으나, 스페인은 학문이 발전하지 못하고 암흑기를 맞았다. 스페인은 학문만이 아니라 예술과 문화적인 모든 면에서 낙후되었다. 그러나 그 속에서 문학과 미술은 놀랍게 발전하였다. 모든 것이 사라질 것 같은 속에서도 그들의 문학과 미술은 보석처럼 빛나고 있었다.

스페인은 유럽의 예술과 학문을 주도할 만큼의 어떠한 주류나 학파를 형성하지는 못했다. 그러한 힘이나 체제가 뒷받침되지 않으니 그러한 인재를 배출할 수 없었다. 그러나 그들은 유럽이 도저히 따라갈 수 없는 천재들을 끊임없이 배출하였다. 그래서 흔히 스페인의 특징을 말할 때 "스페인에는 우등생은 없지만, 천재들은 많다"고 한다.

건강한 다양성인가?
아니면 병리적인 것인가?

✦

이러한 면들이 스페인의 특징이다. 그런데 왜 이럴 난제라고 표현해야 할까? 물론 현상적으로 충분히 있을 수 있는 일이고 이를 그대로 받아들이면 특별히 문제될 것도 없다. 그러나 이 글은 스페인을 하나의 인격으로 이해하려고 하기에 한 인격으로서 이러한 현상을 이해하려고 하면

이는 정말 받아들이기 어려운 난제가 되는 것이다. 만일 어떠한 사람이 한 인격으로서 이러한 극단적인 면들을 보인다면, 과연 그를 어떻게 이해해야 할까? 도저히 하나가 되기 어려운 극단적인 양면성이 공존할 때 우리는 이를 임상적으로 이중인격 내지는 분열적 성격 혹은 경계성적 성격장애 혹은 양극성 조울장애 등으로 의심해볼 수 있다.

물론 누구에게나 양극적인 면이 있을 수 있다. 이러한 현상 자체가 병적이라는 뜻은 아니다. 문제는 한 인격이라는 것은 아무리 달라도 통합되어야 한다. 만일 이러한 극단적인 현상이 서로 통합되지 않으면 한 인격으로서 존재하지 못하기 때문에 이를 병리적 현상으로 보아야 한다. 그래서 스페인의 이러한 현상이 하나의 인격과 정체성으로 통합되고 있는지 아니면 전혀 통합되지 못하고 비가역적으로 일어나는 것인지를 먼저 살펴보아야 한다.

한 인격 안에서 통합되기 위해서는 인격의 중심인 자기가 형성되어 있는지를 먼저 알아보아야 한다. 자기가 중심에 있어서 이를 중심으로 어떠한 모습이라도 연결되고 통합된다면 건강한 기능으로 볼 수 있다. 그러나 중심에 자기가 없이 극단적인 모습이 일어난다면 병적이라고 보아야 한다.

그래서 그들이 과연 어떠한 정체성을 가지고 살았는지 정체성이 건강한지를 먼저 살펴보려고 한다. 정체성은 그렇게 단순하지 않기에 이를 다시 세 가지 차원으로 살펴보려고 한다. 이들은 임상적으로 한 인격이 현실에서 건강하게 적응하고 있는지, 아니면 병리적인지를 판별하는데 중요한 지표가 된다.

스페인의 모호한 정체성

✦

앞서 그들의 정체성에 대해 언급하였다. 있는 듯하다가 사라지고 없는 듯하다가 다시 나타나는 모호하고 중첩적인 정체성을 보인다고 했다. 스페인을 거쳐 간 무수한 민족들이 있었다. 켈트, 이베로, 페니키아, 그리스, 카르타고, 로마, 게르만(서고트), 이슬람, 오스트리아의 합스부르크, 프랑스의 부르봉과 나폴레옹 등 무수한 민족들이 들어왔다. 이상하게도 외부의 세력이 들어와도 그들이 심하게 압제하지 않으면 비교적 공존하며 살았다.

압제가 심했던 초기 로마와 이슬람 그리고 나폴레옹에 대해 일시적으로 저항하였지만, 한편으로는 그들과 공존하며 잘 살기도 했다. 이처럼 그들은 그들의 정체성을 뚜렷하게 내세우지 않고 살았다. 그러나 반대로 그 누가 그 땅에 들어와도 그들은 자연스럽게 스페인화 되었다. 외부 세력이 지배자였지만, 스페인이 그들에 따라 변하는 것이 아니라, 결국 그들은 모두 스페인이라는 용광로에 용해되어 스페인이 되었다. 그렇다고 스페인은 항상 하나의 용광로는 아니었다. 그러다가 자기들끼리 내분이 일어나 극심하게 분열하며 잔혹한 전쟁을 하기도 했다. 아주 특이한 정체성이었다.

스페인과 비슷한 배경을 가진 땅이 있다. 이탈리아의 시칠리아라는 섬이다. 그곳에는 그리스, 로마, 이슬람, 기독교, 노르만, 프랑스, 독일, 스페인 등이 돌아가면서 지배하였지만, 그 땅에는 중심이 있었다. 누가 와서 그들을 지배해도 그들은 이탈리아인이었고 로마의 후예라는 뚜렷한 정체성이 있었다. 그러나 이베리아 반도에는 이러한 뚜렷한 정체성은 없었다.

이처럼 그들의 정체성은 정말 모호하다. 있는 것도 아니고 없는 것도 아닌 그러한 정체성이기 때문이다. 이러한 모호성과 중첩성이 그들의 특성인지도 모른다. 그러나 이러한 표현이 문학적으로는 가능할지 모르지만, 실제의 인격에서도 가능할 수 있을까? 임상적으로 이런 경우가 가능할까? 이러한 면을 병리로 보아야 할지 아니면, 포용력이 넓은 여유로운 인격으로 보아야 할지 더 고민해보아야 할 것이다. 그래서 이러한 정체성을 좀 더 다른 차원에서 살펴보려고 한다.

자기와 대상의 불분명한 경계
✦

두 번째로 살펴보아야 할 정체성의 문제는 스페인의 '자기와 대상의 경계'에 대한 이야기이다. 대상과의 관계를 통해 정체성을 들여다보는 것이다.

자기는 스스로 형성되는 것은 아니다. 자기의 인식은 대상이라는 거울을 통해 가능하다. 이는 라캉의 거울단계 이론에서도 언급된 바 있고 대상관계 이론의 핵심이기도 하다. 아이는 처음 자기와 어머니의 공생으로 자기가 시작된다. 자기와 어머니가 하나 되고 미분화된 상태이다. 그 속에서 자기는 어머니가 자기에게 대상으로 어떻게 해주었는지에 따라 조금씩 형성된다. 아이가 충분한 사랑과 인정을 받게 되면 아이는 자기의 긍정성과 신뢰가 형성되면서 자기가 더 확실히 형성되어 간다. 그리고 3세 전후로 자기와 대상을 구분하게 된다. 이때 자기가 일차적으로 형성되면서 조금씩 대상으로부터 분리되는 경험을 한다. 그러나 이것은 단번에 이루어지는 것이 아니고 분리와 의존을 반복하면서 서서히 진행된다.

건강한 자기가 형성되려면 건강한 대상관계가 전제되어야 한다. 대상관계에서 자기와 대상이 미분화된 상태가 가장 퇴행적이고 병리적인 상태이다. 이 상태에서는 자기와 현실과 대상의 경계가 모호하고 이를 잘 구분하지 못한다. 그래서 자기의 소리를 남의 소리로 혼돈하고 남들이 자기 이야기를 한다고 혼돈하기도 한다. 분열병적인 현실 왜곡과 망상과 환청 등이 이러한 불분명한 경계로 발생하는 것이다.

자기가 대상과 분리되어 어느 정도 형성된 다음 더 건강하고 안정적인 자기로 발달해가야 한다. 이를 위해서는 자기가 대상과 분리되고 경계가 분명해야 하지만, 그 경계의 문이 너무 닫혀서는 안 된다. 울타리가 필요하지만 단단한 성城이어서는 안 된다는 것이다. 자기를 보호하기 위한 옷이 필요하지만, 너무 방어적인 갑옷을 입어서는 안 되는 것이다.

자기를 믿어주고 기다려주지 못하면 대상에 대해서도 믿지 못하고 일찍 쉽게 닫아버린다. 대상을 믿지 못하고 피해의식을 느끼기에 두려워 경계의 문을 단단히 닫아버린다. 그래도 현실에서 살아야 하니 작은 문만 열고 대상을 살피는 것이다. 마치 거북이 등과 같이 단단히 닫아놓고 목만 조금 내밀고 사는 것이다. 그러다가 위험이 올 것 같으면 재빨리 목을 내리고 단단한 껍질 속으로 숨어버린다.

우리는 이를 몸의 면역계에서 잘 살펴볼 수 있다. 면역계는 정신에서 일어나는 자기와 대상관계를 몸에서 그대로 볼 수 있는 곳이다. 건강한 면역은 대상에 열려 대상에 대한 정보를 충분히 만들어놓고 대상을 두려워하지 않는다. 즉 대상에 열려 항원 정보를 충분히 받아 항체를 잘 만들어놓으면, 대상을 두려워할 필요가 없이 열고 살 수 있다. 자기가 충분히 형성되어 있으니 더욱 대상에 대해 열리는 것이다.

그러나 대상을 두려워하면 밖으로 가지 못한다. 그렇게 되면 충분히 항원을 받지 못하고 항체를 충분히 만들지 못한다. 그래서 면역이 형성되지 않아 쉽게 감염된다. 또 대상에 대해 너무 방어적이고 과잉적으로 되면 별로 위험하지 않은 대상에 대해서도 그렇게 된다. 이것이 알레르기 반응이다. 그리고 대상과 자기를 잘 분별하지 못하고 자기를 대상의 적으로 오인하여 자기 세포를 공격하는 경우도 있는데 이를 자가면역 auto-immune 질환이라고 한다. 현대의 원인을 잘 모르는 대부분 질환과 염증이 바로 이 질환에 해당한다. 이러한 현상은 개인의 정신계와 집단에게도 흔히 일어난다.

대상에 대해 닫히면 피해의식이 강해지고 자폐적으로 되어 대상에 대해 지나친 방어벽을 친다. 그리고 대상과 자기를 구분하지 못하여 자기를 학대하고 적대시한다. 집단으로 보면 자기를 학대하고 자기와 싸우는 현상이 생기는 것이다.

스페인에서 이러한 현상들이 많이 일어났다. 그들은 자기와 대상을 잘 분리하지 못하였다. 그래서 싸워야 할 때 싸우지 않고 대상이 자기에게 들어와 자기의 주인이 되어도 무감각할 때도 있었다. 자신을 로마인으로 착각하고 서고트가 들어와도 이를 대적하지 않았다. 자기와 대상을 제대로 구분하지 못해서 일어난 일이었다.

반대로 자기 망상에 빠져 현실을 제대로 보지 못하고 자폐적일 때도 있었다. 이로 인해 그렇게 부강한 스페인 제국이 허물어지고 말았다. 지나치게 높은 성을 쌓고 조금만 자기와 달라도 적으로 간주하고 몰아내었다. 카스티야에 성이 1만 개 이상 있다는 것은 그만큼 그들의 방어벽이 강했다는 것이었다. 과거 기독교 왕국으로 국토회복 한 다음 이미 자기의 일부인 유대인과 무어인을 종교가 다르다는 이유만으로 잘라 내었다. 이미 자기인 세포를 종교만으로 타자인 것처럼 공격하는 자가면역과 유사하였다. 이를 그냥 정치와 종교의 현상으로만 설명하기보다는 자기와 대상의 경계의 문제로 볼 수 있는 것이다.

스페인은 이처럼 자기와 대상의 분리가 건강하게 형성되지 않음으로 그들의 역사가 그렇게 굴곡질 수밖에 없었다. 자기가 충분히 형성되지 않고 그래서 자기와 대상이 잘 분리되지 않고 경계가 형성되지 않음으로 혼돈의 역사를 살아야 했다. 이를 통해서 스페인의 정체성이 건강하게 형성되지 못하였다는 것을 알 수 있을 것이다.

스페인의 현실능력과 조절능력
✦

마지막으로 스페인의 '현실능력과 조절능력'이라는 차원으로 그들의 정체성을 살펴보려고 한다. 자기의 중심이 건강하게 형성되지 않으면 자기와 대상의 경계도 모호하고 이를 통해 현실에 대한 인지와 분석 능력도 떨어지게 된다. 그리고 현실에 따른 자기 조절과 지배 능력도 떨어져 현실을 극복하며 발전하지 못하고 늘 현실에 끌려다니는 현상이 나타날 수 있다. 그래서 무기력한 좌절과 실패의 역사를 반복하게 된다.

결국, 인간은 현실에서 살아가야 한다. 대상과 현실은 자신의 거울이기도 하다. 현실이 힘든 것은 단순한 현실만 있는 것이 아니고, 그 속에 자기도 같이 혼합되어 나타나기 때문이다. 우리는 일반적으로 현실만을 바꾸려고 하는데, 이것이 어려운 경우는 대부분 그 속에 자신의 문제가 같이 나타나기 때문이다. 그래서 현실 속에 있는 자신의 모습을 잘 분리하여 객관화시키면, 현실의 문제는 의외로 간단하게 해결되는 경우가 많다. 그래서 우리는 현실만을 탓해서는 안 된다. 자기와 현실을 같이 변화시켜 나가야 한다. 이것이 현실의 능력이다.

그런데 자기를 보고 찾는 것은 사실 쉬운 일은 아니다. 자기의 아픔과 부끄러운 부분이 드러나기에 이를 방어하고 숨기고 싶은 본능 때문에 자기를 회피하려고 한다. 그리고 자신의 문제를 보지 않으려고 자신의 문제를 현실로 투사하려고 한다. 그래서 자기를 보기가 더욱 어려운 것이다. 거기에다 자기의 문제도 그렇게 간단하지 않다. 그래서 자기를 현실에서 보기가 어려운 것이다.

스페인의 현실 능력이 특별히 문제 되었던 것은 앞서도 언급했듯이 국토회복을 하고 자신들의 현실을 제대로 보지 못하고 현실적으로 가장 필요한 인력인 무어인과 유대인을 추방하고 박해했다는 것이다. 그들은 중세와 근대에서 유럽에서 가장 좋은 조건이었지만, 그 조건을 살리지 못했다. 스페인은 유럽이 중세의 암흑기를 보내고 있었을 때, 코르도바를 중심으로 인문학과 과학 그리고 기술과 예술 등의 문명이 최고로 발달하였다. 그래서 그들의 학문과 문명을 유럽을 수출하기도 했다.

그리고 유럽이 가난하고 어려울 때 그들은 신대륙의 발견으로 대항해시대를 앞서 나갔다. 그리고 경제적으로도 엄청난 부를 누렸다. 그러나 그들은 이러한 현실을 잘 파악하여 경영하지 못했다. 유럽은 근대에 과학과 산업혁명 그리고 여러 학문과 문명을 발전시켜나갔는데, 그들은 자신의 능력을 개발하지 못하였다. 그 결과 그들은 비참하게 추락하여 유럽의 최빈국으로 전락하고 말았다. 그들이 능력이 없어서 그런 것이 아니었다. 자기 정체성이 없이 허구적인 이상과 정체성으로 살다 보니, 현실을 제대로 보지 못하고 자신의 능력을 제대로 개발하지 못한 것이었다.

세 가지 자기

✦

앞으로 스페인의 인격을 분석하는데 가장 중심이 되는 개념이 자기 정체성이다. 그런데 자기를 좀 더 자세히 보면 그렇게 단순하지 않다. 그래서 자기를 분석하기 전에 자기를 먼저 설명하려고 한다. 자기는 겉으로 보면 하나이지만, 속으로 보면 다른 차원들이 있다. 그래서 자기를 크게 세 가지로 나누어 볼 수 있다. 가장 중요하고 핵심적인 자기는 인격과 생명의 중심으로서의 자기이다. 이를 내內자기라 한다. 그런데 이 내자기는 가장 심부에 있기에 인지하기가 어렵다. 그렇지만 내자기에서 올라오는 소리와 현상이 있기에 이를 통해 간접적으로 느낄 수 있다. 우리가 몸의 내부를 직접 볼 수는 없지만, 여러 간접적인 매개를 통해 몸을 들여다볼 수 있는 것처럼 우리의 인격과 생명도 직접 의식할 수는 없어도 간접적으로 알 수 있다. 그렇다면 내자기에서 올라오는 사인이나 소리는 무엇일까?

대표적인 것이 감정과 느낌이다. 우리는 이를 뇌를 통해 인지하기에 뇌에서 나오는 것으로 알고 있지만, 사실은 몸의 생명과 인격의 깊은 곳에서 나오는 소리이다. 뇌는 이를 받아서 우리가 이해할 수 있도록 의식이라는 화면에 띄워주는 역할을 할 뿐이다. 그다음이 몸의 현상으로써의 소리이다. 이는 같이 들려지기도 하고, 먼저 감정이 나타나더라도 이를 억압하여 잘 느끼지 못하게 되면, 몸이 대신해서 더 강력한 소리 즉 몸의 증상으로 소리를 낼 수 있다. 이처럼 내자기에서 올라오는 다양한 소리를 중(中)자기라 한다.

그런데 우리는 세상을 살아가야 한다. 세상에서 보이고 의식되는 자기가 있다. 어디서 태어났고 어떻게 생겼고 부모가 누구이고 외모와 학력, 직장, 능력과 경제력 등 삶에서 나타나는 자기가 따로 있다. 이를 의식의 자기라고 할 수 있다. 이런 자기를 외(外)자기라 한다. 이 의식의 자기는 주로 현실에 적응하며 살아가게 하는 자기이다. 그리고 자기와 현실을 보고 자기를 의식하고 고쳐나가면서 현실에 적응하도록 도와주는 역할을 한다. 의식과 이 자기는 합리성의 지성과 도덕이라는 이성의 지배를 받는다. 세상에서 잘 적응하고 성공하려면 이 외자기와 지성과 이성이 잘 발달해야 한다. 우리가 학교에서 교육받는 내용은 거의 이 외자기의 발달과 지성과 이성에 대한 것이다.

건강한 인격과 자기는 이 세 가지가 잘 발달하여 잘 통합되고 관통되어야 한다. 이 자기는 성장 과정을 통해 단계적으로 발달하게 된다. 어려서부터 적절한 신뢰와 사랑을 받으면, 내자기가 잘 형성되어 긍정적인 감정의 중자기가 생기고, 이를 기초로 지성과 이성의 외자기가 잘 발달하게 된다. 이로써 현실을 바로 보고 자신의 능력을 잘 조절하고 사용하여 현실에 잘 적응하고 통제하는 능력을 보이게 된다. 이것이 성공적이고 행복한 삶을 살 수 있는 길인 것이다.

그러나 내자기가 충분히 잘 형성되지 않으면 그 생명에서 나오는 소리는 부정적인 감정이 많이 올라온다. 두려움, 열등감, 피해의식, 버림받음, 분노 등이 올라오게 되므로 현실을 바로 인식하고 현실을 바로 통제하고 조절하지 못하게 된다. 현실에 대해 무력해짐으로 좌절하고 실패를 반복하게 된다. 그리고 현실에 적응하고 지배하는 이성과 지성의 능력을 잘 배양하고 준비하지 못함으로 세상에서 발전하지 못하고 뒤처지게 된다.

유럽 각국의 자기발달

✦

삼남 프랑스, 사남 독일과 막내 영국은 비교적 정상적인 자기발달 과정을 겪었다. 중세기에는 모두 자기가 억압되어 있었지만, 르네상스를 통해 자기를 인식하고 표현하기 시작했다. 가장 중요한 자기 찾기는 종교개혁이었다. 이를 통해 권위와 종교에 억압된 내자기를 해방시키는 작업을 하였다. 그 후에 토마스 아퀴나스, 데카르트, 흄, 칸트와 헤겔 등에 의해 지성과 이성의 외자기가 발달하였다. 그리고 억압된 감정의 중자기도 시민혁명, 낭만주의 문학과 예술 등을 통해 동시에 더 발전하였다. 충분하게 발달하지 못한 초월적 내자기는 20세기 이후의 실존철학과 모더니즘과 초현실주의 등으로 더욱 깊이 발달하였다.

   그러나 장남인 이탈리아와 차남인 스페인은 동생들이 밟은 정상적인 자기발달 과정을 충분히 겪지 못했다. 이탈리아는 모성적 사랑으로 내자기가 어느 정도 발달하였지만, 다소 병적인 과잉보호의 형태로 나타나 불안과 분노 등의 부정적인 중자기로 인해 지성과 이성의 외자기가 충분히 발달하지 못했다.

   스페인은 이탈리아에 비하면 모성적인 사랑 자체도 부족하여 내자기가 충분히 발달하지 못했다. 그래서 중자기가 부정적으로 나타나고 현실에 대한 경계와 인식이 부족하여 역시 지성과 이성의 외자기가 제대로 발달할 수 없었다. 그래서 현실적으로 이탈리아와 스페인은 외적인 발달이 늦었다. 그러나 스페인의 경우 신대륙의 발견으로 갑자기 외적으로 급속하게 발전하여 세계최강의 나라로 우뚝 서게 되었지만, 정상적인 내적인 자기가 뒷받침되지 못함으로 오히려 최약체 국가로 몰락하고 말았다. 그리고 현실을 제대로 분석하여 나라를 통치하지 못하였다. 오히려 발달보다는 중세기로 퇴행하는 현상까지 보였다. 그 결과 과학과 산업발달이 늦어 최빈국이 되었다. 스페인의 자세한 인격발달에 대해서는 나중에 다시 분석할 것이다.

이해할 수 없는 초현실의 나라 스페인

✦

앞서 스페인을 정체성의 세 가지 척도로 보았을 때, 적지 않은 문제가 있는 것을 보았다. 그리고 자기발달도 다른 유럽에 비해 늦었다. 이러한 관점에서 볼 때 스페인의 여러 초현실적 현상을 건강한 인격에서 나온 다양한 현상으로 보기는 어려울 것 같다. 그래서 이러한 현상을 병리적 인격에서 나온 것으로 보는 것이 타당할 것으로 생각된다. 그러나 이러한 스페인의 모든 현상을 병리적으로만 보자는 것은 아니다. 병리적으로 설명하기 어려운 신비한 초월적인 면들이 있기 때문이다.

앞서 부분적으로 설명하였지만, 그들은 자기가 없는 듯했지만, 거대한 로마에 대해 200년 이상을 저항하였고, 800년 이상 이슬람 지배 속에서 과거의 정체성을 다 상실한 줄 알았지만, 그들은 기독교와 로마의 정체성으로 놀랍게 통일 왕국을 이루켰다. 그리고 신대륙을 발견하고 놀랍게 팽창해나갔다. 그리고 해가 지지 않는 세계 최강의 나라와 무적함대를 지닌 초일류 국가가 되었다. 이 힘을 도대체 어디에서 나온 것이고 무엇으로 설명할 수 있을까?

그리고 다른 능력은 묻혀 개발되지 않은 가운데 그들의 문학과 미술은 죽지 않았다. 그들의 문학의 전통은 정말 놀랍고 깊고 다양하다. 그리고 현대로 오면서 미술, 음악과 영화 분야 등에서도 놀라운 작가와 작품들이 출현하였다. 이처럼 그들은 초라한 교육환경에서 우수한 우등생을 키우지 못했지만, 유럽대륙이 도저히 따라올 수 없는 천재들을 많이 배출하였다. 그리고 완고하고 중세기적으로 퇴행한 기독교의 전통에서도 기독교 역사상 가장 깊은 영성가들이 나오기도 했다. 그들에게는 다른 나라에서 보기 어려운 신비주의의 전통이 있다. 그리고 많은 사람이 찾는 영성의 순례길도 스페인에 있다. 그리고 그들은 재기 불가능한 초현실의 바닥에서 일어나 세계를 선도하는 선진국이 되었다. 그리고 많은 사람이 유럽 여러 곳을 다니다가 스페인을 가장 좋아하고 스페인의 매력에 깊이 빠지고 있다.

도대체 이러한 매력과 힘은 어디에서 나오는 것인가? 없으면 아주 없어야 하는데 어떤 면에서는 상상할 수 없는 힘과 내용으로 모두를 압도하고 있다. 이를 어떻게 설명할 것인가? 이를 합리적인 이성과 지성의 논리로 설명하기는 무척 어렵다. 그래서 무의식을 이해할 수 있는 정신분석 이론이 필요하다는 것이다. 무의식이 의식으로 올라올 때는 의식의 이성과 지성의 논리를 따르지 않는다. 무의식의 가장 대표적인 현상이 바로 꿈이다. 이를 그림으로 표현한 작가가 바로 달리였다. 그래서 이를 현실 속의 초현실이라고 하는 것이다.

스페인의 난해한 부분은 결국 무의식과 초현실로 풀고 접근하는 것이 적절하다고 생각한다. 그러나 무의식은 의식의 법으로 보면 난해하고 초현실이지만, 무의식과 심층의 내자기로 보면 더 잘 이해할 수도 있다. 그리고 지성과 이성의 법만이 현실의 가장 적합한 대안은 아니다. 유럽의 3형제인 프랑스, 독일과 영국은 비록 현실적으로는 엄청나게 발전하였지만, 늘 전쟁이 끊이지 않았고 수많은 사람이 죽고 도시가 파괴되는 세계대전을 2번씩이나 겪었다. 그래서 그들이 발달시킨 이성과 지성이 현실의 모범답안이라고는 볼 수 없다. 이것이 20세기 실존주의와 프랑크푸르트학파 그리고 모더니즘과 포스트모더니즘이 주창하는 내용이다. 세계는 현실의 법만으로는 한계에 봉착하였기 때문에 초현실의 힘과 내용을 인정하기 시작하였다.

이런 점에서는 장남 이탈리아와 차남 스페인이 오히려 동생들을 앞서가는 예지 능력이 있다고 볼 수도 있다. 그들의 발달이 늦었다기보다는 어떤 면에서는 앞서고 있는 점도 분명히 있다. 특별히 이러한 점에서 스페인은 이탈리아보다 더 깊게 앞서고 있다고 생각한다. 그래서 초현실을 단지 병리적인 현상으로만 볼 것이 아니라 세계를 구원하는 초현실로 받아들일 수도 있다는 것이다.

이는 바로 돈키호테에서 잘 볼 수 있다. 돈키호테는 초현실 과대망상 환자이다. 그러나 그것이 그의 전부가 아니다. 세계가 그를 그렇게 환호하고 사랑하는 것은 그의 병 때문만은 아니다. 그가 스페인을 구원하고 세계를 구원할 수 있는 초월적 기사일 수 있기 때문이다. 그래서 우리는 달리를 살바도르라고 부를 수 있다. 그는 병적인 환자이기도 하지만 그의 초현실을 통해 스페인을 구원하고 세계를 구원하는 선지자 그리고 구원자인 살바도르Salvador(살바도르는 구원자라는 뜻이다)일 수 있기 때문이다. 달리는 이 시대의 돈키호테이다.

이것이 앞으로 이 책에서 스페인을 분석하고 설명하려는 방향과 내용이 될 것이다. 이제 스페인의 역사와 문화와 예술을 보면서 이를 하나하나 분석하고 설명해보려고 한다. 초월적 무의식을 설명하기에 때로는 합리적인 추론을 넘어서는 설명과 분석이 나올 수 있을 것이다. 돈키호테 같은 무모한 설명과 주장이 나올 수도 있을 것이다. 꿈을 꾸듯이, 또 돈키호테의 여행에 참여하듯이, 또 다른 돈키호테와 같은 이 책에 참여해주기를 바란다.

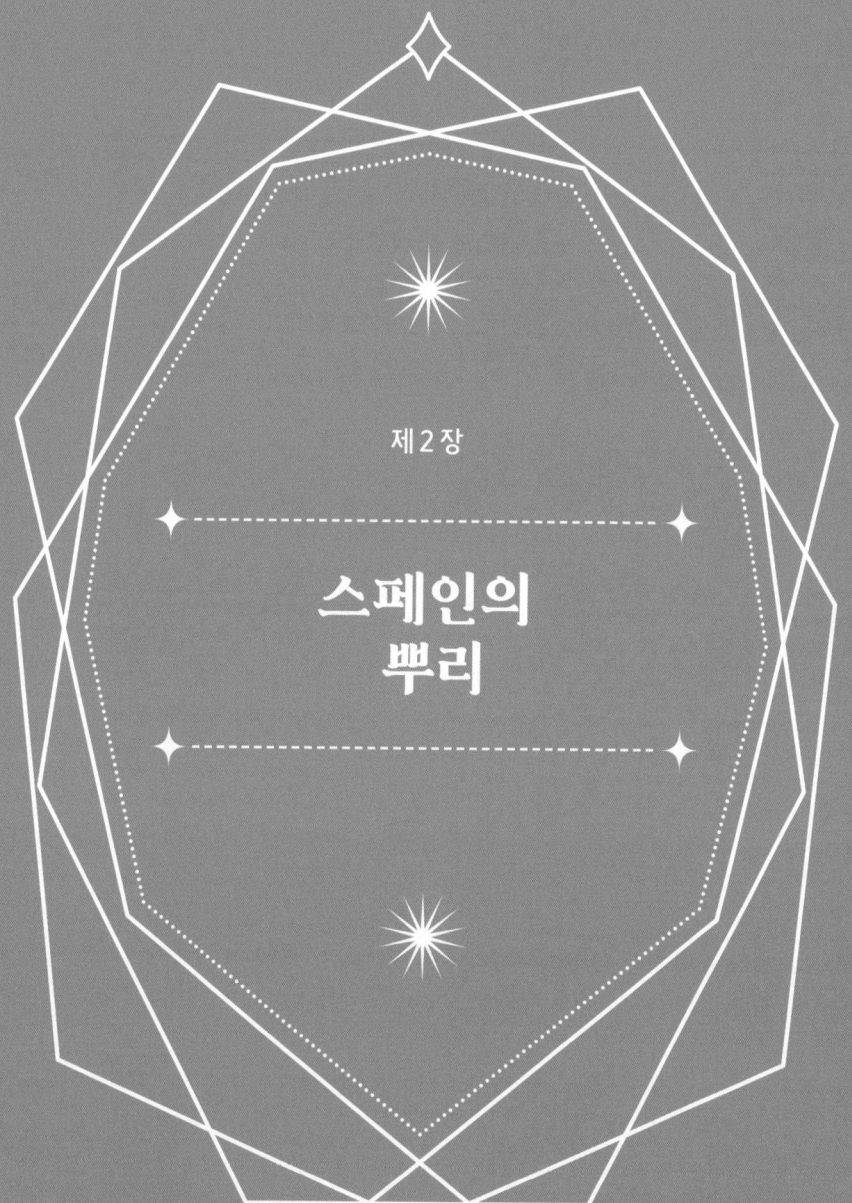

제 2 장

스페인의 뿌리

땅과 인격

✦

땅은 단지 흙과 자연이라는 물리적인 현상만을 말하지 않는다. 인간이 뿌리를 내리고 사는 곳이 땅이다. 그래서 그 땅의 자연과 지형학적 위치와 역사는 그 땅에서 사는 인간을 만들어 간다. 그래서 그 땅은 그 땅에 사는 사람들의 마음이기도 하다. 그래서 땅을 마음으로 이해하고 싶은 것이다. 성경에 예수께서 인간의 믿음의 상태를 밭에 대한 비유로 말씀한 적이 있다. 그 밭은 단순한 땅이 아니라 결국 마음 밭을 의미한다. 길가 밭, 가시밭, 옥토 밭은 결국 마음의 상태를 말하는 것이다. 그래서 스페인을 인격으로 이해하려면 그 땅을 먼저 알아야 한다. 그래서 그 땅에 관한 이야기를 해보려고 한다. 스페인 사람들은 그 땅을 특별히 사랑하였다. 20세기 초 스페인이 가장 어려울 때 시인들이 나서서 그들의 땅을 찬양하며 그 땅에서 희망을 찾자고 소리쳤다.

북부의 자기

✦

먼저 역사 이전의 스페인 땅은 어떠했을까? 인류는 아프리카에서 기원한 것으로 알려져 있다. 그 이후 그들은 다른 대륙으로 퍼져나갔다. 그 조상들은 아프리카에서 스페인을 거쳐 유럽 대륙으로 나아갔을 것이다. 그러나 많은 사람이 피레네산맥을 넘어가기 전에 아마도 스페인에 정착하고 살았을 것으로 유추된다. 그들이 살기 가장 적절한 곳은 스페인의 북쪽이었을 것이다. 그들은 아직 목축을 하거나 농사를 짓기 전이다. 주로 수렵을 통해 살아갈 때이기 때문에 동물이 많은 산악지대와 물고기를 잡을 수 있는 바다가 있는 곳이 아마도 그들이 살기에 가장 적합한 곳이었을 것이다. 그곳은 적당하게 습하면서 기후도 좋아 그들이 정착하기에 최적의 장소였을 것이다. 이를 뒷받침할 수 있는 크로마뇽인들의 알타미라 동굴벽화가 그곳 칸타브리아에서 발견되었다. 그래서 북부는 스페인의 뿌리이고 스페인의 생명이 잉태된 자궁과 같은 곳이다.

그러나 문명이 발달하면서 그곳은 땅 끝으로 소외되고 은밀한 곳이 되었다. 당시 문명은 지중해를 중심으로 형성되었다. 이집트, 아시리아, 페르시아, 페니키아, 카르타고, 그리스 그리고 로마 등 거의 2천 5백 년 이상을 지중해가 인류문명의 중심이었다. 스페인에서 지중해를 접하고 있는 지역은 지중해의 패권에 따라 주인이 다양하게 바뀌었다. 그러나 그러한 문명에 소외되고 적응하지 못한 사람을 그곳으로 밀려 땅 끝인

♦◇ 스페인 북부 험악한 산악지역의 신비로운 풍경. 인류의 태고의 신비와 스페인을 지탱한 정신과 영성을 간직한 곳이다. 이곳은 스페인의 뿌리이고 스페인의 생명이 잉태된 자궁과 같은 곳이다

서쪽과 북쪽으로 들어가서 살았다. 그런데 북쪽은 힘하고 높은 산악지역이 있어 숨고 은둔하기에 적합한 곳이었다. 그래서 북쪽은 문명권에서 벗어난 사람들이 숨을 죽이며 살아왔던 곳이기 했다. 그러나 그곳은 세상의 패배자나 나약한 사람들이 모여 사는 곳은 아니었다. 그들에게는 놀라운 힘이 있었다. 때로 그들은 불가능한 저항을 하기도 했고 필요할 때는 산에서 나와 세상을 흔들기도 했다.

그리고 그곳은 스페인의 성지이기도 하였다. 그곳은 로마가 들어오기 이전부터 기독교가 전파되었다. 예수가 승천하기 전 땅 끝까지 복음을 전하라고 하였는데 당시 땅 끝은 바로 이곳이었다. 그래서 예수의 제자인 야고보가 와서 복음을 전하였다. 야고보가 다시 예루살렘으로 가서 순교했는데, 그의 제자들이 그의 시신을 스페인으로 가지고 와서 북쪽 어딘가에 묻었는데 정확한 장소를 알 수 없었다. 그러다가 이슬람과 기독교와 전쟁이 계속되던 9세기 이곳 북쪽 갈리시아에서 야고보의 무덤이 발견되었다. 이를 통해 그들은 성전聖戰에 대한 힘을 얻어 기적적으로 승리하였다. 그래서 그 이후 그곳을 성지로 삼았고 그 이후 산티아고 순례도 시작되었다. 그리고 이슬람을 물리치고 국토회복을 시작한 곳도 북쪽 스페인이었다.

이처럼 그곳은 스페인의 생명이 잉태된 자궁이기도 하면서 스페인을 위기에서 건진 신앙과 영성의 땅이었다. 그래서 이곳은 스페인의 뿌리가 있는 곳이라고 해도 좋을 것이다. 이를 마음으로 본다면 생명이 있고 초월적 영성이 있는 가장 깊은 곳이다. 그래서 북부를 스페인의 내자기로 볼 수 있을 것이다.

남부의 자기

✦

이제 스페인의 가장 남쪽과 지중해를 접하고 있는 동쪽으로 내려가 보자. 이 땅은 지중해를 마주하고 있고 넓은 곡창지대가 있어 풍요로운 세상의 문명지대이다. 어떻게 보면 북쪽과 대비되는 곳이다. 북쪽은 흐린 날이 많아 하늘을 보기 어려운데 이곳은 날이 맑아 푸른 하늘과 태양을 늘 볼 수 있다. 그래서 이곳의 사람들은 감성적이고 감각적이다. 세상을 즐길 줄 알고 세상을 살아가는 법에도 익숙하다. 그래서 그곳은 여러 나라가 거쳐 가기도 했다. 페니키아, 그리스, 카르타고, 로마인, 유대인,

◆◇ 스페인의 남부는 맑은 하늘과 뜨거운 태양 그리고 풍요로운 자연과 아름다운 해변을 즐길 수 있는 곳이다. 그리고 다양한 문명의 흔적을 경험할 수 있다. k2internacional.com

무어인 등 세상을 지배하는 자들이 그곳을 차지하였다. 세상의 원리와 힘이 작용하는 곳이었다. 그래서 이곳에서 살아남으려면 이를 잘 알고 적응할 수 있어야 했다.

이는 마치 인간이 세상을 살아가야 하는 외자기의 모습과 같다. 이곳의 주인은 따로 없다. 힘 있는 자가 사는 곳이다. 세상과 힘의 법이 지배하는 곳이다. 이를 스페인의 외자기로 볼 수 있을 것이다. 세상과 접하며 살아가는 그들의 모습인 것이다. 이곳은 고유의 스페인은 없고 오직 세상의 법으로 결정되는 곳이다.

중부의 자기
✦

그렇다면 그들의 중간지대는 무엇을 의미할까? 이곳은 삭막한 광야와 같은 곳이다. 자연의 풍경이 없는 고원이며 황토색이고 건조하여 마치 광야와 같다. 이곳을 카스티야라고 부르며 로마 이후부터 스페인의 수

♦◇ 스페인 중부의 전형적인 풍경(마드리드 북부). 이곳은 스페인의 다른 곳에 비하여 쓸모없는 광야가 많은 곳이지만, 스페인의 중심인 카스티야가 있는 곳이다. 스페인의 권력과 정체성을 투쟁하는 격렬한 곳이었다. 그래서 이곳이 잘 되면 스페인이 흥하였고, 이곳이 잘못되면 스페인은 망하였다. **cyclingspain.com**

도가 있었던 곳이다. 서고트 왕국의 수도인 톨레도와 그 이후 왕국의 수도인 마드리드가 있는 곳이다. 다소 황량한 곳이지만 스페인의 중심이었고 스페인을 주도적으로 이끈 중심지역이다.

인간의 인격으로 볼 때 이곳을 중자기라 할 수 있을 것이다. 외자기와 내자기를 연결하고 조절하는 역할을 하며 내자기 생명의 소리를 감정과 몸으로 외자기에 전달하여 세상에서 잘 적응할 수 있게 해주는 곳이다. 이곳을 정체성의 중심이 되는 곳으로 볼 수 있다. 이곳의 중자기가 건강해야 전체 스페인이 건강해질 수 있다. 그러나 스페인은 중심의 자기에 늘 문제가 있었다. 앞으로 이에 대해서는 더 자세히 분석할 것이다.

스페인에 대해 척추가 없다, 속이 비어 있다 하며 정체성의 문제를 지적하는 학자들이 있었다. 그것은 바로 카스티야의 문제를 말하는 것이었다. 그래서 학자들은 스페인이 카스티야 때문에 흥하였고 카스티야 때문에 망했다고 말하기도 한다. 이 카스티야 동쪽에 또 다른 자기가 있었는데 그곳을 카탈리냐라고 한다. 지금의 바르셀로나 근방 지역이다. 이곳은 중부이지만 지중해 남부와 다른 유럽의 영향을 많이 받은 곳이라, 하나 되기 어려운 서로 다른 배경이었다. 그럼에도 한때는 이 두 자기가 하나가 되어 스페인을 이슬람으로부터 회복하는 중심이 되었다. 그러나 그 이후 하나가 되지 못하고 늘 갈등하는 관계가 되었고 근대에 와서는 내전을 일으킨 중심세력이 되기도 했다. 그래서 이 중부의 두 자기는 스페인의 흥망성쇠에 중요한 열쇠가 되었다.

태고의 스페인

✦

지금은 스페인이라는 주권국가가 뚜렷하고 스페인이라는 민족이 형성되어 있지만, 15세기 말 기독교 왕국으로 스페인이 통일되기 전까지는 스페인이라는 민족과 정체성을 내세울 만한 중심 국가가 없었다. 수많은 민족과 나라가 들어오고 세워졌다가 사라졌다. 그래서 중심이 없는 나라였다. 그러니 다른 나라처럼 그럴듯한 건국 신화도 없다. 그렇다고 그들은 뿌리가 없는 것은 아니다. 앞서 설명한 대로 그들은 선사시대 이후부터의 인류 역사를 품고 있다. 이를 뒷받침할 수 있는 유적들이 있다. 하나가 앞서 말한 알타미라 동굴이고 그 이후에 발견된 아타푸에르카에서의 석회암 동굴에서 발견된 인류화석이다. 아타푸에르카는 부르고스라는 스페인 북부에 있는 도시이다. 이 도시는 산티아고 순례길의 중간이면서 빌바오 밑에 위치한다.

　이 화석과 유물들을 통해 약 50만 년 전 유럽에 거주했던 네안데르탈인이 빙하기의 추위를 피해 이베리아 반도에 내려와 살았다는 것을 알 수 있었다. 그러나 빙하기를 견디지 못하고 그들은 3~4만 년 전에 지브롤터 해협 근방에서 멸종된 것으로 알려졌다. 그러나 약 3만 년 전 호모 사피엔스라는 종이 아프리카 지역에서 출현하였는데, 그들은 유럽과 근동 아시아로 이주하며 네안데르탈인과 혼혈되거나 생존경쟁을 벌였다. 유럽으로 이주한 사피엔스는 주로 이베리아 반도에 살았으며 그들은 빙하기를 잘 견디어 내어 현재의 인류 조상이 되었다. 그들이 바로 크로마뇽인이고 알타미라 동굴의 주인이었다.

　그래서 스페인은 유럽인의 조상이 살았던 곳으로 유럽의 뿌리이기도 하다. 스페인은 지형학적으로 유럽과는 연결되어 있지만, 높은 피레네 산맥으로 435킬로미터나 막혀 있고 아프리카와는 바다로 떨어져 있지만 14킬로미터만 건너면 된다. 그래서 스페인을 유럽이라고 부르기보다는 아프리카의 연장으로 보는 사람도 있다. 그래서 스페인의 태곳적 뿌리를 유럽으로 보기보다는 아프리카로 보는 것이 더 타당할 수 있다. 인류의 조상이 사피엔스도 아프리카에서 건너왔고, 또 기원전 1,600년경 북아프리카에서 이주해온 이베로 족도 스페인 남동부 쪽에 주로 살았기에 아프리카를 스페인 태고의 조상으로 볼 수 있다. 그리고 그들은 이슬람이 지배하던 시대에는 아프리카와 많은 교류를 하며 살았다.

　흔히 스페인을 아프리카 일부라고 하면 그들을 비하하는 것처럼 들릴지 모르지만, 아프리카는 스페인의 근원적 자기와 뿌리를 찾는데 아주 중요하다. 인간의 보편적 무의식에는 뿌리에 대한 깊은 무의식이 있기에 그들을 심층적으로 이해하기 위해서는 아프리카를 잘 알아야 한다.

고대 이베리아
✦

고대 이베리아의 주민들은 크게 3구역으로 나누어 살았다. 이베로 족은 기원전 10세기경부터 들어와서 주로 남동부에 살았고, 그 이후 그리스, 페니키아와 카르타고 등에서 온 주민들은 주로 남부에 흩어져 살았다. 그들은 어떤 왕국의 형태로 살기보다는 자신의 생업을 하며 집단으로 모여 살았다. 그러다가 남서부 쪽에 타르테소스라는 왕국이 세워졌다. 기원전 8~6세기경에 그리스인들이 스페인 남서부인 세비야 근방의 카람볼로라는 곳에 들어와 세운 왕국이다. 이 왕국을 헤라클레스가 세웠다는 설도 있다. 그 이후 무역 분쟁으로 인해 페니키아와 카르타고의 공격을 받는데, 이 왕국이 이러한 공격으로 멸망했는지 자연재해로 멸망했는지 이유는 알 수 없지만, 갑자기 사라졌다.

그리고 기원전 9세기경부터 유럽에서 켈트 족인 셀타 인이 대량으로 들어와 주로 서북부에 거주하였다. 서로 나누어 살았기에 처음에는 큰 충돌은 없었지만, 자기들의 영역이 확장되면서 이베로 족과 켈트 족의 충돌이 있었다. 이베로 족은 비교적 부드럽고 개방적이었고 아직 청동기 시대에 살고 있었다. 그러나 북에서 내려온 켈트 족은 다소 거칠고 공격적이었다. 거기에다 그들은 철기를 사용하고 있었다. 그래서 충돌이 불가피하였다.

그러나 한편으로는 두 민족 사이에 교류가 일어나기 시작하였다. 점점 두 민족 사이에 혼혈이 늘어나면서 그들로 인해 자연스럽게 중간지대가 생기면서 평화가 찾아왔다. 두 민족 사이에서 생긴 혼혈인을 셀티베로 족이라 한다. 이들이 스페인의 뿌리가 되는 토착 민족이 되었다. 그들은 완고하면서도 전투적이었다. 그러나 그들은 처음부터 민족적 정체성이 생긴 것은 아니었다. 많은 과정을 겪으면서 조금씩 그 땅의 주인으로서 정체성을 가지게 되었다.

당시 지중해에서 무역하는 그리스와 페니키아인들이 스페인의 남부에 와서 살았다. 그들은 처음에는 공격적이지 않고 무역에만 종사하여 원주민에게도 도움이 되었다. 그리고 그들을 통해 높은 수준의 문명을 공유할 수 있었기 때문에 상호 유익하였다. 그러나 무역의 상권이 커지면서 이권의 불평등이 생기기 시작했다. 이런 갈등이 있는 경우 결국 무력으로 해결하려고 하기에 충돌이 불가피하였다. 그래서 앞서 설명한 타르테소스와 같은 강력한 왕국이 필요하게 되었다. 그리고 이 왕국과 그리스, 페니키아 그리고 카르타고 등과 전쟁도 일어났었다.

평화로울 때는 집단적인 정체성이 그렇게 중요하지 않다. 그러나 이런 공격들을 받게 되면 자연히 서로 뭉치게 되고 그 중심에 정체성이 형성되는 것이다. 그들은 원주민이었는데, 그들의 땅에 들어와 다른 이주민이 전쟁하는 것을 보며 위기감을 느끼게 되었다. 이를 통해 그 지역에 살았던 이베로 족과 셀티베로 족이 토착 민족이라는 정체성으로 뭉치게 되었다. 그러나 아직 자신들을 조직적으로 충분히 훈련하지 못한 상태였다.

페니키아는 원래 13세기 이전부터 지중해의 서부에서 무역 등을 중심으로 발달해왔는데, 기원전 9세기에 지중해 동부의 무역까지 확장하기 위해 아프리카 북부에 카르타고라는 왕국을 세웠다. 페니키아는 무역을 주로 하는 국가였지만, 무역을 확장하려면 강한 군사력이 뒷받침되어야 했기에 그들의 해군력도 막강했다. 그러던 중, 서부의 페니키아 본국이 그리스에 멸망하는 것을 보고 군사력을 더욱 강화하였다. 그러다 보니 주위의 많은 국가와 민족들이 위협을 느끼게 되었다. 이때 신생 로마가 이탈리아 반도를 통일하고 급속도로 팽창하고 있었다. 그래서 이를 견제하기 위해서 카르타고가 시칠리아를 점령하자 로마가 카르타고와 전쟁을 벌였다. 이것이 1차 포에니 전쟁(기원전 264~341)이었다. 예상을 뒤엎고 로마가 승리하였다.

카르타고는 이 전쟁 전까지는 이베리아의 동부 지중해에 무역을 위한 거점 도시 정도를 두는 정도였으나, 1차 전쟁에서 패한 후 아프리카의 카르타고에서 반란이 일어나자 왕족의 본부를 이베리아 반도로 옮겼다. 그래서 그들은 이베리아 동남부의 넓은 지역을 점령하였다. 이로써 이베리아의 원주민은 큰 위협을 느끼게 되었다. 이러한 위협은 평화로운 원주민들에게 자기를 형성하게 하는 자극이 되었다. 그러나 그들은 아직 카르타고에 맞설 힘이 없어 일방적으로 당할 수밖에 없었다. 그렇지만 이 기회를 통해 그들은 더 강한 민족적 결집력과 정체성을 형성할 수 있었다.

그런데 23년 후 2차 포에니 전쟁(기원전 218~201)이 일어났다. 카르타고의 한니발은 이베리아를 거점으로 알프스를 넘어 육로로 로마를 공격하였다. 거의 승리를 목전에 두고 있었는데, 로마의 스콜피오 장군이 이베리아의 카르타고 본부를 기습하는 바람에 전세가 역전되었다. 그 이후부터는 이베리아는 로마의 손에 들어가게 되었다. 그 이후 3차 포에니 전쟁(기원전 149~146)이 일어나 카르타고는 완전히 몰살당하였다. 그 이후는 막강한 로마제국이 이베리아 반도를 지배하였다.

제3장

로마와 기독교를 통해 찾은 자기

원주민의 정체성을 깨우다

✦

로마는 막강한 군사력을 바탕으로 지중해를 중심으로 거대한 제국을 형성하였다. 이제 이베리아는 로마의 속국이 되지 않을 수 없었다. 로마는 이베리아에서 농산물과 광물이 풍부하게 나오기 때문에 그들을 아주 중요한 속국으로 삼았고, 그 땅을 이스파니아Hispania라고 불렀다. 카르타고가 이베리아를 중심으로 로마를 공격하였기에 로마가 이 지역을 확고한 로마영토로 만들 필요가 있었다. 스페인 주요 지역만을 정복하는 것으로 끝나지 않고 전 지역을 정복하여 로마화하려고 하였다. 처음에는 쉽게 정복할 것으로 생각하였는데, 원주민의 저항이 예상외로 거세었다. 거칠었던 갈리아(프랑스)도 시저가 7년 만에 완전 복속시켰다. 시저와 아우구스투스 황제까지 직접 나서서 토벌하였음에도 그들을 완전히 정복하는데, 약 200년이 소요되었다.

평시에는 그들은 부드럽고 유순하였다. 그리고 개방적이었다. 그래서 로마는 그들을 쉽게 생각했다. 그러나 그들은 위기에 엄청나게 강했다. 자신이 공격받을 때 자신들이 이 땅의 원주민이라는 정체성으로 로마에 대항하였다. 그리고 그들 속에는 전투적인 유전자가 있었고 완고한 편이어서 그들은 싸울수록 강해졌다. 그들은 군사력에서 로마의 상대가 되지 않았다. 그러나 끝까지 저항하였다.

그들은 누만티아 전투에서 4천 명의 비정규군 주민이 6만 명의 로마 정규군에 대항하여 8개월간 항전하다가, 끝내 투항을 거부하고 모두 자결하였다. 이는 유대인들이 로마에 투항하지 않고 끝까지 항전하다 자결한 마사다 항전을 연상하게 한다. 유대인들은 전통적으로 강력한 민족적 정체성이 있었기 때문에 그렇게 할 수 있다고 하지만, 정체성이 없었을 것 같았던 셀티베로 족이 이렇게까지 항전할지 누가 알았겠는가?

이 전쟁으로 거의 정복이 될 것으로 생각했지만, 그것은 오산이었다. 원주민들은 북쪽의 산악지대로 숨어 게릴라전으로 로마를 괴롭혔다. 그래서 그들을 완전히 정복하는데, 200년이나 걸린 것이다. 그들은 제대로 된 왕국을 형성하지도 않았고 중앙의 집권세력이나 민족적, 종교적 구심점이 그렇게 강하지 않았는데 어떻게 이런 일이 일어났을까? 그들의 이런 숨은 정체성을 도대체 어디서 나온 것인가? 이것 역시 스페인의 신비라고 말할 수밖에 없다.

평소에는 그들은 여유롭고 평화롭게 살았다. 이럴 때는 자신의 정체성이 그렇게 중요하지 않았다. 지금까지 여러 민족이 그 땅에 들어와 때로는 그들을 괴롭히기도 하였지만, 그 땅의 작은 부분에서 일어난 일이었다. 그래서 힘들면 그들은 다른 곳으로 피해갈 수도 있었다.

그러나 로마의 경우는 달랐다. 작았던 로마가 그 무서운 카르타고와 끈질기게 싸워 3전 전승을 하는 것을 보았고 그들이 자신의 땅에 들어오는 것은 잠시 지나가는 정도가 아니라는 것을 알았다. 그리고 남부 일부만 지배하는 것이 아니라, 전 국토를 정복하고 그 땅의 자원도 다 가져가려는 것도 알았다. 이런 위기가 자신들이 이 땅의 원주민이고 주인이라는 정체성을 깨운 것이었다. 그들도 더 이상 물러설 곳이 없었다.

이런 위기감이 그들 속 깊이 있던 뿌리로서의 정체성을 깨웠다. 이러한 정체성을 앞서 내자기라고 하였고 지역적으로는 스페인의 북부가 이러한 역할을 한다고 하였다. 태곳적이고 심층적인 그 땅의 주인으로서의 주인의식과 정체성이 깨어난 것이었다. 이는 깊은 무의식이기 때문에 평소에는 잘 느껴지지 않다가 위기의 순간에 깨어나는 것이었다.

그러나 강력한 로마도 대충 넘어가지 않았고 전력을 다해 그들을 공격했다. 북쪽 산악에 그들이 원하는 자원이 있었기에 이를 놓칠 수 없었다. 결국, 그들도 저항하다가 너무도 강력하고 집요한 로마의 공격에 항복하지 않을 수 없었다. 그렇다고 그들의 뿌리로서의 주인의식이 다 사라진 것은 아니었다. 로마의 지배를 받으면서 그들의 내자기는 깊은 무의식 속에 다시 억압되고 숨겨지게 되었다.

로마의 시대가 시작되다

✦

이제 그 땅에서 위대한 로마의 시대가 시작되었다. 모든 것에서 로마는 대단했다. 과거의 자신들과 비교될 수 없었다. 과거의 자신들은 미개했고 야만이었다. 그러나 로마의 문명은 찬란하였다. 모든 것이 비교되었다. 열등한 그들을 노예로 삼기보다는 그들도 로마가 되게 하였고 로마인으로 받아주었다. 그리고 로마는 이스파니아를 진정 로마로 대하고 로마의 모든 것을 쏟아부었다. 그래서 그들은 로마시민이 되었고 로마의 모든 것을 향유할 수 있게 되었다.

그들은 그 땅의 피지배 인이 아니라 다시 주인이 되었다. 그러나 그들은 로마인이었다. 더 이상 셀티베로 족이 아니었다. 로마에 있는 원형경기장, 극장, 다리, 사원, 개선문, 도로, 거대한 수로, 아름다운 건축물과 목욕시설 등의 유흥시설로 그 땅은 천지가 개벽할 정도로 달라졌다. 시골 깡촌이 세계 최대의 도시가 된 것이다. 그리고 로마의 법률, 학문, 건축술, 과학, 문화와 예술 등이 들어오면서 그들은 아주 빠르게 로마화되었고, 그들은 즐겨 이를 학습하여 최고의 로마인이 되었다. 가장 중요한 것은 언어이다. 그들의 과거 언어는 사라지고, 로마의 언어인 통속 라틴어가 공용어가 되었다. 물론 일부 지역에 과거의 언어의 흔적이 남아있지만, 공용어가 이렇게 교체되었다.

이러한 변화가 잘 실감나지 않는다면, 우리나라 경우로 대입해서 생각해보자. 가끔 이런 상상을 해본다. 과거 일본은 선진국이었고 우리나라는 가난하였다. 만일 일본이 우리나라를 무력을 정복하였지만, 그들

♦◇ 스페인 중부와 남부 여러 지역에 로마 건축의 유물들이 남아있다. 그중에 에스트레마두라의 메리다에 로마의 유적이 아주 많다. 로마인들이 그곳을 휴양지로 만들어 은퇴한 사람들이 많이 와서 살았다

의 약속대로 우리를 같은 민족으로 대하고 우리를 그들 이상으로 잘살게 해주었다면, 과연 우리나라는 어떻게 되었을까? 그리고 일본이 만주를 정복한 정도로 끝내고 일본, 한국과 만주가 서로 차별 없이 하나 되어 선진국으로 잘 살아갔다면, 과연 우리나라는 지금 어떻게 되었을까? 이와 같은 문제이다.

   로마는 이스파니아를 피지배국으로 차별하거나 착취하지 않았다. 같은 로마 시민으로 잘 살게 해주었다. 세계 최고의 문명국으로 긍지를 가지고 잘 살게 해준다면, 그들은 깊이 로마화되지 않았을까? 만일 일본도 로마처럼 그렇게 했다면, 우리도 일본 황국 시민으로 살지 않았을까? 이것이 가능할까?

로마보다 더 로마다운 이스파니아

✦

그런데 그들은 뼛속 깊이까지 로마인이 되었다. 그 땅은 로마가 되었다. 아니 로마인보다 더 로마인이 되었고 로마의 땅보다 더 로마가 되었다. 이스파니아는 로마 본토보다 더 우수한 인재들을 배출했다. 네로 황제의 스승이며 스토아학파를 이끈 사상가인 세네카Lucius Annaeus Seneca(BC4~AD65)가 코르도바 출신이었다. 시인 마르시알Marcus Valerius Martialis(38~102), 수사학자인 퀸틸리아누스Marcus Fabius Quintilianus(35~95) 등도 이스파니아 출신이었다. 퀸틸리아누스는 저명한 역사가인 플리니우스Gaius Plinius(61~113)와 타키투스Publius Cornelius Tacitus(55~117)의 스승이었다.

로마제국은 카이사르Gaius Julius Caesar(BC100~BC44)와 아우구스투스 황제Augustus(BC63~AD14) 때가 전성기였다. 그 이후부터는 조금씩 쇠퇴해갔다. 어느 나라든 정점에 이르면 쇠퇴해갈 수밖에 없다. 무엇보다도 그들이 부강해지면서, 과거 그들의 정신을 잃어버리고 풍요로움을 더 많이 누리기만을 원하였다. 처음 발전할 때의 초심을 잃어버렸다. 그래서 그들은 과거 그들을 발전하게 하였던 로마정신과 희생정신이 사라져가고 있었다. 거기에다 화산과 전염병 등의 재난도 겹치면서 로마는 다른 나라들처럼 쇠망해가고 있었다. 황제의 권위도 추락하면서 무력으로 황제가 1년 안에 3번이나 바뀌기도 했다. 특별히 군인들도 과거 같지 않았다. 돈으로 움직이는 용병으로 변해가고 있었고 빈부격차도 심해지고 경제난도 가중되었다.

그런데 아직도 로마다운 곳이 있었다. 그곳은 바로 이스파니아였다.

♦◇ 트라야누스 황제의 동상. 그는 최초로 로마 속주 이스파니아 출신으로 황제가 된 사람이다. 그로 인해 로마는 다시 부흥하여 과거 시저 때보다 더 넓은 영토를 확장하였다. 그는 역사상 가장 풍요로운 오현제의 100년을 시작하는 기초를 닦았다. mummytravels.com

그곳의 군인들은 아직도 과거 로마 군인 같았다. 과거 로마의 정신이 살아있었다. 그래서 12대 네르바 황제 Marcus Cocceius Nerva(30~98)는 다음 황제를 이스파니아에서 택하였다. 놀라운 일이었다. 로마가 살기 위해서는 과거 로마정신이 살아있는 그곳에서 진정한 군인인 사람을 택하게 되었다. 그가 바로 트라야누스였다. 그는 대대로 로마의 군인 집안이었고 로마에 충성했다. 그래서 로마에 장군으로 뽑혀갔다. 로마에 과거의 로마 군인다운 군인이 없었기에 이제는 이스파니아에서 수입하게 된 것이었다.

정통 로마가 아닌 로마에서 아직 황제가 나온 적이 없었다. 그러나 이제 로마에는 로마다운 인재가 없었기에 로마정신이 살아있는 이스파니아를 주목하게 된 것이다. 그가 네르바 황제였다. 그는 70세에 황제가 되어 겨우 1년 4개월간 재임했다. 그러나 그는 지혜로웠다. 이제는 로마는 죽어가기에 로마가 살기 위해서는 가장 로마다운 이스파니아에서 인재를 수입해야 한다는 것이었다. 그래서 그곳의 트라야누스Marcus Ulpius Trajanus(53~117)를 황제로 삼았다. 그의 지혜와 판단은 정확했다. 트라야누스는 정말 위대한 황제가 되었다. 그는 군인 출신이었다. 그리고 지금 로마의 문제가 무엇인지 정확하게 파악하고 있었다. 로마의 위기를 극복할 수 있는 길은 초심으로 돌아가는 것이었다.

경제난을 타개하고 다시 로마의 부흥을 이끄는 것은 정복 전쟁이었다. 식민지를 확장하는 것이었다. 그래서 그는 다시 정복 전쟁을 벌였다. 서부는 안정이 되었지만, 동부전선은 아직 불안정하고 더 확장할 수 있는 가능성이 있었다. 그래서 그는 다뉴브강을 넘어서 동부 유럽과 아시아로 정복 전쟁을 나갔다. 그래서 지금의 루마니아와 이란에까지 로마의 영토를 넓혔다. 과거 카이사르와 아우구스투스 황제도 못했던 일을 했다. 그는 전쟁터에서 황제에 등극하여 죽을 때까지 전장에서 정복 전쟁을 했다. 이런 황제는 유일하다. 그는 로마의 궁궐에서 편하게 풍요로움과 권력을 누리지 않았다. 전장에서 군인들과 함께 고생하며 속국을 안정화하는 일에 매진하였다. 정말 로마를 위해 이렇게까지 희생한 황제는 없었을 것이다.

그다음 황제들도 계속해서 이스파니아에서 나왔다. 하드리아누스 황제Publius Aelius Hadrianus(76~138) 역시 희생적으로 전쟁터를 다녔으며 때로는 로마에 와서 로마를 개혁하고 회복하는 일을 하였다. 그리고 명상록을 쓴 스토아 철학자이면서 위대한 황제인 마르쿠스 아우렐리우스Marcus Aurelius Antonius(121~180)는 로마에서 태어났지만, 그의 조상은 이스파니아인이었다. 그리고 기독교를 국교로 받아들인 테오도시우스 황제Flavius Theodosius(347~395)도 이스파니아 출신이었다. 그래서 이스파니아는 로마제국 역사에 아주 중요한 족적足跡을 남긴 위대한 황제들을 배출하였다. 특별히 오현제 100년의 부흥을 이끈 핵심적인 두 황제와 마지막을 장식한 황제가 이스파니아 출신이었다. 죽어가는 로마를 다시 살린 황제들이 이 땅에서 나왔고 또 동로마를 부흥시킨 황제도 이스파니아에서 나왔다.

가장 기독교화된 스페인
✦

그리고 스페인은 기독교도 로마보다 먼저 받아들였다. 땅 끝까지 복음을 전하라는 예수의 지상명령에 순종하여 당시의 땅 끝인 스페인에 예수의 제자인 야고보James(~44)가 와서 복음을 전했다. 그리고 그는 예루살렘에서 순교했고 그의 제자들이 야고보의 시신을 스페인에 가지고 와서 묻었는데, 그곳이 스페인의 성지가 되었다. 그곳을 '산티아고 데 콤포스텔라'라 한다.

그 이후 산티아고 순례가 생겼고 최종 목적지가 바로 이곳이 되었다. 기독교는 처음에는 토속 신앙의 저항에 부딪혔지만, 로마처럼 핍박을 받지 않았기에 로마보다 더 빨리 전파되었다. 로마가 나중에 기독교를 받아들이는 데 스페인의 영향을 무시할 수 없었을 것이다. 로마가 기독교를 국교로 받아들이는 황제인 테오도시우스가 스페인 출신인 것도 결코 우연한 일은 아닐 것이다. 그리고 니케아 종교회의에서 가장 영향력을 보인 오씨오Ocio도 스페인의 코르도바 주교 출신이었다. 그리고 스페인의 통일 왕국이 강력한 가톨릭 국가가 되고 반종교개혁의 중심지가 스페인이 된 것도 이러한 기독교적 전통에서 나온 것이었다.

이처럼 로마보다 더 로마답고 기독교다운 나라가 스페인이었다. 그들은 어떻게 이렇게 변할 수 있었을까? 우리나라로 치면 우리가 일본보다 더 일본사람이 될 수 있고 이 땅이 더 일본보다 일본다울 수 있을까? 일본보다 신사참배를 더 열심히 할 수 있었을까? 상상도 하기 싫은 소름이 끼치는 일이지만, 스페인에서 이러한 일이 일어났다. 어떻게 그들이 뼛속까지 로마인이 될 수 있었을까? 그래서 이 책은 이탈리아를 로마의 장남으로 스페인을 차남으로 한 것이었다. 장남이 장남 역할을 못 하니 차남이 장남 역할까지 하며 집안을 일으킨 것이었다. 어떻게 이런 일이 가능했을까? 이제 이러한 일에 대해 분석해보려고 한다.

이스파니아가 찾은 자기 1 – 로마

✦

그들은 로마에게 가장 끈질기게 저항한 민족이기도 했지만, 로마보다 더 로마인이 된 민족이었다. 어떻게 이런 변신이 가능했을까? 적응력이 뛰어나서? 아니면 주체성이 없어서 그럴까? 그들은 물론 열려있지만 완고한 편이었다. 그렇게 적응력이 뛰어난 편도 아니었다. 겉으로는 주체성이 약한 것 같지만 그 뿌리는 대단하였다. 그들이 저항하였던 것을 보면 알 수 있다. 그래서 이를 그렇게 간단하게 설명하기 어렵다. 이런 경우 그들의 심층을 분석해보는 것이 도움이 될 수 있다.

다른 로마 속주국의 경우 겉으로는 로마에 충성하지만, 자신의 원래의 민족과 지역에 대한 정체성이 남아있었다. 그래서 기회 있는 대로 반란을 일으키고 저항하기도 했다. 어쩔 수 없이 충성하지 마음까지 로마에 내어주지는 않았다. 미국 경우도 미국 시민으로서 자긍심과 미국에 대한 충성심이 있더라도, 자신의 뿌리인 고국에 대한 정체성도 대부분 유지하며 살아간다. 그러나 스페인은 이런 경우와는 달랐다.

그런데 그들은 통째로 로마인이 되었다. 로마가 그들의 정체성이 되었다. 로마를 위해 최전방에 나가 목숨을 걸고 싸웠다. 돈 때문에 싸우는 용병이 아니었다. 명예와 권위를 욕심내기보다 로마를 위해 희생하였다. 로마인들은 편하게 놀고 있는데, 그들은 전쟁터에 나가 죽을 고생을 하며 싸웠다. 정말 로마인들이 그들을 칭송하고 고마워해야 했다. 보통 자신을 지배하던 나라가 멸망하게 되면 자신의 나라를 다시 세우고 싶어 한다. 그러나 스페인은 서로마가 멸망한 후 자신들의 나라를 다시 세울 생각도 하지 못하고 그들과 같이 망한 채로 있었다. 그 틈을 타서 서고트 족이 들어와 자신의 나라를 세웠다. 그들은 그저 로마인이었고 서고트로부터도 로마인 대접을 받았다. 그 이후 이슬람이 들어왔을 때도 그렇게 저항하지 않았다.

이것만 보면 스페인은 아무런 민족적인 자의식과 정체성이 없이 흘러가는 대로 살아가는 나라 같다. 좋은 것이 좋은 것이 아니냐는 방관적인 태도나, 주인보다는 손님으로 사는 그러한 사람처럼 보인다. 자신의 뿌리를 잃어버리고 온통 로마처럼 살다가 다시 다른 사람으로 살아가는 그러한 사람처럼 보인다. 그들은 이처럼 정체성 없이 구름에 달 가듯이 흘러가는 민족이었을까?

그렇다면 그들이 로마에 200년을 저항한 힘은 어디에서 나왔고 나중에 800년 만에 이슬람을 몰아내고 가톨릭 왕국을 세운 그 저력은 어디에서 나온 것일까? 그리고 그들은 기독교가 들어온 이후 자신의 종교를 결코 버린 적이 없었다. 처음 로마의 기독교 핍박에서도 그들의 신앙을 지켰고 이슬람의 지배 속에서도 신앙을 지켰다. 그리고 그들은 가톨릭 국가로 세계를 지배할 때도, 다른 다른 정체성을 몰라도 신앙의 정체성만은 꾸준하였다. 이처럼 그들은 아무 생각 없이 흘러가는 그런 민족이 아니었다.

그들은 어떻게 로마인이 되었을까?
✦

그렇다면 그들이 뼛속 깊이 로마인이 된 이유는 무엇이었을까? 그 첫 번의 이유는 열등감에서 찾아볼 수 있을 것이다. 이베리아 반도는 당시 지중해에서 땅 끝이고 변방이었다. 그리고 문명과 경제 등에서도 가장 뒤처져 있었다. 제대로 된 왕국도 없었다. 그래서 지중해의 다른 왕국과 민족에 비해 열등감이 심했다. 그리고 자신들도 이러한 열등감에서 벗어나고 싶었다. 그런데 그런 기회가 찾아왔다. 최고의 제국이 그들을 시민으로 받아주었고 이를 통해 그들도 최고의 시민과 국가가 될 수 있었다. 그래서 그들은 로마의 문명을 열심히 받아들이며 잠재된 능력을 맘껏 개발하며 발전할 수 있었다.

　이러한 현상은 그들에게만 있었던 것은 아니다. 아주 보편적인 일이다. 우리나라의 근대사에서도 이러한 일이 있었다. 깡촌 시골에서 올라온 학생이 서울 학생의 세련된 것과 잘사는 것을 보고 자신도 열심히 공부해서 그런 서울사람이 되고 싶어 했다. 일본 강점 때에는 일본을 미워하기보다는 동경하며 일본사람처럼 되고 싶은 사람도 있었다. 그리고 나중에는 미국사람을 이상화하여 미국사람처럼 되고 싶은 사람도 있었다. 미국에 이민 가서 한국말을 쓰지 않고 자식들이 영어만을 쓰는 것을 자랑스러워하기도 했다. 이를 우월감으로 생각하기도 했다. 그리고 유럽의 전통과 학문을 동경하여 그들의 사상과 이념을 이상으로 삼고 그들처럼 되고 싶은 사람도 있었다. 그리고 유럽의 명품이 곧 자신인 것처럼 열광하는 사람도 있다. 이는 우리 자신과 나라를 열등하게 생각하고 부끄러워하는 마음에서 시작된 것이다. 이처럼 그들도 이러한 열등감에서 열심히 로마인이 되고 싶었을 것이다.

　그러나 이것만으로도 그들의 현상을 다 설명하기는 어렵다. 열등감은 열등하다는 자신을 보상하고 방어하기 위한 것이다. 그래서 열심히 노력하여 열등감을 극복하면 자신감과 자기의 정체성을 어느 정도 회복한다. 그런데 사람은 이것만으로 만족하지 않는다. 부러워하던 것을 이루고 나면 이에 머물지 않고, 자신만의 것을 찾고 개발하고 싶은 욕구가 생길 수 있다.

　우리나라의 경우가 그랬다. 60년대 아무것도 없을 때는 일제와 미제가 최고인 줄 알았다. 우리의 것은 너무도 없고 초라했다. 심한 열등감이 있었다. 그래서 열심히 일해서 열등감을 많이 극복하였다. 수출도 하고 우리나라가 만든 전자제품, 기계, 자동차, 선박 등이 세계시장에 나가서 경쟁하였다. 처음에는 저가로 승부를 걸었지만, 차차 품질과 디자인을 높여 당당하게 고급 제품과 가성비가 높은 제품으로 승부하였다. 우리도 선진국처럼 잘 살고 싶은 열등감과 욕구가 이러한 발전의 힘이 된 것은 사실이다.

우리나라도 열등감을 어느 정도 극복하고 자신감을 가지면서 자신에게서 좋은 것과 잘 할 수 있는 것을 찾아서 세계화하려는 욕구를 갖게 되었다. 그 결과로 한류가 탄생했다. 이처럼 우리는 열등감을 극복하면 자신의 것을 더 찾아 개발하고 싶은 마음이 생기는 것이다. 그러나 스페인의 경우에는 처음부터 끝까지 로마였다. 로마와 다른 고유의 자기 것을 찾기보다는 더욱 로마가 되려고만 한 것이었다. 철저하게 로마인이었다. 그리고 자기 것은 거의 없었다. 아주 독특한 현상이었다. 어떻게 이렇게 될 수 있었을까?

타자적 자기로 머문 로마

✦

로마는 모든 유럽의 환상이고 이상이었다. 그 주위는 너무 야만이었고, 로마를 경험하는 순간 로마에 빠지지 않을 수 없었다. 그런데 로마가 특별히 이스파니아를 대접해주고 많은 문화와 공공 인프라를 만들어 주었다. 그리고 이를 누릴 수 있게 했다. 그들에게는 정말 놀라운 경험이었고 그래서 그들은 저항 없이 로마가 되었다. 로마는 그들이 꿈꾸던 이상

理想이었다. 그런데 이상은 이상으로서만 끝나지 않는다. 이상은 마음에 이상과 반대되는 것을 찾아 압제하고 억압한다.

특히 로마의 기초가 되는 정신은 합리성이다. 이는 선악의 이분법으로 되어있다. 로마는 좋은 것을 취하고 나쁜 것을 버리는 합리적이고 실용적인 가치구조로 그렇게 빠르게 발전한 것이었다. 그러나 이 가치구조는 항상 좋은 것을 이상화하고 나쁜 것을 무시하고 경멸하는 이분법으로 간다. 이러한 이분법적 현상은 우리 주위에서 늘 일어나고 있다. 많은 사람이 이상적인 좋은 것을 추구하지만, 한편으로는 이상적이지 못함으로 무시당하고 차별받는 것을 쉽게 본다.

공부 못한다고, 바르지 못하다고, 못생겼다고, 돈이 없다고 속으로 무시와 차별받는다. 물론 겉으로는 만인이 평등하다고 하지만, 마음에 일어나는 현상까지 법으로 규제할 수 없기에 우리 마음은 늘 이러한 선악과 등급으로 사람과 세상을 판단하고 구별한다. 여기에서 벗어나고 싶어도 이러한 법은 우리 속에서 자동으로 작동한다. 그 이유는 뇌의 작동 원리가 선악과 등급의 원리로 판단하고 선택하기 때문이다. 그래서 자동적이고 무의식적인 것이다.

그래서 이스파니아 사람들은 로마를 이상화하는 만큼 자신들 속에 있는 못나고 부족한 것을 억압하고 멸시하였다. 이것이 굳어지게 되면 자신의 부족한 것만이 아니라 자신의 뿌리가 억압되고 학대받는다. 과거에는 자신의 뿌리에 대해 나름 자부심을 느끼고 살았지만, 로마제국 앞에서는 자신들의 조상과 역사가 부끄러운 것이었다. 그래서 자신의 뿌리로부터 자기를 분리하여 새로운 자신들의 정체성을 만든 것이었다.

그 정체성이 로마였다. 그래서 그들은 스스로 로마인이라고 생각하며 살았다. 그들도 모르게 무의식적으로 그렇게 된 것이었다.

　우리는 이러한 현상 역시 우리 주위에서 흔히 볼 수 있다. 어떤 부모가 자식에게 너무 이상적인 것을 강요하고 요구하면 자신의 뿌리를 잃어버리고 부모가 요구한 대로 그 인격으로 살아가는 경우가 있다. 자기가 아니고 부모가 만들어 주고 이상화시킨 인격으로 사는 것이다. 조선시대에 이러한 현상이 있었다. 우리의 뿌리를 잃어버리고 중국과 유학이 만들어 주는 새로운 인격을 이상화하였다. 그래서 우리의 뿌리를 멸시하고 그러한 서적들을 태웠다. 우리 자신을 부인하고 중국을 조상으로 모시는 사대사상가운데 있었다. 그리고 세종대왕이 만든 우리의 글도 천박한 언문이라고 쓰지 못하게 하였다.

　라캉은 이러한 현상을 상징계라고 하였다. 라캉은 자신의 문제를 해결하기 위해 대상의 상징을 자신인 것처럼 착각하여 받아드림으로 자신이 아닌 타자로 산다고 했다. 바로 이러한 현상이 이스파니아 인에게 일어난 것이었다. 그들에게 새로운 로마라는 자기가 형성되었는데, 그것은 진정한 자기가 아닌 대타자Other로서의 자기였다. 이는 겉으로 보면 별문제가 없어 보일지 모르지만, 속으로는 자기에 대한 혼돈이 발생한다. 그리고 이러한 혼돈이 심해지면 나중에 삶에서도 혼돈이 일어난다. 자식이 자기가 아닌 부모가 만들어 준 자기로 살 때 우선 그럴듯해 보이고 출세도 할 수 있을지 모르지만, 그 자식을 결코 건강할 수가 없고 계속 문제를 만들어낸다. 이러한 현상이 스페인에서 계속 일어나는 것이었다.

이스파니아가 찾은 자기 2 – 기독교

✦

이스파니아가 로마 다음으로 찾은 자기가 있는데, 바로 기독교였다. 쉽게 생각하면 기독교는 로마로부터 전해진 것으로 생각하기에 로마의 한 문화 혹은 종교에 포함하여 생각할 수 있지만, 기독교는 사실 로마와 무관하게 이스파니아에 전파되고 발전되었다. 그리고 로마가 멸망한 다음, 로마의 영향은 사라졌지만, 기독교는 현대까지도 스페인 역사의 중심에 있었다. 그래서 기독교를 로마와 별도로 생각하며 로마와 또 다른 스페인의 정체성으로 생각하고 분석해보려고 한다.

기독교는 로마와 무관하게 예수의 제자와 사도들에 의해 전파되었다. 초기에는 로마가 기독교를 박해하였기 때문에 기독교는 로마의 영향력이 적은 북부 산악지대에 주로 전파되었고 다른 곳은 아주 은밀하게 전파되었다. 그러나 기독교는 어떠한 박해에도 성도들이 급성장하였다. 로마는 황제를 신으로 숭상하는 다신교였기 때문에 이를 거부하는 기독교를 적극적으로 박해했다. 황제에 따라 박해가 느슨하기도 강화하기도 했지만, 대체로 3세기까지 박해는 계속되었다. 그럼에도 기독교인의 수는 줄어들지 않았고 그들은 순교도 두려워하지 않았다. 특별히 스페인에서는 기독교와 관계된 기적들이 많이 일어났었다. 그래서 각 지역마다 이러한 기적의 주인공을 성인으로 모시고 있었다.

그래서 4세기 초에는 제국의 기독교인 수가 인구의 10%까지 증가하였고 처음에는 변방의 가난한 주민들 중심으로 시작되었지만, 점차 로마의 시민, 귀족 그리고 군인까지 신도가 되었다. 그리고 4세기 초에 콘

♦◊ 라우렌시오Sanctus Laurentius(225~258)는 에스파냐 출신으로 초기 기독교의 부제副祭가 되었으나 발레리아누스Valerianus 황제(~260)의 박해로 순교하였다. 스페인은 그를 성인으로 매년 8월 10일을 축일로 기린다.

스탄티누스 황제가 기독교의 신비한 체험을 한 후 전쟁에서 승리하였다. 그 후로 기독교는 더 이상 불법적 종교가 아닌 공인된 종교로 인정받게 되었다. 이를 통해 4세기에는 기독교인들인 폭발적으로 증가하여 4세기 말에는 제국의 80%가 기독교 교인이 되었다. 이렇게 되니 테오도시우스 황제가 기독교를 국교로 삼았다. 테오도시우스는 스페인 출신의 황제였다.

그 후 476년 서로마가 멸망하였지만, 오히려 기독교가 위축되기보다는 황제의 권위를 위임받아 교황의 권위는 더 강화되었다. 그 이후는 어떻게 보면 교황이 지배하는 중세가 시작되었다. 이스파니아에서도 처음에는 기독교가 박해를 받았지만, 4세기 이후부터는 기독교가 로마와 하나 되어 이스파니아를 지배하게 되었다. 그래서 그들은 로마와 같이 그들의 새로운 정체성으로 받아들였다. 그러나 로마가 멸망한 후 로마의 외적인 정체성은 사라졌지만, 로마의 권위가 교황과 주교에게 넘어가면서 그들은 로마를 대신하여 기독교를 새로운 정체성으로 받아들였다. 이탈리아도 로마가 멸망한 후 동고트가 지배하였지만, 동로마가 아직 건재하기 때문에 스스로 황제라고 칭하지 않고 총독 정도로 만족하였다.

　이스파니아도 마찬가지였다. 물론 서고트는 동로마의 통치를 인정한 것이 아니었기에 그들은 총독이 아니라 스스로 왕이라고 칭하였지만, 로마의 권위를 자기들이 대신할 자신이 없었고 문화적으로 야만의 상태였기 때문에 주교와 기독교의 권위를 인정해주었다. 이를 통해 오히려 원주민과 과거 로마시민을 안정시키려 하였다. 그래서 그들은 로마는 사라졌지만, 로마를 대신하여 기독교가 그 빈자리를 대신해주었다. 그래서 그들은 자연히 로마의 정체성이 기독교라는 정체성으로 바뀌게 되었다. 그렇다고 겉의 이름만 바뀐 것은 결코 아니다. 기독교는 로마와는 다소 다른 정체성이었다.

타자에서 내적 자기가 된 기독교
✦

로마는 외적 대상이었다. 이스파니아는 로마를 외적 대상으로 이상화하면서 자신과 동일시하였다. 동시에 로마와 같이 세련되고 고상하지 않은 자신을 억압하고 학대하였다. 그래서 로마는 이스파니아의 외자기가 되었다. 그러나 기독교는 로마와는 다소 달랐다. 물론 기독교도 로마처럼 외부로부터 들어온 것이었다. 같은 타자였다. 그러나 로마와는 다른 길을 갔다. 그들은 로마가 기독교를 공인하기 이전 박해를 받는 가운데서도 믿어왔고 또 기독교는 로마와 달리 내적인 대상이었기 때문에 그들에게는 로마와 동일한 자기가 될 수는 없었다.

　나중에는 로마가 국교로 받아들이고 로마가 멸망한 다음에는 로마를 대신하는 상징이고 권위였지만, 이스파니아에게는 기독교의 정체성은 과거 로마의 정체성과는 달랐다. 즉 로마는 외적 동일시의 대상이었지만, 기독교는 그들의 내면에서 시작되면서 내적인 뿌리를 갖는 정체성이었다. 로마는 내적인 자기를 억압하고 학대하며 그 위에 타자로서의 자기였지만, 기독교는 내적인 자기를 억압하기보다는 내적 뿌리와 연결된 자기였다. 그래서 기독교는 그들에게 로마보다는 더 깊은 자기와 정체성으로 자리 잡았다.

그래서 외적인 로마가 허물어졌음에도 그들은 기독교를 자신들의 정체성으로 받아들였다. 그리고 그 기독교에는 로마의 정체성도 여전히 자리하고 있었기 때문에 정체성이 더 강화될 수 있었다. 그러나 기독교가 내적인 자기와 연결된 것은 사실이나 스페인의 태곳적인 깊은 뿌리와 얼마나 관통되고 있는지는 아직 미지수이다. 그러나 기독교는 로마와 달리 내면을 향해 뿌리를 내리고 있었던 것은 사실이다.

이제 로마는 멸망하고 그 자리에 서고트가 들어왔다. 서고트는 이스파니아에게 어떤 의미였을까? 우리는 이를 역사적으로만 아니라 내적인 자기로서 살펴보려고 한다. 과거 깊은 뿌리는 있었지만, 특별한 공동체 의식이 없이 살아온 그들에게 이제 로마와 기독교라는 공동체로서의 자기의식이 생겼다. 이런 자기가 서고트라는 왕국 안에서 어떻게 되었는지 살펴보려고 한다.

제4장

스페인을 지배한 이방인들

무기력한 이스파니아의 로마 – 서고트의 지배

✦

서고트 족은 게르만 족의 한 부류이다. 게르만은 그들의 야만성과 용맹성 때문에 로마가 정복하지 못하고 그들을 라인 강과 도나우 강을 경계로 분리하였다. 그러나 그들은 늘 경계를 넘나들며 로마를 괴롭히기도 했고 일부는 로마의 용병으로 로마인이 되기도 했다. 그리고 경계를 넘어 버려진 로마 땅을 경작하기도 했다. 그러다가 훈족이 침범하는 바람에 그들은 372년 게르만 대이동을 시작하였다. 그리고 그들은 로마의 허락을 받아 376년에 로마영토에 거주할 수 있었다.

그들은 처음 그 땅에서 조용히 살고 있었는데, 로마의 학대가 심하게 되자 그들은 378년부터 반란을 일으켰다. 그들은 여러 곳에 몰려다니면서 로마를 헤집고 다니다가, 결국 로마의 게르만 용병까지 가세하면서 로마를 476년에 멸망시켰다. 게르만이 강해서라기보다는 이미 로마는 쇠망해가고 있었기에 스스로 무너진 것이었다. 동로마가 아직 건재하고 있었기 때문에 그들은 서로마를 완전히 지배하기보다는 총독으로서 대리 통치만 하였다. 그리고 로마인은 동고트의 법이 아닌 로마와 교회의 법으로 다스렸다.

이베리아 반도는 406년에 게르만의 반달 족이 먼저 침입했다. 그 이후 410년에는 서고트 족이 이베리아 반도에 들어와 반달 족을 밀어내고 그 땅을 차지하였다. 밀려난 반달 족은 북아프리카로 가서 반달 왕국을 세웠다(429~533). 그리고 서고트 족은 자신의 왕국(415~711)을 이베리아에 세웠다. 당시 이베리아 반도에는 400만 정도의 로마 주민이 있었다. 서고트 족은 10만에 불과하여 지금의 세고비아를 중심으로 거주하였다. 나머지 지역은 군대와 관리만 주둔시켰다. 400만이나 되는 인구에다 과거 로마 군인들도 있었기에 그들은 마음만 먹으면 서고트를 물리칠 수도 있었다. 그러나 이상하게도 그들은 서고트 족에게 별다른 저항을 하지 못하고 서로마와 함께 무기력하게 무너졌다. 그리고 서고트는 이베리아 북쪽 산악지역인 칸타브리아와 바스크 지역 등만 제외하고는 대부분 지역을 정복하였다. 왜 이처럼 그들은 무력하였을까? 400만이 어떻게 10만을 방어하지 못했을까?

이스파니아는 가장 로마다웠다고 했다. 로마가 쇠망할 때 로마를 다시 부흥시킬 정도로 그들의 로마정신은 투철했고 로마인으로서의 자부심을 가지고 있었다. 그리고 로마의 군단이 약해질 때도 이스파니아의 군단은 막강했다. 그래서 그 군단 출신인 트라야누스 황제와 하드리아누스 황제가 그 막강한 전투력으로 넓은 식민지를 정복하였다. 그처럼 강하였던 이스파니아의 로마 군단도 제대로 힘을 쓰지 못했다. 왜 이렇게 되었을까?

물론 정치적인 여러 이유가 있었을 것이다. 오현제 이후 왕권이 급격히 약화되었고 경제와 군사력도 약화되었다. 그래서 로마는 더 이상 과거의 로마가 아니었다. 그러나 로마가 약해졌다고 해서 그들까지 약해질 이유는 없었다. 그들은 본질적으로 로마의 속국이기에 로마가 약해지는 기회를 잘 살려 어떤 식으로든 독립할 수도 있었을 텐데, 이상하게도 로마와 같이 허물어졌다. 진짜 그들은 자신을 로마로 생각한 것이 증명이라도 된 것 같았다. 로마가 죽으면 자신들도 같이 죽어야 하는 명실상부한 공동체였던 것이었다. 완전히 그들과 하나가 된 정체성이었다.

로마가 동고트를 이겨내지 못한 것처럼 그들도 서고트를 저항하지 못하고 로마와 같이 멸망한 것이었다. 그들이 와서 횡포를 부려도 자위권을 발동할 힘과 의지도 없었다. 아니 망하는 것과 지배받는 구조까지 로마를 닮을 필요가 있을까? 그렇게까지 로마인이 될 필요가 있을까? 그렇게 한다고 진정 로마인이 될 수 있을까?

앞서 예를 든 대로 우리가 만일 일본의 식민지 세뇌를 받아 일본인이 되었다면, 일본이 망한 것은 우리에게는 분명 해방의 기회인데, 우리도 일본과 함께 망한 것으로 생각한다면 이해가 될 수 있을까? 그런데 그들은 로마로서만 끝나고 더 이상의 자기는 없었다. 그들은 자기가 없는 타인으로서의 로마인이었다. 라캉의 분석대로 로마가 그들의 대타자가 되어 로마가 멸망하니 자기를 다시 찾기보다는 로마와 같이 멸망한 것이었다.

　아들이 아버지의 강압으로 아버지가 원하는 삶을 살다가 아버지가 돌아가시면, 다시 자기의 삶을 찾을 수도 있다. 그러나 이것이 그렇게 쉽지 않다. 아들은 과거의 삶에 너무도 익숙하고 아버지가 만들어준 대타자의 삶이 자기인 줄 알고 살았기 때문이었다. 그래서 자기를 다시 찾고 자기의 삶을 산다는 것이 너무 생소하고 어렵다. 다른 자기를 상상할 수도 없었다. 이처럼 외부로부터 주어진 정체성은 자신을 마비시키는 것이다. 그래서 이스파니아는 거의 로마에 의해 마비된 상태라고 보아야 할 것이다. 그래서 그들은 작은 규모의 서고트에 대해 어떻게 대항할지도 모른 채, 그냥 이를 멍하게만 보고 있었다.

　이렇게 되는 데에는 서고트의 교묘한 전략이 잘 먹혔기 때문이기도 하였다. 사실 서고트는 야만이었다. 싸우기는 잘하지만 제대로 정치를 해본 적도 없고 남의 땅을 지배할 수 있는 능력과 자신감도 없었다. 침략을 목표로 자신들이 힘을 키워 이 땅을 지배하려 들어온 것도 아니었다. 자신들도 훈족에 쫓기어, 생존하기 위해 이곳에 온 것이었다. 공존할 수만 있어도 성공적이었다. 그런데 먼저 온 반달 족이 아주 잘 적응을 하는 것을 보았고 서로마가 동고트에 의해 무력하게 허물어지는 것을 보며 그 땅을 정복한 것이었다. 그러나 정복한 다음이 문제였다. 그들은 남을 지배해본 경험과 문명이 없었다. 그들이 잘 할 수 있는 것은 그저 싸우는 것밖에 없었다. 그래서 이 큰 땅을 어떻게 다스리고 살아가야 할지가 고민이었다.

　그래서 그들은 동고트가 서로마를 어떻게 지배하는지를 잘 보았기 때문에 이를 벤치마킹하였다. 즉 그들을 직접 통치하기보다는 자율권을 주었다. 서고트는 자기 민족끼리 모여 살고 결혼도 자기들끼리만 하였다. 그리고 이스파니아 인이 익숙한 로마법을 그대로 유지하고 그들을 기독교로 다스리도록 주교의 권위를 세워주었다. 그래서 그들이 심하게 반발하지 않는 한, 그들을 직접 지배하기보다는 기독교와 로마법으로 살아가도록 자율권을 어느 정도 준 것이었다.

결국 이러한 자율권이 그들을 서고트 족의 지배를 받아들이고 순응하게 하는 또 다른 이유가 되었다. 그들은 로마제국의 시절과 서고트 왕국의 시절이 크게 다를 바 없이 살 수 있었기에 특별히 저항할 필요성을 느끼지 않았다. 국가의 정체성이나 이름이 중요한 것이 아니고 각 개인이 그대로 살 수 있으니 그냥 조용히 넘어간 것이었다. 이것이 그들의 모습이었다. 별문제가 없으면 공동체 의식을 그렇게 내세울 필요가 없었던 것이었다.

스페인화 된 서고트

✦

이러한 상황에서 스페인은 로마라는 정체성은 잃었지만, 기독교라는 정체성을 지킬 수 있었고 서고트는 이를 보장해주었기 때문에 크게 저항하지 않고 서고트와 공존하는 삶을 살 수 있었다. 그리고 서고트도 기독교였다. 물론 정통 기독교에서 이단으로 생각하는 아리우스파였지만 서로의 신앙을 존중해주었다. 그리고 그들도 자기들의 왕권을 지켜나가는데 정신이 없었다. 문화와 전통이 없다 보니 힘으로 모든 것을 해결하려

♦◇ 산 이시도로 대주교는 당시 스페인의 종교만이 아니라 정치와 행정을 주도하였다. 그는 아리우스파인 서고트 족을 로마 가톨릭으로 개종하여 서고트와 이베리아인과 하나 되게 하였다. 그리고 특별히 스페인을 모든 나라의 여왕이 될 것이라고 예찬하였다.

고 하였다. 그래서 왕이 무력에 의해 수시로 바뀌었다. 서고트는 300년간 32명의 왕이 다스렸고 그중에 10명의 왕이 암살되었다. 그러다 보니 제대로 된 정치나 행정도 할 수 없었다. 자연히 스페인의 대주교가 최고의 권위가 되어 대주교는 종교만이 아니라 정치와 행정도 어느 정도 담당하였다.

대표적인 대주교가 산 이시도로San Isidoro(560~636)였다. 그는 특별히 스페인이란 땅과 나라에 관한 관심이 깊었다. 그는 "오 스페인이여! 서양과 인도 사이에 펼쳐져 있는 모든 나라 중에서 가장 아름다운 너는 분명히 여왕이다. 그 증거로 너를 통해서 동양과 서양은 빛을 받는다." 라고 스페인에 대해 영감 어린 찬미를 하였다. 그는 사라져가는 스페인의 문화를 살려 스페인의 국민의식을 고양시켰다. 그리고 실제로 많은 저술 활동과 백성을 계몽하고 정치와 행정을 개혁하는 등의 노력을 하였다.

이러한 영향으로 인해 분리되었던 서고트도 점차 스페인화 되고 기독교화 되었다. 그들은 가톨릭에서 이단이었던 아리우스 교를 포기하고 로마 가톨릭으로 개종하였고 서고트와 이베리아인의 차별을 철폐하고 서로 교류하게 되었다. 그래서 서고트가 스페인에 녹아 들어가게 되어 스페인과 하나가 되었다. 이처럼 스페인은 이방인을 녹여 스페인이라는 용광로에서 하나가 되게 하는 힘이 있었다.

이러한 노력의 결과 그들에게는 새로운 스페인이라는 정체성이 자리 잡게 되었다. 그 중심에는 기독교가 있었다. 가톨릭이라는 종교로 그들은 서고트를 흡수하여 하나가 되었다. 이 역시 외부로부터 들어온 정체성이지만, 로마나 서고트와는 다른 내적인 정체성이었다. 그런데 이러한 정체성을 다시 흔들고 위협하는 사건이 발생하였다.

이슬람 왕국의 출현

✦

스페인은 용광로와 같은 곳이다. 음식으로 치면 비빔밥 같은 나라이다. 서로 다른 민족과 나라가 들어와 하나의 스페인 인이라는 큰 맛을 내는 그러한 나라이다. 아프리카에서 넘어온 선사시대의 인류 크로마뇽이 그 첫 번 손님이었고 그 후 이베로, 켈트, 그리스, 페니키아, 카르타고, 로마 그리고 게르만(서고트) 등이 들어와 스페인이 되었다. 스페인은 이 모두를 아우르는 전체였다. 그러면서 전체의 중심이 되는 정체성이 조금씩 형성되어가고 있었다. 로마의 정체성에서 기독교와 게르만이라는 정체성으로 자리를 잡아가고 있었다. 그런데 상당히 이질적인 민족이 여기에 가세하게 되었다. 이슬람이라는 새로운 종교와 민족이었다. 로마의 바탕 위에 기독교와 게르만이 겨우 자리를 잡았는데, 아주 이질적이고 강력한 새로운 종교와 문명이 들이닥친 것이었다. 이번에는 어떻게 되었을까?

　스페인이라는 풍토는 강력한 주체나 중심이 없는 나라이다. 쉽게 이야기하면 하나의 민족과 국가로서의 전통이나 권위가 확고한 나라가 아니라는 것이다. 그러한 것이 조금 생기려고 하면 다시 허물어지고 또 새롭게 시작하는 그러한 나라이다. 어떻게 보면 누구나 주인이 될 수 있는 기회의 나라이기도 하다. 처음에는 강력한 무력과 권위로 나라를 세우지만, 점차 그 힘이 약해지면 내분이 일어난다. 그래서 늘 내부가 강하게 결속하지 못해서 결국 외부의 큰 힘이 또 들어와서 지배하는 그러한 구조인 것이다. 이번에도 그러한 경우이다. 서고트는 늘 왕위쟁탈전이 뜨거웠다. 그래서 밀려나고 억울한 일을 당하게 되면 이를 복수하기 위해 외부의 세력과 결탁하여 복수하거나 왕위를 쟁탈하였다. 그 땅에서 늘 일어나는 일이었다.

　그런데 이번에는 서고트의 한 왕족이 베르베르라는 북아프리카의 이슬람의 세력을 끌어들여서 복수하려고 하였다. 이슬람은 7천 정도의 베르베르의 선발대를 보내었고 서고트는 10만 이상의 병사들이 있었지만, 서고트는 참패를 면하지 못했다. 의외의 대승을 거두자, 본국에서 더 많은 병사를 보내 아주 이베리아 반도를 파죽지세로 정복해버렸다. 전쟁을 시작한 지 10년도 안 되어 이슬람이 스페인의 북부 산악지대를 제외한 대부분을 정복하였다. 그리고 북쪽 프랑스 지역의 프랑크 왕국과 대치 상태까지 갔었다.

　시리아 쪽의 우마이야 이슬람 왕국은 그동안 동쪽에서 비잔틴 제국을 공략하다가 실패를 거듭하였는데, 서쪽 스페인이 의외로 쉽게 뚫리

자 이를 통해 유럽을 공략하려고 하였다. 그래서 그들은 스페인에 만족하지 않고 프랑스의 프랑크 왕국까지 넘보면서 그들과 치열한 전쟁을 벌였다. 그러나 이슬람의 내분으로 인해 전쟁에서 패배하고 피레네산맥 이하로 철수하고 말았다.

　이러한 이슬람의 정복은 그들이 강해서라기보다는 서고트의 이베리아가 너무 무력하였기 때문이었다. 기독교라는 정체성이 잘 형성되었지만, 이는 내적인 정체성이지 국가나 민족적으로 뚜렷한 정체성을 갖지 못해 이슬람의 공격에 제대로 방어할 수 없었다. 이만큼 그 땅은 중심과 정체성이 없었다. 각자가 살아가는 그러한 나라였다. 하나 되어 뭉칠만한 중심이 없었다. 과거에는 로마가 중심이었지만, 그것은 밖에서 주어진 정체성이었고 서고트와 기독교도 중심이 되지 못했다.

　강한 정체성과 중심은 위기 때 형성되는데, 로마와 서고트는 그들에게 그렇게 큰 위기감을 주지 않았다. 그들의 일상은 그런대로 보장되었고 큰 탄압과 약탈이 없었기에 서로 뭉쳐서 하나가 될 필요성을 느끼지 못한 것이었다. 그런데 이번에는 조금 달랐다. 아주 강력한 이물질이 들어왔다. 종교와 뿌리가 다른 이민족이 침입했다. 베르베르족은 북아프리카의 야만족이다. 그들이 중심이 되어서 침략하였기에 그들은 이에 대해 어떻게 반응하였을까? 그들에게 저항하거나 스스로 뭉치는 기회가 되었을까?

알 안달루스 왕국의 문명과 관용정책

✦

그런데 이슬람 본本 왕국에서도 정변이 생겼다. 시리아의 우마이야 왕국에서 왕위 계승문제로 내분이 생긴 것이었다. 그래서 우마이야 왕국의 원래 후계자인 라흐만 왕자가 쫓겨나고 새로운 아바스 왕조가 들어섰다. 마침 스페인에 새로운 이슬람 왕조가 생기고 있어서 라흐만 왕자는 스페인으로 도망쳐 나왔다. 그는 왕자였기에 그를 따르는 많은 사람이 같이 와서 스페인에 알 안달루스 왕국(756~1031)을 세웠다. 그리고 아바스 왕조의 공격을 잘 막고 안정적인 왕국을 세울 수 있었다. 라흐만은 당시 높은 문명을 자랑하던 나라에서 왕자 수업을 받은 사람이었다. 그가 올 때 우마이야 왕국의 높은 수준의 문명을 유지할 수 있는 관료, 학자, 기술자와 군인들도 같이 왔기 때문에 그곳에 높은 수준의 새로운 문명을 꽃피울 수 있었다.

그들은 야만인이거나 무식한 이슬람교도가 아니었다. 그래서 그 땅을 자기 고향 이상으로 새로운 문명의 발상지로 만들고 그곳에 사는 사람들을 존중하고 받아들였다. 즉 관용의 정책을 베푼 것이다. 그 땅의 주민인 기독교, 유대인, 게르만들의 전통과 종교를 수용하고 서로 교류하였다. 서로 결혼도 허락하였고 차별하지 않았다. 물론 저항하면 가차 없이 처단하였지만, 그렇지 않으면 그들에게 관용을 베푼 것이었다. 그래서 서로 종교를 개방하여 신앙을 옮기는 경우도 많았다. 마치 과거 로마가 들어와서 높은 수준의 문명과 관용을 베푼 것처럼, 이슬람도 들어와서 그들을 대접해준 것이었다.

♦◇ 코르도바 근방의 메디나에 있는 아사하라 대궁전의 흔적. 알 안달루스 왕국은 기독교와 유대인에 대한 관용정책을 펼쳤으며 당시 세계 최고의 문명을 누렸다. 가장 전성기인 라흐만 3세 때 이 궁전을 세웠으나 오래 지나지 않아 허물어지고 말았다. espanaguide.com

    스페인은 이러한 일에 아주 익숙하였다. 누가 오던 자기들을 인정해 주고 관용을 베풀면 누가 그들을 지배하던 크게 상관하지 않고 살아갔었다. 그래서 누가 주인인 것이 중요한 것이 아니라 이베리아 반도에 같이 살면 다 같은 나라의 사람이 되는 것이었다. 비빔밥 스페인이었다. 어떻게 보면 통 큰 정체성일 수도 있고 정체성이 너무 희박해서 그럴 수도 있을 것이다.

    그러나 이번에는 과거와 다른 점이 있었다. 그것은 그들에게 심긴 기독교의 정체성이 있었기 때문에 과거 그들이 로마를 전적으로 받아들인 것처럼 그렇게 할 수는 없었다. 로마나 게르만의 정체성은 전적으로 외부에서 온 정체성이기 때문에 그렇게 깊이 그들에게 침투되어 있지 않았다. 그래서 또 그들은 자신의 이름을 바꿀 수 있었다. 그래서 그들은 이제 알 안달루스가 되었다. 그러나 기독교는 외부에서 온 것이지만, 외부의 정체성으로만 끝나지 않고 그들의 심층의 정체성과 연결되어 있었다. 그래서 그들은 모두 다 이슬람을 쉽게 인정하지 않았다. 기독교를 이슬람으로 쉽게 바꿀 수는 없었다.

기독교 왕국의 출현
✦

그래서 기독교를 중심으로 사람들이 모여 이슬람에 저항하였다. 그들은 전통적으로 험악한 산악지역인 북쪽을 중심으로 모여 기독교 왕국을 세웠다. 전에는 종교와 정치를 분리했지만, 이슬람은 종교와 정치를 하나로 묶어 더 강력한 국가가 되는 것을 보면서 그들도 종교와 정치를 하나로 하는 기독교 왕국을 세웠다. 그 어느 때보다 강력한 정체성이 형성된 것이다. 겉과 속이 하나 되는 정체성이 시작된 것이었다. 이는 스페인 역사의 새로운 분기점이었다. 그리고 그곳은 태고의 뿌리가 있는 북쪽이었기에 정체성이 더 강한 기독교 왕국을 세울 수 있었다.

   그들은 같은 기독교 왕국이었지만, 하나의 강력한 왕국을 이루지는 못하였다. 서로 지역적인 전통이 다르기에 서로 나누어져 있었다. 그리고 이슬람의 공격도 강하지 않기에 꼭 하나가 될 필요성을 느끼지 못했다. 그래서 서북쪽에는 아스투리아스 왕국(나중에 레온과 카스티야 왕국으로 분화된다.), 중북 쪽에는 팜플로나 왕국(나중에 나바라와 아라곤 왕국이 된다.) 그리고 동북쪽에는 카탈루냐 백작령(나중에 바르셀루나 백작령, 카탈루냐 왕국이 된다.)이 있었다. 이 세 왕국은 나중에 여러 갈래로 분화되고 연합하고 싸우면서 나중에 카스티야와 아라곤 왕국이 되었다.

알 안달루스 시대
✦

스페인에서의 이슬람 왕조는 크게 3시대로 나누어졌다. 가장 오랫동안 번창한 왕조가 처음의 알 안달루스 왕조(756~1031)였다. 기초를 닦은 왕이 라흐만 1세(756~788)였고 가장 전성기는 라흐만 3세(912~961) 때였다. 당시 수도인 코르도바에는 거대하고 화려한 아사하라 대궁전이 있었다. 당시 유럽에서 가장 높은 수준의 학문, 건축과 예술 등이 발달하였다. 유럽에서 가장 많은 인구가 모여 사는 최고의 도시였다. 이때 아리스토텔레스의 학문이 유럽에 전파되기도 했다. 그리고 한 성전에서 이슬람, 기독교와 유대인이 나누어 예배를 보는 인류 역사상 가장 보기 어려운 이상적인 진풍경이 일어났다. 그리고 자발적으로 그들은 개종하여 도시 인구의 70% 이상이 모슬렘이었다.

그러나 어떠한 역사에도 흥망성쇠가 있듯 그곳에도 결국 내분이 일어났다. 왕권을 찬탈한 자는 재무 관리관인 아비 아미르였다. 그는 히샴 2세(976~1008)를 꼭두각시 왕으로 내세우고 뒤에서 실권을 장악하고 정적을 제거하고 기독교 왕국을 정복하는 전쟁을 벌였다. 대부분 전쟁에서 승리하여 그는 '승리자 무하마드'라는 뜻인 알–만수르Al-Mansur(938~1002)라는 명칭을 왕으로부터 하사받았다. 그는 정적들을 제거하고 자신의 찬탈 명분을 찾기 위해서 과잉으로 기독교 왕국을 정복하려고 하여 그동안 지켜온 관용정책이 깨어지고 실제적인 이슬람과 기독교의 전쟁이 시작되었다.

과거에는 서로 다른 종교라도 필요하면 서로 돕고 지냈다. 그렇게 심하게 적대적이지 않았고 공존하였다. 기독교 왕국에서도 내분이 일어나면, 코르도바로 가서 도움을 청하기도 했다. 그러나 알-만수르의 정복 전쟁이 시작되면서는 기독교 국가가 더 이상 집안싸움을 할 수 없었고 서로 뭉치는 계기가 되었다. 역시 위기가 와야 하나가 되는 것이었다. 이를 통해 기독교와 하나의 민족이라는 정체성이 강화된 것이었다. 거기에다 놀랍고 신비로운 일까지 일어났다.

예수의 제자인 야고보는 일찍이 스페인에 복음을 전했고 그 이후 순교를 당해 그 제자들이 야고보의 시신을 스페인에 묻었다고 알려졌는데 그 위치를 알 수가 없었다. 그런데 9세기 초에 목동이 야간에 밝은 빛을 따라가다 이 무덤을 발견하여 그곳을 '별들의 광야'라는 뜻의 콤포스텔라Compostella라고 하였다. 그리고 그곳에 성당을 세웠는데 이를 산티아고 데 콤포스텔라 성당이라고 한다. 그리고 844년에 클라비호Clavijo 전투에서 성 야고보가 나타나 전투를 도와 승리하였다는 전설이 있어 그 이후부터는 야고보는 그들의 수호성인이 되었다. 그런데 알-만수르가 그들의 성지인 콤포스텔라를 공격한 것이었다.

이는 그들에게 깊은 뿌리의 정체성을 깨우는 계기가 되었다. 북쪽은 그들에게는 심층적 뿌리였다. 그곳은 대대로 이방인이 올 수 없는 곳이었다. 태고인 선사시대부터 스페인의 뿌리가 존재하는 성지였다. 그런데 그들의 기독교의 성지와 중첩되면서 기독교가 더 이상 이방 종교가 아닌 그들의 뿌리가 되는 종교와 영성이 되었다. 그들의 심층적 뿌리로부터 기독교가 그들의 정체성이 된 것이었다. 그래서 그들은 기독교를 중심으로 뭉쳐서 이슬람과 싸웠고 이것이 결국 국토회복의 씨앗이 되었다. 반면에 이슬람은 알-만수르의 독재 정치와 과잉된 정복 전쟁으로 인해 더욱 반대파들로 분열되기 시작하였다. 그래서 알-만수르가 죽은 이후 내분이 일어나 알 안달루스 왕국은

♦◇ 산티아고 데 콤포스텔라 대성당Catedral de Santiago de Compostela은 갈리시아의 산티아고에 있다. 이곳은 예수의 제자 한 사람인 야고보의 유해가 매장된 곳이다. 성당은 산티아고 순례길의 종착점에 있으며, 유럽 중세시대 이래 주요 순례지이며 스페인 기독교의 성지였다.
wikipedia

다시 회복하기 어렵게 되었고 드디어 11세기 초에 붕괴하고 하나의 칼리프 체제가 아닌 작은 23개의 타이파Taifa(분파)로 분열하였다.

타이파 시대

✦

이를 계기로 북방의 기독교 왕국은 힘을 얻어 그 세력을 확장해나갔다. 그러나 한편으로는 위기를 넘기면 발전의 기회가 되어야 하는데, 서로 많은 권력과 땅을 차지하기 위해 내분이 일어났다. 이는 종교와 민족을 떠나 스페인에서는 늘 일어나는 일이었다. 이러한 내분은 이슬람 타이

파와 기독교 왕국 모두에게서 일어났다. 그래서 기독교와 이슬람 왕국들이 서로 적이 되기도 했지만, 필요하면 서로 도움을 주기도 하였다. 그러던 중 그래도 가장 착실하게 세력을 확장해나가는 왕국이 있었는데, 카스티야 왕국의 알폰소 6세Alfonso VI(1040~1109)였다.

11세기 말에는 이슬람이 오랫동안 지배했던 세고비아, 톨레도, 살라망카, 아빌라 등 중부의 주요 거점 도시를 탈환하며 북부에만 거하던 기독교 왕국이 중부까지 장악하였다. 그러나 그는 종교지도자들의 반대에도 불구하고 그곳에 있던 모슬렘과 유대인에게 관용을 베푸는 실용 노선을 택했다. 그리고 남쪽에 남아있는 타이파들에게 조공을 바칠 것을 요구하며 위협하였다.

그러나 이러한 심한 압박감을 느낀 남쪽의 타이파는 북아프리카에 있던 다른 이슬람인 알모라비드Almoravids에게 도움을 청했다. 알모라비드는 이베리아 반도에 들어와 이슬람 연합군을 결성하여 기독교 왕국과 전쟁을 벌였다. 위기를 느낀 알폰소 6세도 억울하게 반란죄의 죄명으로 유배 중이었던 유명한 엘시드까지 불러들여 싸웠다. 그러나 기독교 왕국은 수적 우위에도 불구하고 대패하고 말았다. 그 이후로는 남부는 다시 이슬람이 알모라비드가 지배하게 되었다. 이를 통해 기독교 왕국은 다시 북쪽으로 밀려갔지만, 그들은 내분을 멈추고 다시 단결하였다.

남북조 시대

◆

이를 통해 스페인은 남북조 시대(1086~1269)를 맞게 되었다. 북쪽은 포르투갈 왕국, 카스티야 왕국, 나바로 왕국과 아라곤 왕국 등의 기독교 왕국이, 남쪽은 알모라비드 제국이 차지하고 있었고 이들은 더 이상 관용을 베풀지 않고 적으로 대치하였다. 알모라비드는 '싸우는 수도사'라는 뜻으로 이슬람 원리주의자들이었다. 그리고 그들은 아프리카 북서부의 대부분을 지배하는 강력한 제국을 형성하고 있었다. 그리고 당시 유럽은 십자군 전쟁을 하고 있었기에 기독교 왕국들도 이슬람을 과거처럼 더 이상 친구로 받아들일 수 없었다.

그러나 아무리 원리주의자들이었더라도 그들이 스페인의 맛을 보기 시작하면 변하지 않을 수 없었다. 이상한 스페인의 매력이기도 하고 병폐일 수도 있다. 특히 스페인의 남부는 정말 살기 좋은 풍요로운 땅이었다. 사막에서는 전사들이고 원리주의자였지만, 풍요로운 생활을 즐기게 되면 세속화되지 않을 수 없었다. 그래서 그들에게도 내분이 일어났다. 그래서 북쪽의 사라고사가 기독교 왕국에게 빼앗기고 자신의 제국은 아프리카에서 넘어온 더 강한 원리주의자들인 알모아데Almohads인들에게 1147년에 멸망하고 말았다.

그러나 그들도 역시 알모라비드가 갔던 길을 갔다. 그들도 원리주의를 버리고 세속화되어 이로 인해 기독교 왕국의 연합군에 의해 1269년에 멸망하였다. 이로써 711년에 시작된 이슬람의 지배는 560년 만에 종식되고 말았다. 물론 그 이후 이슬람의 세력은 남쪽 끝 그라나다로 내려와 작은 나사리 왕조를 세워 명맥을 유지하였지만, 더 이상 이베리아 반도에 큰 영향을 미치지 못했다. 그들은 1492년 스페인의 국토회복 때까지 261년 동안 존속하며 그 유명한 알람브라 궁전을 세우는 등 나름 안정적이고 풍요로운 생활을 누렸지만, 정치적으로는 거의 카스티야 왕국에 종속되어 있었다.

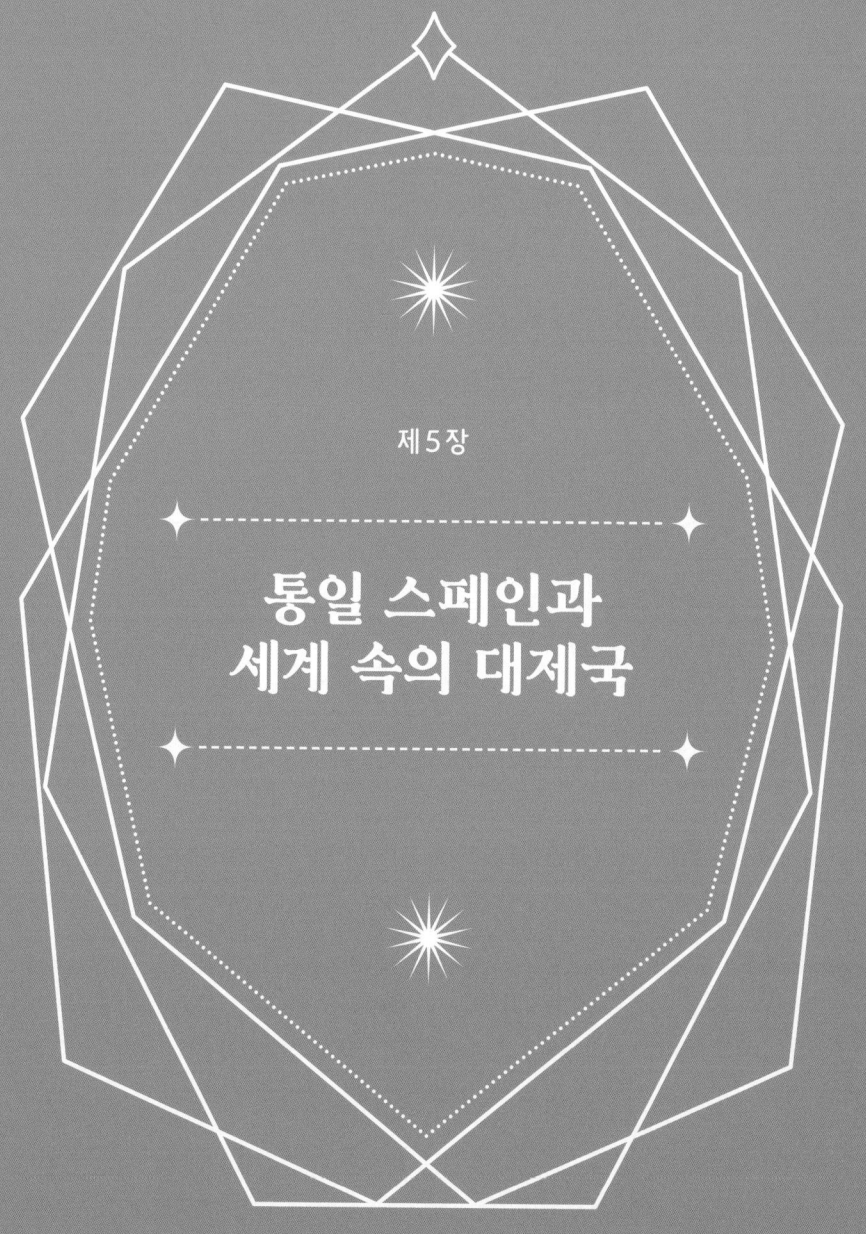

제5장

통일 스페인과 세계 속의 대제국

국토회복을 통해 얻은 것과 잃은 것
✦

남북조 시대에 기독교 왕국으로써 포르투갈, 카스티야, 나바라와 아라곤 왕국이 있었다. 먼저 포르투갈 왕국이 독립하여 분리되었고, 나머지 기독교 왕국은 필요에 따라 연합하였지만, 서로 살아온 배경이 워낙 달라 하나의 왕국으로 통일되기 어려웠다. 각각의 왕국도 왕위 계승문제로 내분이 심해 이를 넘어 하나의 왕국으로 연합한다는 것은 거의 불가능한 상태였다. 남쪽 그라나다에 이슬람 왕국이 있었지만, 그들에게 전혀 위협이 되지 않았고, 오히려 무역과 조공으로 도움을 주고 있었기에 그들을 몰아내고 이베리아 반도를 통일할 필요성도 강하게 느끼지 않았다. 그런데 어떻게 국토회복과 통일이 가능하였을까?

차라리 포르투갈처럼 각자 독립 국가로 독립하며 살아가는 것이 더 자연스럽고 좋지 않았을지 모른다. 항상 통일이 좋은 것만은 아니다. 무리한 통일보다 자연스럽게 여러 개의 작은 왕국으로 살아가는 것도 나쁘지는 않을 수 있다. 당시 이베리아 반도는 외세의 침략이 빈번하지 않았기에 프랑스처럼 강한 왕권의 통일 국가가 꼭 필요하지 않을 수도 있었다. 아니면 신성로마제국처럼 각자 독립을 인정하면서 연방제 같은 방식도 가능할 수 있었다.

그런데 그들은 통일을 선택했다. 이제 그 과정을 살펴보자. 우리가 보기에는 기독교라는 정신과 신앙으로 국토회복을 한 위대한 사건으로 보일지 모르지만, 꼭 그렇게 볼 수 없는 점도 있다. 엄청난 부작용이 있었고 통일로 얻은 것도 있었지만 잃은 것도 적지 않았다. 이를 보이는 현상으로만 보지 않고, 보이지 않는 마음의 심층으로 본다면 더욱 그렇게 볼 수 있을 것이다.

스페인의 국토회복은 두 왕 이사벨Isabel(1451~1504)과 페르난도Fernando(1452~1516)의 결혼이 아니었으면 불가능했다. 어떻게 두 사람이 부부가 되어 이 위대한 일을 성사시킬 수 있었을까? 일반적인 부부라면 남자 왕이 먼저 나와야 하는데, 이 경우 늘 여왕 이사벨이 먼저 나온다. 그것은 이사벨이 더 큰 카스티야 왕국의 왕이었고 모든 일을 그녀가 주도적으로 끌고 갔기 때문이었다. 그리고 그녀의 능력도 아주 탁월하였기에 그녀의 이름이 먼저 나오는 것이 어색하지 않다. 어떻게 그들은 부부가 되었을까? 일반적으로 먼저 왕이 되어 모두의 축복 속에 결혼하여 왕국을 결합하게 되지만, 그들은 먼저 부부가 된 다음 왕이 되었다. 그것도 축복 가운데 공개적으로 한 결혼이 아니라 비공개적으로 숨어서

하였다.

이사벨의 이복 오빠인 엔리케 4세Enrique IV(1425~1474)가 계모 어머니의 도움으로 카스티야의 왕이 되었다. 그러나 왕이 된 후 자기를 도와주었던 어머니와 그녀의 자식들이 왕위에 위협이 된다고 생각하여 모두 추방하였다. 어머니는 배신감으로 인해 정신적 충격을 받고 정신 이상을 보였다.

엔리케 4세는 무능한 데다가 자기 딸을 후계자로 삼으려고 하자, 귀족들은 이사벨의 친동생인 알폰소를 왕으로 삼으려고 하였다. 이를 안 엔리케 4세는 이사벨과 알폰소를 죽이려고 하였다. 그래서 자기가 살아남기 위해 이사벨은 아라곤의 페르난도 왕자와 비밀리에 결혼하였다. 그 후 동생 알폰소도 죽고 자신을 핍박하던 엔리케 4세도 죽어 결국 이사벨이 여왕이 되었다. 그리고 아르곤의 왕자였던 페르난도도 왕이 되었다.

그녀는 여왕이 목표가 아니고 살아남기 위해 결혼을 하였는데, 얼떨결에 큰 왕국의 여왕까지 되고 나니 이를 기뻐할 수만은 없었다. 이미 부부가 되었기에 양국이 연합할 수밖에 없었지만, 귀족들의 반대가 만만하지 않았다. 당시 가장 크고 부강한 나라가 이사벨의 카스티야 왕국이었고 아라곤은 이에 비하면 작은 나라였다. 더욱이 아라곤은 농민반란과 귀족들의 반발이 심해 정국이 불안정하고 전염병까지 돌고 있었다. 누가 이런 나라와 통합을 하고 싶었겠는가? 그리고 주위의 나라들도 스페인이 통일되어 강해지는 것을 원하지 않았다. 그래서 귀족들이 심하게 반대하였다.

이런 반대에도 불구하고 그녀가 결혼했으니 왕국을 통합한 것까지는 이해할 수 있다 하더라도, 국토회복까지 무리하게 시도한 이유는 무엇이었을까? 그녀가 원래 그런 큰 꿈을 꾸고 있었을까? 그녀가 결혼하고 왕이 된 것과 연합왕국을 이룬 것도 생존을 위해 어쩔 수 없는 시도였지 처음부터 그러한 꿈을 꾼 것도 아니었다. 이렇게 해서 어렵게 안정을 찾았는데, 왜 무리하게 국토회복을 다시 하려고 하였을까? 물론 여성이라고 약한 것은 아니지만, 여왕의 몸으로 이런 생각과 결단을 한다는 것이 쉬운 일은 아니었다. 그럼에도 그녀가 밀어붙인 이유는 무엇이었을까? 물론 겉으로 보면 신앙과 애국의 결단으로 볼 수 있지만, 이러한 의식의 흐름이 전부는 아니었을 것이다. 그래서 그녀의 무의식을 살펴보려고 한다.

이런 반대 속에서 큰 왕국을 여왕 혼자 통치해나간다는 것이 무척 불안하였다. 언제 정적들이 자신을 해칠지 모르고 귀족들도 믿을 수 없었다. 그래서 무리가 되더라도 남편이 있는 아라곤과 연합왕국을 이루어야 했다. 그리고 이것만으로 안정을 보장받을 수 없기에 계속해서 영토를 확장할 필요가 있었다. 이를 통해 왕권을 강화하고 귀족을 무력화할 수 있기 때문이었다. 그래서 그녀는 왕국의 연합과 이베리아 반도의 통일을 밀어붙인 것으로 생각된다. 왕권을 확립하는데 기독교 왕국으로서의 국토회복reconquista은 너무도 좋은 정치적 구실이었다. 물론 이러한 정치적인 계산만 있었던 것은 아니었다. 순수한 신앙에서 우러나온 애국심과 국토회복의 시대적 사명감도 분명 있었을 것이다. 그런데 문제는 통일이 아니고 이를 위해서 그들이 기독교에 너무 집착했다는 것이었다.

그들은 인간의 왕권과 무력만으로 자신을 충분히 보호할 수 없다고 생각했다. 이러할 때 종교는 큰 힘이 된다. 유럽에서도 거대한 국가들이 교황에게 끌려다니는 것을 보아왔다. 그리고 복잡한 유럽이 십자군 전쟁이라는 종교적 구호에 하나가 되는 것을 보았기에 그들도 종교를 통해 더욱 하나가 될 수 있을 것으로 믿었다. 그리고 이미 그들은 그 어떤 나라보다 기독교가 깊이 뿌리내리고 있었다. 그래서 그들을 하나 되게 하고 통제하는데, 기독교라는 종교보다 좋은 것이 없었다.

물론 과거에도 기독교 왕국으로서 정치와 종교가 하나였지만, 어느 정도 분리되어 있었다. 그러나 그들은 종교재판소라는 강력한 수단을 통해 종교가 정치 전면에 나서게 되었다. 그리고 기독교를 앞세워 국토 회복을 진행하였다. 이베리아 반도에 있는 이방 종교를 물리치고 순수한 기독교만의 왕국을 세우기 위해 전쟁이 불가피하다는 것이었다. 마치 십자군 전쟁과 같았다. 그래서 그 누구도 반대할 수 없었다. 왕권에 반발하면 이는 곧 신에게 반항하는 것이기에 그들을 쉽게 통제하고 압박할 수 있었다. 이를 통해 강력한 왕권을 형성할 수 있었다.

그러나 종교가 정치에 들어오게 되면 항상 문제가 생긴다. 과거 중세기의 유럽이 이를 겪었다. 가장 큰 문제는 종교의 순수성을 보존하기 위해서 관용을 베풀거나 현실의 문제를 합리적으로 해결하기가 어려워지는 것이었다. 가장 큰 현실의 문제는 그 땅에서 수백 년간 살아온 유대인과 무어인을 처리하는 것이었다. 현실적으로는 그들이 필요하였다. 그들이 스페인의 경제와 행정에 기여하는 바가 크기에 그들을 무조건

♦◇ 스페인의 국토회복(레콩키스타Reconquista) 718년부터 1492년까지 약 7세기 반에 걸쳐서 일어났다. 이는 북부의 로마 가톨릭 왕국들이 남부의 이슬람 국가를 축출하고 이베리아 반도를 회복하는 과정을 말한다. 1492년에 카스티야의 이사벨 여왕과 아라곤의 페르난도 2세의 연합왕국이 마지막 남은 이슬람 점령지인 그라나다를 정복하여 레콩키스타는 마무리되었다. **The Capitulation of Granada - Francisco Pradilla y Ortiz (1492)**

제거할 수 없었다. 그것이 합리적이고 실용적인 것이었다. 그러나 이미 기독교가 정치의 전면에 나섰으니 그들은 이방 종교에 대해 관용을 베풀 수 없었다. 스스로 모순에 빠지게 된 것이었다. 구국을 위한 국토회복이 자신을 해치는 결과를 낳은 것이었다.

과거 알폰소 6세도 이슬람을 물리친 후, 그들의 종교에 대해 관용을 베풀었다. 그들이 경제에 미치는 영향을 무시할 수 없기에 그들과 공존을 선택한 것이었다. 그러나 부부 왕은 자신들에게 크게 도움이 되는 그들을 추방하였다. 개종하여 같이 살아가는 자도 과거처럼 적극적으로 일하기 어려웠다. 능력과 재력이 있는 많은 사람이 해외로 도피하였다. 특히 무역과 상업을 하던 사람을 잃게 되어 경제에 큰 공백이 생겼다.

농사를 지을 무어인들도 잃게 되어 노동인구도 급격히 감소했고 그 외 의료인, 기술자, 행정가, 학자 등도 잃게 되었다. 하나 되기 위한 국토회복인데, 이미 있던 하나를 잘라내는 지울 수 없는 큰 상처를 남겼다. 반쪽만 통일한 국토회복이었고 남은 반쪽도 회복이 아니고 상처만 남긴 모순의 국토회복이었다.

그리고 왕권을 강화하면서 귀족들이 소외되지 않게 하려고 전통적인 대가문 귀족들에게 토지 재분배를 통해 경제적인 혜택을 많이 안겨주었다. 그래서 인구수로는 3%밖에 안 되는 귀족들이 카스티야 전체 토지의 97%까지 소유하였다. 재산을 물려받지 못하는 자손들에게는 다른 여러 중요한 직책을 맡도록 하여 불평이 없도록 배려하였다. 무엇보다도 귀족의 희소가치를 떨어뜨리고 부족한 재정을 충당하기 위해 출신이 어떠하든 돈을 내는 사람에게 하급 귀족을 팔았다. 이들을 이달고hidalgo라고 하였다. 그들은 투자한 돈을 회수하기 위해 다시 귀족의 특혜와 신분을 이용해 부정 축재를 하였다. 그래서 그들이 비난을 받게 되었는데, 이를 통해 다른 귀족들도 같이 비난받으면서 더욱 왕권을 강화할 수 있었다.

그리고 기독교가 강화되면서 교회가 귀족보다 더 큰 권력과 부를 가지게 되었다. 그들은 세금을 면제받았고 또 대영지를 소유하면서 영지 내의 사법권까지 갖게 되었다. 그리고 자체 군인도 보유할 수 있었다. 그래서 그들은 왕권 다음의 제2인자가 되었다. 처음에는 그들의 임명권을 교황이 갖게 되어 그들을 견제하기 어려웠으나, 부부왕은 주교의 임명권을 자신들에게로 가져와 결국 교회도 왕권의 지배를 받게 되었다. 그리고 왕은 수도회 운동을 통해 부패한 교회를 개혁하는 것을 통해 그들을 통제하였다.

하나의 스페인
✦

국토회복을 통해 다양하게 나누어지고 흩어져 있던 스페인이 하나가 되었다. 하나의 왕국, 하나의 종교, 하나의 권력으로 일원화되었다. 스페인이라는 땅만 있었지 워낙 많은 사람과 민족들이 오고 가고 하여 자신들이 누구인지 모르고 그동안 살았는데, 이제는 너무도 선명한 하나의 정체성이 주어진 것이었다. 얼마나 오랫동안 기다렸던 순간이었던가? 그동안 누구든 그 땅에 살면 주인이 되었다. 주인이 엄청나게 많이 바뀌어 그 땅의 진정한 주인이 누구인지 혼돈 가운데 있었으나, 이제는 누가 보아도 명백하고 당당한 주인이 그 땅 전체를 다스리게 되었으니 정말 감격스럽고 기쁜 통일의 날이었겠는가? 그러나 내용을 들여다보면, 마냥 기뻐할 수만은 없었다. 겉은 하나였지만 그 속은 텅 비었기 때문이었다. 공허한 통일이었고 하나였다.

앞서 자기가 어떻게 형성되는지에 대해 설명한 바 있었다. 자기는 스스로 형성되는 것이 아니라 대상을 통해서 형성된다고 했다. 대상이 자신을 어떻게 대해주는가에 따라 형성된다고 했다. 그래서 대상은 자기의 거울이었다. 그런데 대상이 들어와서 자기를 압박하고 대상을 요구하게 되면 외적으로는 그 대상을 자기로 받아들이지만, 내적인 자기는 반대로 더 약화되고 억압된다. 그래서 건강한 자기를 형성하지 못하여 나중에 문제가 생긴다. 과거 로마 때가 그러했다. 그들은 열심히 로마를 닮으려고 하였고 가장 로마인 것처럼 살았지만, 그들은 진정한 로마도 아니었고 이스파니아도 아니었다.

그 후 로마가 멸망하면서 자신들의 로마도 멸망하였다. 그러나 서고트의 지배를 받으면서 새로운 자기를 형성해갔는데 그것이 기독교였다. 그런데 기독교는 로마와 달리 뿌리로부터 형성된 진정한 자기였다. 그러던 중 이슬람이 침략해왔다. 그러나 처음 이슬람은 원주민의 종교에 대해 관용을 베풀었고 여러 문명의 혜택을 로마처럼 누리게 해주었다. 그래서 이슬람 지배 안에서 유대인과 기독교가 공존하는 이상적인 나라가 되었다.

무엇이든지 수용되면 그 대상은 자기로 정착할 수 있다. 이슬람과 유대인과 기독교를 수용하며 이베리아 반도에서 새로운 융합된 자기를 만들어가고 있었다. 억압과 학대가 아니라 수용이 만든 놀라운 변화였다. 가장 이질적인 것들이지만 융합의 땅에서 그들은 하나가 되어갔다. 그렇다고 그들은 자신의 종교와 신앙을 버린 것은 아니었다. 자신의 고유성을 유지하면서도 경제와 문화 공동체로서 하나가 되었다.

때로는 서로가 적이 되어 싸우기도 했지만, 필요하면 서로가 협력하였다. 전쟁에서 승리하더라도 상대의 종교를 존중해주었다. 한 예가 카스티야 왕국의 알폰소 6세가 소왕국으로 분열된 이슬람을 공격하여 톨레도를 정복하였을 때(1085)였다. 그때 주교는 이슬람교도들이 사원을 사용하지 못하게 봉쇄하라고 했지만, 알폰소 6세는 그들의 신앙을 존중해주었다. 알폰소 6세는 종교보다 실용을 택한 것이었다. 그래서 카스티야 왕국이 부유해질 수 있었다.

그리고 그 이후 알폰소 8세Alfonso VIII(1155~1214)는 1212년에 스페인 최초의 대학을 발렌시아에 세웠다. 그 이후 알폰소 10세Alfonso X(1221~1284)는 이 대학을 바야돌리드로 이전하였고 1245년에는 살라망카에 스페인 최고의 대학을 세웠다. 그리고 번역학교를 만들어 라틴어로 과거 아랍어로 된 작품과 서적을 번역하도록 하였다. 그들은 종교는 달랐지만, 높은 수준의 아랍의 문화와 학문을 인정하였다. 이를 통해 스페인과 유럽의 학문과 문학의 수준을 향상시켰다. 이 영향으로 스페인 학문과 문학이 발달하게 되었고 또 유럽의 르네상스와 학문의 발전에도 영향을 미쳤다.

하나의 영토에서 처음부터 주인이 있는 것은 아니다. 어떻게 보면 모두가 밖에서 이주해왔다. 그들이 조상으로 여기는 호모 사피엔스도 아프리카 대륙에서 유입되었다. 그 이후 수많은 민족과 사람들이 그곳에 이주해왔다. 그들은 어느 정도 시간이 지나게 되면 다 그 땅의 주인이 되었다. 물론 모두가 다 주인이 된 것은 아니었다. 그렇다면 어떤 대상은 타자가 되고 어떤 대상은 주체가 될 수 있는가? 그 기준은 무엇일까? 오래 산다고 다 주인이 될 수 있는 것인가? 물론 시간도 중요하지만, 시간이 절대적인 기준은 아니다. 주인이 될 수 있는 가장 중요한 요인은 서로를 수용하는 것이다. 대상이 주체를 억압하거나 박해하면 그 대상은 결코 주체가 될 수 없다. 강력한 권력과 군사력으로 억압하며 지배하면 자신이 주체 세력이라고 아무리 주장해도 그들은 결코 주체가 될 수 없다. 침략자이기 때문이다. 이러한 기준에서 이베리아 반도에 이주한 외부인들을 분석해보자.

건강한 정체성은 어떻게 형성되는가?

✦

이베로 족과 켈트 족은 처음에는 서로 적대적이었으나 나중에는 서로를 수용하며 하나가 되었다. 그래서 그들은 그 땅의 주인이 될 수 있었다. 그리고 그리스, 페니키아, 카르타고 등 여러 민족도 들어왔으나, 이베리아 반도 전체를 흔들 정도는 아니었다. 그들은 대체로 손님 정도로 있다가 사라졌다. 그러다가 로마가 들어와 반도 전체를 정복하였다. 로마는 정복 당시에는 저항하는 원주민을 적대시하였지만, 그들에게 동화된 원주민에게는 관대하고 개방적이었다. 그리고 원주민들은 스스로 로마인이 되어 가장 로마다운 나라가 되었다. 그래서 로마는 그들의 주체가 되고 정체성이 되기에 충분하였다.

그러나 결과적으로는 그들은 그 땅의 주체가 되지 못했다. 그들은 로마였지 그 땅의 주인은 아니었다. 이는 로마가 멸망했을 때 그 땅의 주인으로 나서지 못하고 그 땅은 아주 소수였던 서고트 족이 지배하였다. 그들이 로마가 된 것은 주체가 아니라 타자로서의 주체였다. 정신분석학자 라캉의 이론에 따르면 본질적인 주체와 타자로서의 주체는 구별해야 한다. 타자적 주체는 결국 실재적 자기를 억압하고 학대함으로 타자에 의해 소외된다. 그래서 내적 자기와 통합되지 못하고 외적 자기라는 타자로서만 흉내 내다 끝나는 것이다.

로마의 의미가 그들에게 그러했다. 로마가 아닌 그들이 철저하게 로마의 흉내를 내는 것으로 끝나고 말았다. 마치 무대의 배우처럼 자기가 아닌 자기로 살았던 것이었다. 로마라는 무대가 끝나니 허망하게 그들의 연기도 끝나고 만 것이다. 로마는 겉으로 이스파니아를 포용하였지만, 로마가 워낙 월등하였기 때문에 이스파니아의 본질은 소외되었던 것이었다. 로마가 그렇게 한 것이 아니라 스스로 자신을 로마로부터 소외시킨 것이었다.

그러나 기독교의 경우는 달랐다. 로마가 멸망한 다음에도 기독교는 살아남았고 그들의 주체적인 사상과 정체성이 되었다. 그 이후 이슬람의 침략에도 기독교 왕국으로 자신을 지킬 수 있었다. 스페인에서의 기독교의 시작은 로마와는 별개로 시작되었다. 그리고 초기에는 로마로부터 핍박을 받았기 때문에 기독교는 타자이기보다는 자기로서 자리 잡을 수 있었다. 그리고 기독교 복음의 핵심은 용서와 사랑이기 때문에 로마처럼 자신을 억압하기보다는 자신을 수용하게 함으로 더욱 주체가 될 수 있었다. 그래서 로마 이후에도 기독교는 주체로서 힘을 발휘할 수 있었다.

그렇다면 그다음 들어온 이슬람은 어떠했을까? 그리고 유대인도 무시하지 못할 만큼 큰 세력이었다. 그들은 이미 기독교와 본질적으로 배타적인 위치에 있었기 때문에 그들이 그 땅의 주체로서 편입되기는 어려웠다. 그러나 그들은 예상외로 배타적이니 않고 서로를 인정하고 수용하였다. 이슬람 지도자에 따라 달랐지만, 전체적으로는 서로를 인정하고 수용하는 분위기였다. 그 이유는 생존이었고 현실적 실용성 때문이었다. 종교적으로는 다르더라도, 서로가 살아가는 데 도움을 주기 때문에 서로를 인정하고 수용한 것이었다. 어떻게 보면 이기적 입장에서 서로를 수용한 것이었다.

이슬람은 다수인 원주민들의 협조가 필요했고 원주민은 이슬람과 유대인의 기술과 경제력이 자신들에게 도움이 되었다. 그리고 그들은 특별히 로마처럼 우월과 열등한 관계가 아니었다. 비교적 대등한 관계로 서로를 수용하였기 때문에 그들은 서로 다르면서도 하나가 될 수 있었다. 경제공동체로서 하나의 주체성을 형성한 것이었다. 물론 정치와 종교는 달랐지만, 가장 중요한 경제공동체로서 하나가 되어가면서 문화와 언어도 점차 하나가 되어갔다. 이를 통해 점차로 그 땅의 주체적인 중심이 되었다. 서로 다른 색깔이고 재료이지만, 마치 비빔밥처럼 한 그릇 안에서 다양한 맛을 내며 하나가 된 것이었다.

정체성이 어떻게 병들어 가는가?
✦

이슬람만이 아니라, 기독교 왕국이 강할 때인 알폰소 6세, 8세 그리고 10세 등도 이슬람과 유대인을 경제공동체로 포용했다. 그래서 그들은 이미 스페인의 일부가 되었다. 그러나 부부 왕에 의해 국토회복이 될 때 갑자기 그들을 잘라내었다. 이미 자신의 일부였는데, 자기 살을 도려내듯이 그들을 잘라내었다. 그래서 그 후유증은 대단했다. 손가락 한두 개 정도가 아니라 거의 자신을 반 토막 낸 것처럼 큰 사건이었다. 기독교의 이름으로 그렇게 한 것이었다. 겉으로는 신앙의 순수한 발로인 것처럼 위장되었으나, 내용은 기독교의 본질과는 무관한 정치적인 사건이었다. 마치 십자군 전쟁이 명목과 내용이 달랐던 것처럼 그들의 국토회복도 그러했다.

이슬람과 유대인은 스페인의 아주 중요한 자산이었다. 특히 경제와 행정에 경험이 많고 국가를 지탱하기 위해 그들의 많은 도움이 필요하였다. 그들을 상실한 것은 통일 스페인을 견실하게 뒷받침할 힘을 상실한 것과 같았다. 몸은 커졌는데 이를 지탱할 힘은 반으로 줄어들었다. 평소에는 이러한 문제를 잘 모르지만, 위기가 올 때는 그들의 빈자리가 더욱 커 보였다. 그들은 스페인의 통일을 기반으로 신대륙과 유럽의 많은 영토를 소유하고 경영해야 했다. 엄청난 기회였지만, 엄청난 위기였다. 그들은 정복했지만, 경영으로는 무능했다. 모든 것을 힘과 종교로만 해결하려고 했다. 그래서 오히려 그들이 확장되고 제국으로 성장한 것이 화근이 되었다.

그들의 겉은 강해 보였고 큰 갑옷을 입은 용사처럼 보였지만, 그 속은 늙고 병들어 갑옷을 지탱하기도 어려웠다. 마치 돈키호테를 보는 것과도 같았다. 겉은 근사한 갑옷을 입고 큰소리를 치고 있었지만, 망상과 환상 속에 현실을 분별하지 못하는 광인이나 노인 같았다.

더 위험한 것은 기독교라는 정체성이었다. 원래 스페인에게 기독교는 내적인 자기에서 나온 진정한 정체성이었다. 그런데 지금은 로마처럼 허구적인 타자가 되어버렸다. 수용하는 기독교가 아니고 억압하고 처단하는 폭군이 되었기에 로마보다 더 심한 타자적 자기가 된 것이었다. 사실 이것이 가장 큰 문제였다. 이로써 그들은 자신의 진정한 정체성을 다시 상실하게 된 것이었다. 기독교도 로마처럼, 아니 로마보다 더 심하게 타자로서 자신들을 소외시킨 것이었다. 그래서 그들은 자신의 정체성을 다시 상실하며 혼돈과 어둠으로 빠져들었다. 물론 외적으로는 아주 화려한 스페인 제국이었었지만, 속으로는 심각한 질병으로 죽어가고 있었다.

그들은 그 어느 때보다 겉으로는 스페인이라는 제국의 화려한 정체성을 가지고 있었지만, 그것은 원래의 자기가 아니었고 오히려 자기를 억압하고 학대하는 타자였다. 그 타자의 중심이 기독교였기 때문에 더 고통스러운 것이었다. 원래 그들의 기독교는 순수하였는데 정치와 결탁하면서 기독교의 본질이 변질된 것이었다. 모든 종교가 정치권력과 결합하면 이렇게 변질된다. 그리고 타자적 허구가 된다. 로마가 기독교를 국교로 삼고 교황이 정치무대의 중심에 서면서 기독교는 더 이상 과거의 기독교가 아니었다. 사람을 압제하고 통제하고 탄압하는 종교 권력이 되었다. 특히 종교재판소가 무력보다 강한 초법적인 권력이 되었다. 이를 통해 백성을 감시하고 학대하고 억압하였다. 이런 종교는 더 이상 자기가 될 수 없고 탄압하는 타자가 된 것이었다. 그래서 스페인은 자기를 상실하게 된 것이었다.

스페인이 이렇게 통일을 통해 겉으로는 자기를 찾은 것 같았지만, 오히려 통일을 가능하게 한 실제적인 자기를 잃는 아이러니를 보였다. 그래서 그들은 통일을 통해 자기를 상실하고 말았다. 이제 자기 없는 허구적인 자기로 살아야 하는 스페인의 운명은 어떻게 되었을까? 우리도 가끔 이러한 모습으로 사는 사람들을 본다. 자기가 아닌 자기로 사는 이상한 사람을 본다. 스페인은 바로 그러한 삶을 앞으로 살게 될 것이다. 로마 때 그들은 자기 아닌 로마로 살았던 것처럼 지금은 자기 아닌 스페인과 기독교로 살아가는 것이다. 그래도 로마 때는 관용과 개방이라는 정신이 있어서 자기가 아니라도 그런대로 살만했는데, 통일 스페인은 로마 때보다 더 힘든 중세로 복귀한 것이었다. 유럽은 중세로 벗어나 근대를 향해 달려가고 있었는데, 그들은 역주행 중이었다. 그들은 잠시 자기를 찾은 인격발달을 이루었지만, 더 성장하지 못하고 다시 퇴행하는 일이 일어났다.

그렇다고 이런 우려가 금방 나타나는 것은 아니다. 속에서 병이 자라고 있었지만, 겉으로는 너무 건강해 보였다. 그것은 놀랍게도 신대륙이라는 횡재를 만났기 때문이었다. 이를 통해 그들은 더 부강해졌다. 그리고 유럽의 최강의 합스부르크가까지 합세함으로 스페인의 부강함은 하늘을 찌를 정도였다. 그 어떤 나라도 감히 따라올 수 없는 세계 최강의 제국이 되었다. 해가 지지 않는 최강의 제국이었고 풍요로운 황금 세기였다. 무슨 질병이고 문제가 있었겠는가? 기독교의 하나님이 주신 축복이라고 말해도 누가 부인할 수 없었다. 더욱 기독교를 내세우고 기독교를 강조한다고 해도 누구도 거부할 수 없었다. 그런데 그들 속에 암이라는 세포가 자라고 있었다. 가장 풍요롭고 행복할 때 자신을 잘 살펴보아야 한다. 급성장할 때 암도 급성장하는 것을 그들은 알지 못했다. 그래서 그들은 이처럼 급상승하였지만, 급강하하는 롤러코스터의 나라가 되었다.

망상 환자들의 만남

✦

콜럼버스Christopher Columbus(1451~1506)는 이탈리아 제노바 출신이다. 그는 이탈리아의 과학자 토스카넬리Paolo dal Pozzo Toscanelli(1397~1482)가 주장한 지

♦◇ 로이체Emanuel Leutze(1816~1868)가 그린 '여왕 앞에선 콜럼버스'(1843). 신대륙의 발견은 정상적인 사람이라면 불가능한 일이었다. 콜럼버스라는 과대망상을 가진 사람과 같은 망상가운데 있었던 이사벨 여왕의 만남이 아니었으면 불가능한 일이었다.

구는 둥글다는 이론을 받아들여 이를 확인하고 싶었다. 당시 이러한 이론을 받아들이는 것도 쉬운 일은 아니었지만, 이를 실행에 옮기려고 여러 나라를 돌며 왕들을 만나고 설득한다는 것은 정말 보통 일이 아니었다. 지금은 인류 역사상 가장 위대한 일로 평가받지만, 그 당시는 다들 미친 망상 환자로 취급받았을 것이다. 아마 자기 고향에서 먼저 이를 시도했지만, 씨도 먹히지 않았을 것이다. 그래서 그는 대서양에 접해있으면서 이미 희망봉을 돌아 인도를 향해가는 신항로를 개척한 포르투갈 왕을 만나 지원을 요청했다. 그러나 이미 신항로를 개척하였기 때문에 위험한 콜럼버스의 제안을 받아들일 리 없었다. 그 후 스페인의 이사벨 여왕에게도 1차 요청하였으나 거절당했고 그 후 영국, 프랑스 왕에게도 지원요청을 하였지만, 거절당할 수밖에 없었다. 이처럼 그는 7년을 각국을 돌며 힘들게 왕을 만나 설득하였지만, 결과는 실패였다.

그의 용기와 의지는 정말 대단하였다. 보통의 경우 이만큼 해도 안 되면, 당연히 포기해야 한다. 그러나 그는 마지막으로 다시 이사벨 여왕을 찾아 설득하여 마침내 지원을 약속받았다. 그것도 들어줄 수 없는 조건을 제시하면서였다. 정말 미친 짓이었다. 스페인 왕실도 통일한 후 정비해야 할 여러 가지 일들이 많았고 재정적으로도 이를 지원할 형편이 되지 못했다. 급하게 돈이 들어가야 할 곳이 많은데, 말도 안 되는 일에 선박과 사람을 지원하는 것은 쉬운 일이 아니었다. 정말로 제정신인 사람이라면 할 수 없는 일이었다. 미친 사람들이나 가능한 일이었는데, 마침 이렇게 미친 사람들끼리 만나서 성사되었다. 둘 다 정말 돈키호테 같은 사람들이었다. 돈키호테 나라니까 가능한 일이었다. 두 사람 다 과대망상 환자가 아니었으면 불가능한 일이었다. 정말 두 과대망상의 돈키호테가 만나 인류 역사상 가장 위대한 일을 해낸 것이다.

인류의 발전은 사실 불연속적이다. 그중에 과학적인 위대한 발견은 더욱 그렇다. 정말 엉뚱한 천재가 나와야 한다. 이러한 발전은 한 차원을 높이는 것이기 때문에 같은 차원으로 생각하는 사람은 도저히 해낼 수 없다. 현실적으로 불가능한 일을 할 수 있다고 도전하는 사람을 우리는 망상 환자라고 한다. 그러나 역사는 이러한 사람에 의해 발전해왔다.

스페인 통일과 신대륙 발견이라는 위대한 일은 결코 정상적인 판단과 용기만으로는 불가능했을지 모른다. 이런 위대한 일은 망상 수준의 믿음과 용기가 아니었으면 불가능했다. 물론 그 과정이 모두 병적이었거나 현실적인 분석과 판단이 없었다는 뜻은 아니다. 판단의 가장 중요한 부분이 정상적인 생각을 넘어서야 한다는 긍정적인 뜻으로 말하는 것이다. 소위 천재와 정신병과는 종이 한 장 차이라고들 말한다. 그만큼 현실적인 생각을 뛰어넘고 이에 대한 확신이 있어야만 남들이 할 수 없는 위대한 일을 할 수 있다는 뜻이다.

　망상 중에 가장 위험한 것이 종교망상이다. 신과 연결되기 때문에 그 망상은 아주 견고하고 확실하다. 그래서 남들이 할 수 없는 엄청난 일을 해낼 수도 있다. 신의 계시와 능력과 축복이 있을 것이다. 그리고 설사 내가 죽더라도 천국에서 엄청난 칭찬과 보상이 있을 것이라 믿으니 불가능한 일에 도전할 수 있다. 그래서 남들이 할 수 없는 기적이 일어나기도 한다. 대개 전쟁할 때 용기를 북돋우어주기 위해 종교를 많이 이용한다. 그래서 종교와 권력이 하나가 되면 급속도로 발전할 수 있다. 기독교도 그러했고 특히 이슬람이 그러했다. 그러한 이슬람을 몰아낸 것이 기독교 왕국의 부부 왕이었다. 특히 이사벨의 신앙은 거의 종교적 망상 수준이었다. 그래서 불가능한 전쟁을 승리로 이끌어 통일을 이룰 수 있었다. 그리고 기독교가 아닌 모든 것을 거부하고 추방하였다.

　망상이라고 모든 일에 비현실적인 생각과 판단을 하는 것은 아니다. 특정한 일에 왜곡된 사고와 판단을 갖는 것을 망상이라고 한다. 이러한 망상이 있어야 남들이 하지 않은 일을 과감하게 밀어붙일 수 있다. 국토 회복과 신대륙의 투자도 그러한 것이었다. 그래서 그녀는 불가능한 통일과 신대륙 발견이라는 누구도 할 수 없는 일을 1942년 한 해에 이룬 위대한 왕이 되었다.

피해와 과대망상의 스페인
✦

그러나 시작은 망상으로 할 수 있더라고 계속 비현실적인 망상에 빠지면 위대한 일을 성취했더라도 이를 계속해서 발전시키기 어렵다. 불가능한 일을 성취했더라고 그다음에는 다시 현실로 돌아와 냉정해야 한다. 신대륙을 발견한 이후부터는 현실적인 감각으로 돌아와 이를 진행해야 계속 발전할 수 있다. 그 이후 경영은 극히 현실적이고 합리적이야 한다. 그러나 스페인은 계속 돈키호테 식으로 밀어붙였다. 그래서 적지 않은 문제가 생겼다.

그들은 신대륙의 개발과 경영도 종교망상으로 계속 밀어붙였다. 그들은 자기들만이 하나님에게 택함을 받았고 신대륙의 인간들은 동물이나 다름없다는 종교망상으로 그 땅을 정복하였다. 그래서 신대륙의 원주민을 인간 이하로 취급하고 학대하고 학살하였다. 그들의 것을 강제로 탈취하는 만행을 저질렀다. 거기에 대해 종교적인 죄의식을 느끼지 못했고 오히려 신앙심으로 정당화시켰다. 그들은 그들을 학살하고 그 땅을 탈취하는 것을 하나님 나라를 건설하는 것으로 믿었다. 신대륙 정복을 성경에 나오는 가나안 정복처럼 생각했던 것이었다. 물론 깨어있는 일부 신부들이 저항하고 고발하기도 하였지만, 역부족이었다. 그들은 이를 신학적으로 교묘하게 해석하여 종교적으로 합리화하였다.

그리고 신대륙과 스페인의 경영이 아주 비현실적이었다. 신대륙으로부터 오는 금과 은 그리고 풍부한 농산물 등으로 스페인은 그야말로 황금기를 맞았다. 그러나 이를 현실적으로 잘 경영하지 못했다. 무조건 하나님 축복으로 받아들이고 흥청망청 사용하며 합리적으로 경영하지 못했다. 과거에는 이러한 경제와 행정적인 경영은 유대인들이 하였다. 그러나 그들을 추방하였기에 현실을 효율적으로 경영하기가 어려웠다. 그래서 갑작스러운 부의 유입으로 인플레이션이 일어났다. 물가폭등으로 서민들의 삶은 더 고달프고 힘들어졌다. 국가와 귀족들은 부유해졌지만, 백성은 더 가난해졌다. 그리고 그들은 실속 없는 전쟁을 계속 벌였다. 그동안 프랑스에게 당한 피해의식 때문에 그들이 강해지자 프랑스와 전쟁을 벌였다. 그리고 이탈리아 시칠리아와 나폴리 등을 정복하며 이탈리아에서도 전쟁을 벌였다.

그리고 또 하나의 현실 문제는 부부 왕의 후임 왕을 선정하는 문제였다. 스페인은 하나님의 축복으로 반세기 동안 너무도 크게 팽창하고 부유해졌다. 죽을지 모르는 한 여인이 생존을 넘어서 신앙의 힘으로 카스티야만이 아니라 전 국토를 회복하였고 거기다가 신대륙까지 그들의 영토가 되었다. 믿을 수 없는 팽창이고 축복이었다. 그녀는 정신없이 이 일을 해내었다. 신앙의 힘이 아니면 불가능했을 것이다. 그러나 자기가 죽은 다음 후손들이 이렇게 커진 나라를 제대로 지켜나갈 수 있을지 불안하지 않을 수 없었을 것이다. 후손들은 자기만큼 위기를 알지 못했고 그래서 신앙도 믿음직스럽지 않았다. 독립 국가이지만, 귀족들도 믿음직스럽지 못했고 특히 프랑스의 위협을 가장 심하게 느끼고 있었다. 이럴 때 부모는 어떻게 하는가? 믿을 수 있는 주위의 힘을 모두 가동하여 자녀들이 나라를 잘 유지할 수 있는 길을 만들어 놓아야 했다.

그래서 그녀는 결혼동맹을 생각해냈다. 특히 프랑스의 위협을 막기 위해 프랑스와 적대 관계에 있는 동맹들과 결혼을 통해 결속을 다졌다. 먼저 영국의 아서 왕자와 아르곤의 카탈리냐 공주가 결혼하였고 스페인의 후안 왕자는 신성로마제국의 마르가레테 공주와 결혼하였다. 둘째 딸 후안나는 역시 신성로마제국의 후계자인 펠리페 대공과 결혼하였다. 모든 자식을 외국의 왕손과 결혼하는 것은 그렇게 흔한 일은 아니다. 이는 스페인의 모습을 보여주는 또 다른 모습이다. 특히 이사벨은 어려서부터 왕손이기 때문에 죽을지도 모른다는 피해의식 속에 살았다. 그래서 그는 이를 막아보기 위해 비밀 결혼을 하고 종교에 몰두하였다. 그 결과 위대한 스페인을 건설하였다.

이사벨 여왕의 어머니는 자신을 다 보호해주지 못하고 정신병으로 죽어 그녀는 어쩔 수 없이 페르난도와 비밀결혼을 하였다. 그러나 그녀는 살아서 자녀들의 미래를 충분히 보호해주고 싶었을 것이다. 그래서 그녀는 모든 자녀를 외국의 왕손들과 결혼하도록 주선한 것이었다. 이는 역시 그녀의 피해의식이 만든 작품이었다. 그런데 그들의 자녀 대부분은 후손을 생산하는 것에 실패하였다. 그러나 후안나만 아들 카를로스를 낳았는데, 이 카를로스가 다음 왕인 유명한 카를로스 5세였다.

원래 이사벨이 죽은 다음 후안나와 남편 펠리페가 후임 왕이 되기로 했으나, 펠리페가 사망하여 후안나가 왕이 되어야 했다. 그런데 그녀는 남편이 죽은 다음 그 충격으로 심한 정신병적 피해망상을 보여 평생을 성에 유폐되는 불행한 삶을 살았다. 후안나의 병은 사실 스페인에 대해 암시하는 바가 크다. 그녀의 어머니인 이사벨의 과도한 피해의식이 딸에게 분명히 영향을 주었을 것이다. 어머니의 불안감이 후안나에게 전염되어 남편이 사망한 다음 그 불안이 피해망상으로 진행되었다. 그리고 후안나의 병은 겉으로는 잘 나가고 있는 스페인 내면의 모습이기도 했다.

당시 신성로마제국은 합스부르크 왕가가 지배하고 있었는데, 합스부르크는 원래 작은 가문이었으나 결혼을 통해 유럽의 거대한 왕가로 발전하였다. 결혼한 후 후손이 없으면 다음 후손이 그 땅을 다 소유하게 되어 있었다. 그래서 후안나의 아들 카를로스 5세가 왕이 되었을 때는 그는 엄청난 유럽과 신대륙의 땅을 지배하는 왕이 되었다. 카를로스 5세는 신성로마제국의 독일 황제와 스페인의 왕이라는 공식명칭과 함께 오스트리아, 보헤미아, 시칠리아, 네덜란드와 신대륙의 많은 땅을 소유하는 세계 최고의 황제가 되었다.

카를로스 5세는 스페인에서는 카를로스 1세Karl V/Carlos I(1500~1558)로 불린다. 카를로스 5세의 모든 지위와 땅은 곧 스페인의 것이기도 했다. 그야말로 스페인은 갑자기 세계 최대의 국가가 된 것이다. 거기에다 신대륙에서 올라오는 금은보화까지 소유하게 되니 현실적으로도 과대망상을 가진다고 결코 비현실적이지 않을 것이다. 그야말로 축복의 황금 세기라고 해도 누구도 부인할 수 없었다.

제 6장

합스부르크 왕가의 스페인

카를로스 1세의 과대망상

✦

앞서 말했지만, 망상은 때로는 불가능한 것을 이룰 수 있게는 하지만, 이룬 것을 유지하고 발전시키기는 어렵게 한다. 망상은 현실을 바로 볼 수 없게 하기 때문이었다. 스페인은 신대륙에다 유럽 대부분 영토를 소유한 거대한 나라가 되었다. 그러나 이를 대단한 것으로 자랑하기보다는 병적 비만으로 걱정해야 할 것이었다. 자신들의 실력으로 확보한 영토가 아니었기에 버블과 같은 것이었다. 버블은 인플레이션으로 언젠가 허물어지고 만다.

카를로스 1세는 네덜란드에서 자라 스페인 말을 하지 못했다. 그는 거대한 제국을 경영하느라 스페인에 집중할 수가 없었다. 그는 유럽과 세계의 모든 문제에 개입하여 국제경찰 노릇을 하느라 정신이 없었다.

당시 종교개혁 이후에 유럽의 가톨릭이 심하게 도전받고 있었기 때문에 그는 유럽을 다시 가톨릭으로 회복하려고 노력하였다. 그리고 카를로스 1세는 자신을 로마제국의 시저나 아우구스투스 이상의 황제로 착각하며 유럽을 군림하였다. 모든 일에 관여하였고 유럽의 이곳저곳을 돌아다니며 전쟁을 벌였다. 꼭 필요한 전쟁이 아니었다. 가장 극심한 전쟁이 프랑스와의 전쟁이었고 또 이탈리아와 오스만 제국과도 전쟁하였다.

막대한 전쟁 경비를 대느라 신대륙에서 오는 금은을 다 써버리고 그것도 모자라 은행 빚까지 지게 되었다. 현실감각이 부족하고, 자신의 이상 가운데만 있었기에 이를 망상이라고 하지 않을 수 없었다. 이러한 망상은 이사벨에서 시작되었다. 그녀의 망상은 자신의 생존을 위해 시작되었지만, 그 이후 망상은 멈추지 않고 그녀의 후손들에게까지 전달되었다.

과대망상은 겉으로 보면 대단한 것 같지만, 결과적으로는 별 실속이 없는 것이다. 카를로스 1세는 마치 조증 환자 같았다. 조증 환자는 엄청난 에너지로 활동한다. 많은 일을 밤새우며 해도 피곤한 줄 모른다. 그래서 남들이 하지 못하는 위대한 일을 하기도 한다. 이러한 일들이 일시적으로는 자신에게 도움이 되는 것 같지만, 결국에는 해가 된다. 절제하지 못함으로 생기는 과유불급過猶不及의 문제인 것이다. 그저 일만 벌여놓고 그 일에 치여 허덕이다가 지쳐 쓰러지는 것이다.

신성로마제국의 스페인과 카를로스 1세가 그러했다. 그는 유럽에 돌아다니며 일을 벌이고 전쟁을 하며 자기가 최고인 것처럼 과시하고 다니다가 결국 지쳐 스페인의 한 수도원에서 쓸쓸하게 생을 마감하고 말았다. 멍청한 스페인도 이를 뒷바라지하다가 기울어져 가고 있었다. 가장 고통스러운 사람은 스페인 백성들이었다. 백성들은 신대륙의 특수를 누리지도 못하고 인플레이션과 극심한 가난을 겪어야 했다. 그가 스페인에 남긴 것은 이러한 빚과 고통이었다.

신중왕 펠리페 2세
✦

다음 왕인 펠리페 2세Felipe II(1527~1598)는 무척 신중하여 신중愼重왕이라 하였다. 그는 감정을 잘 표출하지 않고 매사를 꼼꼼하게 점검하는 다소 강박적이고 편집적인 성격이었다. 피해의식은 늘 왕족들이 갖는 기본성격이었다. 아무도 믿을 수 없는 것이 왕이기 때문이었다.

펠리페 2세는 아버지와는 달리 스페인에서 태어났고 스페인 사람이었다. 처음에는 아주 신중하였고 수도도 톨레도에서 마드리드로 옮기고 세수를 늘려 재정을 견실하게 하였다. 그러나 그도 전쟁을 피해갈 수 없었다. 아버지 카를로스 1세는 유럽의 패권을 잡기 위해 한평생 전쟁만 한 왕이었다. 그리고 연전연승하였다. 그의 군대는 무적이었다. 이를 뒷바라지하느라 스페인의 재정이 엉망이었다. 그래서 백성들의 원성이 높았다. 이를 보아온 아들의 입장으로는 복잡한 마음이 들었을 것이다.

한편으로는 아버지 덕분에 많은 안정을 찾았으니 전쟁을 자제하고 나라의 재정을 튼튼히 해야겠다는 마음과 다른 한편으로는 자신도 아버지 못지않게 전쟁에서 승리하여 위대한 왕이 되고 싶은 양가적 마음이 있었을 것이다. 그리고 아버지가 전쟁에 너무 지쳐 마지막을 쓸쓸하게 수도원에서 운명한 것을 잘 보았을 것이다. 펠리페 2세는 비교적 젊은 나

♦◦ 펠리페 2세가 지은 '엘 에스코리알' 궁전이다. 이 궁전은 일반적인 왕궁과 아주 달랐다. 그렇게 화려하지 않았고 유럽 각지에서 조상들과 순교자, 성인들의 유물이나 유골, 그리고 기독교와 관련된 유물과 그림을 수집하여 두었다. 이곳은 자신이 거하는 궁궐이면서도 공동묘지와 수도원이기도 했다. 신앙을 위한 왕권으로 헌신하려는 그의 진지한 마음을 엿볼 수 있다. wikipedia

이인 29세에 왕위에 올랐다. 그는 신중하였지만, 한편으로는 아버지를 롤 모델로 하면서 아버지를 넘어서려는 야심도 있었다.

원래 아버지가 너무 위대하면 자식은 부담감 때문에 위축된다. 그래서 곧장 행동에 옮기기보다는 아주 신중하게 생각하고 많은 것을 확인하면서 행동하려고 한다. 그러나 그는 위축되어 있지만은 않았다. 오히려 치밀하게 준비하여 아버지 이상의 위대한 군주가 되고 싶어 했다. 그리고 이렇게 할 수 있는 능력도 충분히 갖추고 있었다. 왕위에 오른 다음 해 프랑스와 산 킨틴에서 전쟁을 하였다. 아버지 없이 자신만의 능력으로 치른 첫 번의 전쟁이었다. 많은 준비를 했겠지만 두렵고 떨렸을 것이다. 그리고 반드시 이겨야 하는 프랑스와의 전쟁이었다. 그런데 그는 전쟁에서 승리하였다. 아주 기뻤을 것이다.

그래서 이 승전을 기념하기 위해서 마드리드에 '엘 에스코리알'이란 아주 큰 궁전을 지을 계획을 세웠다. 그런데 이 궁전이 예상보다 힘든 공정이었다. 21년간 건축하며 많은 난관과 사고 등이 있었고 많은 사람과 재정이 투입되어 백성의 원성이 잦았다. 왜 그는 아버지의 문제를 반복하지 않겠다는 그의 다짐과 다르게 초기부터 전쟁과 무리한 건축으로 인해 백성들의 원성을 들었어야 했을까? 그는 생각이 많고 신중한 왕이었다. 충동적으로 자신의 욕심 때문에 이런 큰일을 벌릴 사람은 아니었다. 그렇다면 왜 그는 초기부터 이런 무리한 일을 벌였을까?

솔로몬과 펠리페 2세

✦

이 궁전은 일반적인 궁전이 아니었다. 일반 궁전에 있을 법한 화려한 장식도 거부하였고 일반 궁전에는 어울리지 않는 이상한 일을 진행하였다. 그것은 유럽 각지에서 조상들과 순교자, 성인들의 유물이나 유골, 그리고 기독교와 관련된 유물들을 수집하는 것이었다. 그리고 자신을 비롯하여 자손들이 죽으면 이곳에 안치하고 장례미사를 이곳에서 드리도록 하였다. 그래서 이곳은 자신이 거하는 궁궐이면서도 공동묘지와 수도원이기도 했다. 아주 묘한 건물이었다. 그는 왜 이런 건물을 지으려고 했을까?

단순히 승전을 기념하려면 개선문이나 조각물 정도이면 충분했을 것이다. 그런데 그는 왜 이렇게 특이한 생각을 했을까? 역시 그에게는 조상들의 피해망상과 과대망상의 피가 같이 흐르고 있는지 모른다. 자신의 불안과 두려움이 이처럼 특이한 건물을 필요하게 했는지도 모른다. 이 건물은 엄청나게 다목적이다. 한 나라의 모든 것이 다 포함되어 있다. 왕족, 죽음과 삶, 영생, 종교, 예술, 학문 등 마치 솔로몬이 이러한 건축을 즐겨한 것처럼 그도 솔로몬이 되고 싶었던 것이었다. 그의 아버지는 마치 다윗이었다. 그래서 이 건축물에는 다윗과 솔로몬의 동상과 벽화도 있고 이를 이 건물의 기원으로 보기도 한다.

그는 승전한 다음 너무나 기쁘고 감사하여 이를 신에게 받치고 싶었던 같다. 자기의 능력보다는 신께서 은총을 베풀어주어 이렇게 승리하였고 앞으로 계속되는 전쟁에서도 신의 도움과 능력이 같이 하기를 간절히 소원하였다. 그는 앞으로의 자신의 삶이 자기의 영화를 위해서가 아니라, 죽은 조상과 성인들의 유골과 유물을 모신 것처럼 그들의 정신을 이어받아 하나님 나라를 위해 헌신하려는 마음으로 이 성전을 봉헌한 것이었다.

이는 마치 솔로몬이 왕이 되었을 때 하나님께 자신과 성전을 드린 것처럼 그도 이 궁전을 성전으로써 하나님에게 드린 것이었다. 이사벨이 국토회복을 기독교 신앙으로 이루어내었던 것처럼 펠리페 2세도 원대한 세계 경영을 기독교 신앙으로 하고 싶었고, 그 위대한 일의 중심을 이 궁전에 두고 싶은 것이었다. 그렇다면 그는 과연 어떻게 되었을까? 솔로몬과 비교하면서 그의 삶을 살펴보자.

교황이었던 황제

✦

당시 기독교는 많은 도전을 받고 있었다. 중세의 암흑시대를 지나 개신교와 인문학의 도전을 받고 있었다. 교황과 이탈리아는 힘을 잃어가고 있었기에 이러한 도전을 물리칠 힘이 없었다. 펠리페 2세는 스페인을 기독교를 지킬 수 있는 성지로 삼고 싶었다. 그래서 스페인은 반종교개혁의 성지가 된 것이었다. 이를 그의 정체성으로 삼았다. 이사벨이 기독교를 정체성으로 삼았듯이 펠리페 2세는 다시 기독교를 그들의 정체성으로 재확인한 것이다.

그런데 앞서 분석한 대로 그들의 기독교는 자신의 뿌리로부터 나온 것이 아니었다. 이사벨 여왕이 타자로서 기독교를 자기로 삼은 것보다 더 강한 타자적 정체성이었다. 그는 순수하고 열정적이었지만, 그들의 정체성을 잘못 찾은 것이었다. 기독교 본질로서의 정체성이 아니라, 하나의 종교와 권력으로서의 기독교였다. 솔로몬은 뿌리로부터의 신앙이었으나, 그 후손인 유대인들은 유대교를 타자적 정체성으로 삼은 것과 비슷했다. 스페인도 본질적 기독교에서 벗어난 종교로써의 기독교를 정체성으로 받아들인 것이었다.

그들은 개신교가 스페인으로 들어오지 못하도록 종교재판과 반종교개혁 등으로 강한 방어선을 구축하였다. 그래서 개신교는 스페인에 들어올 수 없었다. 그리고 예수회와 같은 기독교 운동을 강화하였고 해외 선교도 많이 지원하였다. 그래서 동방으로 많은 예수회 선교사들을 파송하였다. 그러나 유럽에서는 인문학의 바람이 거세었다. 스페인에서는 속국이었던 네덜란드의 에라스무스Desiderius Erasmus(1469~1536)란 학자가 권위주의와 형식주의에 빠진 가톨릭교회를 비판하며 새로운 인문학의 바람을 일으켰다. 성직자들도 그의 사상을 지지하기도 했다.

이러한 사상적 갈등이 꽤 오랫동안 스페인에 진행되었지만, 완고한 스페인은 꿈쩍하지 않았다. 오히려 이러한 바람이 역풍을 일으키게 되었다. 펠리페 2세는 이러한 오염된 사상과 종교의 배경에는 유대인이 있다고 하여 가톨릭으로 개종한 유대인인 콘베르소를 공직에서 추방하였다. 이를 순혈령이라고 한다. 그래서 조상과 족보를 검증하는 풍토가 발생하여 모두가 족보를 챙기고 가짜로 위조하는 일까지 일어나게 되었다. 이는 종교재판보다 더한 감시와 통제수단이 되었다. 족보까지 뒷조사까지 하며 살아야 하는 살벌한 스페인이 되었다. 지금의 북한 같은 모습이기도 하였다.

사회가 이렇게 종교적으로 경직되자, 이슬람에서 가톨릭으로 개종한 모리스코인이 반란을 일으켰다. 그들의 언어와 문화를 말살하는 정책에 강하게 반발한 것이었다. 그들은 가장 하층민으로서 무리한 전쟁으로 인해 가난가운데 가장 고통받던 자들이었다. 오랫동안 억압되었던 그들의 분노가 폭발한 것이었다. 그들을 진압하는 것도 쉽지 않았다. 그 결과 많은 무어인이 죽거나 추방되었다. 그래서 노동 인력과 군인으로 나갈 사람들이 더욱 부족하였다. 남쪽인 그라나다에 주로 몰려 살던 무어인들은 전국 각지로 분산시키고 반대로 다른 지역에 살던 사람들을 그라나다로 이주시키는 바람에 사회적인 대혼란이 일어났다.

그리고 전쟁도 대부분 종교적인 성격을 띤 전쟁이었다. 가장 큰 전쟁이 레판토 전쟁이었는데 이는 오스만튀르크 제국과 지중해에서 벌린 전투였다. 해상전투는 선박을 건조해야 하기에 특별히 많은 재원이 필요하였다. 전쟁에서 승리하였지만, 재정적인 손실이 적지 않았다. 그런데 펠리페 2세는 이 승기를 몰아 개신교 국가들과의 전쟁을 준비하였다. 이 역시 그들이 자랑하는 해군으로 승리하기 위해 막강한 함대를 준비하였다. 이를 무적함대라고 하였다.

그전까지 네덜란드는 스페인의 속국이었다. 그런데 그들이 스페인에 반발하였다. 그들은 스페인의 무역독점에 위협을 가했고 또 그들이 개신교를 받아들여 가톨릭에게도 반발하였다. 그리고 자신의 영향력 아래에 두려고 한 영국도 자신이 후원한 메리 스튜어트를 참수하고 가톨릭을 거부하는 등의 행동을 보여 네덜란드로 가는 길에 영국도 공격하여 본때를 보여주려고 하였다.

당시 스페인의 무적함대를 그 누구도 이길 수 없었다. 그런데 작은 영국 함대에 비참하게 패하고 말았고 그 이후 영국에게 무역권을 넘겨주고 네덜란드도 독립하게 되었다. 허구적인 타자로서의 가톨릭의 정체성에 큰 상처를 입힌 사건이었다. 그의 순수하고 열정적인 신앙도 흔들리기 시작했고 이를 통해 해가 지지 않던 스페인이 몰락의 길로 들어서게 되었고, 영국이 그 자리를 대신하게 되었다.

무리한 전쟁으로 인해 스페인의 재정은 날로 악화되었다. 자신의 나라를 지키기 위한 전쟁도 아니었고 가톨릭 제국을 지키려는 과대망상 때문에 많은 군인이 죽었고 또 나라는 어렵게 되었다. 신대륙에서 무역독점도 위협받고 또 이를 잘 운영하지 못해 오히려 인플레이션으로 더욱 어렵게 되었다. 은행 빚으로 간신히 버티다가 결국 두 번씩이나 파산 선고를 하기도 했다. 의식으로는 아버지의 길을 따라가지 않겠다고 했지만, 그는 아버지보다 더 심한 종교망상을 보였다.

　결국 그의 무의식 속에 있던 두려움과 욕망이 이런 결과를 만들고 말았다. 그래서 스페인은 더욱 병들고 가난해졌다. 그래도 부잣집이라 3대는 가기에 귀족과 왕족은 여전히 풍요로웠다. 특히 펠리페 2세는 인문학과 예술에 관심이 많아 이 분야에 많은 투자를 하여 문화적으로는 가장 풍요로운 황금 세기를 맞고 있었다.

허구적 망상 속의 스페인
✦

합스부르크 왕가는 신성로마제국이란 이름부터가 실속이 없는 버블이었다. 신성로마제국이란 자기들로부터 나온 이름은 아니었다. 로마와 교황청에서 부여받은 칭호였다. 자기들은 야만이었고 없었기 때문에 그 당시에는 이 이름이 명품 브랜드 의복과도 같은 것이었다. 메이드 인 로마made in Roma는 누구나 부러워하는 최고 브랜드였고 거기에다 신성from the God이란 마크까지 부쳤으니 그야말로 세상 최고의 브랜드였다. 이를 입고 다니며 마치 자신들이 신성한 로마의 왕족과 귀족이라도 된 것처럼 뽐내고 착각하며 살았다. 허구였다. 그 명품 브랜드의 가격은 너무도 비싸, 그들은 너무도 많은 비용을 지불해야 했다. 그야말로 대타자였다. 자기가 아닌 밖에서 주어지고 자신의 없음을 감추기 위해 얻어 입은 옷이고 이름이었다.

그런데 그 이름이 스페인에게 주어졌다. 스페인은 한때 자신이 로마인 줄 착각하며 살았다. 로마보다 더 로마로 생각하며 자신을 로마에 올인하였다. 그러나 로마가 멸망하고 상실감가운데 있었을 때, 그들은 기독교를 로마를 대신하여 받아들였다. 그래서 기독교가 그들의 정체성이 되었다. 그러나 기독교는 원래 자신들로부터 출발한 것이었으나, 그들이 기독교 왕국으로 통일하면서 그 기독교는 로마를 대신하는 타자가 되었다. 큰 착각이었다.

그들은 로마의 차남이다. 장남에 대한 콤플렉스가 있었다. 그래서 그들은 장남보다 더 장남이 되고 싶었다. 그래서 장남보다 더 로마다웠고 장남의 기독교보다 더 기독교다웠다. 장남의 로마와 기독교가 허물어져 갈 때 차남인 스페인이 이를 부활시켰다. 로마의 오현제와 반종교개혁이 그것이었다. 그리고 그들은 군대까지 동원하여 개신교 국가를 굴복시키려고 하였다. 스페인은 합스부르크의 신성로마제국이란 허구적인 이름과 자신이 장남을 대신해야 한다는 또 다른 과대망상에 빠져 로마와 기독교라는 허구적인 명품이 자기인 줄 알고 진정한 자신을 찾지 못했다. 이는 요즈음 명품으로 치장하면 자신이 귀족이라도 된 것처럼 착각하는 사람과 비슷한 것이다.

한마디로 스페인은 자신이 아닌 허구적인 옷을 입고 살아가는 과대망상 환자였다. 세르반테스(1547~1616)의 돈키호테와 너무도 닮았다. 세르반테스는 펠리페 2세 때의 사람이다. 그는 레판토 해전에 참전하여 승리한 용사였다. 레판토 해전은 스페인의 가장 큰 자랑거리였다. 스페인은 과거 십자군 전쟁에는 참여하지 못했지만, 그들은 그러한 성전의 정신으로 이슬람과 싸워 통쾌한 승리를 거두었다. 그 이후 그 누구도 스페인에 대적할 수 없는 천하무적이 되었다. 겉의 스페인은 이처럼 명예롭고 위대하였지만, 그 속은 지옥이었다. 이를 세르반테스가 직접 겪은 것이다. 그는 참전으로 왼팔을 잃었다. 그리고 귀국길에 배의 습격을 받아 알제리에서 5년간 포로 생활을 하였다. 그는 수도사들의 도움으로 간신히 고국으로 돌아왔으나 고생길이었다. 참전과 부상에 대한 보상이 제대로 주어지지도 않았다.

그는 어렵게 세금징수원이 되었으나, 행정 실수와 공금 횡령 혐의로 투옥당하기도 했다. 그는 이 일을 통해 서민들의 실제 생활이 얼마나 어려운지를 직접 경험하게 되었다. 스페인이라는 나라가 너무도 허구적이라는 것을 알았다. 그리고 그는 돈키호테를 집필하고 출간하였다. 그러나 생계에 별 도움을 주지 못했다. 그 이후 삶은 계속해서 불운의 연속이었다. 그럼에도 그는 돈키호테처럼 환경에 굴하지 않고 계속 문학 활동을 하였다. 그의 작품이 베스트 셀러가 되었지만, 그는 생전에 이로부터 혜택을 누리지 못하였다.

돈키호테는 기사에 관한 책을 너무 많이 보다가 자신이 정의의 기사가 되어야겠다고 다짐을 하고 길을 나섰다. 그 이상은 너무도 순수하지만 거의 망상 수준이었다. 망상이란 현실에 기반을 두지 않은 자기만의 생각과 집착을 의미한다. 자신이 세상을 구원하는 기사가 되겠다는 과대망상인 것이다. 늙고 허약한 노인이고 따르는 군사도 없었다. 산초라는 한 명의 시골 사람이 따랐다. 이러한 돈키호테의 모습이 곧 스페인이었다. 속은 늙고 허약하면서 겉에 갑옷을 입고 엉터리 기사 작위를 받아

자기가 세계의 구원자인 것처럼 세상을 휘젓고 다닌 스페인이 바로 그였다. 과대망상에 빠져 헤매고 다니는 모습은 정말 우스꽝스럽지만, 웃을 수만 없는 비극이기도 하였다. 이것이 지금 스페인의 모습이라는 생각에 이 작품을 썼을 것이다. 그는 바로 스페인의 과대망상 속에 있는 한 군인이었고 공무원이었다. 그 속에 허망하고 비참한 현실을 보면서 스페인의 병을 어떻게 치유해야 할지를 고민한 사람이었다. 스페인의 치유와 돈키호테에 대해서는 나중에 문학과 사상 편에서 다시 다룰 것이다.

◆◇ 영화 스패니시 골리앗Giant, Handia, 2016. 가난한 농부로서 먹고살기 어려워 '스패니시 골리앗'이라는 이름으로 전국과 유럽을 돌며 광대처럼 살다가 모은 돈을 강도에게 다 빼앗기고 좌절하며 죽어간다는 이야기이다. 이는 과대망상에 빠져 유럽을 휘젓다가 망해가는 스페인 제국의 모습을 닮았다.

　돈키호테와는 다르지만 이러한 스페인의 모습을 보게 하는 한 스페인 영화가 있다. 제목은 '스패니시 골리앗Giant, Handia(2016)'이다. 19세기 중반 바스크 지방에 있었던 실제 인물에 대한 이야기이다. 20세까지 정상 발육을 하다가 그 후에 갑자기 242센티미터로 거인이 된 시골 청년에 관한 이야기이다. 그는 가난한 농부로서 먹고살기 어려워 '스패니시 골리앗'이라는 이름으로 전국과 유럽을 돌며 광대처럼 살다가 모은 돈을 강도에게 다 빼앗기고 좌절하며 죽었다. 거인이 되어 돈을 벌게 되고 유럽에까지 유명했지만, 이로 인해 정상적인 삶을 살지 못하고 불행하게 죽은 것이었다. 그가 죽은 후 자신의 뼈까지 연구용으로 팔아 가족의 생계를 도왔다.

이 거인은 마치 합스부르크 왕들 같았다. 그들은 유럽의 거인이었다. 무적이었다. 그러나 그들은 건강한 거인이 아니었고 과대망상이라는 거인병에 걸린 환자들이었다. 한때는 유럽을 돌며 위대한 스페인을 자랑하며 뽐내고 다녔지만, 실속이 없었다. 자신들이 가진 것을 다른 나라에 다 빼앗기고 빈털터리가 되었다. 그리고 쓸쓸하게 죽어갔다. 그리고 그 자손들은 거인 스페인이 남긴 유품을 먹고 산다. 세계의 많은 사람이 이를 보러 온다. 그 수입으로 근근이 살아가는 가슴 아픈 이야기이다.

내적 회복을 추구한 스페인

✦

자신을 찾지 않으면 허구적인 타자의 이름만으로는 한 때는 잘 나갈 수 있을지 모르지만, 부질없고 실속이 없는 일이다. 그러나 스페인은 이러한 폭망하는 아픔을 통해 자신을 다시 발견하며 찾아가고 있다. 이 책은 스페인의 역사를 통해 바른 자기 찾기가 어떻게 일어나고 있는지를 계속 살펴볼 것이다.

당시 문화적으로는 황금 세기를 누리고 있었다. 이를 통해 스페인의 자신을 찾으려는 적지 않은 노력이 있었다. 이에 대해서는 다시 문학과 예술 편에서 다룰 것이다. 그러나 여기서 기독교와 관련해서 자기를 찾으려는 하나의 노력을 소개하려고 한다. 당시 기독교는 종교화되어 있고 뿌리가 없는 권력이었다. 허구적인 타자로서의 자기였다. 그러나 원래 스페인의 기독교는 그들의 뿌리에서 나왔다. 산티아고 야고보의 순교와 무덤은 그들의 원초적인 신앙이 되었고 그 힘으로 위대한 국토회복을 시작할 수 있었다. 그러나 그들은 허구적이고 종교적인 신앙으로 변질되었다. 그래서 그들을 살리는 종교가 아니라 그들을 압제하고 죽이는 괴물이 되었다.

이러한 기독교의 변질에 대해 혁신 운동을 주도한 아빌라 성녀인 테레사 Teresa de

♦◇ 아빌라의 엔카르나시온 가르멜 수도원에 있는 테레사 성녀의 상. 기독교가 병들어 갈 때 아빌라 성녀인 테레사와 그녀의 제자인 십자가의 성 요한이 스페인 전역에 여러 수도원을 설립하고 기독교를 정화하려고 하였다. 그들이 저술한 책은 기독교 영성 신학의 고전 교과서가 되었다. 이러한 노력에도 불구하고 기독교는 더욱 병들어 갔다.
realfoodtraveler.com

Cepeda y Ahumada(1515~1582)와 그녀의 제자인 십자가의 성 요한John of the Cross(1542~1591)이 있었다. 그들은 스페인 전역에 여러 수도원을 설립하고 기독교를 정화하려고 하였다. 그들은 겉의 종교적인 신앙이 아니라 신을 자신 속에서 직접 만날 수 있는 영성의 길을 구체적으로 제시하였다. 테레사의 '영혼의 성', '완덕의 길' 그리고 성 요한의 '영혼의 밤'과 '영적 찬미가'는 지금도 영성 신학의 고전이 되고 있다.

그리고 종교개혁의 영향으로 가톨릭 자체에서도 개혁이 필요하다는 주장한 사제가 있었는데 그가 이그나티우스 로욜라San Ignacio de Loyola(1491~1556)였다. 그는 군인으로 부상당한 후 회복하는 과정에서 그리스도의 영적 병사가 되기로 결심하였다. 스페인의 작은 마을의 동굴에서 은둔자로 기도하는 가운데 강력한 영적 황홀경을 경험하고 이를 통해 영성 신학의 원리와 지침을 담은 '영적 훈련'을 저술하였다. 이를 기초로 그는 그리스도의 제자를 키우기 위해 예수회를 창립하였다.

이처럼 스페인에서는 깊은 내면의 신앙을 회복하는 영성 신학이 발달하였지만, 스페인의 병을 고치기에는 역부족이었다. 그러나 스페인에서 이러한 깊은 내면의 자기를 찾는 움직임이 강하게 일고 있었다는 것은 아주 중요한 현상이었다. 그들은 겉으로 자기를 찾지 못해 방황하고 있었지만, 그들에게는 아주 깊은 자기가 꿈틀거리고 있었다는 것이었다. 그들은 그 어떤 민족보다 내적으로 깊었다. 그들의 선사시대의 뿌리와 함께 위기 때마다 그들을 구원한 깊은 내면의 힘이 북부 산악지대를 중심으로 살아있었다. 스페인이 허구적인 신성로마제국의 갑옷을 입고 방황하고 있을 때도 다시 스페인의 영혼의 뿌리를 깨우는 운동이 일어나고 있었다. 우리는 스페인의 외적인 현상과 함께 이러한 뿌리의 움직임에 대해서도 계속 관심을 가지고 추적해보아야 할 것이다.

기울어가는 스페인

✦

펠리페 2, 3세가 통치하던 시대는 문제는 많았지만, 그래도 겉은 강하고 화려하였다. 그러나 속이 비었고 병들었다. 이제 그 속의 병이 겉의 증상으로 나타나 쇠퇴하기 시작한 것이 펠리페 3세와 4세 때였다. 펠리페 3세Felipe III(1578~1621)는 성격부터가 무기력하였다. 많은 문제가 있었으나 스스로 이를 해결할 능력이 부족하여 능력 있는 귀족인 데니아 후작에게 정치를 맡겼다. 이때부터 스페인은 총신寵臣 정치로 바뀌게 되었다. 왕족들은 정치를 그들에게 맡기고 사치스러운 생활을 즐겼다. 총신은 왕족을 이렇게 잘 살 수 있게 해준 대신, 뒤로는 자기의 곳간을 챙겼다. 많은 문제가 있었지만, 제대로 된 개혁을 하기보다는 손쉬운 편법으로 문제를 해결하려고 하였기 때문에 나중에 더 많은 문제를 야기하였다.

그중에 가장 큰 문제는 가톨릭으로 개종한 이슬람교도들인 모리스코를 추방한 것이었다. 그들은 과거 그라나다에 주로 살다가 펠리페 2세 때 여러 곳으로 분산 이주하였으나, 그들은 가는 곳마다 서로 단결하여 문제를 일으켰다. 특히 발렌시아에서 문제가 심각했고 아라곤과 카스티야에서도 문제를 일으켰다. 그들이 배후에 오스만튀르크와 손을 잡고 자신들을 공격할 수도 있다는 피해의식 때문에 그들을 추방하기로 하였다. 이때 스페인에 무어인들이 약 30만에서 50만 명이 있었는데, 대부분 추방되었다. 그러나 그들은 대부분 귀족의 영지에서 농사를 짓고 세금을 내던 사람들이라 스페인에 큰 손실이었다.

그러나 네덜란드와 휴전을 하게 된 치욕을 정치적으로 보상하기 위해 약자였던 그들을 추방하는 강수를 씀으로, 스페인에 더 큰 손실을 안겨주었다. 그들은 늘 실리보다는 이상과 명목, 그리고 과도한 피해의식 때문에 스스로 손해를 보는 일을 반복하였다. 그들은 망상가운데 있어서 현실을 제대로 볼 수 없었다. 현실의 교훈을 제대로 학습하지 못해 늘 같은 실수를 반복하였다.

펠리페 4세Felipe IV(1605~1665)로 와서는 더 심하게 몰락하였다. 그때도 역시 올리바레스라는 백작이 총신으로 정치하였다. 그는 나름 개혁을 부르짖고 열심히 노력하였으나, 일관성이 부족하고 이를 지속적으로 추진하지 못해 결국 개혁에 실패하고 말았다. 그리고 여러 곳에서 반란과 전쟁이 일어났다. 결국 그들의 붕괴는 서서히 일어났지만, 최종적으로는 전쟁을 통해서 영토와 이권을 잃게 되므로 몰락이 확인되는 것이었다.

네덜란드의 독립전쟁은 1567년 펠리페 2세 때부터 시작되어 80년간 지속되었다. 결국 네덜란드는 펠리페 4세 때 30년 전쟁 결과로 맺어진 베스트팔렌 조약에 의해 1648년에 독립하였다. 그리고 1640년에는 포르투갈이 반란을 일으켜 독립하였고, 1640년부터 1653년까지 카탈루냐 지방에서 반란이 일어났다. 그리고 1641년에는 안달루시아에서, 1646년에는 나폴리에서도 독립운동이 일어났다. 그리고 가장 치명적인 것은 1643년에 로크로아에서 프랑스군에게 패한 것이었고 그동안의 모든 전쟁을 결산하는 최종적인 전쟁이 있었는데, 그것이 바로 30년 전쟁(1618~1648)이었다. 가장 치열하고 잔혹한 전쟁이었다.

이 전쟁은 독일 땅에서 신교와 구교의 갈등으로 시작되었으나, 유럽의 여러 국가가 참여하는 전쟁으로 확전되었다. 그러나 핵심은 프랑스의 부르봉 왕가와 합스부르크 왕가의 패권 전쟁이었다. 전쟁 결과, 베스트팔렌 조약이 체결되고 이로써 유럽에서 신성로마제국의 시대가 종말을 고하고 프랑스의 시대가 오게 되었다. 그리고 신성로마제국에 속해 있던 스페인도 많은 영토와 이권을 잃게 되었고 이를 통해 스페인은 모든 면에서 급격히 쇠락하였다.

그다음 왕이 카를로스 2세 Carlos II(1661~1700)였다. 그는 신체적인 장애와

뇌 발육도 지체되어 백치왕으로 불렸다. 그가 왕이 되었을 때는 4세였기에 섭정을 하였다. 펠리페 4세의 총신이었던 올리바레스는 실정으로 물러났고 그의 조카인 루이스 데 아로가 정권을 쥐었다. 그야말로 스페인의 합스부르크 왕가는 카를로스 2세처럼 꺼져가는 불이었다.

그는 부르봉 왕가의 루이 14세 조카딸과 결혼하였지만, 그녀는 곧 죽게 되어 독일 황제의 동생과 결혼했다. 그리고 왕위 계승자로 합스부르크 황제의 아들 호세 페르난도를 지명하였지만, 프랑스의 부르봉 왕가가 과거 루이 14세 조카딸과의 결혼을 빌미로 자신의 손자 펠리페를 후계자로 지명하였다. 결국 당시 패권 국가인 프랑스의 압력으로 스페인은 루이 14세의 손자인 펠리페 5세를 왕으로 받아들였다.

이로써 200년간의 스페인 합스부르크 시대는 막을 내리고 부르봉 왕가의 시대가 시작되었다. 어떻게 보면 스페인은 진정한 자기만의 통일 왕국을 이룬 것은 이사벨의 부부 왕 때뿐이다. 그 이후로는 계속 유럽의 패권 국가가 스페인을 지배했다고 볼 수 있다. 그러나 완전한 복속은 아니고 거의 독립된 국가였지만, 정신과 철학은 자신의 것이 아니었다. 어떻게 보면 그들은 로마제국 이후, 서고트, 이슬람, 신성로마제국, 프랑스 등 외부에서 온 민족들에 의해 지배를 받았다고 볼 수 있다. 그러나 완전한 지배가 아니고 겉으로는 스페인이 유지되었기에 정말 모호한 상태였다.

그들은 진정한 스페인도 아니고 그렇다고 완전한 피지배 국가도 아니었다. 이런 상태가 사실 더 애매하고 위험하다. 자기인 것 같기도 하고 아닌 것 같기도 한 정체성의 혼돈이 있기 때문이다. 스페인의 가장 큰 문제는 바로 이 정체성의 문제였다. 가끔 정체성이 분명할 때도 있었지만, 대부분은 정체성이 모호하고 다중적이었다. 이제 합스부르크의 시대가 지나가고 부르봉의 시대가 왔다.

이러한 가운데서 가장 힘들었던 것은 스페인 백성들이었다. 그들은 스페인 제국에서 가장 버림받고 소외된 자들이었다. 모든 병의 피해는 백성들의 몫이었다. 과연 스페인이 신성로마제국과 스페인 제국으로부터 얻는 것은 무엇인가? 허상뿐인 대제국의 백성이라는 것밖에 없었다. 그들이 먹고사는 데는 별 도움이 되지 못하였다. 국토회복을 통해 기독교와 스페인의 정체성을 찾았다고 하는데, 그것은 이미 자신을 파괴하는 괴물이 되었다. 그들은 겨우 찾아가던 자기를 상실하고 고통과 허탈에 빠져있었다. 허울뿐인 신성로마제국과 기독교로부터 이용만 당했던 것이었다.

이러한 스페인의 모든 것은 이사벨에서 시작되었다. 위대한 스페인도 이사벨에서 시작되었고 스페인의 병도 결국 그녀에게서 시작된 것이었다. 스페인의 유명한 철학자인 오르테가 이 가세트는 "카스티야가 스페인을 만들었고 카스티야가 스페인을 부수었다."고 했는데 이 카스티야의 주인공이 바로 이사벨이었다. 그리고 그녀의 불안에서 모든 것이 시작되고 막을 내린 것이었다. 이처럼 마음이란 보이지 않지만 중요한 것이다. 그래서 이 책에서 마음을 항상 중심에 두고 분석하는 것이다.

제7장

부르봉 왕가의
스페인

중앙집권적 개혁이 시작되다
✦

스페인은 어렵게 통일을 하였지만, 통일된 나라를 통째로 신성로마제국의 합스부르크에 갖다 바친 꼴이 되었다. 이사벨 여왕이 통일 이후 정권을 스스로 유지할 수 있는 자신감이 부족하였고 또 더 크게 확장하고 싶은 욕구 때문에 과도하게 외국 세력을 끌어들인 결과로 나온 것이었다. 물론 이사벨 여왕이 나라가 통째로 합스부르크에 넘어갈 줄 몰랐을 것이다. 그러나 결과적으로 합스부르크의 왕가가 스페인을 200년간 지배하게 된 것이었다. 물론 신성로마제국이 직접 지배한 것은 아니었다. 그러나 늘 신성로마제국과 하나가 되어 과도하게 유럽의 전쟁에 뛰어들어 신대륙을 통해 얻은 부를 제대로 누릴 수 없었다. 가장 큰 문제는 자신의 정체성이 아닌 신성로마제국과 기독교라는 허구적 타자의 정체성으로 살았다는 것이었다. 스페인의 입장으로 보면 얼마나 억울한 일이었 겠는가? 모처럼 찾아온 기회를 허망하게 놓치고 말았으니 얼마나 속상했겠는가?

이제 합스부르크의 시대가 끝나는 가 했는데, 다시 프랑스의 부르봉 왕가로 넘어가고 말았다. 스페인과 무관하게 자기들끼리 싸우더니 프랑스가 이기니 부르봉 왕가가 스페인의 지배권을 주장하게 된 것이었다. 합스부르크에 의해 정신없이 끌려다녔던 스페인이 이번에는 부르봉 왕가로 넘어가니, 스페인 백성들이 이를 반가워할 리 없었다. 특히 프랑스는 전통적으로 스페인과 사이가 안 좋았다. 국경을 맞대고 있었기에 늘 프랑스의 괴롭힘이 있었고 피해의식도 적지 않았다. 스페인은 늘 프랑스를 이기고 싶었는데, 이번에는 프랑스가 주인으로 들어오게 되니 기분이 좋을 리 없었다. 이런 과정을 겪으면서 그들은 과연 우리는 무엇이고 누구인가? 라는 질문을 하지 않을 수 없었을 것이다. 그러나 스페인은 힘이 없었기에 프랑스를 거부할 수 없었고 그들은 와서 그들의 방식대로 스페인을 통치하게 되었다. 그러나 그들은 합스부르크와 다르게 스페인을 통치하였다.

부르봉 왕가의 왕은 펠리페 5세Felipe V(1683~1746), 페르난도 6세Fernando VI(1713~1759), 카를로스 3세Carlos III(1716~1788), 카를로스 4세Carlos IV(1748~1819), 페르난도 7세Fernando VII(1784~1833)와 이사벨라 2세Isabel II(1830~1904)로 이어진다. 첫 번째 왕인 펠리페 5세Felipe V(1683~1746)를 살펴보자. 그는 루이 14세의 손자이다. 그는 스페인을 프랑스식 근대적 중앙집권 국가로 만들려고 하였다. 그동안 스페인은 신성로마제국 식의 나라였다. 신성로마제국의 여러 왕국의 자치를 존중하며 제후국들이 왕을 선출하여 나라를 대표하고 통치하였다. 그래서 왕이 있었지만 강력한 중앙집권적 정치를 한 것은 아니었다.

스페인에서는 왕실이 있는 카스티야 왕국이 중심이 되었고 다른 아라곤, 카탈루냐 그리고 포르투갈 등의 왕국은 비교적 자치권이 있었고, 또 국가에 대한 세금도 달라 이것 때문에 늘 갈등이 있었다. 합스부르크 왕실도 어렵게 되자 중앙집권을 강화하면서 카탈루냐 등에서 반란이 일어나기도 했다. 합스부르크가 중앙집권을 조금만 강화해도 이런 반발이 있었는데, 프랑스 왕가는 전통적으로 강력한 중앙집권 왕국이었다. 그래서 그들이 들어오면서 중앙집권을 강화하려고 하자 지방 귀족과 기존 왕실 등에서 가만히 있지 않았다. 그래서 처음부터 그렇게 강력한 중앙집권을 요구할 수 없었다. 그래서 많은 자치권을 인정하였다.

그럼에도 불구하고 카탈루냐가 중심이 된 지방정부는 부르봉 왕가를 받아들이지 않고 합스부르크 가문의 왕(카를로스 3세)을 1705년에 따로 세웠다. 그리고 아라곤과 발렌시아도 이를 지지하였다. 그러나 1707년에 펠리페 5세가 이를 더 이상 묵과할 수 없어 그들의 자치권을 박탈하였다. 카탈루냐는 끝까지 항쟁하였으나 결국 1714년에 그들을 무력으로 항복시킴으로 결국 스페인에 강력한 중앙집권이 시작되었다. 그 이후 펠리페 5세는 프랑스와 노골적으로 동맹을 맺으며 프랑스식 개혁을 단행하였다. 당시 프랑스가 가장 강력한 유럽의 패권 국가였기 때문에 스페인도 더 이상 저항할 수 없었다.

당시 프랑스를 중심으로 유럽은 근대 국가로 발전하고 있었지만, 이에 비하면 스페인은 많이 뒤처져 있었다. 그래서 중앙집권을 통한 프랑스식 개혁이 스페인을 근대화시키는데, 많은 도움을 주었다. 그러나 한편으로는 프랑스에 의해 자신들과 상관없는 전쟁에 끌려다니기도 했다. 그들은 힘이 없으니 중앙집권에 어쩔 수 없이 순응하고 또 개혁이 필요하다는 것도 인정하고 받아들였지만, 자신들의 전통을 무시한 하향식의 개혁에 대해서는 저항이 만만치 않았다.

그들은 겉으로는 조용한 것 같았지만, 속으로는 아주 강한 자존심이 있었다. 우리나라로 치면 구한말에 전통적인 상투를 자르고 한복대신 양복을 입으라고 한 것에 반발하였던 것처럼 그들도 자신들의 전통을 무시하는 일방적 개혁에 반발하였다. 이런 불만이 터져 나온 사건이 있었다. 스페인은 다소 불편했지만, 챙이 넓은 모자와 검정 망토를 걸치고 다녔다. 이를 프랑스식 의상으로 바꾸라고 한 것이 계기가 되어 이를 명령한 에스킬라체 재상의 집을 습격하며 폭동을 일으켰다. 이를 통해 그동안 수면 아래에 있는 그들의 전통과 민족주의가 조금씩 싹트기 시작하였다.

이러한 저항이 있었지만, 그 이후 부르봉 왕가의 3번째 왕인 카를로스 3세Carlos III(1716~1788)는 더욱 강력하게 중앙집권으로 통치하였다. 흔히 카를로스 3세를 계몽 전제군주라고 한다. 전제군주이지만 백성을 깨우고 잘못된 것을 고치고 개혁하려는 군주라는 뜻이다. 당시 유럽에는 계몽주의가 유행하고 있었다. 그러면서도 유럽은 전제군주가 역시 대세를 이루고 있었다. 그래서 여러 나라에서 이러한 계몽 군주들이 나왔었다. 프로이센의 프리드리히 2세Friedrich II(1712~1786), 오스트리아의 마리아 테레지아Maria Theresia(1717~1780) 와 요제프 2세Joseph II(1741~1790), 러시아의 예카테리나 2세Yekaterina II(1729~1796) 등이 이런 군주였다. 그들은 종교나 전통보다는 실용적이고 이성적인 현실을 중요시하는 정책을 펼쳤다.

카를로스 3세도 스페인을 지배하고 있는 전통적인 기독교 교육보다 근대적인 교육을 도입했다. 그래서 교육을 책임지고 있던 예수회를 과감히 추방하였다. 그리고 박물관과 미술관 등도 건립하여 문화의 부흥과 함께 근대적인 농업, 상업과 산업정책을 펼치어 경제발전을 이루었다. 비효율적인 행정체제도 정비하고 화폐제도도 개혁하였고 고문을 폐지하고 감옥도 개혁하였다. 이처럼 카를로스 3세는 전통보다는 실용적이고 과학적인 생활을 장려하였다.

이를 통해 스페인도 많은 개혁과 변화를 이루었지만, 저항도 만만하지 않았다. 겉으로는 개혁이 진행되었지만, 스페인 속에 깊이 뿌리내리고 있는 전통과 자존심이 이를 반기지 않았다. 스스로 개혁이 아니라 타의에 의한 하향식 개혁이 되어 스페인 사회에 깊이 뿌리내리기 어려웠다. 종교재판소도 아직 건재하였기에 계몽주의 사상이 전파되는 데도 한계가 있었다. 지금까지 많은 외국인이 그 땅에 와서 살았지만, 그런대로 공존할 수 있었던 것은 나름대로 상호 존중의 풍토가 있었기 때문이었다. 강한 민족주의가 형성되지 않은 것도 개인과 집단에 대한 자치권이 어느 정도 인정되었기 때문에 자신들의 색깔을 강하게 표출할 필요가 없었던 것이었다. 그러나 부르봉 왕가는 강한 중앙집권으로 스페인의 전통과 자치권을 인정하지 않고 하향식 통치 방식만을 고집했다. 아무리 백성을 위한 계몽주의라고 해도 이러한 방식은 그들에게 거부감을 일으켰다.

민족주의와 자유주의가 싹트다
◆

이를 계기로 그들은 서서히 민족주의적 성향이 싹트기 시작했다. 스페인은 외부로부터 강한 압박이 없으면 서로 사이좋게 지내는 편이었지만, 압박이 오게 되면 자신을 드러내며 저항하는 경향이 뚜렷했다. 부르봉 왕가의 압박이 그들을 위한 것이라고 했지만, 그들은 저항하기 시작했고 민족주의와 전통을 내세우며 뭉치기 시작했다. 외부의 압박이 그들을 다시 찾게 한 것이었다. 그리고 그들을 깨우는 데, 계몽주의 영향도 무시할 수 없었다.

카를로스 3세의 다음 왕인 카를로스 4세(재위 1788~1808)가 즉위하였을 때는 프랑스에 시민혁명(1787~1799)의 바람이 불 때였다. 루이 16세가 민중에게 처형당하는 일까지 일어나자, 프랑스를 따라 하던 스페인의 왕실이 큰 충격을 받았다. 계몽주의가 왕실까지 허물어뜨리는 것을 보니, 그 어떤 왕이 시민을 계몽하고 싶었겠는가? 그래서 계몽과 개혁을 멈추고 반대로 왕실의 보존을 위해 전제정치를 강화하였다.

그런데 카를로스 4세는 왕비인 마리아 루이사에게 휘둘릴 정도로 무능하였다. 그리고 왕비와 밀통하였던 젊은 근위대 출신인 고도이가 젊은 나이에 재상이 되어 실권을 쥐고 있었다. 그 이후 프랑스에서는 시민혁명이 끝나고 나폴레옹Napoleon Bonaparte(1769-1821)이 1804년 황제가 되어 제정시대가 시작되었다. 그런데 잘 나가던 그가 그다음 해인 1805년에

트라팔가르 해전에서 영국에게 대패하였다.

그 후 나폴레옹은 영국과 유럽대륙이 무역을 못 하도록 1806년에 대륙을 봉쇄하였다. 그런데 일부 국가들이 이를 어기고 영국과 무역을 하였는데, 그중에 스페인과 포르투갈도 포함되었다. 나폴레옹은 이를 구실로 1807년에 스페인과 포르투갈을 침공하였다. 그리고 포르투갈 왕을 추방하고 스페인은 카를로스 4세Carlos IV(1748~1819)와 그의 아들인 페르난도 7세Fernando VII(1784~1833)를 유폐시켰다. 대신 나폴레옹의 형인 조제프 보나파르트Joseph-Napoleon Bonaparte(1768~1844)를 왕위에 앉혀 1808년부터 1814년까지 스페인을 통치하였다.

물론 부르봉 왕가를 스페인의 민중이 좋아한 것은 아니지만, 그래도 명색이 스페인 왕인데 나폴레옹 군이 들어와 자기들 맘대로 왕을 유폐시키고 통치하는 것을 반길 수 없었다. 이미 부르봉 왕가와 프랑스에 대한 불만이 싹트고 있었기에, 민중들은 참다못해 나폴레옹 군에 저항하며 폭동을 일으켰다. 그러나 나폴레옹 군은 보복으로 시민들을 총살하였다. 그들도 굴하지 않고 이를 계기로 더욱 민족주의로 뭉치기 시작했다. 그러나 그들은 군사 훈련도 받지 못했고 또 제대로 된 무기가 없었기에 프랑스군과 정면으로 승부할 수 없었다. 그들이 할 수 있는 것은 게릴라전이었다.

그래서 스페인 여러 곳에서 민족주의의 각성이 일어나게 되고 독립전쟁이 일어났다. 이러한 독립전쟁의 중심에는 카를로스 3세 때 개혁정치를 주도한 호베야노스Gaspar Melchor de Jovellanos(1744~1811)가 있었다. 그는 고향인 아스투리아스로 유배당한 후에도 개혁을 계속하였고 독립전쟁이

♦◇ 고야의 '1808년 5월 3일' 작품(1814). 나폴레옹 군들이 스페인 반란에 대한 보복으로 이날에 양민을 학살하였다. 이 그림으로 스페인의 민족주의가 더욱 거세어졌다.

시작되면서 그는 민족의 지도자로 민중을 결집하고 격려하였다. 그래서 그를 '계몽사상의 여행자' 혹은 '조국의 아버지'로 불렀다. 그리고 고야도 프랑스의 학살을 고발하는 그림을 통해 민족주의를 각성하는 데 힘을 보탰다.

프랑스군은 무력으로 스페인을 거의 점령하였지만, 그들의 봉기를 완전히 막을 수 없었다. 그 후 나폴레옹이 1812년에 러시아와 1813년에 빅토리아 전투에서 영국의 웰링턴Arthur Wellesley(1769~1852) 장군에게 패함으로 나폴레옹 시대는 일단 막을 내리게 되었다. 그 이후 1814년에 조제프 보나파르트도와 함께 프랑스군이 철수하면서 페르난도 7세가 복위되었다.

한편으로 스페인에서 나폴레옹 군의 힘이 약화된 틈을 타, 1812년 스페인 남부 안달루시아 지방의 카디스에서 개혁주의 사람들과 부르주아들이 모여 카디스 헌법을 제정하고 공포하였다. 이 헌법은 프랑스 헌법을 모방하여 절대왕정을 폐지하고 입헌군주, 국민 주권과 권력 분립을 주요 내용으로 하였다. 그러나 1814년 페르난도 7세가 복위하면서 왕당파들과 함께 카디스 헌법을 지지하는 자유주의파를 탄압하고 절대왕정을 강화하였다.

그러나 자유주의파와 군부가 결합하여 반란을 일으키자 왕은 어쩔 수 없이 카디스 헌법을 받아들이고 자유주의 정부를 수립하여 1820년부터 1823년까지 지속하였다. 그러나 자유주의 안에서도 서로 다른 생각으로 분열하게 되자, 페르난도 7세는 1823년 프랑스군의 도움을 받아 자유주의 정부를 붕괴시키고 절대군주제로 복귀하였다. 그러면서 자유주의자들을 심하게 탄압하고 복수하였다. 이를 통해 스페인에는 보수파와 개혁파, 혹은 왕정파와 자유주의파라는 뿌리 깊은 내분이 시작되었다.

이렇게 스페인이 혼란과 어려움 가운데 있게 되니 스페인이 지배하던 라틴아메리카의 여러 나라도 각기 독립운동을 시작하면서, 1810년에서 1825년까지 대부분 나라가 독립하였다. 스페인 사람이지만 신대륙에서 태어난 사람들을 '크리오요'라고 했는데, 그들은 스페인 인으로서 정체성보다는 라틴아메리카 인이라는 새로운 정체성을 찾았고 그들이 중심이 되어 독립운동이 시작되었다. 이러한 라틴아메리카의 독립운동은 무력해지는 스페인 속에서 자신의 정체성을 찾고자 하는 자유주의 운동을 더욱 뜨겁게 촉진시켰다. 그러나 한편으로는 기득권의 보수층과 왕실은 자신들의 권력을 잃지 않기 위해서 그들을 더 심하게 탄압하였다. 그래서 스페인은 내적으로 심한 갈등과 분열의 병을 앓기 시작했다. 그러나 보수파인 절대주의자와 자유주의자 모두 왕정은 인정하고 있었지만, 절대왕정과 입헌왕정을 놓고 싸우고 있었다.

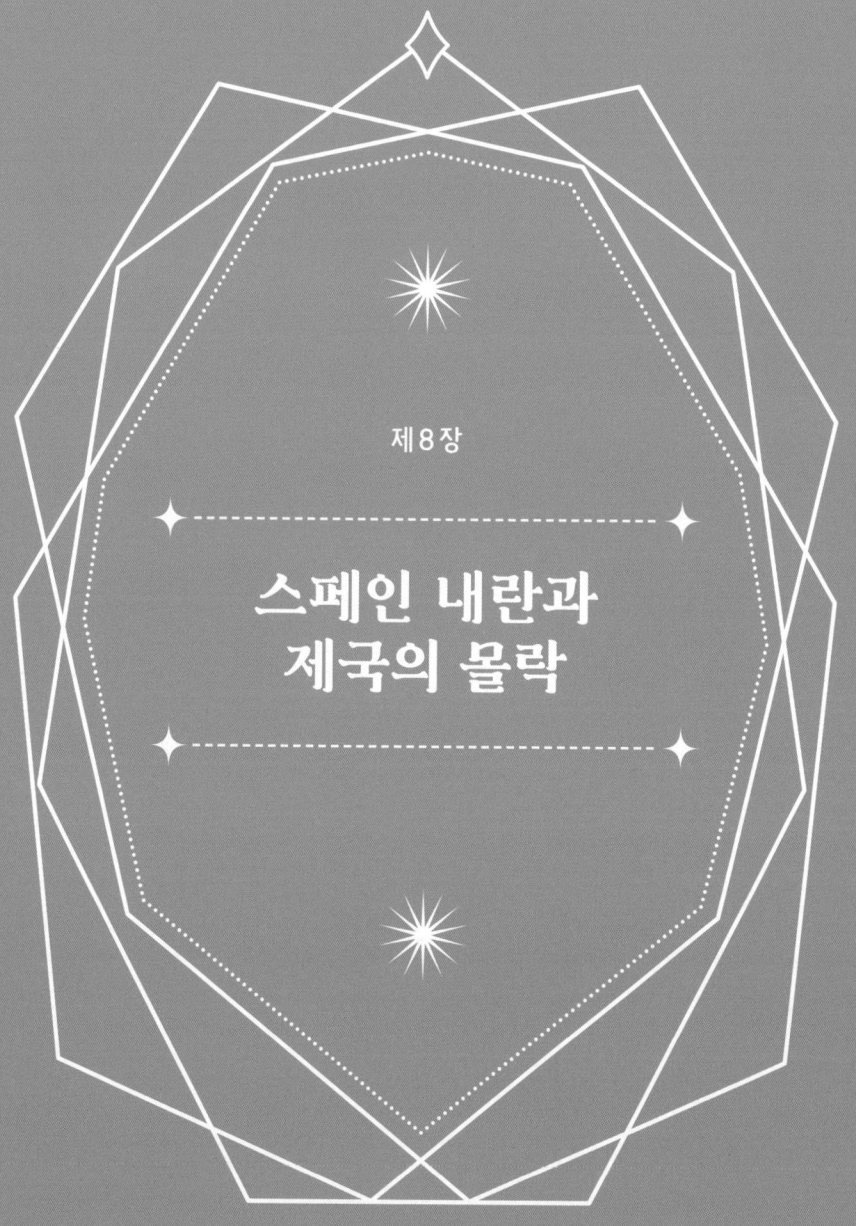

제8장

스페인 내란과
제국의 몰락

세 번의 카를로스 내전

페르난도 7세Fernando VII(1784~1833)가 아들이 없어 후계 왕을 지명하는데, 동생 카를로스를 지지하는 절대주의파와 딸인 이사벨라 2세를 지지하는 자유주의파로 나누어졌다. 그런데 자유주의파가 승리하여 이사벨라 2세Isabel II(1830~1904)가 여왕이 되었다. 펠리페 5세 때 공포된 살리카 법에 의하면 여자는 왕이 될 수 없었지만, 자유주의자들이 힘으로 밀어붙여 그녀가 왕이 되었다. 그러나 그녀는 3살이라 마리아 크리스티나Maria Cristina(1806~1878) 왕비가 섭정하였다. 그녀는 자유주의자들과 연대하여 자유주의 개혁을 시도하였으나, 내부의 갈등으로 많은 어려움을 겪었다. 절대주의의 반대도 문제였지만, 자유주의 안에서도 온건파와 급진파가 심하게 갈등하였기 때문이었다. 섭정의 초기에는 온건주의자들이 주도해갔으나 제대로 개혁을 하지 못하자 1840년에는 급진주의자들이 군부와 결탁하여 혁명으로 급진주의자들이 정권을 잡았다.

이러한 왕의 후계를 둘러싼 갈등은 군사적인 충돌까지 일으켜 1차 내란(1833~1839)으로 발전되었다. 1차 내란은 급진파인 에스파르테로Espartero 장군이 승리함으로 종식되었다. 그는 온건파와 절대주의자들과 협정과 화해를 시도하였으나, 이를 반대한 절대주의자들은 국외로 망명하였다. 화해에 대해 불만을 가진 온건파들이 군부와 결탁하여 다시 바르셀로나에서 반란을 일으켜 결국 에스파르테르는 물러나게 되었다. 그리고 섭정이 끝나고 이사벨라 2세가 성년이 되어 직접 통치를 시작하였다.

이사벨라 2세는 자유주의로 통치하였다. 처음에는 온건파가 집권하여 많은 개혁을 단행했다. 중앙집권적 통합을 시도하며 질서 유지를 위해 전국에 민병대를 창설하였다. 페르란도 7세 동생의 아들인 카를로스 루이스를 지지하는 절대주의자들이 2차 내란을 일으켰지만(1847~1849), 곧 종식되었다. 내란 이후 온건파 정부는 도로, 철도 등의 근대화 공공사업을 추진하였고 1864년 스페인에 처음으로 기차가 운행되었다.

너무 정변이 많아 국가의 안정을 위해 개혁안을 내어놓았으나, 급진파가 이를 반대하여 다시 반란을 일으켰다. 그 이후 급진파 정부(1854~1856)가 들어섰고 급진파였던 에스파르테로가 복귀하였다. 이 정권도 오래가지 못하고 그 이후 자유주의 연합정부(1856~1868)가 정권을 잡았다. 그러나 다시 급진파가 이사벨라 2세의 퇴위를 주장하면서, 1868년에 자유진보 민주파인 후안 프림 장군이 쿠데타를 일으켜 정권을 잡았다.

이사벨라 2세가 왕위에 있었던 35년(1833~1868) 동안 6번의 개헌이 있었고 정부도 41번 바뀌었다. 16번의 군사 쿠데타와 두 차례의 큰 내전이 있었다. 이러한 과정을 통해 많은 개혁과 근대화가 이루어졌음에도, 경제는 파탄 가운데 있었고 사회는 분열과 혼란에서 벗어나지 못했다. 이사벨라 2세가 물러나고 1차 임시정부가 들어섰다. 1868년에서 1874년까지 6년간 급진적인 공화국과 온건 전통주의자들의 갈등이 있었지만, 다행히도 입헌군주제로 합의가 되었다.

그러나 다시 왕을 누구로 할지 합의되지 않아 많은 논의와 갈등 끝에 이탈리아에서 스페인의 연고가 있는 아마데오 1세를 모셔왔다. 그러나 수상이었던 프림 장군이 암살되는 등, 이사벨라 2세의 아들 알폰소를 지지하는 세력과 카를로스의 절대주의자들 간의 3차 내전(1872~1876)이 다시 발생하였다. 그래서 아마데오 1세는 2년 만에 물러나고 말았다. 이 세 차례의 내전을 카를로스 전쟁이라고도 한다. 카를로스를 왕으로 지지하느냐 반대하느냐가 핵심적인 내전 동기였기 때문에 카를로스 전쟁이라고 하는 것이다.

내전 중에 스페인 최초의 제1 공화국(1873~1874)이 수립되었다. 그러나 11개월 지속하면서 대통령이 4번이나 바뀌는 극도의 혼란을 겪었다. 가장 큰 갈등은 연방제의 중앙정부와 지방 자치권에 대한 것이었다. 특히 지중해 중심의 카탈루냐, 발렌시아, 무르시아, 안달루시아 등의 반발이 심했다. 3차 내전이 계속되자 제1 공화국은 이를 감당하지 못하고 의회를 해산하고 1874년에 군부인 세라노 장군에게 정권을 넘겨줌으로 과도 체제로 들어갔다. 군부가 들어서면서 3차 내전은 진압되었다. 그러나 다른 보수주의 군부가 다시 쿠데타를 일으켜 새 왕으로 이사벨라 2세의 아들인 알폰소 12세Alfonso XII(1857~1885)를 옹립함으로 다시 부르봉 왕가로 복귀하였다. 알폰소 12세는 다시 군주제를 부활시켰다. 그러나 28세에 죽게 되어 유복자 알폰소 13세Alfonso XIII(1886~1941)가 왕위를 물려받았으나, 그가 성인이 될 때까지 왕비인 마리아 크리스티나가 섭정(1885~1902)하였다.

제국의 몰락

✦

이미 제국은 몰락하고 있었지만, 그래도 과거 제국의 추억 속에서 버티다가 이제는 누가 보아도 몰락을 인정하지 않을 수 없는 결정적인 사건들이 있었다. 이미 신대륙의 라틴아메리카는 대부분 독립하였다. 그래도 과거 화려한 식민지 시대를 상징하는 마지막으로 남은 섬들이 있었는데, 그것이 바로 쿠바와 필리핀이었다. 이미 쿠바에서는 19세기 라틴아메리카 독립의 영향으로 19세기 초부터 대규모 반란이 일어났었다. 이러한 독립전쟁은 한 세기 동안 계속되었다. 스페인 정부는 어떻게 해서라도 마지막 식민지만은 지켜보려고 강온強溫 정책을 써보았지만, 끝내 독립의 욕구를 막을 수 없었다. 1895년 호세 마르티를 중심으로 한 쿠바 혁명군들의 봉기가 계속되면서 그들은 독립과 함께 쿠바 공화국을 수립하였다.

그러나 스페인은 끝까지 포기하지 않고 그들의 지도자인 호세 마르티를 죽이고 다시 탄압하였다. 이런 중에 1898년 쿠바 아바나 항에 정박해 있던 미국의 군함이 침몰하는 사건이 발생하였다. 미국은 이를 스페인이 한 것으로 보고 스페인과의 전쟁을 선포하였다. 그러나 스페인은 물러나지 않고 미국과 전쟁을 하였지만, 결과는 참패였다. 그 결과 쿠바는 완전히 독립하였고 보상으로 스페인의 마지막 식민지였던 필리핀과 괌을 미국에 넘겨주었다.

이로써 스페인은 그 거대한 식민지 제국의 시대는 종말을 맞게 되었다. 그래서 스페인은 1898년이 치욕의 해였다. 모든 제국의 영화가 무참하고 허망하게 종말을 고하는 그러한 해였다. 온 국가와 백성들이 치욕을 느끼며 어떻게 스페인이 이렇게 되었는지 자성과 자책의 소리가 높아지게 되었다. 이러한 치욕과 자성의 소리에 대해서는 뒤에 98세대의 문학과 사상 부분에서 다시 자세히 다룰 것이다.

왜 그들은 몰락하였는가?

✦

유럽보다 늦었지만, 부르봉 왕가가 들어오면서 나름대로 개혁과 근대화를 열심히 하였다. 계몽사상과 유럽의 과학과 학문이 많이 들어왔지만, 그들을 깊이 변화시키지 못했다. 그들의 전통과 민족주의가 강하게 버티고 있어서 유럽의 것을 깊이 받아들이는 데 한계가 있었다. 그리고 그들의 정체성이 오랫동안 기독교였기 때문에 이러한 변화와 개혁에는 반기독교적인 요소가 있어 저항이 더욱 심했다.

그리고 기득권인 왕실, 귀족 그리고 종교지도자들이 변화를 싫어했다. 그래서 그들을 지지하는 왕당파, 보수파 혹은 절대주의자들이 개혁에 강하게 저항하였다. 그들은 중앙집권이나, 기존의 군주제를 지지하었다. 그러나 그들에게 오랫동안 지배와 착취를 당하던 농민과 시민들이 자유주의 개혁에 가담하여 그들을 공격하였다. 그래서 가장 힘이 있던 군부도 갈피를 잡지 못하고 서로 나누어져, 두 세력의 갈등과 싸움이 3차례의 내전으로 전국으로 번졌다. 하나로 힘을 모아 발전해도 늦을 판에 서로 싸우고 죽이니 어떻게 근대화가 가능할 수 있었겠는가? 기득권은 여전히 부패하였고 자유주의자들은 급진파와 온건파로 나누어져, 하나가 되지 못했기에 어떻게 보면 나라는 세 갈래로 나누어져 싸웠다.

그래서 정치가 안정될 수도 없었고 정부가 수없이 세워지고 경제 정책도 일관성이 없이 수없이 바뀌었다. 이러한 데서 그들은 발전할 수도 없었고 근대화는 요원하였다. 인재들은 정부가 바뀔 때마다 외국으로 피신하고 망명하였기에 제대로 나라를 이끌 재원도 부족하였다. 하나의 스페인으로 뭉쳐 나라를 발전시킬 의욕과 희망도 사라지고 서로 원망하고 자포자기하는 상태였다. 이러한 상태에서 그들의 붕괴를 모두가 인정하지 않을 수 없었다. 그러다가 마지막 미국과의 전쟁에 패함으로 스페인의 모든 영화는 끝나고 가장 비참하고 없는 나라로 전락하고 말았다. 이 속에서 가장 큰 문제는 스페인이라는 정체성이었다.

제 9 장

대혼돈과
내전

알폰소 13세
✦

알폰소 12세가 28세에 일찍 죽자 아들인 알폰소 13세Alfonso XIII(1886~1941)가 왕위를 물려받았는데 그때가 어머니 배 속에 있을 때였다. 그래서 그는 태어나자마자 왕이 되었지만, 성인이 될 때까지 어머니 마리아 크리스티나의 섭정을 받아야 했다. 그가 16세의 성인이 된 1902년에 의회에 의해 친정이 시작되었다. 워낙 스페인이 모든 면에서 어려울 때이고 또 왕권이 약화되었기에 적극적으로 정치활동을 하기 어려웠다. 정치적으로는 보수파와 자유파의 내분이 계속되었기에 국왕은 그들을 돌아가면서 정권을 가지게 하여 나름, 안정을 추구하였다. 그러나 정국은 늘 시한폭탄과 같았다.

가장 큰 문제는 스페인령의 모로코였다. 스페인은 식민지를 모두 상실하였기에 아직 남은 모로코에 엄청나게 집착하였다. 모로코는 프랑스와 같이 지배하고 있었지만, 스페인은 주로 산악지대였고 그곳에 광산이 있어 이를 포기할 수 없었다. 그러나 모로코의 민족주의 운동은 거세어 1909년 스페인군이 포위되기도 했다. 이때 카탈루냐 지방의 예비군을 소집하여 모로코로 파병하려고 하였는데, 늘 중앙정부에 반감이 있던 그들은 이를 거부하고 오히려 총파업에 들어갔다. 그들은 파업만 한 것이 아니라 보수층의 상징인 교회를 공격하였다. 그래서 200개 이상의 교회와 30개 이상의 수도원이 불타게 되었다. 너무 참혹하여 그 주간을 '비극의 주간' Semana Tragica이라 하였다. 그러자 중앙정부의 군대가 가서 이를 진압하면서 반란을 일으킨 노동자를 120명 이상 살해하였다.

혼란의 시작

✦

이에 대해 여론이 안 좋게 되자 국왕은 자유주의자인 카날레하스Hose Canalejas(1854~1912)에게 정권을 맡겼다. 그리고 카탈루냐의 자치권도 허용해주고 사회주의자들을 행정에 참여시켰다. 마침 1차 세계대전이 터져 스페인은 중립에 서면서 전쟁 특수를 누리게 되었다. 이로 인해 생산, 무역, 금융 등의 모든 면에서 경제 호황이 왔다. 그래서 정국은 비교적 안정되었다. 그러나 이러한 호황의 혜택이 노동자에게 제대로 돌아가지 못하고 물가만 오르게 되자 불만이 터져 나왔다. 그래서 1916~1917년 사이에 무정부주의와 사회주의자들 그리고 노동조합이 여러 번 파업하였다. 그중에서 1917년에 전국에서 대대적인 총파업이 일어났다. 군대가 파견되어 진압하면서 수백 명의 노동자가 사망하였다. 그리고 1918년 일차대전이 끝나면서 그나마 있던 특수도 사라지고 공장이 문을 닫게 되니 실업자가 급증하였다.

이런 상황에서 무정부주의자들은 계속 투쟁하였고, 1920년 스페인 공산당이 창당되면서 그들의 투쟁은 더욱 거세어졌다. 그리고 모로코의 독립운동으로 인해 15,000명의 스페인군이 죽었다. 그리고 1921년 모로코는 스페인군을 격파하고 드디어 독립을 선포하였다. 그리고 카탈루냐 분리주의자, 공화파와 왕권에 도전하는 군사평의회가 보수층인 교회, 군대와 정부와 대립하고 있었다. 이들의 갈등은 단순히 정치적으로 대립하는 정도가 아니라 서로를 무력으로 공격하는 테러까지 일으켰다. 1917년 총파업으로 시작된 혼란의 정국이 1923년까지 지속되었다. 그러나 정부는 더 큰 혼란을 두려워하여 강력한 진압을 주저하고 있었다.

이러한 혼란이 오래 지속되면 국민도 불안해하고 지치기에 군부가 나서기 아주 좋은 때이다. 그래서 리베라 장군은 1923년 쿠데타를 일으켜 알폰소 13세를 폐위하고 군사독재 정권을 수립하였다. 혼돈된 정국은 안정을 찾았다. 그리고 리베라 장군은 경제발전에 총력을 기울였다. 그러나 독재가 길어지자 반대세력들이 힘을 합치기 시작했다. 왕당파 사회주의와 무정부주의자들도 지하조직을 강화하였고 또 일부 군부들도 불만을 표출하였다. 군사정부가 이러한 반발에도 불구하고 독재를 지속할 수 있었던 이유는 나라가 안정을 통해 경제발전을 이루어야 하는 당위성 때문이었다. 그러나 그들이 노력한 만큼 결과가 나오지 않고 재정적자만 심해졌다. 거기에다 1929년에 세계 경제 공황까지 터졌다. 그래서 그들은 더 이상 그들의 독재를 지속할 수 없어 1930년에 스스로 물러나고 말았다.

제2 공화국
✦

독재가 물러가면서 두 가지의 길이 있었다. 다시 왕정으로 가든지 아니면 공화정으로 가든지 해야 했다. 스페인은 여기서 공화정을 다시 택했다. 과거 제1 공화국이 혼란으로 실패하였지만, 이제는 충분한 경험과 이념으로 무장한 사람이 많았기에 공화정이 성공할 수 있을 것으로 생각했다. 1931년에 총선에서 좌익이 승리하면서 제2 공화국이 시작되었다. 그래서 왕정은 끝나고 알폰소 13세는 이탈리아로 망명을 떠났다.

사회주의와 공화파가 정권을 잡으면서 엄청난 개혁을 단행하였다. 오랫동안 스페인의 국교였던 가톨릭을 포기하고 교회에 대한 국고 지원을 중단하였다. 그리고 결혼을 일반식장에서 할 수 있고 이혼도 자유화되었다. 종교적인 학교 교육도 금지되었다. 그리고 예수회도 추방되었고 일부 폭도들은 150개 이상의 교회를 방화하고 약탈하였다. 그리고 가장 어려운 농지개혁을 1923년에 단행하였다. 이에 대한 기득권의 반발이 적지 않음에도 그들은 과감하게 개혁을 하였다. 너무 급진적인 개혁에 저항하는 사람들이 늘어나면서, 1933년 선거에서는 중도 우파가 정권을 잡게 되었다. 이들은 앞선 정권의 개혁 입법을 무효로 하고 새 농지법을 공포하였다. 그리고 교회의 일부 특권도 복원하였다.

그러나 이를 반발하는 세력들이 다시 힘을 합쳐 다음 선거인 1936년에는 좌익연합이 승리하였다. 그리고 다시 입법을 과거로 돌리려고 하였다. 그러나 이에 대해 우익세력들이 심하게 반발하였다. 그러자 좌익세력은 우익의 건물을 방화하고 지도자를 살해하였다. 이에 대해 우익들도 조직화하면서 같이 강성화되었다. 이를 계기로 스페인에서의 팔랑헤Falange라는 극우 파시스트 정치조직이 탄생했다. 그들은 민주주의, 사회주의와 공산주의를 혐오하였고 이탈리아의 파시즘의 전위대인 '검은 셔츠단'을 모방한 '푸른 셔츠단'을 창단하였다. 이들의 출현에 독일의 파시즘인 나치의 영향도 무시할 수 없었다.

스페인 내란과 프랑코의 출현
✦

팔랑헤는 극우 군부를 결집시켰고 그 중심에 프란시스 프랑코Fracisco Franco(1892~1975)가 있었다. 프랑코는 좌익으로 인해 혼란한 정국과 이에 대해 불안을 느끼던 백성들을 뒤에 엎고 1936년에 쿠데타를 일으켜 정권을 장악하였다. 그러나 이에 대한 좌익 성향의 세력들도 이미 상당히 조직화되고 군사 훈련이 되어있었기 때문에 과거의 군사 쿠데타처럼 일방적으로 제압당하지 않았다. 그래서 그 혹독한 내전(1936~1939)의 소용돌이로 접어들었다. 과거 19세기에도 3 차례 내전이 있었지만, 그 내전과는 규모와 내용에 있어 비교가 안 될 정도로 큰 전쟁이었다. 한국전쟁 이상으로 동족 간에 일어난 참혹한 전쟁이었다. 또한, 내전이지만 여러 나라가 이해관계에 따라 참전하는 세계대전의 전초전이기도 했다.

4년 동안 약 백 만병의 군인이 전사하였고 일반 시민들도 20만 명이 살해되었다. 전쟁 후에도 20만 명 정도가 처형되거나 구금되었다. 전후 약 50만 명의 지식인과 전문인들이 해외로 망명하여 우수한 국가의 인재들을 잃게 되었고 50만 채의 가옥과 2천 개의 교회가 파괴되었다. 13명의 주교와 7천여 명의 성직자가 좌파군대에 의해 살해되고 16명의 바스크 민족주의 신부들이 국민전선 군대에 의해 살해되었다. 서로에게 남긴 상처가 이루 말할 수 없이 컸기에 겉으로는 종전되어도 지속적인 반목 가운데 있었다. 그리고 국토와 국가 경제는 황폐화되었다.

어떻게 이렇게 참혹한 전쟁으로 발전되었는지 그 과정을 살펴보려고 한다. 내전이 일어날 당시 제2 공화국이 출범하였으나 좌익세력의 급진적인 개혁과 폭도들에 의해 교회와 우익정당의 건물들이 파괴를 당하는 등의 혼란이 거듭되고 있었다. 그래서 이러한 혼돈의 위기에서 국가와 교회를 구하려는 목적으로 군부가 나서 쿠데타를 기도하였다. 그 중심에 프랑코가 있었다. 쿠데타 세력은 교회와 군부와 같은 보수 세력이 지지하였으며, 자신들을 국민을 대표하는 세력으로써 '국민전선'이라 불렀다. 그들은 국가와 교회를 좌익세력으로부터 구하는 십자군 정신으로 진군하였다. 그리고 당시의 정권은 노동자, 농민, 무정부주의자, 자유주의자 등이 중심이 된 좌익의 공화파가 쥐고 있었다.

내전은 1936년 남쪽 지방 사령관으로 있던 프랑코 장군이 아프리카 주둔군을 본토로 이동시켜 북쪽의 마드리드를 향해 진군하고 북부에서는 몰라 장군이 남으로 진격함으로 시작되었다. 그들은 톨레도에서 공화파에 포위되어 항전하던 수비대를 구출하였다. 이를 계기로 프랑코가 반군의 정식 지도자가 되었다. 반군은 북부의 대부분을 점령하였고, 남쪽의 프랑코는 무솔리니 군대의 파병을 받아 마드리드를 포위하여 수도를 점령하였다. 그러나 공화파 정부는 수도를 마드리드에서 바르셀로나로 옮겨 계속 항전하였다. 결국 1939년에 프랑코 군대가 카탈루냐 전투를 통해 바르셀로나도 점령하였다. 이때 수십만의 공화파들이 프랑스로 추방되었다. 그리고 프랑코 반군은 나머지 스페인의 여러 거점 도시를 점령하고 내전을 종식시켰다.

스페인의 내전은 단순히 보면 보수파와 공화파가 국가 정권을 놓고 벌린 정치적인 전쟁으로 볼 수 있지만, 사실상 이념적 성격이 무척 강하였다. 이때는 아직 공산주의와 자유주의의 이념이 형성되지는 않았고 오히려 사회주의와 공산주의는 자유주의 이념 편에 있었다. 그리고 자유주의 이념에 반대되는 이념은 전체주의 혹은 전제주의였다. 유럽은 일차대전 때 독일의 전체주의로 인해 심한 피해를 입었기에 이에 대한 피해의식이 컸었다. 그런데 독일이 다시 나치를 통해 전체주의에 복귀하였고 이탈리아의 무솔리니도 전체주의에 가담하였다. 거기에다 스페인의 프랑코까지 전체주의로 가게 되니 이를 심하게 우려하지 않을 수 없었다. 그래서 스페인의 내전이 유럽 전체의 이념 대결 장소가 되었다.

스페인의 프랑코를 지원하는 국가로는 독일과 이탈리아가 있었고, 공화파를 지지하는 국가들로는 영국, 프랑스, 미국, 소련과 멕시코 등이 있었다. 실제로 독일과 이탈리아는 무기, 비행기와 군인들을 지원하였다. 특히 독일 나치는 자신들의 무기를 실험해보기 위해 스페인 북부도시인 '게르니카'를 폭격하여 많은 양민을 학살하기도 했다. 공화파도 소련과 멕시코를 통해 많은 무기 지원을 받았다. 특히 소련은 전투고문관, 식료

♦◇ 헤밍웨이의 '누구를 위해 종은 울리나'의 책 표지. 그는 이 책을 통해 스페인 내전의 실상과 부당함을 전 세계에 고발하였다.

품과 1,400대의 비행기를 비롯한 무기를 지원했고 그 대가로 스페인 정부가 보유한 금을 지불받았다. 그리고 미국은 링컨 여단 3천 명을 파견하였다. 그리고 아주 독특한 현상은 파시스트를 반대하는 각국 (미국, 영국, 프랑스, 독일, 오스트리아, 이탈리아 등)의 민간인들이 ' 국제 여단'이라는 이름으로 10만 명이나 참전하였다. 그런데 그들은 정규 군인이 아니어서 기본적인 훈련만 받고 전투에 나서는 바람에 많은 희생을 당해야 했다.

그리고 또 하나의 특징은 많은 예술가가 전쟁에 직간접으로 참여하였다는 것이다. 스페인의 시인이며 살바도르 달리의 친한 친구인 로르카가 프랑코 지지파에 의해 살해되어 큰 충격을 주었다. 그는 시를 통해 폭력과 비극적인 죽음을 많이 묘사함으로 스페인 내전의 잔혹성을 고발하였다. 그리고 어네스트 헤밍웨이는 '누구를 위하여 좋은 울리나'라는 소설을 통해 전 세계인에게 스페인 내전의 부당성을 고발하였다. 그는 실제로 스페인 정부군을 돕는 모금을 하기도 했고 또 통신 특파원으로 전쟁의 실상을 세계에 보고하기도 했다. 그리고 영화와 작품 활동을 통해 스페인 내전을 지원하고 연대하도록 호소하기도 했다.

♦◇ 피카소는 스페인에서의 파시스트로 인한 참상을 '게르니카'(1937)라는 그림을 통해 전 세계에 알렸다.
pablopicasso.org

그리고 '동물농장'과 '1984년'이란 작품으로 유명한 조지 오웰은 스페인 내전에 실제로 참전하여 그 경험을 '카탈루냐 찬가'라는 책을 통해서 전체주의의 잔혹성을 고발하였다. 그리고 스페인 출신의 파블로 피카소는 그의 작품 '게르니카'를 통해 파시스트로 인한 전쟁의 피해를 전 세계에 알렸다. 역시 또 다른 스페인 출신의 첼리스트인 파블로 카잘스는 프랑코가 살아있는 한 고국에서 결코 연주하지 않겠다고 선언하기도 했다. 이처럼 자유 진영의 수많은 사람과 지성인들이 스페인의 공화파를 지지하고 프랑코를 반대했지만, 결국 전쟁은 프랑코의 승리로 끝났고 자유 진영의 나라들도 결국 프랑코의 스페인을 외교적으로 승인하고 말았다. 그러나 이러한 이념적인 갈등은 2차 세계대전으로 터지고 말았다. 결국 스페인 내전은 2차 세계대전의 전초전이었다.

제 10장

프랑코의 스페인

어떻게 프랑코는 승리하였는가?

✦

스페인이 1841년 이후 100년간 총 202회의 군부 쿠데타가 일어났지만, 성공적으로 집권한 경우는 프랑코밖에 없었다. 내전은 단순한 국내 전쟁이 아니었고 유럽이 전체적으로 참여하는 2차 대전의 전초전이었다. 그리고 국내와 국외의 여론은 대부분 공화파를 지지하였으며 10만 명의 민간인이 '국제 여단'이라는 깃발 아래 자발적으로 참전하기까지 하였다. 이는 전쟁 사상, 유래 없는 일이었다. 그리고 국제적인 많은 지성인, 학자, 예술가들이 참여한 국제 여론은 프랑코 반군을 비난하였다. 이념적으로나, 도덕적으로 프랑크 군대는 아주 불리하였다.

그럼에도 그는 승리하였고 그 이후 아주 불리한 여론과 국제적인 고립 속에도 1939년부터 1975년까지 무려 37년간 장기집권을 하였으며 그가 자연사함으로 그의 정권이 막을 내렸다. 이런 독재 정권은 아주 드물다. 비슷한 시기에 파쇼 독재 정권을 수립한 무솔리니도 24년, 히틀러도 25년 정도 집권하고 2차 대전과 함께 모든 것이 막을 내렸음에도 불구하고 프랑코는 어떻게 이렇게 오랫동안 독재 정권을 유지할 수 있었을까? 스페인이라는 독특한 나라를 이해하지 않고는 이해하기 어려운 대목이라 생각한다.

  모든 것은 상대적이다. 공화파 정권은 민주주의와 평등과 자유를 주장하였기에, 이러한 이념과 도덕성은 외부적으로 지지받기 쉽다. 그러나 프랑코는 처음부터 자유 민주주의와 사회주의가 스페인을 망쳤다고 생각하여 강력한 독재 정부를 주장했다. 이런 프랑코의 반군이 백성들로부터 지지받기는 어려웠을 것이다. 그럼에도 공화파 정부가 전쟁에서 패배하고 말았다. 쉽게 이야기하면 공화파도 군대가 있었지만, 조직적이지 않았고 훈련도 부족했다. 그리고 그 안에 내분도 있었다.

  그러나 프랑크 반군은 직업군인들이었고 이미 모로코 등에서 전투경험이 많았고 프랑코의 통솔 아래서 잘 단결되어 있었다. 그리고 프랑코는 전쟁 수행능력이 탁월하여 젊은 나이에 장군이 될 정도로 인정받고 있었다. 그래서 양적으로나 질적으로 공화파가 프랑크 군대를 대항하기 어려웠다. 거기에다 이탈리아 무솔리니 군대까지 지원을 나서니 더 강력해질 수밖에 없었다. 물론 공화파도 소련의 군사지원을 많이 받았지만, 효율적이지 못했다. 그래서 이념으로는 열세였지만, 군사력과 단결력에서 우세하였기 때문에 전쟁에서 이길 수 있었다.

내전이 극심했던 이유

✦

과거 그들은 수많은 외부의 적들이 스페인을 점령해도 이렇게까지 극심하게 전쟁을 하지 않았는데, 왜 자기들끼리는 이런 큰 전쟁을 하였을까? 외부의 적에 대해서는 관대한 그들이 왜 같은 동족끼리 이렇게 잔혹하고 폭력적인 전쟁을 하게 되었을까? 원래 스페인 사람들은 그렇게 모질거나 거친 사람들이 아니다. 비교적 순응적이고 조용한 그들이 이처럼 오랜 기간 폭력적인 전쟁을 했다는 것이 다소 이해하기 어렵다.

평소 조용하던 사람도 오랫동안 누르고 참다가 그 한도를 넘게 되면 오히려 평소 쉽게 화를 내는 사람보다 더 크게 소리치면서 폭발하는 것을 볼 수 있다. 이처럼 스페인도 평소는 웬만한 것은 참고 넘어갔지만, 참는 것이 한도에 달하면서 크게 폭발한 것이었다. 그들은 오랫동안 억압하면서 살았다. 특히 기독교 국가로 통일된 이후 왕권만이 아니라 종교의 힘까지 동원되어 아주 강한 억압을 받으며 살아왔다. 스페인은 오랫동안 기독교를 자신의 정체성으로 받아들이고 살았기 때문에 권력이나 무력보다 기독교의 억압을 저항하기가 쉽지 않았다. 이를 저항하는 것은 신을 거역하는 것이기 때문이었다. 그래서 힘들어도 참으면서 지내왔다.

그러나 그들은 부르봉 왕가의 강력한 압제와 계몽주의 또 프랑스 혁명 등으로 조금씩 깨어나기 시작했다. 그 중심에는 민족주의와 자유주의가 있었다. 과거에는 억압 속에 있었기 때문에 무조건 참아왔다면 이제는 이러한 그들의 마음을 누군가 억압하게 되면 마치 사춘기 아이처럼 예민하게 폭발하기 시작한 것이었다.

　사실 그들의 억압이 과거의 왕정에 비해 심한 것은 아니었다. 그러나 이제는 그들이 깨어나기 시작했고 다른 외부의 권위가 아니라, 자기들끼리 억압을 하니 그동안 쌓여있던 반발심이 더욱 강하게 터지게 되었다. 그래서 억압받았던 많은 사람이 동참하며 싸우게 되었다. 이러한 마음은 마치 전염병처럼 빠르고 쉽게 퍼지게 되었다. 과거는 관련된 일부에 국한되었으나, 이제는 전 국민 속에 억압되어 있던 좌절과 분노가 연쇄적으로 터지기 시작한 것이었다. 그러면서 내전이 전국적으로 퍼지게 되었다.

　그리고 억압받아온 세력이 과거에는 제대로 저항하지 못했지만, 그들이 정권을 잡고 여러 차례 저항하면서 상당히 조직화되고 무력화되었다. 그래서 내전이 가능했던 것이다. 이러한 억압적인 정치체제와 문화는 스페인만의 문제는 아니었다. 유럽이 중세 이후 그리고 왕권과 국가 전체주의가 강화되면서 더 이상 억압받지 않고 그들의 소리를 내기 시작했다. 정치, 학문과 사상, 과학의 발전, 예술과 문학 등에서 억압받던 사람들이 그들의 소리를 내기 시작한 것이었다. 그러면서 과거의 강력한 왕권과 전체주의를 그리워하는 보수파들의 반발도 강해지면서 이러한 보수와 자유파의 갈등과 대결 상황이 유럽 전체에 펴져 있었다. 그래서 스페인의 내전은 국내의 문제로만 끝나지 않고 제2차 대전의 전초전처럼 유럽의 각국이 관심을 가지고 같이 참여하는 유럽 전체의 문제로 퍼졌다. 그래서 더 치열하고 오랫동안 싸우게 되었다.

프랑코가 장기집권이 가능했던 이유

✦

프랑코 정부가 스페인에게 미친 영향을 판단하는 것보다 그들을 현대 스페인의 일부로서 받아들이는 것이 먼저 필요하다. 현대의 스페인을 형성하는데 프랑코 정부의 영향을 무시할 수 없을 것이다. 부모가 잘 했던, 못 했던 자식의 인격 성장에 지대한 영향을 준 것을 인정해야 하듯이 프랑코 정부는 스페인이라는 현재의 인격 형성을 형성하는 데 지대한 영향을 주었기 때문에 공과를 떠나서 이를 분석하지 않을 수 없다. 이를 위해서는 프랑코 정부에 대해서 현상적인 면만이 아니라 심층적인 이해와 분석이 필요하다. 그래야 현재의 스페인을 제대로 이해할 수 있기 때문이다.

그래서 먼저 프랑코 정부가 37년이라는 긴 세월을 장기 집권할 수 있었던 이유에 대해 생각해보려고 한다. 37년이란 세월은 과거 왕정 시대로 치면 그렇게 긴 세월이 아니다. 과거 그 이상을 오랫동안 통치한 왕들이 있었기 때문이었다. 그러나 프랑코의 시대는 과거 왕정 시대가 아니다. 격동의 시대이다. 권위적이고 전제정치나 전체주의가 허물어지고 민주화되는 격동의 시대였다. 세계대전을 치르면서 과거의 체제는 대부분 붕괴되었다. 대부분의 식민지가 독립하고 민주정부가 들어섰다.

가장 민주화가 늦은 대륙도 그러했는데, 가장 앞서가는 유럽에서 이런 독재와 전제정치가 오랫동안 가능하다는 것 자체가 언뜻 이해하기 쉽지 않다. 그리고 과거의 심한 저항과 내전이 거의 150년 가까이 계속되었다는 것을 안다면 더욱 그럴 것이다. 이제 스페인은 과거처럼 순응

♦◇ 프랑코는 장기집권을 하면서 후계자를 후안 카를로스 왕자로 정하고 아들처럼 돌보며 정치수업을 시켰다. 그 덕분에 그의 사후에 큰 혼란 없이 의회군주제가 정착할 수 있었다. **telegraph.co.uk**

적인 나라가 아니었고 아주 폭력적으로 변했기에 이런 독재가 오래갈 것이라고 누구도 예상하지 못했다.

아무리 프랑코의 압제가 심하다고 했지만, 세상이 변하고 있고 스페인 백성도 이를 다 알고 있었다. 그리고 그들은 과거에 격렬하게 저항하였던 사람이었다. 마음만 먹으면 얼마든지 저항할 수 있고 그러면 과거처럼 외부의 지원받을 수 있었다. 그래서 단결만 하면 프랑코 정부를 무너트릴 수도 있었다. 그러나 그의 철권 통지 덕분인지 의외로 조용하게 지나갔다. 그 이유는 무엇이었을까? 프랑코가 독재 정권이었지만 긍정적인 면이 있었기 때문에 그럴 수도 있고 아니면 철권통치가 너무 강해 백성들이 거세를 당한 것처럼 무기력했을 수도 있다. 과거 저항을 하던 대부분 세력은 국외로 추방되거나 죽었고 남은 사람들은 대부분 프랑코를 지지하기 때문에 그럴 수도 있을 것이다.

아무리 그렇다고 하더라도 프랑코를 반대하는 사람들은 여전히 국내에 있었을 것이고 추방당한 사람들은 스페인에 대해서 무관심하였을까? 스페인의 사람들은 자기가 사는 곳이 어디든 고향을 그리워하고 고국의 일에 관심이 많다. 그들의 나라 사랑은 특별하다. 과거 프랑코를 저항했던 그들은 계속 국내정치에 관심을 가지고 어떤 식으로든 프랑코 정부를 전복하기 위해 노력했을 것이다. 그럼에도 프랑코 정부는 꿈적하지 않고 37년을 버텨내었다. 어떻게 그렇게 될 수 있었을까?

안정을 갈망한 스페인

✦

그 첫 번째 이유는 너무도 오랫동안 혼돈과 불안 가운데 살았기 때문에 그들은 어떤 식이든 안정을 원했다. 이는 인간의 생물학적 욕구이기도 하다. 너무 혼란이 오래되면 이것이 스트레스가 되어 안정을 본능적으로 원하게 되는 것이다. 물론 기득권을 가진 보수층은 과거의 체제를 유지하기를 원하고 그동안 많은 억압을 받았던 공화파는 새로운 개혁적인 체제를 원하기 때문에 충돌이 있었다. 그런데 내전에서는 공화파가 먼저 집권하였고, 보수파가 반군이었다.

그래서 더 격렬했고 파괴적이었다. 공화파가 집권당이지만, 내용적으로는 기존의 것을 거부하고 파괴하려고 하였고, 보수파는 반군이기 때문에 기존의 것을 해체하고 파괴하려고 했다. 그래서 두 세력 모두 파괴적이고 해체적인 성격이 강했다. 서로 보존하려고 싸우는 것이 아니라 서로 파괴하기 위해 싸우기에 더 혼돈과 파괴가 심했다. 그래서 백성들은 더 불안하고 힘들었고, 비참하고 장기적인 전투로 고달팠다. 그래서 누가 정권을 잡던 빨리 안정을 찾고 싶은 것이었다. 그래서 이러한 안정에 대한 욕구로 인해 프랑코 군부의 장기집권이 가능했을 것이다.

 두 번째 이유로는 이념과 도덕으로 우위에 있던 공화파가 집권당이었다는 점이었다. 그들에게 충분히 기회가 주어졌는데, 그들이 국민의 기대만큼 정치와 경제를 안정시키지 못했다. 공화파는 개혁 세력이었지만, 사상적으로는 개혁적이지만 현실적인 정치나 행정에서는 전문성이 떨어지다 보니 좋은 결과를 얻지 못했다. 그리고 당시 스페인의 여건이 워낙 나쁘고 밑바닥을 치고 있었기 때문에 누가 정권을 잡아도 마찬가지였을 것이다. 그러나 사람들은 기대 심리가 있기에 집권당이 기대를 채우지 못하면서, 좌절의 분노가 그들에게 투사될 수밖에 없었다.

 공화파의 또 다른 문제 중 하나가 그들은 그동안 너무도 오랫동안 눌리고 좌절되었기 때문에 억압된 분노가 너무 강했다. 그래서 그들이 정권을 잡은 후, 화해를 통해 통합적이고 건설적인 방향으로 나가지 못하고 반대 세력을 제거하고 파괴하기에 바빴다. 국민은 빨리 경제를 회복하고 안정적인 정치를 원했지만, 그들의 분노가 파괴와 해체의 불안정으로 가게 하였다. 그래서 공화파가 보수파보다 도덕적으로 우위에 있다고 기대한 것이 실망으로 바뀌었다.

 특히 그들은 기독교에 대해 지나치게 적대적이었다. 그들이 그동안 쌓인 불만을 안다면 충분히 이해할 수 있는 일이었다. 그들은 너무도 오랫동안 교회의 권위로 인해 큰 피해를 입었다. 그래도 스페인에서 기독교는 부모와 같은 근원적인 뿌리였다. 그런데 공화파의 과격파들은 교회를 수없이 태우고 교회 지도자와 사제들을 죽였다. 기독교가 잘못한 것을 모두가 인정하지만, 이렇게까지 잔인하게 살해하고 파괴하는 것은 인간의 본성에 어긋나는 행동이었다. 그래서 국민의 감정이 공화파에 거부감을 가지게 하였다. 반면 프랑코는 기독교 신앙이 깊었다. 그리고 신 앞에서 부끄러움 없이 조국을 위해 헌신하겠다는 신앙고백을 하였고 그래서 교회는 프랑코를 전폭적으로 지지하였다. 이처럼 교회가 프랑코 군부의 안정적인 집권에 적지 않은 영향을 미쳤다.

절묘한 줄타기

✦

세 번째로 프랑코의 개인적인 성향이다. 그는 독재와 강한 탄압을 하였지만, 다른 나라의 독재자처럼 한쪽으로 치우치지 않고 절묘한 줄타기를 잘 하였다는 점이다. 그가 파쇼정권으로서 처음에는 같은 파쇼국가인 독일과 이탈리아와 연대하였다. 내전에서 승리할 수 있는 것도 그들의 도움을 무시할 수 없었다. 그러나 그는 파쇼국가와 같은 편이었지만, 2차 대전에 참여하지 않았고 나중에는 독일이 패전될 것 같으니 재빠르게 중립을 선언하고 오히려 연합군을 도왔다. 그래서 종전 후에도 살아남을 수 있었다. 그러나 유일한 파쇼국가라는 오명 때문에 연합국의 지지와 원조를 받지는 못했다. 전후 미국이 유럽의 전후 복구를 위해 제공한 마샬 플랜의 혜택도 받지 못하고 유엔에 가입하지 못하여 모든 것이 고립되었다. 그래서 경제적으로 아주 어려웠다. 스페인을 인정하는 국

♦◊ 히틀러와 사열을 하는 프랑코. 그는 히틀러와 공조하였으나 2차 대전에는 참전하지 않았다. 그리고 독일이 패전할 것 같으니 연합군을 도왔다. 이처럼 그는 절묘하게 외교적인 줄타기를 하며 그의 정권을 장기로 유지할 수 있었다. welt.de

가는 교황청, 포르투갈, 아르헨티나 정도였다. 아르헨티나가 그때 잘 살았기에 그들의 도움으로 연명하는 정도였다.

스페인은 가난에도 불구하고 소련의 공산주의를 철저히 배격하였다. 그 후 냉전이 심해지면서 미국이 소련에 대항하기 위해 스페인에 군사기지를 설치하면서 미국의 도움을 받을 수 있었다. 그 후 유엔에 가입하였고 스페인이 개방되기 시작하였다. 미국의 도움과 개방으로 인해 관광산업이 급속하게 발전하고 산업화도 하면서 경제발전을 이룰 수 있었다. 이처럼 프랑코의 절묘한 외교가 결국 빛을 발하게 된 것이었다.

또 일반적으로 파쇼정권은 민주화로 인해 붕괴가 되면 자신들의 세력은 살해되든지 심한 처벌을 받기 때문에 어떻게 해서라도 영구집권을 하려고 한다. 그러나 그는 담대하게도 후계자를 알폰소 13세의 손자인 후안 카를로스를 미리 세우고 아들처럼 대해주었다. 그리고 교회에 대해서도 약속을 지키며 많이 회복시켜주었다. 적어도 이러한 여유와 화해의 몸짓이 그를 마지막까지 보호해준 것이었다. 그리고 그는 파쇼는 자신으로 끝나고 다음의 정치체제는 입헌군주제로 갈 것을 예상하고 미리 준비하였다.

넷째로 그들이 안정적으로 집권할 수 있는 것은 강력한 억압과 철저한 통제 정치 덕분이었다. 그들은 지나칠 정도로 공화파와 자유민주 세력을 색출하고 탄압하였다. 그들의 탄압이 심했지만, 탄압의 명목이 확실했다. 감정적인 분노보다 스페인의 발전을 위해서 질서와 안정이 가장 중요하다는 명목을 내세웠기에 이를 수용하는 공감대를 형성할 수 있었다.

국가 경영과 정치는 사실 이론이나 이념이 아니다. 국민이 원하는 것은 조금 불편하더라도 잘살 수 있게 해주고 나라가 발전할 수 있는 것을 가장 원한다. 그래서 무엇보다 중요한 것은 경제이다. 그리고 정치적인 안정이다. 아무리 좋은 도덕성으로 정치를 하더라도 가난하고 살기가 힘들어지면 결코 그 정권은 지지받기 어렵다. 그 반대로 문제가 있더라고 잘 먹고 살게 해주면 국민은 그 정권을 수용할 수 있다. 프랑코정권의 경제는 어떠했을까? 그들의 시작은 바닥에서 시작했기 때문에 초기에는 어려울 수밖에 없었다. 너무도 가난하고 살기 어려웠다. 프랑코가 아무리 경제를 살려보려고 해도 중환자실의 죽어가는 환자처럼 희망이 없어 보였다.

그런데 그들에게 놀라운 기회가 찾아왔다. 그것은 개방과 함께 관광이 시작되었다. 과거 신대륙을 발견한 것처럼 그들에게 놀라운 보화가 있었다는 것을 발견한 것이었다. 국토와 그들이 살아온 역사와 유적 모두가 놀라운 관광자원이 되었다. 이로 인해 소비와 서비스업이 살아나고 산업과 제조업도 발전하기 시작했다. 그래서 그들의 경제가 살아나기 시작했다. 이것이 그들이 장기 집권할 수 있었던 네 번째 이유였다.

그러나 경제발전은 독재 정권에 항상 좋은 것만은 아니다. 사람들이 살만해지면 더 많은 자유를 원하고 자연히 민주주의에 대한 욕구가 커진다. 그리고 다른 나라들과 비교하면서 스페인만 과거 지향적인 전제주의라는 것을 수치스럽게 생각하기 때문에 자신들의 경제 수준에 맞는 정치발전을 원한다. 그래서 많은 나라에서 경제발전과 함께 정치발전도 병행되었다. 우리나라도 그래서 경제발전과 민주화가 동시에 일어났다. 그런데 스페인의 경우 경제발전이 되어가는 데도 프랑코정권은 흔들림이 없었다. 그 이유가 무엇이었을까?

길들여진 스페인의 성격

✦

이는 그가 사용한 아주 독특한 정책 때문이었다. 물론 이는 그만 사용한 것은 아니었다. 과거 로마제국에서도 그러했고 많은 독재국가에서 흔히 쓰는 정책이다. 바로 문화와 유흥 정책이다. 국민의 욕구와 시선을 정치가 아닌 다른 곳으로 옮기는 정책이다. 그래서 영화, 음악, 대중 미디어, 투우와 각 지역의 다양한 축제 등을 활성화하여 국민의 관심과 시선을 그쪽으로 옮기는 것이었다. 그리고 스페인의 경우 가장 성공적인 문화정책 중 하나가 축구였다. 국민이 축구에 열광하였고 이를 선도하고 발전시킴으로 국가적인 자부심을 느끼고 자신들의 불만을 해소하고 회피할 수 있도록 하였다. 이것이 저차원적인 정책인데도 스페인에서 잘 먹혀들었다. 그 이유가 또 하나 있었다.

　프랑코 정부가 관광발전을 위해서 내세운 또 다른 정책이 있었다. 그것은 관광이 발전하기 위해서는 스페인이 평화로운 나라로서의 이미지를 보여야 한다는 것이었다. 그들은 원래 평화롭고 조용했다. 그러나 스페인이 붕괴하고 억압정치가 너무 심해지면서 스페인이 혼란과 폭력적인 나라로 변했다. 원래 스페인의 모습은 아니었다. 그래서 프랑코 정부는 이를 다시 회복하기 위해 국민을 설득하였다. 그들의 높은 수준의 관광자원을 자랑하기 위해서는 스페인 사람 자체도 관광자원이 되어야 한다는 것을 강조한 것이었다.

　그들도 다른 관광자원처럼 품위 있게 조용하고 여유로운 모습을 보여야 한다는 것이었다. 스페인 관광의 이미지는 조용하면서 깊고 신비로운 맛이었다. 이를 위해서는 사람들도 그렇게 되어야 한다는 것이었다. 원래 그들이 그런 사람들이었기에 이는 아주 자연스러운 것이었다. 단지 그들이 과거 100년 이상 너무 폭력적으로 변했기 때문에 이를 절제만 하면 그렇게 될 수 있었다. 그래서 정부는 국민에게 이러한 이미지를 위해 제발 서로 싸우거나 파업 등을 자제하며 조용하고 여유 있는 모습을 보이자고 설득한 것이었다. 관광이 살아야 스페인이 살고 국민의 경제도 나아지기 때문에 이러한 설득이 국민에게 먹혔다. 그리고 그들이 내세운 문화와 축제 스포츠 등도 관광에 도움이 되었기에 모든 것이 상승적으로 작용하였다.

　그리고 프랑코 정부는 아주 치밀하였다. 가장 소란스러운 단체가 노동단체였다. 파업을 자주 하면 관광 이미지가 나빠지고 그만큼 수입이 줄어들 수밖에 없었다. 물론 프랑스와 이탈리아에서는 파업이 자주 일어난다. 그러나 그들은 관광 말고도 여유가 있고 그렇게 해도 관광 올 사람은 계속 온다는 자신감이 있었다. 그러나 스페인은 다르다. 그런 여유가 없다. 관광에 목에 매달아야 하는 나라이다. 그래서 관광 스페인의 이미지를 위해서 그들은 평화로운 척해야 했다.

  이것이 그들에게 설득되었고 원래 그들이 그러한 성격이었기에 그들은 점점 그렇게 변한 것이었다. 그래서 폭력적인 성격이 점점 온순하게 길들여졌다. 스페인의 성격에 대해서는 나중에 더 자세히 분석할 것이다. 그렇다고 노동자들을 무조건 이 정책만으로 억압할 수 없었다. 그래서 그들의 노동정책은 아주 독특하였다. 그들은 노동조합을 아주 활성화하였지만, 파업만은 할 수 없게 하였다. 개인의 문제와 노동 교섭 등을 잘 할 수 있도록 정부가 적극적으로 나섰다. 그래서 그들은 어느 정도 파업하지 않고도 자신들의 불만을 해결할 수 있었다. 그래서 파업이 없이 평화로운 스페인을 유지하면서 관광 대국을 이룰 수 있었다.

다시 회복한 스페인의 국격과 자존감
✦

마지막으로 그들이 관광 대국이 될 수 있었던 요인으로서 예술과 문화의 발전을 들 수 있다. 스페인이 20세기에 와서 천재적이고 세계적인 작가들이 많이 나왔다. 미술계에서는 피카소, 미로와 달리 등이 있었고, 스페인 영화, 음악과 문학 등에서 세계적인 작가와 연주가들이 많이 배출되었다. 그들은 이것으로 자신들의 국가적 품위가 많이 높아진 것에 대한 자부심을 느낄 수 있었다. 비록 나라는 아직 독재국가라는 것을 부끄러워하였지만, 다른 면에서 자신들을 보상할 수 있었기에 이를 견디어 낸 것이었다.

어렵게 찾은 안정과 국가의 품격을 다시 혼란과 불안정으로 흔들고 싶지 않았기에 그들은 프랑코가 자연사할 때까지 기다릴 수 있었던 것이었다. 프랑코 말기에 여러 문제가 많이 도출되었지만, 이러한 여러 가지 요인들로 인해 정권과 국민의 서로 적응되고 성격화 되었기에 평화로운 정권교체를 기다릴 수 있었다.

그러나 비록 프랑코정권이 겉으로는 유지되고 있었지만, 속으로는 이미 많은 민주화의 과정이 진행되고 있었다. 경제가 발전되고 국제화되고, 또 나라의 국격이 높아지면서 민주주의에 대한 욕구가 높아졌다. 무엇보다도 전후 젊은 세대들의 이러한 욕구가 수면 위로 올라오기 시작했다. 기성세대는 이미 프랑코정권이 자신의 성격으로 자리를 잡아 큰 저항이 없었지만, 전후 세대들은 달랐다. 그들의 국격에 맞는 민주화를 주장하기 시작한 것이다. 유럽 전체가 68세대의 운동과 움직임이 스페인도 예외가 될 수 없었다. 이제 프랑코 정부 이후 현대 스페인의 변화를 살펴보려고 한다.

제11장

현대 스페인

안정적인 정치발전

✦

스페인은 늘 이해하기 어려운 극단적인 면이 있었지만, 20세기에 들어서서도 그러했다. 4년에 걸쳐 가장 치열하고 잔혹했던 이념적 갈등과 내전이 있었지만, 그 이후 강압 정치로 거의 40년 동안 조용하였다. 그 이후 스페인에서는 또다시 현실적으로 일어나기 어려운 기적이 일어났다. 무서운 억압 정권이 붕괴했기에 과거 같으면 억압되었던 세력들이 폭발하여 나라가 전쟁에 가까운 혼돈으로 가야 하는데, 이상하게도 성숙한 모습으로 정치발전을 이루었다. 과거 그 치열한 내전과 극심한 억압정치의 고통을 기억한다면 당연히 그 세력들이 들고일어나 혼란에 빠져야 하지만, 전혀 다른 모습으로 갈등을 풀어나갔다. 정말로 이상한 나라이다. 현실적으로 이해하기 어려운 일들이 연속해서 일어나는 것을 보면, 스페인은 정말 초현실의 나라처럼 생각된다.

앞에서 프랑코의 억압적인 장기집권이 가능한 이유를 분석한 것처럼 그들이 이러한 모습도 우연한 것으로만 볼 수 없을 것이다. 그럴만한 이유가 있을 것이다. 과거 억압되고 좌절된 분노가 폭력으로 분출된 것과 달리 그들은 다시 유순해졌다. 프랑코가 첫 20년은 억압정치가 심했다가 후반부에 이를 완화하고 개방정책을 써서 그런 것은 아닐 것이다. 나중에 조금 부드러워졌다고 해도 전체적으로 보면 그들은 과거 그 어떤 전제군주보다 강력한 억압정치를 하였다. 그럼에도 그들은 왜 유순해졌을까? 37년이란 세월은 한 세대를 형성할 수 있는 충분한 시간이다. 이 시간 동안 스페인이라는 새로운 성격이 형성되었다고 볼 수 있다. 그 성격은 현재 스페인의 성격이 되었다.

나중에 스페인의 현재 성격에 대해 더 종합적으로 분석하겠지만, 여기서 간단하게 언급해보려고 한다. 과거 전제군주 때의 억압방식은 단순했다. 무조건 힘과 무력으로 백성을 억압하고 탄압하였다. 그러나 프랑코 시절의 억압은 강했지만, 출구전략이 있었다. 과거 로마제국에서처럼 프랑코도 다양한 출구전략을 만들어 백성들의 억압된 감정을 풀 수 있는 길을 열어 놓았다. 관광과 다양한 일로 사람들이 자기의 삶과 일에 집중할 수 있었고 경제적으로 회복되면서 자신을 즐기고 풀 수 있는 다양한 방식이 가능해졌다.

그래서 스페인은 억압된 감정을 직면하지 않고 회피할 수 있는 길이 열린 것이었다. 이것이 정신분석에서 말하는 새로운 승화와 회피의 방어기제가 되었다. 이러한 방어가 굳어지게 되면 성격이 되는 것이었다.

그리고 그들은 조용해야 했다. 관광이 주요 산업이기 때문에 관광을 위해 조용하고 여유로운 척해야 했다. 새로운 스페인의 이미지와 성격이 형성되었던 것이었다.

그래서 프랑크 정권 동안 스페인은 현대에 새롭게 적응하는 성격이 형성되었다. 과거처럼 과격한 분노와 폭력은 사라지고 유순해진 것이다. 물론 엄밀하게 말하면 깊은 곳의 분노가 없어진 것은 아니다. 단지 잘 방어되고 성격적으로 중화되었다는 것이다. 그리고 또 다른 이유는 프랑코는 자신의 사후를 미리 준비해주었다는 것이다. 그래서 자기가 죽고 나면 혼돈이 오고 무질서해질 것을 걱정하여 가능한 정치체제를 미리 준비한 것이었다. 프랑코가 가장 싫어하고 걱정하는 것은 무질서였다. 그래서 후계자를 과거 왕의 손자로 미리 키워놓았다. 그리고 의회군주제를 앞으로 스페인이 나갈 정치적 방향으로 보고 이를 준비하였다.

프랑코는 자기가 죽고 나면 당연히 다시 과거의 내전처럼 공화파와 보수파가 갈등하고 싸울 것을 알았을 것이다. 과거 내전 때에는 이를 중재할 아무런 세력이 없어 악순환의 폭력으로 반복되었다. 그래서 이를 중재할 세력으로 왕을 세웠다. 그리고 왕에게 의회군주제를 미리 학습시키고 왕의 역할이 무엇인지를 교육시켰다. 프랑코와 후계자로 삼은 카를로스 1세는 거의 부자지간처럼 가까웠기 때문에 이에 대해서 충분히 대화하고 학습했을 것으로 생각된다.

그래서 프랑코 사후의 혼란을 국왕이 잘 수습하고 좌우익에 치우치지 않고 중간에서 잘 중재할 수 있었다. 이것이 스페인을 혼란에 빠트리지 않았던 또 다른 이유였을 것이다. 그리고 그들도 과거 내전의 고통을 통해 서로 폭력으로 가지 않아야 한다는 것을 충분히 학습하였기에 가능한 자신들을 절제할 수 있었을 것이다. 어렵게 이룬 경제발전과 국격을 다시 허물어뜨리고 싶지 않았을 것이었다. 이런 여러 이유에서 그들은 성숙한 정치발전을 이룰 수 있었다.

프랑코의 정권이 그렇게 오랫동안 탄압하고 많은 사람이 억울하게 죽고 옥고를 치르고 추방되었지만, 정권교체를 평화적으로 이룬 것은 정말 기적에 가깝다. 이것이 가능하게 된 또 다른 이유는 1977년 여야가 합의하여 과거사 사면법을 통과시켰기 때문이었다. 내전의 참혹함을 경험하였기에 더 이상 스페인이 과거에 묶이지 않고 미래를 향해가자는 뜻에서 이 법을 제정한 것이었다. 그러나 이러한 합의에 반발하는 사람들도 많았다.

과거에 잊을 수 없는 억울한 일들이 너무 많았기 때문이었다. 특히 실종자 가족들은 계속해서 진실규명과 실종자 매장지를 찾아야 한다고 주장하였다. 그들은 사면법을 거부하고 과거사 진상을 파헤쳐야 한다고 주장하였고 그 결과 '역사적 기억의 법안'이 2007년에 통과되었다. 그러나 경제위기로 인해 정권이 우파로 넘어가면서 이 법은 흐지부지해지고 프랑코 무덤을 내전의 전몰자 묘지에서 가족묘지로 이장하는 정도로 마무리되었다.

정치와 경제의 혼란
✦

스페인은 많은 시행착오와 시련을 통해 많이 성숙해졌다. 좌익, 우익 그리고 백성들도 그러했고 왕정도 그러했다. 서로 양극으로 치우치지 않고 절묘한 균형을 잡으며 정치발전과 안정을 이루었다. 그러나 성숙이라고 표현하였지만, 내면으로부터 성숙해진 것이라기보다는 적응을 통해 만들어진 성숙이라고 보는 것이 더 타당할 것이다. 과거는 속으로부터 터져 나오는 감정을 도저히 주체하고 방어할 수 없어 악순환의 길을 갔지만, 이제는 이를 방어하고 회피할 수 있는 여유가 생긴 것이었다. 75년 프랑코가 사망하고 사회의 혼란을 막기 위해 후안 카를로스 1세 Juan Carlos Alfonso(1938~)가 즉시 왕으로 즉위했다. 그는 처음 혼란을 수습하기 위해 보수적인 극우파인 아리아스 나바로 Arias Navarro에게 정권을 맡겼으나, 곧 해임하고 더 젊은 개방적인 우파인 아돌포 수아레스 Adolfo Suarez에게 정권을 맡겼다. 그는 정치개혁을 단행하고 공산당을 합법화하는 등의 새 헌법을 통과시키고 더 발전적인 입헌군주제를 출범하였다.

그 이후 선거를 통해 좌익과 우익이 돌아가며 정권을 잡게 되었고 왕도 이를 중간에서 잘 조정하였다. 이러한 민주주의가 의회 중심으로 자리를 잡게 되는 데는 카를로스 1세 국왕과 수아레스의 공이 컸다. 그리고 프랑코 탄압정치 속에서 꾸준히 좌익 사상을 발전시켜온 스페인 공산당의 창시자인 산티야고 까리요 Santiago Carrillo의 공도 크다. 내전처럼 무력과 폭력으로 가지 않고 의회를 통해 자신들의 주장을 펼치며 선거를 통해 국민의 선택을 받는 성숙한 민주주의를 정착시켰다. 그리고 가장 안정적인 좌우익의 양당제를 뿌리내릴 수 있었다. 여러 과정을 거쳐서 사회노동당 PSOE과 중도 우파인 국민당 PP의 양당제가 형성되어 그들이 서로 정권을 주고받으며 입헌군주제를 발전시켰다.

♦◇ 마드리드에 근방에 있는 내전 전몰자의 묘지와 프랑코. 프랑코의 사후 '과거사 사면법'이 통과되었으나 실종자 유가족의 반대로 다시 과거사를 재조사하는 '역사적 기억의 법안'이 통과되었다. 그러나 그 후 우파 정권이 들어서면서 프랑코의 무덤을 전몰자 묘지에서 가족묘지로 이장하는 것으로 과거사를 마무리하였다.
wyborcza.pl

이처럼 스페인이 성숙하게 정치가 안정되어가면서 경제도 발전하였다. 그러면서 스페인의 국제적인 위상도 높아졌다. 1982년에는 나토와 1986년에는 유럽 공동체에도 가입하였고 1991년에는 중동평화회담을 개최하였다. 2002년에는 유럽 단일 화폐인 유로 사용국이 되었다.

이와 함께 꾸준히 경제도 성장하였으나, 정치가 양당제로 굳어지면서 부작용도 발생하였다. 권력형 비리에다 늘 발목을 잡는 것은 경제문제였다. 뻔히 문제가 내다보여도 혁신적인 정책을 추진할 수 있는 전문가와 정치인이 부족했다. 경제가 호황을 누릴 때는 국민이 이러한 정치에 대해 무관심하지만, 경제가 어려워지면 정치에 비판적이지 않을 수 없었다.

사실 스페인의 경제적 구조는 아주 취약하다. 경제 성장의 대부분을 관광과 서비스업이 주도하고 있다. 제조업이나 중공업도 많이 발달하였지만, 충분하게 국제적인 경쟁력을 갖추지 못했다. 그리고 경제 호황에 따라 인구유입이 많아지게 되어 건설과 주택사업이 활발하였고 너도나도 부동산에 투자하여 부동산 가격이 폭등하였다. 겉으로 보면 호황이었지만, 언제 버블이 꺼질지 모르는 위험에 처해 있었다. 그러나 정치는 이를 알고도 미리 조치할 수 없었다. 그리고 스페인의 산업구조는 지나치게 외국에 의존적이었다.

그러다가 2008년에 금융위기가 오면서 스페인의 부동산 버블이 꺼지게 되고 미분양 주택이 속출하였다. 그러면서 금융권도 부실해지고 실업률도 20%대로 급증하였다. 이를 감당할 국가 재정도 부실하였기에 중앙 유로에 금융 구제를 요청하였다. 그러나 유로는 이미 그리스, 이탈리아, 포르투갈 등을 구제하고 있었고, 스페인은 경제 규모가 크기에 지원이 쉽지 않았다. 충분한 만큼은 아니지만, 그래도 구제 금융을 받았으나 그 대가로 혹독한 구조조정과 긴축재정을 감내해야 했다. 그 이후 코로나 감염의 피해도 가장 컸고 관광산업의 수입도 급감하면서 경제위기가 더욱 가중되었다.

이러한 경제위기가 계속되면서 안정적 양당 구조의 정치에 대한 불신이 커졌다. 그래서 그 틈을 비집고 극좌와 극우파의 소수정당이 치고 들어왔다. 무능하면서 회피하고 안주하는 기존정치를 비판하며 '우리는 할 수 있다'라는 뜻의 '뽀데모스'Podemos라는 극좌파 이념의 젊은 정치인들이 갑자기 지지를 받아, 창단 6년 만에 연정을 통해 집권세력으로 등장하였다. 그들은 반자본주의, 반세계화를 내세우며 젊은이들이 익숙한 SNS을 통해 직접민주주의를 주창하였다. 이는 이탈리아에서 젊은이들

사이에 급성장한 오성 운동당과 비슷하였다.

극좌가 나서니 자연히 극우도 나설 수밖에 없었다. 스페인 민족주의와 제일주의를 내세우며 강한 하나의 스페인을 목표로 삼았다. 가톨릭 중심과 이민자 추방, 지방자치 등을 불허하는 극우 정책을 주장하였다. 그래서 2015년 이후부터는 양당제가 아닌 다당 체제가 출현함으로 정치적으로도 혼란해졌다. 그러나 코로나의 위기 후에는 다시 국민이 안정을 원하였기에 다시 양당제로 기울어가고 있다.

현대 스페인의 문제

✦

현대 스페인의 가장 큰 문제는 역시 경제이다. 금융위기로 저성장, 재정 적자 등의 위기가 계속되고 있다. 그중에 가장 큰 문제는 실업률이다. 20% 이상의 실업이 계속되고 거기에다 코로나까지 겹치는 바람에 경제는 바닥을 치고 있다. 그러나 코로나 이후 관광이 회복되면서 경제가 다시 살아나고 있지만, 스페인의 경제구조가 워낙 취약하여 근본적인 대책이 되지 못하고 있다.

전통적으로 지역 연고와 가족주의가 심해 보편적 원칙보다 관계를 중요시하기에 부패가 만연하다. 스페인 인들은 기본적으로 일하는 것을 그렇게 좋아하지 않는다. 힘들어도 미래를 위해 현재를 희생하려고 하지 않는다. 현재를 즐기면서 살려고 하고 일을 해도 열심히 하기보다는 느리게 하니 발전하기가 어렵다. 그리고 가장 열심히 일해야 할 적지 않은 젊은이들이 마약을 하며 유흥과 쾌락에 빠져 살고 있다. 거기에다 선진국의 공통적인 현상이지만, 스페인에서도 사회가 고령화하고 결혼율과 출산율이 떨어지고 있어 이러한 점들을 보면 스페인의 미래가 밝아 보이지 않는다.

물론 모든 젊은이가 이러한 것은 아니다. 프랑코 이후 민주화에 앞장선 것도 젊은이들이었고 경제와 정치적인 혼란 가운데 있을 때도 2011년 대학생들이 '미래 없는 젊은'이라는 단체를 결성하고 마드리드와 바르셀로나에서 시위를 주도했다. 이 운동에 많은 시민이 참여하여 그해 5월 15일 큰 시위와 농성을 하였는데 이를 5월 15일 운동(15-M)과 인디그나도스indignados(분노하는 사람들)이라고 하였다. 그리고 가끔이기는 하지만, 테러도 끊이지 않아 이 역시 스페인 사회의 불안 요소로 꼽고 있다. 그리고 카탈루냐의 독립문제와 바스크지역 독립도 여전히 스페인의 골치 아픈 문제이다.

스페인의 이상적인 정치체제는 무엇일까?

✦

이러한 스페인의 여러 문제를 하나하나 풀어가기에는 많은 어려움이 있다. 이 책은 현상보다 더 심층적인 원인을 찾는데 목적이 있기에 이러한 차원에서 그들의 문제를 분석해보려고 한다. 프랑코는 질서를 최우선으로 하며 37년간 철권통치를 하였다. 그는 더 이상 독재를 지속할 수 없어 의회군주제를 다음 정치 형태로 삼고 준비하였다. 일반 민주주의와 공화정 정치는 내전이라는 참혹한 결과를 낳았기 때문에 스페인에는 적합하지 않다고 생각한 것이었다. 스페인의 국민성과 그동안의 역사를

♦◦ 2011년 5월 15일 긴축재정에 반대하는 대대적인 시위가 대도시를 중심으로 있었다. 이를 15-M 인디그나도스(분노하는 사람들) 운동이라고 하였다. 이 운동은 처음 대학생을 중심으로 시작되었다가 많은 시민이 호응하여 대대적인 시위로 발전되었다. wagingnonviolence.org

생각할 때 공화정치는 이상적이지만, 이를 통해서는 스페인이 발전하기 어려울 것으로 본 것이었다.

왜 그는 스페인의 국민성이 민주주의에는 적합하지 않다고 생각했을까? 스페인은 오랫동안 외부인의 지배가운데 있었다. 그리고 이를 잘 적응해왔다. 좋은 뜻에서 그들을 수용하고 하나가 되어 살았다는 뜻이지만, 가능한 큰 갈등을 만들지 않고 균형과 안정을 유지하려는 것이 보편적인 국민성이기도 했다. 물론 탄압이 심하게 되면 그 어떤 민족보다 강하게 저항하며 싸웠다. 그러나 누가 어떻게 하든 자신들을 크게 건드리지 않으면, 자신들의 삶과 현실에 만족하였다. 이처럼 그들은 개인주의적이고 현실적인 면이 강하였다.

그들은 남들과 잘 융합하고 수용하고 대화하며 평화와 안정을 추구한다. 그래서 그들이 가장 잘 할 수 있는 정치체제가 공화정이기에 그들은 이 정치체제에 적합하다고 볼 수 있다. 그리고 그들은 민주주의와 공화주의를 위해 피 흘리며 투쟁하기도 했다. 그리고 프랑코 이후 의회민주주의와 양당제를 성공적으로 정착시켰다. 그런데 스페인이 민주주의에 적합하지 않다는 말은 도대체 무슨 뜻일까? 평화시대에는 공화주의가 잘 유지되지만, 항상 평화와 안정만 있는 것은 아니기에 위기의 때에 스페인이 이를 어떻게 극복할 수 있는가를 생각해보아야 한다. 위기는 안정과 균형만을 추구해서는 안 된다. 위기를 직면하고 돌파할 힘과 역량이 필요하다. 그래서 강력한 지도력이 필요할 수 있다. 그런데 그들은 위기에 때에 나라가 분열하며 너무도 심하게 오랫동안 싸웠다. 그 위기를 하나가 되어 돌파하지 못했다.

그리고 그들은 힘든 것을 회피하고 좋은 것이 좋다는 식의 균형과 안정을 추구하는 경향이 강하였다. 스스로 힘든 것을 미리 준비하고 싸우는 성격이 아니었다. 다소 수동적이고 사후에 적응하려는 성향이 강하였다. 그래서 그들은 누군가 책임을 지고 강하게 이끌어가는 것을 싫어하였다. 위기에는 강한 리더십이 필요한데 이를 좋아하지 않는다는 것이었다. 그래서 그들은 위기의 때에 누군가 미리 이 문제를 알고 해결하는 지혜와 용기가 부족했다. 그래서 그들은 스페인 제국시대의 황금기를 지속하지 못했다. 그들의 문제는 누가 보아도 뻔히 보였다. 그러나 그 누구도 나서지 않았다. 그냥 누리기만 하고 남을 탓하기만 했지, 문제를 바로 잡지 못해서 결국 나중에 크게 문제가 터지고 말았다. 스페인의 사상가인 가세트도 이를 지적한 바가 있었다.

이러한 일은 제국시대만이 아니라 매번 일어났다. 그들이 나서서 힘을 모으면 충분히 스스로 해결할 수 있는 문제를 방치하다가 결국 소수의 이민족에게 지배를 당한 경우가 허다하였다. 그래서 프랑코는 스페인이 위기의 때에는 민주주의로 이를 돌파할 수 없다고 생각하고 독재로 밀고 나간 것이었다. 그러나 충분히 안정되고 스페인이 이제 스스로 안정과 발전을 지켜나갈 수 있다고 믿었는지 그는 정부를 이양하였다. 계속 영구적인 독재 정권을 이어가지 않았다. 그러면서 민주주의만으로는 부족하기에 왕권을 중심에 두려고 하였다.

그리고 스페인은 가장 강력한 정체성이 기독교와 왕권이었기 때문에 이러한 전통과 관습을 쉽게 버릴 수 없었다. 그들은 그만큼 수동적이었다. 그리고 권위에 순응적이었다. 그래서 그들을 바로 이끌 수 있는 것은 기독교와 왕권이라고 생각하였다. 그래서 프랑코도 이를 가장 중요하게 생각하였고 이를 강화하였다. 그리고 후계자를 부르봉 왕가의 후손으로 삼은 것이었다.

그 결과 왕권이 중요한 구심점이 되었다. 그래서 그 혼돈과 어려운 과정을 왕이 중심을 잘 잡아주어 큰 혼란이 없이 의회군주제를 정착시켰다. 그런데 문제는 그 왕권도 부패하며 권위를 잃게 된 것이었다. 포스트 프랑코의 불안한 정국을 성공적으로 이끈 후안 카를로스 1세가 고속전철 수주에 개입하여 1억 불을 해외에 빼돌린 것이 드러나면서 왕권이 정국을 이끌 권위가 상실된 것이었다. 그의 아들인 펠리페 6세Felipe VI(1968~)는 이러한 아버지의 유산을 거부하며 부자 관계도 단절하여 이를 일단락 하였지만, 한번 실추된 권위는 다시 회복하기 어려웠다. 그러던 중 또 펠리페 6세의 둘째 매형이 막대한 공금 횡령과 탈세 등의 스캔들이 드러나면서 더욱 왕실은 힘을 잃게 되었다.

그리고 양당제도 부패하면서 그들도 국민의 신임을 잃게 되어 스페인이 위기의 때에 정국을 헤치고 나갈 적절한 지도자가 없었다. 이탈리아의 경우 마리오 드라기Mario Draghi(1947~) 같은 총리가 나서서 유로존 위기를 많이 타개하여 '슈퍼 마리오'라는 별명을 얻기도 했는데, 스페인에는 이러한 국민의 신뢰를 받을 수 있는 지도자나 지도층이 형성되지 못한 것이 가장 큰 문제였다. 그들의 위기는 눈에 다 보이지만, 이를 능동적으로 돌파해갈 지도층이 없는 것이었다. 그저 균형과 안정으로 회피하며 적응하는 데 익숙하지, 누군가 이 위기를 적극적으로 타개해나가지 못하는 것이 그들의 가장 큰 문제인 것이다.

그래서 이탈리아가 최근 총선에서 여자 무솔리니라는 극우파가 정권을 잡은 것처럼 스페인도 프랑코와 같은 극우파를 그리워할 수도 있고 제2의 강력한 리더십이 등장할 수도 있을 것이다. 그러나 과거와 같은 억압정치로는 성공할 수 없을 것이고 의회민주주의를 존중하지만, 더욱 강력한 리더십이 필요한 것은 사실이다. 스페인에게 가장 적합한 정치체제가 무엇일까? 스페인 식으로 의회를 중재할 수 있는 군주제일까? 아니면 영국 식의 상징적인 군주제일까? 공화정이나 민주주의라면 강력한 대통령제가 적절할까 아니면 내각제일까? 이러한 정치체제에 논의가 필요할까? 아니면 체제의 문제라기보다는 그들 내면의 문제일까?

그들은 평소에는 정치와 공동체에 무관심한 편이다. 조화와 균형을 통한 안정을 추구하려고 한다. 그러다가 누군가 억압을 강하게 하고 그들을 심하게 힘들게 하면 그들은 무섭게 폭발한다. 그리고 서로 다른 것으로 심하게 싸우기도 한다. 그래서 그들을 누군가 조정하는 강력한 리더십이 필요로 하는데, 이것이 다시 허물어지면 다시 혼란에 빠지기 쉽다. 이러한 극단적 성격 때문에 그들에게 적합한 정치 형태를 찾는 것이 쉽지 않다. 그래서 이러한 그들의 성격을 더 심층적으로 연구하며 그들의 정치와 미래에 대해 진지하게 생각해보아야 할 것이다.

제 12 장

스페인 문학과 사상

스페인 문학의 특징

✦

유럽 5개국에서 예술과 사상은 각기 다른 특징을 보이며 발달하였다. 그들의 다른 특징은 그들을 인격적으로 이해하는 데 중요하다. 이탈리아는 르네상스 때에는 미술과 건축이 발달하였으나, 그 이후로는 음악 특히 성악과 오페라가 발달하였다. 프랑스는 회화와 사상, 독일은 문학, 철학과 음악이 발달하였다. 그리고 영국은 철학과 문학이 발달하였다. 스페인은 문학과 미술이 발달하였다. 스페인은 유럽 5개국 중에서 여러 면에서 발달이 늦은 편이지만, 그중에서도 문학의 발달이 돋보인다.

왜 그들에게서 유독 문학이 이처럼 발달할 수 있었을까? 그들의 역사는 사실 외적으로는 그렇게 자랑할 만한 것이 크게 없다. 물론 많은 유적이 있지만, 사실 여러 민족이 지배하면서 남긴 것들이다. 스페인이 자신의 역사라고 하는 국토회복과 신대륙 발견 이후, 제국의 역사도 사실은 합스부르크 왕가의 역사이다. 그리고 겉은 대단한 것 같지만, 내용으로는 그렇게 자랑스러운 것도 아니다. 겉은 세계최강이었지만, 일반 백성들의 삶은 무척 고달팠다. 이러한 고통의 삶을 그들은 어떻게 적응하고 견디어 내었을까?

그들은 웬만하면 인생에 순응하며 잘 견디어 낸다. 그들은 힘들었지만, 자신의 삶을 열심히 살았다. 그래서 그들의 삶이 아주 중요했다. 그들은 나라라는 집단의식보다는 자신과 가족을 중요시하는 개인주의적 의식이 강하였다. 그래서 집단이 어떻게 되더라고 개인이 살아갈 수만 있다면 적응하고 견디며 살았다. 그래서 수많은 이민족의 침입 속에서도 견디며 살았다. 그들은 나라라는 집단의 이야기보다는 자신들의 이야기가 너무도 많다. 너무도 힘들고 다양한 삶의 이야기가 많기에 글을 통해 이를 표현하고 공감하면서 살아왔던 것이었다. 글은 그들의 고통을 잊게 해주기도 하고 그들을 위로해주기도 하였다. 그래서 그들은 이러한 문학 이야기를 좋아하게 되었고, 이를 통해 문학이 발달하였다고 볼 수 있다.

그렇다고 문학은 그들의 삶을 그대로 기록하는 단순한 이야기책은 아니다. 문학이란 사실적인 삶이 있더라도 어느 정도의 허구가 포함되어야 한다. 그리고 재미도 있어야 하고 흥미진진한 구성도 필요하다. 이야기를 그대로 말하면 재미없다. 과장하고 많은 수식도 필요하다. 그래서 같은 이야기라도 재미있게 극적으로 만들고 멋있게 꾸미기도 하는 것이다. 그래서 기사와 영웅들이 난관을 극복하고 승리하는 이야기, 그들의 사랑 이야기와 선이 악을 이기는 이야기 등이 많이 등장하였다.

스페인 사람들은 복잡한 것을 그렇게 좋아하지 않는다. 순수하고 단순하다. 그리고 깊은 생각보다는 직관적이다. 그래서 글의 내용도 깊이 무엇을 찾아가거나 심오하고 진지하고 엄숙한 내용보다 극적이고 즉흥적이고 감정적이다. 그들은 가톨릭의 신앙 가운에 있었기 때문에 선악의 도덕을 강조한다. 그러나 그들은 종교의 억압을 힘들어하였기에 규칙과 원칙에 매이는 것을 싫어하고 자유분방한 것을 좋아한다. 그래서 그 시대의 예술 사조나 장르에 묶이지 않았다. 깊은 예술적 경지나 추상적이고 이상적인 세계를 추구하기보다는 삶과 사실을 중시하고 개인의 취향과 직관을 중요시하였다.

그들은 단순한 것을 좋아하지만 자신들의 개성을 중요시하기에 다양한 장르로 표현하였다. 시, 희곡, 소설과 신비주의 등 다양한 장르가 골고루 발달하였다. 이는 어떠한 문예사조에 의해 발달하기보다는 다양한 개인적 욕구와 창의성에서 자연스럽게 발달한 것이었다. 그들이 단순하고 즉흥적이라고 해서 그들의 문학이 가볍다고 말할 수는 없다. 그들 방식으로 심오한 세계에 접근하고 있다.

이 책에서는 그들의 문학을 전반적으로 소개하기보다는, 그들의 인격과 무의식을 들여다보는 관점을 주로 하여 소개하려고 한다. 크게 그들의 역사를 3 시기로 구분하여 그 속의 문학을 살펴볼 것이다. 먼저 그들이 가장 번영하면서도 가난하였던 황금 세기(16~17세기)이다. 두 번째로 제국시대가 몰락하는 비참한 18~19세기이다. 마지막으로 자신들을 반성하고 각성하며 새롭게 일어서려는 20세기의 문학으로 나누어보려고 한다. 20세기 문학 중에서 특히 98세대와 27세대를 중심으로 분석해보려고 한다.

황금 세기(16~17세기)

✦

스페인 역사에서 16~17세기를 황금기라고 한다. 이 시기에 그들은 해가 지지 않는 제국으로 세계를 지배하였다. 외적으로는 가장 번영한 시절이었고 왕들도 자신들을 과시하기 위해 예술 분야에 많이 투자하여 예술과 문화 분야에서도 황금기를 누렸다. 그러나 백성들은 실제로 풍요로움을 누리지 못하고 여전히 어려운 삶을 살았다. 이 시대를 크게 세 부분으로 나누어 설명하려고 한다. 16세기 문예 부흥기, 17세기 바로크 시대 그리고 스페인 문학의 꽃이라고 볼 수 있는 세르반테스의 돈키호테로 나누어 설명하려고 한다.

스페인은 비교적 다른 나라의 영향을 크게 받지 않은 나라이다. 다소 무덤덤하게 자기 방식대로 살아가는 나라였기 때문에 다른 나라에서 무슨 일이 일어난다고 해서 크게 영향을 받지 않는 편이었다. 그래서 이탈리아를 중심으로 르네상스가 발달하여도 이를 재빠르게 수입하여 자신들의 문예 부흥을 일으키는 현상은 일어나지 않았다. 그럴 수 있는 경제와 문화예술의 기반이 약했기 때문이었다. 그리고 이탈리아의 르네상스는 미술과 건축이 중심이 되었기 때문에 문학으로는 큰 영향을 미치지 못했다. 그러나 이탈리아와는 지중해를 통해 가장 가까이 접촉하고 있어 인적 교류가 많았기에 르네상스의 영향을 받지 않을 수 없었다.

그런 중에서도 영향을 받았다면, 르네상스의 인본주의 경향에 의해 인간의 감정과 심리에 대한 관심을 갖게 된 것이었다. 그러나 문학의 내용과 형식은 자신들의 것이었다. 국토회복의 과정에서 일어난 기사모험이나 전쟁 무용담 그리고 민족주의적인 내용과 기사들의 사랑을 곁들인 기사소설이나 새로운 장르로서 악한惡漢소설 등이 있었다. 기사, 영웅과 악한은 아주 대조적이다. 그들은 가톨릭으로 인해 이상적인 것을 추구하였지만, 이것만으로 만족할 수 없었다. 그들의 깊은 곳에 기존 체제의 권위, 계급과 제도 등의 억압에서 오는 불만, 분노와 환멸 등이 있었다.

그래서 그들의 불만과 염세적인 마음을 악한소설을 통해 풀어내었다. 악한은 반체제적이고 반이상주의적이다. 그들이 저항하는 모습을 통해서 그들은 자신의 삶 속에 있던 불만을 표출하였다. 그러나 그 분노를 익살스럽고 낙천적인 방식으로 표출하였는데, 이 역시 스페인적이다. 이러한 악한소설은 스페인만의 아주 독특한 장르로 바로크 시대에 더욱 발전되었다. 그리고 이러한 그들의 염세적인 마음은 나중에 무정부주의적 성향으로 발전되었다.

스페인은 문예 부흥 시기에서도 보수적인 성향을 계속 유지하고 있었다. 인본주의적이면서 현실적인 내용이 포함되지만, 기존의 이상적인 가치와 조화를 이루는 균형감각을 잘 유지하였다. 그러나 17세기의 바로크 문학에 와서는 다소 담대해지면서 스페인의 색채가 더욱 두드려졌다. 바로크는 원래 건축과 음악에서 유래된 개념이었지만, 점차 전반적인 문화예술에 영향을 미치었다. 그래서 문학에서도 바로크적인 현상이 나타나, 이를 바로크 문학이라 한다. 조화의 균형보다는 과장되고 화려하며, 자극적이고 역동적인 성향이 문학에서도 나타난 것이었다. 특별히 스페인만의 이러한 현상을 과식過飾주의와 기지奇智주의라고 한다.

앞서 기사소설과 악한소설이 동시에 나타난 것처럼, 그들은 내용적으로는 이상적이고 가톨릭적인 것을 추구하였지만, 그 방식이 아주 독특하였다. 이를 엄숙하고 진지하게 그대로 표현하기보다는 비유적인 알레고리를 사용하거나, 말장난이나 역설을 사용하였는데, 이를 과식주의와 기지주의라고 한다. 이는 스페인만의 아주 독특한 표현방식이다.

왜 그들은 이러한 방식을 택하였을까? 그들의 억압된 마음을 표현하기 위해서였다. 기사와 영웅에 대비되는 악한을 등장시킨 것처럼, 이상적인 것을 다소 비꼬는 것을 통해 그들의 불만과 염세적 마음을 표현한 것이었다. 이러한 경향은 스페인만의 멋과 재치에도 적용된다. 그들은 이를 통해 억압된 분노와 염세성을 표출하였다. 희극의 출발을 분노와 슬픔으로 볼 수 있는 것처럼, 그들의 멋과 재치는 그들 속에 깊이 쌓여있는 부정적인 감정을 은근히 표출하는 길이였다.

스페인 문학의 특징은 이러한 이중성이고 중첩성이다. 겉으로는 이상적인 것을 추구하지만 속으로는 이에 대한 저항과 불만을 교묘하게 담고 있다. 그들은 이러한 불만을 적극적이고 직접적으로는 표출하지 못하면서 이러한 문학을 통해 간접적이고 수동적으로 표현하고 공감하였던 것이었다. 이러한 이중성은 스페인 제국의 모습이기도 했다. 겉으로는 화려하고 세계최강을 자랑하였지만, 속은 병들고 비참하였다. 백성들은 그 속에서 이를 직접 겪으면서 살아왔기 때문에 그 모순과 이중성을 문학을 통해 표현하였던 것이었다. 이러한 이중성은 시, 연극, 소설 등 대부분의 장르에서 나타났다.

돈키호테처럼 병든 스페인

✦

이러한 현상이 가장 현저하고 집중적으로 나타난 작품이 그 유명한 세르반테스의 돈키호테이다. 이 책은 성경 다음으로 많이 읽힌 책이라고 한다. 스페인만이 아니라 세계적으로 그리고 그 시대만이 아니라 시대를 뛰어넘어 아주 유명한 책이 되었다. 이는 결코 우연한 일이 아닐 것이다. 이 속에는 스페인의 아주 중요한 이야기가 들어있다. 이 책은 정말 신비롭다. 이 책만큼 스페인이 신비로운 것이다. 그래서 스페인을 초현실의 나라라고 서두에서 말한 바 있고, 이를 가장 상징적으로 설명하는 것 중에 하나가 돈키호테라 생각된다. 그래서 이는 한 작품을 떠나서 스페인을 심층적으로 이해하는데 아주 중요하다.

돈키호테의 작가는 미겔 데 세르반데스 Miguel de Cervantes(1547~1616)이다. 그의 삶이 곧 스페인이었다. 세르반데스는 가난한 귀족 출신 의사의 아들로 태어났다. 그러나 정규교육을 받지 못하고 독학을 하며 상당한 수준의 지식을 익혔다. 그는 추기경을 섬기는 일을 하다가 이탈리아로 가서 5년 동안 많은 것을 배웠다. 그의 젊은 시절은 마치 돈키호테가 독학으로 많은 지식과 이상을 깨우친 것처럼 그도 그렇게 했다. 그리고 그는 자랑스러운 스페인 군인이 되어 유명한 레판토 해전에 참여하여 승리를 거두었다. 그러나 전쟁에서 왼손을 잃게 되었다. 그는 이를 스페인 군인으로서 얻은 명예로운 부상으로 자랑스럽게 생각했다.

그러나 그에게 돌아온 것은 참혹한 현실이었다. 그는 고국으로 돌아오는 길에 해적에게 납치되어 5년간 감옥에서 죽을 고생을 하다가 수도

사에 의해 간신히 구출되어 고국으로 돌아왔다. 그러나 그에게 부상에 대한 어떠한 보상도 없었고 간신히 무적함대의 연료와 곡물을 공급하는 일과 세무 공무원의 일을 하는 정도였다. 그러면서 그는 백성들이 얼마나 어렵게 사는지를 직접 보았다. 화려한 제국과 무적함대의 뒤에 있는 백성들이 얼마나 가난하고 고통받고 사는지를 직접 겪어보았던 것이었다. 그러던 중 경리 결산이 잘못되어 감옥에 갇히게 되었다. 그는 감옥에서 얼마나 억울하고 힘들었겠는가? 그가 걱정한 백성의 모습이 바로 자신이었다. 그는 옥중에서 그의 허망한 마음을 글을 통해 표현하기 시작했다. 그것이 바로 돈키호테였다.

돈키호테는 원래 가난한 시골 귀족이며 그 본명은 알론소 끼하노Alonso Quijino이다. 귀족 출신이지만, 체격도 외소하고 가난하여 그는 기사가 될 수 없는 평범한 양민이고 결혼도 못 한 독신이었다. 그런데 그는 기사소설에 빠지기 시작하여 더디어 자신을 돈키호테Don Quijote라는 기사로 칭하면서 세상을 불의로부터 구원하려는 정의의 사도로 길을 나서게 되었다. 그러나 그는 과대망상이었고 모든 것이 허구였다. 자신이 만든 세상에서 정의의 기사로 맹렬하게 싸우며 정의를 구현하려고 하였다.

그에게 동조하는 사람들이 있었지만, 그들은 그를 조롱하기 위해 맞추어 주는 것이었다. 그것도 모르고 그는 망상 속에서 계속 투쟁하였지만, 결과는 처절한 실패와 세상의 조롱이었다. 하나의 웃음거리였다. 요즈음으로 말하면 몸 개그를 하는 개그맨이고 사람들은 이를 보고 망신을 주면서 더 재미를 느꼈던 것이었다. 우울하고 재미없는 세상을 한바탕 웃게 해주는 그런 기사였다. 그러나 그는 아주 진지하고 심각하였다.

이런 그의 모습이 더 우스꽝스러웠다. 그는 정의보다 사람들을 즐겁게 해주는 사람이었다.

그런데 그를 따르는 한 사람이 있었는데 그가 곧 산초Sancho Panza였다. 그는 글도 모르고 키도 작고 뚱뚱한 가난한 농부였다. 그가 처음 돈키호테를 따르는 것은 그의 생각에 동의하여 주인의 뜻을 이루기 위해 동조한 것은 아니었다. 그는 정의 같은 데는 관심도 없었다. 살길도 막연하고 돈키호테가 자기같이 놀림을 받는 것이 불쌍해 보이기도 해서 그냥 동행한 것이었다. 돈키호테가 그에게 나중에 총독 자리를 줄 것이라고 꼬였지만, 이를 믿어서도 아니었다.

세르반테스는 이 두 사람을 통해 말하고 싶은 것이 분명히 있었을 것이다. 돈키호테는 당시 스페인의 모습이었다. 돈키호테의 병은 과대망상과 피해망상이었다. 도저히 기사나 정의의 사도가 될만한 자격과 능력이 준비되지 않았다. 그는 책을 읽고 상상과 환상 속에서만 기사였다. 가상과 망상의 기사였다. 현실의 기반이 없었다. 그리고 세상을 싸워야 하는 대상으로만 대하였다. 특히 그는 풍차를 거인으로 보고 무모하게 풍차와 싸웠다. 피해망상이 아주 심했다. 이는 바로 스페인의 모습이었다.

간신히 통일한 스페인이 갑자기 유럽과 세상을 정복하고 구원하는 기사로 착각하고 모든 분쟁에 개입하고 정의를 실현하려고 하였다. 바로 카를로스 5세와 펠리페 2세의 모습이 돈키호테였다. 이는 분명 과대망상이고 피해망상이었다. 스페인 백성은 그 뒤를 따라다니느라 많이 고생했다. 많은 군인이 희생되었고 나라의 재정은 더욱 어려워졌다. 스페인의 백성이 바로 산초였다. 무식하고 가난하여 어쩔 수 없이 과대망상

◆◇ 마드리드에 있는 돈키호테, 산초와 세르반데스의 동상. 돈키호테는 세르반데스가 경험한 스페인의 모습이고 상징이기도 하다. 돈키호테가 과대망상을 과대망상으로 극복한 것처럼 스페인도 그들의 초현실적 병을 초현실로 극복하고 있다.

의 황제를 따라다니면서 고생하는 산초가 바로 스페인 백성이었다. 그는 감옥에서 고생하면서 이러한 현실을 바로 보게 되었고 이를 풍자하기 위해 이를 쓴 것이었다. 겉은 희극이지만 현실은 너무도 참담하고 비참한 비극이었다. 늘 스페인 문학은 이러한 중첩적인 성격이 강하였다.

스페인이 이렇게 된 것은 합스부르크 황제들이 들어와서 갑자기 그렇게 된 것은 아니었다. 그 이전 국토회복과 기독교 왕국의 통일에서부터 돈키호테적인 병리가 있었다. 이에 대해서는 앞서 스페인의 역사를 다루면서 자세히 설명하였다.

이사벨 여왕부터 이러한 병리가 시작되었다. 그녀도 겉은 국토회복과 기독교 왕국의 완성이라는 이상을 내세웠지만, 그 속에는 돈키호테처럼 피해망상과 과대망상이 더 큰 무의식적 동력이었다. 그리고 그녀는 이를 돈키호테 식으로 일사불란하게 밀어붙였다. 그녀는 기독교라는 이상을 실현하기 위해 현실에 도움이 되는 이슬람과 유대인을 모두 몰아내었다. 이런 비현실적인 판단 역시 돈키호테를 닮았다. 다른 종교에 대한 피해망상과 자신들만으로 할 수 있다는 과대망상이 그러한 결단을 하게 만든 것이었다. 이는 돈키호테가 풍차를 괴물인 것처럼 착각하여 부수려는 것과 같았다. 그리고 신대륙에서도 종교망상으로 원주민들을 무자비하게 살육하고 착취하였다.

이사벨 여왕은 이것도 불안하여 자식들을 모두 해외 왕실과 결혼하게 했다. 그녀의 피해망상이고 과대망상의 결과였다. 이 결과로 나온 망상 환자가 바로 그녀의 딸 후안나와 손자 카를로스 5세와 증손자 펠리페 2세였다. 이사벨은 스페인의 기독교 왕국으로 통일하려고 하였지만, 이들은 유럽을 그렇게 하려고 하였다. 이 모든 것이 돈키호테적이었다. 그들의 뿌리가 되는 신성로마제국이란 자체도 사실 돈키호테적 발상이었다.

세르반테스는 처음에는 이 이상과 정의에 동조하여 레판토 해전에 참여하였지만, 모든 것이 허구이고 망상이라는 것을 깨달았다. 그는 바로 산초였고 스페인이 산초 역할을 한 것이었다. 망상 환자를 쫓아다니느라고 죽을 고생만 하고 남은 것이 없다는 것을 뒤늦게 깨닫고, 그는 이를 고발하기 위해 희극적인 돈키호테를 쓰게 된 것이었다.

스페인을 살리는 길을 돈키호테에서 찾다
✦

그러나 돈키호테가 불후의 명작이 된 것은 현실을 고발하는 것으로 끝내지 않고 이를 승화시키는 길을 열어주었다는 것이다. 돈키호테가 우리에게 감동을 주는 것은 그의 우스꽝스러운 개그나 망상 때문이 아니다. 이는 잠깐 즐기는 유머이기도 하고 슬픔이다. 이 책이 성경 다음으로 많은 감동을 준 것은 그 바보 같은 행동 속에 있는 순수함과 용기였다. 그리고 처음에는 어쩔 수 없이 끌려다닌 산초가 드디어 돈키호테의 순수한 정신을 이어받아 그가 제2의 돈키호테가 된 것이었다. 이를 통해 역사 속에서 수많은 돈키호테와 산초를 생산하였다.

　돈키호테가 비현실적인 망상 환자이기는 하지만, 이러한 병리적인 면만으로 끝나지 않는다. 망상으로 현실과 싸우면서 현실에 굴하지 않고 끝까지 이상을 추구하는 믿음과 용기를 높이 사기 때문에 우리는 더 큰 감동을 받는다. 물론 그는 나중에 그의 한계와 무력함을 인정하고 더 이상 돈키호테를 포기하고 원래 자신인 키하노로 돌아갔다. 그러나 그는 실패하지 않았다. 그의 제자 한 사람을 찾은 것이었다. 그가 바로 산초였다. 그리고 마치 예수가 남긴 12명의 제자가 로마의 박해를 이겨내고 기독교를 세계적 종교로 만든 것처럼, 돈키호테의 제자들도 세계와 역사의 현실과 싸우며 정의와 이상을 실현해가고 있었다. 그들은 어떠한 종교와 조직도 없이 이를 추구하며 발전해왔다. 그 방식도 돈키호테 식이었다. 돈키호테는 바로 이 불굴의 정신을 우리에게 남긴 것이었다. 그리고 돈키호테는 스페인에게도 이 정신을 남겼다.

　그 정신은 무엇이었을까? 물론 이 정신을 찾고 실현한다는 것은 돈키호테처럼 밀어붙인다고 되는 일은 아니다. 그렇게 단순하지 않은 것이다. 이 세상에는 정의를 외치고 이를 위해 싸우는 많은 사람이 있다. 모두가 정의와 이상을 내세운다. 그러나 정의를 내세운다고 정의가 되는 것은 아니다. 정의가 자신의 방어와 욕심인 경우가 많기 때문이다. 정의가 때로는 포장되어 그 속에 오히려 불의와 불법이 숨어있는 경우가 적지 않다. 역사적으로 보면 이런 경우가 많았다.

스페인 기독교의 정의가 그러했다. 스페인에서 정의라는 이름으로 수많은 사람을 죽이고 불법을 행했다. 그래서 돈키호테가 내세운 정의도 허구였고 망상이었다. 그런데 이러한 허구적 망상을 깨고 부수는 것도 정상적인 생각과 행동으로는 불가능하였다. 망상은 현실과 합리적인 논리로는 변화될 수 없다. 망상의 정의 자체가 그렇다. 어떠한 논리로도 그 망상을 이길 수 없는 것이다. 망상을 이길 수 있는 것은 더 강한 망상밖에 없다. 폭발적인 망상만이 보통의 망상을 이길 수 있는 것이다. 좀비를 이길 수 있는 것은 더 강력한 좀비밖에 없다는 논리이다.

그래서 돈키호테의 망상을 부술 수 있는 것은 더 강력한 돈키호테의 출현이다. 정상적이고 상식적인 판단으로 그 누가 돈키호테를 이길 수 있을 것인가? 새로운 돈키호테가 나타나야 과거의 돈키호테를 이길 수 있다. 망상은 망상만으로 부술 수 있다. 그러한 데서 스페인의 망상을 치유하기 위해서는 바로 돈키호테의 망상과 행동이 다시 필요한 것이다. 그런 뜻에서 돈키호테는 스페인의 병리를 진단만 하고 끝나는 것이 아니라 그 병을 치료하는 힘이 된다.

현실을 무시하는 망상을 이길 수 있는 길은 현실을 뛰어넘는 '초현실'인 것이다. 스페인의 초현실은 병리의 결과이지만, 이를 치유하는 길도 결국 초현실이었다. 그래서 이 책의 서두에 '초현실'을 스페인의 주제로 내세운 것이었다. 초현실은 사실 돈키호테와 맥락을 같이 한다. 초현실 스페인의 원조는 돈키호테였다. 여기서는 이 정도로만 이야기하고 더 자세한 이야기는 계속 이어질 것이다. 이 책의 중요한 주제가 초현실이기 때문에 이 이야기는 계속될 것이다.

18~19세기 스페인 문학
✦

이 시기의 스페인과 유럽은 아주 대조적이었다. 유럽은 엄청나게 발전해가는 시기였던 반면, 스페인은 해가 저물어가는 시절이었다. 저무는 정도가 아니라 아주 바닥으로 가라앉는 비참한 시절이었다. 정치적으로도 혼돈과 갈등의 시기였다. 이런 가운데서 문학은 계속되었다. 18세기는 계몽주의와 프랑스 혁명의 시대였다. 그리고 정치적으로 스페인은 허구적인 합스부르크의 지배가 끝나고 실용적인 부르봉 왕가가 지배할 때였다. 카를로스 3세 같은 계몽 군주가 등장하며 많은 개혁을 단행하였다. 그리고 계몽주의 문학과 사상이 많이 유입되었고 일부 낭만주의의 경향을 보이는 신고전주의 작품들도 번역되었다.

스페인은 자신들의 문제를 잘 알고 있었다. 과거 방식으로 살아서는 안 되고 계몽주의적 개혁이 필요하다는 것에 동의하지만, 개혁을 행동으로 쉽게 옮기지 못했다. 그들은 자신의 것이 문제가 있다고 해서 이를 금방 버리지 못한다. 그들의 고집과 관성 때문에, 갑작스러운 변화를 두려워한다. 서서히 변하기를 원하는 것이다. 겉으로 보면 그들은 새로운 환경에 쉽게 적응하고 순응하는 것 같지만, 겉으로 그러는 척할 뿐, 자기의 것을 쉽게 버리지 않는다. 아주 묘한 부분이다. 자신의 정체성이 없이 떠도는 것 같지만 그 속에는 아주 고집스러운 것이 있다. 바람에 불려 가볍게 날아다니는 것 같이 보이지만, 그 속에는 자신들의 묵직한 무언가가 있다. 그래서 그들은 과거 바로크적이고 사실주의와 민족주의적인 경향을 버리지 않고 계몽주의를 조금 병용하는 정도로 이 시기를 보냈다. 자기 색깔을 그대로 두고 약간 유럽의 유행을 받아들이는 정도였다.

프랑스 혁명이라는 격랑의 시대를 맞아 유럽은 감정이 주체로 등장하는 낭만주의 시대로 넘어가고 있었지만, 그들은 그러지 못했다. 그들은 속에 많은 감정이 있었지만, 워낙 억압 속에 살아왔기 때문에 이를 표현하는 것이 서툴렀다. 그들 방식으로 표현하였다. 그들 방식이란 감정을 그대로 표현하기보다는 모호하고 중첩적인 방식으로 표현하는 것이었다. 그들은 한쪽으로 쉽게 치우치지 않는다. 자신의 전통이 문제가 있더라도, 이를 고수하면서 새로운 경향을 입히는 절묘한 방식으로 표현하는 것이었다. 자유와 보수를 같이 안으면서 그 속에 쌓여있는 감정을 바로크적으로 풀어갔다.

그리고 자신을 추상과 상상의 세계로 자유롭게 풀어놓지 못하였다. 그들은 보이는 사실과 자연에 매여 있었다. 그들에게는 현실의 삶과 자연이 소중한 대상이었다. 그렇다고 그들 속에 감정이나 상상의 세계가 없다는 뜻은 아니다. 그들 깊이 너무도 풍성하게 자리하고 있지만, 전통적 종교와 권위에 너무도 눌려 살았기 때문에 이를 표현하는 것이 쉽지 않았던 것이었다. 그러나 그들은 참을 만큼 참다가 어떠한 한계에 도달하게 되면 한꺼번에 폭발하는 경향이 있었다. 유럽은 이미 18세기 말에 프랑스 혁명으로 폭발하고 19세기 초부터 낭만주의 시대로 넘어가고 있었는데, 스페인은 19세기 초부터 서서히 폭발하기 시작하였다.

문학과 예술도 폭발적이었다. 그 앞장을 선 것이 98세대였다. 그들은 늘 유럽의 사조에 뒤처져 있었는데, 세기 말부터는 갑자기 월반하더니 오히려 유럽을 앞서 버렸다. 그들은 모더니즘과 초현실주의로 유럽을 이성이 아닌 초현실이라는 새로운 세계로 이끌었다. 물론 이러한 문예사조는 파리를 중심으로 발전되었다. 그런데 파리에서 이러한 운동의 핵심적인 사람들은 스페인 출신이었다. 이에 대해서는 미술과 영화 부분에서 다시 자세히 다룰 것이다. 지금은 문학을 중심으로 다루고 있기에 98세대를 중심으로 그들의 문학과 사상을 분석하려고 한다. 이처럼 그들은 조용하든지 폭발하든지 한 것이었다. 자기가 없는 것처럼 살다가 너무도 분명하게 자기를 들어내는 방식이었다. 이처럼 그들은 극단적이고 초현실적이었다.

20세기 스페인 문학과 사상

✦

18세기까지는 프랑스가 그런대로 강력하였기에 스페인의 부르봉 왕가도 프랑스를 업고 강력한 절대군주제로 스페인을 통치하였다. 그러나 18세기 말부터 시작된 프랑스 시민혁명과 나폴레옹의 등장으로 프랑스가 혼란을 거듭하자 스페인의 부르봉 왕가도 흔들리기 시작했다. 그러면서 그동안 억압되어 있던 스페인 민중의 민족주의 정신이 깨어나기 시작했다. 그래서 19세기 초부터 스페인은 혼란에 빠지게 되었다. 처음에는 프랑스에 대한 민족주의적 저항으로 시작되었다가 점점 절대군주에 대한 저항으로 발전되었다. 유럽의 시민혁명과 계몽주의의 영향으로 자유주의자와 공화주의자들이 많이 생기면서 그들이 힘을 모아 카디스 헌법을 제정하고 선포했다. 그리고 점차 억압된 감정들이 폭발되면서 자유주의와 절대군주제가 갈등하고 내전 상태에까지 이르게 되었다.

유럽은 19세기가 여러 가지 면에서 가장 발전하였다. 무엇보다 산업혁명과 과학의 발전으로 산업과 경제가 급속도로 발전하였다. 그리고 각국의 정치도 어떠한 방식이든 안정을 찾아 국가가 발전하고 있었다. 그러나 스페인의 19세기는 그야말로 혼란의 시대였다. 과거 제국의 막연한 영광의 기억이 있을 뿐, 현실은 형편없이 추락하고 있었다. 모두가 알고 있었지만, 서로 인정하기가 싫었다. 그런데 이제는 누구도 인정하지 않을 수 없는 사건이 터지고 말았다. 제국의 상징이라고 볼 수 있는 작은 식민지마저도 독립하고 무력하게 물러서는 사건이 터진 것이었다. 1898년 미국과 전쟁에서 패함으로 마지막 식민지인 쿠바를 잃고, 필리핀과 괌을 미국에게 넘겨주었다. 이로써 과거 영광의 스페인이 사라졌다는 것을 모두가 인정하게 되었다. 그리고 이 일이 마침 세기말과도 겹쳐 스페인은 종말의 재앙을 맞은 것처럼 비통에 빠졌다.

그러나 98년을 종말이 아니라 과거는 죽고 새롭게 태어나는 날로 삼으려는 지식인들이 일어났는데, 이들을 98세대라고 하였다. 98세대의 작가들의 주요 관심사는 스페인의 민족적 정체성이었다. 그동안 스페인인 정체성을 찾지 못함으로 이렇게 몰락하였다고 생각하였기 때문에 이를 깊이 성찰하였다. 이러한 문제는 이 책의 주제이기도 하기에 나중에 더욱 자세히 다룰 것이다. 98세대는 주로 스페인의 암담한 현실 문제를 해결할 수 있는 길을 정체성과 정신적인 개혁에서 찾으려고 하였다. 이러한 분석과 개혁을 위해서는 문학과 함께 철학과 사상적인 연구가 필요했다.

스페인은 그동안 유럽의 계몽주의나 낭만주의에 소극적으로 반응하였다. 그들은 전통적인 스페인 문학을 고수해왔다. 사실주의, 자연주의와 바로크 문학으로 자신들을 억압하며 버티어 왔다. 그러나 그들이 터지기 시작했다. 그들의 문학도 더 이상 과거의 문학에 머물 수 없었다. 그들의 억압된 정서와 마음이 폭발한 것이었다. 그들은 놀랍게도 사실주의와 낭만주의를 넘어서 모더니즘으로 도약하였다. 모더니즘은 프랑스에서 먼저 시작되었지만, 늘 유럽의 사조에 둔감하였던 중남미와 스페인에서 더 적극적으로 발전하였다.

모더니즘은 조각과 같이 형태적 완벽성과 객관성을 추구하는 고답파와 신비와 상징을 추구하는 상징주의, 원시적 자연을 추구하는 심미주의 등의 영향으로 발전된 사조였다. 모더니즘은 우아하고 섬세한 아름다움을 추구하면서 깊고 섬세한 내면세계를 조명하였다. 중남미의 루베 다리오 Ruben Dario(1867~1916)가 모더니즘의 선두주자로 많은 스페인 작가들에게 영향을 미쳤다. 스페인의 모더니즘 작가로는 마누엘 마차도 Manuel Machado(1874~1947) 후안 라몬 히메네스 Juan Ramon Jimenez(1881~1958) 등이 있었다.

98세대의 작가들

✦

98세대 작가 중에서 가장 중심에 있으면 영향력이 있었던 작가는 바로 미겔 데 우나무노Miguel de Unamuno(1864~1939)이다. 그는 스페인의 문제에 깊이 고민하였다. 왜 이렇게 되었으며 이를 어떻게 풀어나갈 것인가에 대해 고민한 것이었다. 우선 잘못된 정치를 개혁하기 위해 그는 정치투쟁을 하였다. 그러나 이러한 정치투쟁의 한계를 인정하고 정치활동보다는 국민을 깨우는 작가로 활동하였다. 무엇보다도 스페인의 가장 큰 문제는 대부분 사람이 자기를 모르고 일상의 삶에 매몰되어 살아가는 것이라 생각하여 그들을 깨우는 일을 했다.

거짓된 일상의 평화를 흔들어 자신 속의 진정한 스페인의 정체성을 찾으려 하였다. 그는 스페인 전국을 돌며 그 땅을 사랑하였다. 비록 스페인이 비참하게 몰락하였지만, 자신이 스페인 사람이라는 것을 부끄러워하지 않았다. 그는 스페인이 유럽화되기보다는 유럽이 스페인화되어야 한다고 주장할 정도로 스페인을 자랑스럽게 생각하며 자부심을 가지고 있었다.

그는 구체적으로 스페인의 무엇에 대해 자부심을 가졌을까? 단순한 국수주의로 스페인을 사랑한 것은 아니다. 스페인은 분명 외적인 역사로 보면 유럽에 비해 초라하였다. 그러나 그는 보이는 역사만을 보지 않았다. 그는 역사 속에 내재적 역사가 있다고 보았고 스페인의 희망은 바로 이 스페인만의 내재적인 힘을 찾는 것이라고 했다. 이는 마치 생명현상을 움직이는 생명을 찾는 것과도 같은 것이었다. 그는 북쪽의 빌바

♦◇ 우나무노의 고향인 빌바오에 있는 우나무노 광장. 1898년 스페인의 비참한 몰락으로 모두가 절망하고 있었을 때, 그는 스페인 땅을 돌며 스페인의 위대한 내재적 정체성과 힘을 찾아 이를 외쳤다. wikipedia

오 출신이다. 스페인이 위기에 있을 때마다 북쪽에서 알 수 없는 신비한 힘이 움직여 나라를 구원한 경험이 여러 번 있었다. 그래서 북스페인은 신비와 영성의 고향이었다. 스페인의 모성이 자리 잡고 있는 곳이기도 하였다.

스페인의 북쪽은 태고의 조상들이 살았던 알타미라 동굴이 발견된 곳이고, 그들의 모성인 기독교가 시작된 야고보의 무덤이 있는 곳이다. 끝까지 로마제국과 이슬람에 끝까지 굴하지 않고 저항한 곳과 800년을 견디며 기독교 정신을 지킨 곳도 북쪽의 스페인이었다. 그리고 이 힘을 받아 카스티야로부터 국토회복이 시작되었다. 스페인의 전성기 때 깊은 신비주의 영성이 발달한 곳도 카스티야였고 어떠한 현실에서도 굴하지 않는 돈키호테와 산초의 뜨겁고 순수한 정신이 존재한 곳도 이곳이었다. 그는 이 땅에서 이러한 깊은 생명과 영성의 힘이 흐르고 있음을 발견하고 이를 외친 것이었다.

비록 현실은 참담하지만, 그는 너무 현실에 매몰되지 말고 '뼈와 살을 가진 인간'으로서 이러한 현실적 실존과 담대하게 직면하여 이 영원한 생명의 힘을 만나 일어설 수 있다고 한 것이었다. 그는 종교적인 기독교는 떠났지만, 스페인 속에 깊이 흐르는 깊은 기독교 영성의 힘은 인정하였다. 이성적으로는 절망이더라도 뜨거운 심장과 감정으로 실존을 극복하자고 한 것이었다. 이것이 그가 찾은 스페인의 깊은 정체성이었다.

그다음 98세대 작가로는 아소린 Asorin(1873~1967)이 있었다. 그의 삶도 우나무노와 비슷하였다. 그도 스페인의 내재적 역사를 강조하며 스페인 속에 흐르는 본질의 힘을 찾으려고 하였다. 그는 과거 이달고와 신비주의 작가들에서 이를 찾으려고 하였고 또 스페인의 땅과 풍경에서 자신과 스페인의 영혼을 찾으려고 하였다. 그리고 그들의 하찮은 것들에게 이러한 영혼과 생명을 불어넣는 '다시 살리기' revivir라는 작업을 하였다. 그다음 작가로 피오 바로하 Pio Baroja(1872~1956)가 있었다. 그는 현실에 대해서는 무정부주의와 회의주의자였지만, 절망하지 않고 스페인을 환상으로 포장하지 않고 정확하고 사실적으로 적나라하게 표현하였다. 이 길이 스페인을 살리는 길이라고 생각하며 행동한 것이었다.

마지막으로 안토니오 마차도 Antonio Machado(1875~1939)가 있는데, 그는 앞서 소개한 바 있는 마누엘 마차도의 동생이다. 그러나 사상적으로는 서로 다른 길을 갔다. 그도 다른 작가처럼 스페인의 드러난 모습을 적나라하게 묘사하였다. 그는 스페인이 과거에는 지배자였지만, 지금은 '누더기를 걸친 나라'에 불과하다고 절규하였다. 그러나 그도 다른 98세대의 작가처럼 이러한 스페인에 절망하지 않고 그 버려진 땅에서 스페인의 영혼을 만나며 그 땅의 회복을 갈구하였다. 이처럼 98세대의 작가들은 모두 스페인의 현실에 고통하였지만, 절망하지 않고 그 속에 흐르는 스페인의 내재하는 힘을 찾으려고 고뇌하였다. 그들이 소망한 대로 스페인은 고통의 시절을 견디고 다시 일어설 수 있었다

1900년과 27세대
✦

그리고 98세대에 속하지는 않지만, 98세대의 영향을 받아 27세대로 연결시켜 준 1900년 세대 작가들이 있었다. 대표적인 철학자이자 작가로서 오로테가 이 가세트 Jose Ortega y Gasset(1883~1956)가 있다. 그는 작가이지만, 스페인과 독일에서 철학을 공부하였다. 그는 스페인에서 가장 영향력 있는 사상가였다. 그 역시 위기에 있는 스페인을 고민하며 스페인이 가야 할 길을 가장 깊이 고뇌한 사상가였다. 그는 스페인을 '척추가 없이 허물거리는 존재'로 표현하였다. 한마디로 정체성이 없이 흘러가는 대로 버려진 나라라는 뜻이었다. 그는 무엇보다도 스페인의 정체성을 찾는데 깊은 관심을 가지고 탐구하였다. 그는 초기에는 독일의 관념 철학의 영향을 받아 스페인의 가장 큰 문제로써 사상적인 결핍을 내세웠다. 스페인 사람의 문제는 너무 감각과 인상에 의존하여 반응하는 점이라고 하였다. 스페인은 주관적이고 감정적인 개인주의가 팽대하여 문제에 관

해 객관적이고 심층적인 사고를 하지 못해 나라가 이처럼 위기에 빠진 것으로 분석하였다.

그래서 스페인식의 자기 찾기보다는 서구의 합리주의적 사고가 더 시급하다고 하였다. 그는 우회적으로 우나무노와 같은 스페인 순혈주의식의 자기 찾기를 반대하였다. 그러나 그는 그의 사상이 성숙해지면서 그의 관점에도 변화를 가져왔다. 서구의 합리주의를 통해 일으킨 근대성에 많은 문제가 드러나는 것을 보면서 그의 사상에도 변화가 왔던 것이었다. 다양한 주관적인 인식, 환경과 관점을 인정하면서 이를 포용하고 수용하는 방향으로 간 것이었다. 그래서 스페인 고유성과 독자성에 대해서도 인정하기 시작했다. 그리고 그의 말기의 사상은 이성에서 생명으로 옮겨갔다. 인간의 궁극적 실재는 이성이 아니고 생명으로 본 것이었다. 그래서 독자적인 이성보다 생명에서 나오는 이성을 주창하였고 그는 이를 '생기적 이성'ratio-vitalismo이라고 하였다.

그는 처음에는 라틴 혹은 스페인식과 게르만식 사고를 이분법적으로 구별하는 데서 그의 사상을 시작하였지만, 점차 이를 통합하는 방향으로 갔다. 그래서 그는 어느 한쪽에 몰입하지 않고 생명 안에서 상호 보완하고 통합하는 새로운 인식과 이성을 찾아가야 한다고 하였다. 이를 바로 생기적 이성이라고 한 것이었다. 생명은 통합적인 존재이기 때문에 기능적으로 나누어질 수 없는 것이다. 스페인 정치에 대한 그의 견해도 독특하였다. 당시 스페인은 전체주의와 공화주의가 분열되어 심각한 내전 상태에 있었다. 그리고 말기에는 프랑코의 파쇼정권이 들어섰다. 그는 어떠한 편에도 서지 않았다. 모두를 비판하였다.

♦◇ 가세트는 현대 스페인의 가장 영향력이 있는 철학자이고 작가이다. 그는 스페인의 몰락을 정체성의 부재로 보고 스페인의 정체성을 찾기 위해 한평생 연구하였다. 그는 유럽의 이성만으로는 스페인에 적합하지 않고 스페인 고유의 '생기적 이성'을 통해 정체성을 찾을 수 있다고 주장하였다. 이는 이 책의 방향과도 일치한다. universolorca.com

그는 스페인의 병은 '창조적 소수가 부족하고 우매한 대중이 너무 많은 것'이라고 꼬집었다. 그는 뛰어난 소수가 대중과 적절한 상호작용을 하면서 정치가 발전할 수 있다고 주장하였다. 그의 이러한 엘리트 정치론은 파시스트로부터도 공격을 받았고, 대중을 무시한다고 하여 공화주의자들로부터도 심한 반발을 샀다. 그래서 그의 말기 정치적 여정은 좌절로 끝나고 말았다. 그들이 말하는 군주제도 반대했고 그들이 주장한 공화정도 반대하였다. 상호 통합되어 발전하는 새로운 정치를 주장하였는데, 그가 죽은 다음 이루어진 의회군주제가 바로 그것이었는지 모른다. 그러나 그가 말한 소수의 엘리트가 나타나지 못하니 의회군주제도 병들어 갔다. 그의 사상은 너무 이상주의적이었을까? 그가 말한 생명에 대해 집중한다면 전혀 불가능한 이상은 아니라고 생각한다. 앞으로 이에 대해서도 다시 심층적으로 분석해보려고 한다.

스페인의 27세대는 1927년에 스페인 황금 세기의 시인 루이스 데 공고라 Luise de Gongora 의 사망 300주년을 추모하는 모임에 참석한 시인들을 중심으로 형성되었다. 그들은 비슷한 나이의 시인들로서 친밀한 유대감을 가지고 있었고 추구하는 면에서 여러 공통분모가 있었다. 그리고 그들이 자연스럽게 현대 스페인 문학을 이끌었다. 그들은 주로 모더니즘, 전위주의와 초현실주의 등을 추구하였지만, 유럽의 방향과 일치하기보다는 자신들의 길로서 가고 있었다.

그들은 전위문학을 추구하였지만, 다른 유럽에서처럼 세대 간에 완전한 단절을 선포한 것은 아니었다. 그들은 스페인답게 전통을 소중히 여기면서 그들만의 새로움을 추구하였다. 98세대의 우나무노와 안토니오 마차도를 존경하였고 모더니즘의 선구자인 루벤 다리오와 후안 라몬 히메네스를 스승으로 받아들이고 바로 앞 세대인 가세트가 제시한 미학을 추종하였다. 그래서 그들은 전통의 단절이 아닌, 전통과 개혁을 새로운 방식으로 결합하는 조화의 길을 찾았다.

그리고 그들은 시의 순수한 예술성을 더 깊이 추구하였고 인간의 원초적 감정인 사랑, 영원성, 존재와 불안 등을 주요한 시의 모티브로 삼았다. 그리고 그들은 자신들의 고통스러운 현실을 회피하지 않고 이를 시에 포함하여 사회참여를 강조하였다. 이러한 점들이 다른 유럽의 현대문학의 사조와 다른 27세대들의 특징이었다. 이러한 그들만의 문학은 그들의 심층적인 배경에서 나온다고 볼 수 있다. 이에 대해서는 뒤에서 스페인의 모더니즘과 초현실주의 문학에서 다시 언급할 것이다.

스페인의 분파 현상

✦

유럽은 16세기 이후부터 중세의 억압을 벗어나며 근대를 향해 발전해가고 있었다. 그러나 스페인은 유럽과 반대의 길을 가고 있었다. 더 억압적인 중세로 가고 있었다. 그들은 16~17세기부터 시작된 왕정 정치와 종교적 억압은 18~19세기의 부르봉 왕가의 강력한 절대군주제로 인해 더 심해졌다. 그러나 억압에 익숙한 그들도 억압이 한계에 도달하면 폭발하지 않을 수 없었다. 그들도 민족주의를 중심으로 나폴레옹 군에 저항하기 시작함으로 폭발이 시작되었다. 민족주의에는 스페인이라는 중심이 있었다. 그러나 이 폭발이 더 강해지면서 개인의 자유를 주장하는 개인주의와 무정부주의로까지 발전하였다. 모든 과거의 것을 거부하고 해체하는 과격한 집단도 발생하였다. 이러한 요구가 강해질수록 과거의 기득권을 지키려고 하는 세력도 강해질 수밖에 없었다. 그래서 보수와 자유의 이분법적 대립이 심해졌고 19세기부터 시작하여 20세기 초반까지 이르면서 혼돈과 갈등은 더욱 가열되었다.

　스페인은 항상 하나가 되지 못하고 반 토막으로 살아왔다. 15세기의 스페인의 국토회복은 사실상 반 토막 통일이었다. 겉은 위대한 제국이었지만 속은 병들어 갔다. 온전한 자기를 잃어버린 반쪽의 스페인으로 버텨야 했다. 그러다가 19세기 겨우 민족주의라는 하나의 정체성이 형성되려는 찰나에 다시 스페인은 둘로 나누어지고 말았다. 반 토막으로 분열되는 병이 다시 도진 것이었다. 이는 우리나라와 유사하다. 우리나라는 유일한 분단국가에다 작은 남한에서도 늘 나누어져 싸웠다. 이런 양극적 분파성은 조선 시대부터 계속된 민족적인 병이다. 우리나라의 이러한 분파성에 대해서는 저자의 또 다른 저서인 '한국인의 아픔과 힘'에서 심층적으로 분석한 바 있다.

그렇다면 스페인은 어떻게 이러한 분파성이 발생하게 되었을까? 이에 대해 간단히 분석해보려고 한다. 스페인은 그동안 뚜렷한 자기가 없이 살아왔다. 그들은 하나의 응집된 집단으로 살지 못했다. 늘 외부 세력이 들어와서 같이 살든지 지배하든지 하며 자기가 주체 되는 삶을 살지 못했다. 그리고 외부의 타자가 자기인 것처럼 살았다. 외부 지배자가 바뀔 때마다 자기가 바뀌는 그러한 스페인이었다.

그렇다고 스페인이 아무런 정체성이 없는 나라는 결코 아니었다. 그 속에 깊은 심층의 자기가 있었다. 이를 초월적 자기 혹은 내자기라고 했다. 북쪽의 스페인에 이러한 내자기가 있었다고 하였다. 그런데 이 자기는 심하게 억압되어 평소에는 잘 느끼지 못하기에 자기가 없이 사는 것처럼 보였다. 그러나 억압이 심해지면 내적 자기가 꿈틀거리고 올라오기 시작한다.

그들은 로마와 서고트의 시대를 지나며 기독교가 그들의 정체성이 되었다. 처음에는 기독교 타자의 종교였지만, 오랜 시간을 지나며 그들의 내자기와 연결되며 그들의 뿌리가 되었다. 이슬람이 처음 지배하기 시작했을 때는 이러한 기독교의 정체성이 뚜렷하지는 않았다. 그러나 이슬람이 자신들을 공격하면서 기독교는 자신의 정체성으로 자리 잡기 시작한 것이었다. 이 정체성의 힘으로 800년간의 이슬람에서 자신들을 지키는 동시에 결국 이베리아 반도를 기독교로 회복하는 기적을 이루기도 했다. 놀라운 정체성의 힘이었다. 이는 마치 가세트가 말한 생명 안에서 하나가 되어가는 생기적 이성의 통합과정과도 같은 것이었다. 그런데 이러한 통일이 반쪽이 되고 말았을까? 그 속에 무슨 병이 있어 그렇게 된 것이었을까?

분파성의 정신역동

✦

이를 위해서는 당시 여왕이었던 이사벨의 정신을 분석해볼 필요가 있다. 앞서 그녀의 불안한 마음에 관해 설명한 바 있지만, 좀 더 자세히 그녀의 정신 역동을 살펴보려고 한다. 그녀의 어머니는 포르투갈의 공주로 스페인의 왕과 결혼하여 이사벨과 남동생을 낳았다. 그런데 먼저 다른 왕후가 낳은 아들인 엔리케 4세가 있었다. 어머니 이사벨은 엔리케가 왕이 되도록 도왔지만, 왕이 된 후 아들로부터 추방당했다. 그 배신감으로 어머니는 정신병을 앓게 되었다. 그래서 그녀는 자신을 보호해줄 모성을 잃게 된 것이었다.

그런데 자기를 대신 보호해줄 이복 오빠인 엔리케 4세는 믿을 수 없는 사람이었다. 어머니를 추방했고 자신과 동생도 언제 해칠지 모르는 그런 이복 오빠였다. 그 불안감 때문에 아라곤 왕자와 몰래 결혼하였고 그 이후 왕권을 강화하기 위해 두 국가가 연합하였다. 이것으로도 불안하여 그녀는 그 이후 기독교의 이름으로 국토를 통일하고 강력한 기독교의 권위로 통치하였다. 그리고 자녀들을 유럽의 왕족들과 결혼시켜 결국 합스부르크 왕가가 스페인에 들어오는 길을 열었다.

그녀는 자신을 지키려고 한 어머니를 모성으로써 이상화하였고 반대로 자신을 해치려고 한 이복 오빠를 적대시하였다. 이처럼 그녀의 마음은 분리splitting되어 있었다. 자신의 것을 이상화하는 반면 외부의 적에 대해서는 지나치게 경계하고 대적하였다. 통합하지 못하고 항상 아군과 적군의 이분법으로 세상을 보게 된 것이다. 그래서 그녀는 기독교를 자신의 모성으로 이상화하였고 반대로 기독교가 아닌 세력에 대해서는 적대감과 경계심을 품은 것이었다. 그래서 그들이 실제적으로는 도움이 되는 것을 알면서도 그들을 추방하며 자신의 반쪽을 잘라낸 것이었다. 이 모든 것이 그녀의 분리된 마음에서 시작된 것이었다.

그리고 또 하나의 심층적 역동성은 이상화한 기독교의 문제이다. 원래 기독교는 스페인의 뿌리에서 나온 것이었다. 그러나 그녀의 기독교는 스페인의 기독교라기보다는 중세기 교황청의 기독교였다. 그녀의 불안을 무력만으로 방어하기 어려워 종교의 힘까지 동원하였다. 그리고 무서운 종교 재판소까지 도입하였다. 그래서 기독교가 다시 로마제국과 같은 타자의 기독교가 되었다. 기독교가 이상화되면서 역시 근본주의적인 기독교로서 이분법적 교리를 내세운 것이었다. 자신을 기독교로 이상화하면서 이와 반대되는 것을 수용하지 못하고 억압하고 학대하는 이분법으로 가게 된 것이었다. 그래서 유대인과 이슬람을 박해하고 추방하였다. 이는 사도바울이 바울이 되기 전에 열성 유대 당원으로 예수를 믿는 자를 핍박하기 위해 다메섹Damascus으로 달려간 정신 역동과 유사하다.

첫 번의 정신 역동은 이사벨 여왕의 것이라면 두 번째 것은 스페인의 정신 역동이었다. 그렇지만 첫 번의 역동도 스페인의 것이기도 했다. 스페인은 고유의 자기를 모성적인 것으로 이상화하지만, 늘 외세의 위협에서 오는 불안 속에서 살았다. 현실에서 적응하기 위해 겉으로는 수용적이고 융합적인 삶을 사는 것 같았지만, 속으로는 강한 이분법적 감정과 사고가 있었다는 것이다. 그래서 평소에는 그들의 마음을 억압하고 살기에 이러한 감정이 잘 드러나지 않지만, 더욱 심하게 억압을 당하게 되면 더 이상 참지 못하고 눌려있던 무의식이 드러나면서 강한 이분법적 분리현상이 나타난다.

그래서 19세기부터 억압이 풀리면서 강력한 이분법적 분열이 나오게 되었다. 인간의 이분법적 사고는 사실 병적인 것은 아니다. 뇌의 기능이 바로 이분법적 선악의 사고와 판단을 주로 하기 때문이다. 뇌는 생명체가 생존하는데 가장 중요한 계산과 판단을 하는 기관이다. 대상이 자신에게 도움이 되는지 해가 되는지를 빨리 계산하여 이에 대비하도록 하는 것이 뇌의 가장 중요한 기능이다. 그래서 자기에게 도움이 되면 이를 선(좋은 것)으로 취하고, 반대로 해를 주는 것이면 이를 악(나쁜 것)으로 피하든지 공격한다. 그래서 뇌는 항상 이분법적인 판단을 한다. 그래서 이분법은 인간의 생존에 아주 중요하고 유익한 것이다.

그러나 이분법이 문제가 되는 것은 지나친 감정이 개입되는 경우이다. 이 감정은 이상화와 억압의 강도와 비례하여 생긴다. 선을 지나치게 이상화하는 만큼 악을 지나치게 경멸하고 혐오한다. 그 대표적인 예가 나치가 자신의 민족을 이상화하고 유대인을 혐오한 것이다. 이것이 심해지면 전쟁과 학살로까지 갈 수 있다. 스페인도 이상화와 억압이 강하였기에 이러한 적대 감정이 개입된 것이었다. 그래서 그들은 극심한 내전으로 가서 서로를 잔혹하게 죽이고 파괴하였다. 우리나라도 이분법으로 조선 시대에 얼마나 많은 사람이 죽었고 한국 전쟁 때에도 동족끼리 잔혹한 학살을 하기도 했다. 주자학과 이념을 지나치게 이상화하면서 발생한 이분법의 병폐였다.

모더니즘과 초현실주의 문학
✦

힘을 모으고 열심히 살아도 쉽지 않은 스페인이 매번 서로 싸우며 서로를 죽이고 사니 스페인이 어떻게 발전할 수 있을 것인가? 이것은 누가 보아도 잘못된 현상이라는 것을 안다. 그렇다고 과거처럼 절대왕정이나 전체주의 독재로 갈 수도 없다. 이러지도 저러지도 못하는 것이 스페인이다. 그러한 정체성의 혼돈과 아픔 가운데 있는 스페인에게 98세대의 작가들은 새로운 정체성을 찾는 길을 모색하며 외쳤다. 성숙한 통합을 갈구하지만, 아직 요원하기만 하였다. 이러할 때 보통 사람들은 어떻게 할까? 대개 어떻게 되겠지 하며 자포자기하거나 우선 자기가 먹고살기가 바쁘니 삶과 일상으로 도피해버린다. 나라가 어떻게 되든 우선 자기와 자기 가족이 먹고살아야 하니 일상이 중요한 것이었다.

물론 모두가 죽게 되면 힘을 합쳐 강하게 저항하지만, 그렇지 않으면 대개는 이러한 삶으로 가버린다. 스페인은 넓은 땅이 있고 바다가 3면에 펼쳐있다. 그리고 유럽처럼 바로 옆에 적이 있는 것이 아니니, 늘 위협을 느끼는 것도 아니다. 거기에다 늘 온화한 지중해 기후라 그렇게 조급할 필요도 없다. 그리고 아무리 힘들어도 낮잠을 꼭 자야 하는 여유로운 일상이 있다. 우리나라는 지척에 휴전선이 있고 금방이라도 쳐들어올 것 같은 북한군과 김정은이 있는데, 스페인은 그런 급박한 위협이 있는 것도 아니었다.

그래서 그들은 개인주의가 강하고 현실주의가 강하다. 그리고 집단의 문제로 고민하기보다는 일상과 현실로 회피하는 경향이 강하다. 이것도 결국 하나의 억압이고 회피의 방어기제이다. 가세트는 이러한 스페인 국민정신에 대해 개탄한 바 있지만, 도리가 없으니 이렇게라도 살아야지, 이를 누가 뭐라 하겠는가? 이러한 성향이 스페인 문학에도 영향을 주고 있다. 그러나 이러한 일상으로 여유롭게 지내는 것 같지만, 이는 방어와 도피이기에 그들 속에 있는 불안과 분노가 다 숨겨질 수는 없었다.

그렇다면 그들의 불안과 분노가 어떻게 표출되고 있을까? 억압할 수 있는 한 숨겨지겠지만, 그 한계를 넘게 되면 어떤 식으로든 표출된다. 많은 경우 반대의 성향으로 표출되기도 한다. 열정적인 축제에 빠지거나 투우 혹은 플라멩코 등에 몰입할 수도 있다. 그리고 문학이나 희극 그리고 바로크적인 표현으로 표현되기도 한다. 이는 비교적 역설적이거나 반동형성reaction formation적이다. 그러나 이것만으로 충분하지 않을 때는 더 해체적인 방법으로 나타날 수 있다.

너무 억압이 심하게 되면 현실을 부정하는 식의 해체적이고 초현실적인 것을 추구하는 것이다. 이것이 성격으로 나타나는 것이 지나친 낙관주의이다. 현실에 대해 아무런 준비도 하지 않고 그냥 되는 대로 살아가려는 자연주의적인 낙관주의가 그런 경우이다. 발전하는 것을 원하지도 않고 그냥 베짱이처럼 있는 그대로 즐기면서 사는 삶이다. 그 누구도 이를 구속하지 못하게 하는 것이다. 종교도 조직과 직장도 도덕도 무시하고 자유롭게 살아가는 것이다. 한편으로 보면 자포자기 혹은 회의주의라고도 볼 수 있지만, 나름 하나의 철학으로 자리 잡으며 인생을 즐기며 사는 것으로 볼 수도 있다.

이것이 정치적으로 심화되면 극단적인 개인주의나 무정부주의로 간다. 누구도 개인을 간섭하고 규제할 수 없다는 것이다. 구속과 통제를 거부하며 자유와 자율만을 추구하는 것이다. 이것이 문학적으로 발전된 것이 모더니즘이다. 그리고 이것이 심화되면 초현실주의로 가기도 한다. 스페인의 모더니즘과 초현실주의는 유럽의 것과 다소 다르다. 대부분 스페인은 유럽의 문예사조를 적극적으로 수용하지 않았다. 자기 나름의 사조로 가는 경향이 있었다. 문예사조가 가장 앞서가는 나라가 프랑스이고 파리였다. 그런데 프랑스와 가장 가까운 나라가 스페인인데, 피레네산맥 때문인지, 사조의 유입이 가장 늦었다. 어떻게 보면 유럽을 거의 무시하며 자기 방식대로 흘러가는 것이 스페인이었다.

그럼에도 불구하고 모더니즘과 초현실주의의 현대사조는 그렇지 않았다. 오히려 프랑스보다 앞서가는 경향이 있었다. 그것은 스페인이 현대사조를 빠르게 유입하고 적응하였다고 보기보다는 그들 속에서 스스로 나온 것이었다. 그들의 자유분방한 성격에서 이미 시작되고 있었던 것이었다. 그런데 프랑스는 이를 사조로 만들고 이론화하였다. 그러나 스페인은 이러한 이론을 별로 좋아하지 않는다. 그냥 자신들의 감각과 감성으로 이 길을 가는 것이었다. 프랑스보다 어떤 면에서는 더 깊게 본질적으로 들어가는 순수성과 예술성을 볼 수 있다. 그리고 이러한 그들의 문학은 신비주의와 신비 문학과도 연결되고 있다.

 그들의 모더니즘과 초현실주의는 심한 억압에서 표출된 해체적인 폭발로써 이해할 수도 있지만, 그들의 이분법적 분파 현상을 허물려는 강력한 돈키호테적 초현실일 수도 있다. 돈키호테가 병리와 치유의 이중적 중첩이 있는 것처럼 그들의 모더니즘과 초현실주의도 억압되어 있던 병리적 폭발일 수 있지만, 그 속에 굳어진 스페인의 분파적 망상과 병리를 허무는 치유적 해체주의일 수도 있는 것이다. 이처럼 그들의 현상은 신비롭고 초현실적이다. 이러한 모더니즘과 초현실주의는 미술에서 더욱 두드러지게 나타나기에 미술 편에서 다시 다루려고 한다.

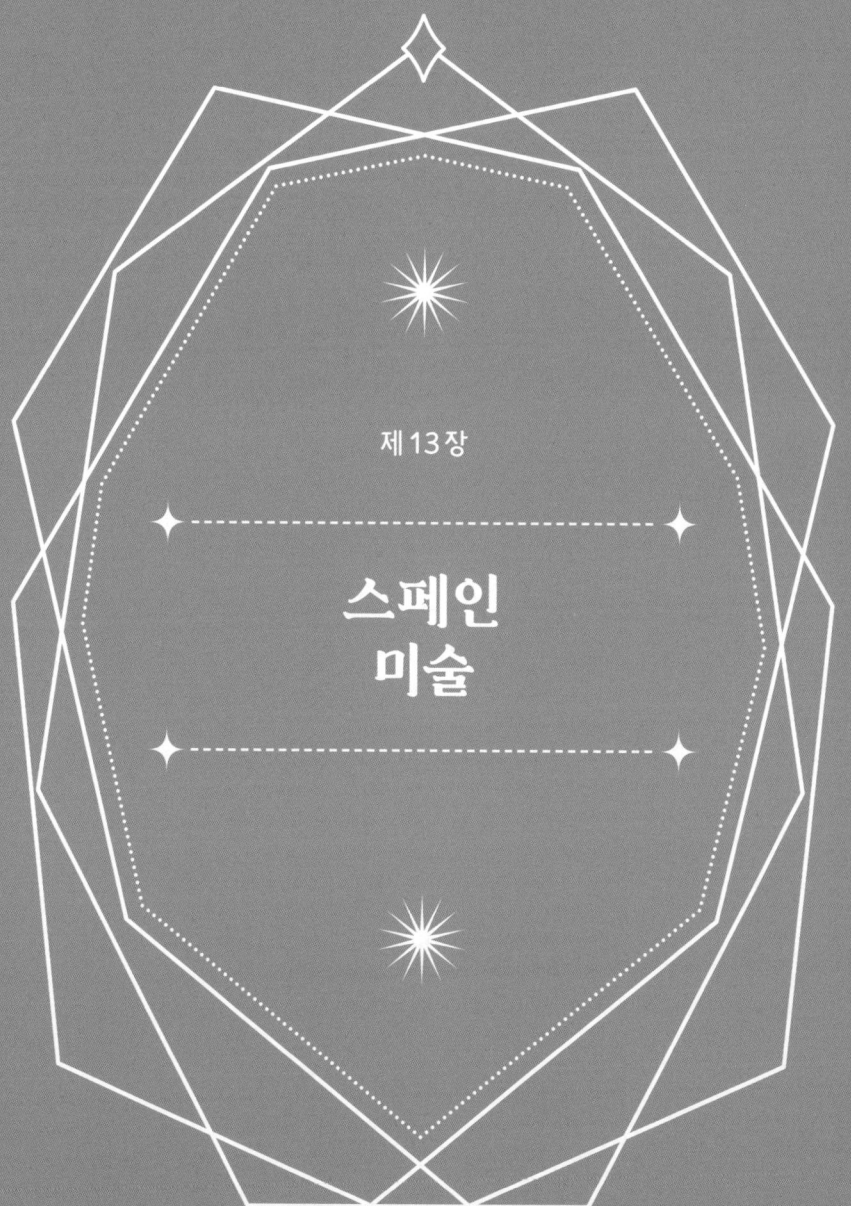

제13장

스페인
미술

스페인 미술의 특징

✦

 스페인은 근대에 들어서 유럽에 비하면 모든 것이 늦었다. 그렇다고 유럽의 뒤를 그대로 따라가지는 않았다. 항상 고집스럽게 자기의 길을 갔다. 그래서 발전이 느리고 답답하기도 했지만, 이런 고집이 그들만의 순수성과 창의적인 깊이를 보여주기도 했다. 이를 앞서 정치와 문학에서 살펴보았다. 미술에서도 비슷한 현상이 일어났었다. 그들의 미술 역시 유럽에 비하여 늦게 발전하였지만, 자기의 길을 가면서 더 깊은 예술의 경지를 보여주며 오히려 유럽의 미술을 선도하기도 했다. 이처럼 그들은 자신들만의 독특한 길을 간 것이었다.

 스페인보다 미술에서 시대별로 앞선 나라는 이탈리아, 네덜란드, 프랑스 등이었다. 스페인은 선진미술을 받아들였지만, 그대로 모방한 것은 아니었다. 자기의 것으로 용해하여 그들의 것으로 만들었다. 스페인이라는 땅에 가면 무엇이든지 스페인화 된다. 스페인이라는 큰 용광로에서 새로운 것으로 만들어지는 것이었다. 그것이 스페인만의 멋과 아름다움일 수도 있고, 어둠일 수도 있고 저항과 반발일 수도 있다. 그리고 감각적이고 도발적일 수도 있다. 더 발전되면 무질서와 해체일 수도 있다. 그리고 그 속에는 그들만이 이야기와 고집이 숨겨져 있기도 하다. 그래서 그들의 그림은 단순하지 않다. 하나의 그림에 많은 것들이 숨어있고 중첩적이다. 이것이 더욱 폭발하여 입체주의와 초현실주의가 되기도 한다. 이제 이러한 그들의 그림을 스페인이 자랑하는 화가들을 중심으로 설명해보려고 한다. 그리고 이러한 모습에 대한 심층적인 배경도 같이 찾아보려고 한다.

16세기 엘 그레코

✦

엘 그레코 El Greco(1541~1614)는 그의 이름에서 말해주듯, 과거 그리스 영토인 크레타 섬 출신이다. 크레타 섬에서 비잔틴 영향의 그림을 그리다가 24세에 이탈리아 베네치아와 로마로 가서 르네상스 대가들의 화풍을 배웠다. 그러나 대가들의 그림을 모방하는 매너리즘에 머물지 않고 이를 조금씩 파괴하며 자신의 그림을 그리기 시작하였다. 그러나 대가들을 우상시하던 이탈리아의 분위기에서 이러한 시도는 배척받을 수밖에 없었다. 그래서 그는 어쩔 수 없이 34세에 미술로는 한 수 아래인 스페인으로 건너오게 되었다.

그러나 다른 면에서는 스페인 제국이 세계최강의 국가로 떠오르고 있었다. 당시 왕은 무적함대로 유명한 펠리페 2세였다. 그는 궁중 화가를 기대했지만, 그의 애매한 화풍 때문에 펠리페 2세가 그를 궁중화가로 두기를 거절하였다. 그래서 그는 당시 수도인 톨레도의 한 수도원에서 화가로 활동하였다. 나중에 수도가 마드리드로 옮겨갔지만, 그는 계속

◆◇ 엘 그레코의 '톨레도의 전경'(1598-99). 당시 전통적인 풍경화를 전혀 따르지 않고 자신만의 형태와 색채로 그림을 그렸다. 현대의 표현주의, 상징주의, 인상주의에서 초현실주의의 흔적까지도 볼 수 있는 그림이다.

톨레도에서 살았다. 과거 톨레도는 개방적인 도시였으나 당시에는 가장 종교적이고 폐쇄적인 도시였다. 그는 개성이 강한 예술인이었기에 이러한 억압적인 분위기에서 계속 그림을 그리는 것이 무척 곤혹스러웠다. 그러나 이마저도 그만두고 갈 곳이 없었기 때문에 어쩔 수 없이 적응하며 살아야 했다.

그러나 이러한 억압적인 스페인의 분위기가 그의 그림을 더욱 그의 그림답게 만들었다. 이것이 그의 그림 속에 있는 스페인적인 것이었다. 억압에 길들어져 있지만, 억압에 순응하기만 하는 것이 스페인이 아니었다. 원래 엘 그레코는 자신의 개성을 추구하는 성향이 강했는데, 이러한 억압적인 분위기가 그의 개성을 더욱 강하게 만들었다. 그는 어쩔 수

없이 종교화와 초상화를 주문받아 그렸지만, 자기만의 화풍으로 그렸다. 그래서 주문한 사람들이 불만이 많았지만, 당시 그만큼 그림을 그리는 화가가 없었기에 그의 그림을 받아들였다. 그러나 그의 그림은 분명 시대를 앞서고 있었다.

당시 그림은 대부분 이탈리아 르네상스 대가들의 화풍을 따라 하는 매너리즘이었다. 물론 그도 이탈리아에서 그림을 배운 만큼 매너리즘에 속하였지만, 매너리즘에 머물지 않고 자신만의 색채와 형태를 도입하였다. 인체의 길이와 형태도 특이하였고 색채도 일반적이지 않았다. 특별히 강렬한 발광체 같은 색과 터치를 사용하여 더욱 역동적이고 극적인 이미지를 연출했다. 그리고 인물을 객관적으로 그리는 것이 아니라, 내면의 심리와 깊은 영혼을 주관적으로 표현하기도 했다. 그래서 현대 미술에서나 사용되는 다양한 기법들이 시도되었다. 그의 그림에는 300년 후에나 나온 상징과 인상의 표현주의와 초현실주의 같은 성향을 보여 현대 작가들에 많은 영감을 주기도 했다.

이러한 현대성은 억압과 폐쇄적인 분위기에서 자신을 찾으려는 그의 열망에서 나온 것으로 보아야 한다. 이것이 곧 스페인의 모습이기도 했다. 그도 억압적인 스페인에서 살아남으면서 스페인화 되어갔다고 볼 수 있고, 그도 스페인에게 이러한 영향을 주었다고 볼 수 있다. 그리고 그의 억압된 것을 승화시키고 해소하는 또 다른 스페인의 길이 있었는데, 그것이 바로 신비주의였다. 당시 스페인에는 신비주의 영성가로 널리 알려진 아빌라의 테레사(1515~1582)와 십자가의 성요한(1542~1591)의 영향으로 신비주의가 성행하고 있었다.

아빌라는 톨레도에서 그렇게 멀지 않은 곳에 있었기에 분명, 엘 그레코도 적지 않은 영향을 받았을 것으로 짐작된다. 그래서 그의 후기 작품에는 이러한 신비주의 성향이 강하게 나타났다. 그의 억압된 감정과 예술성을 승화시켜 표현하기에는 신비주의만큼 좋은 것은 없었을 것이다. 이러한 신비주의 경향 때문에 그의 작품에는 현대적인 요소가 더욱 강하게 나타났다. 신비주의는 현실을 뛰어넘는 것이기에 표현주의나 초현실주의와도 통한다. 그래서 그의 후기 작품에는 신비주의와 함께 현대적 경향이 더욱 두드러지게 나타났다. 이러한 점 때문에 피카소가 그의 작품에서 영감을 받았을 것으로 생각된다.

이러한 신비주의는 스페인이 초현실의 나라일 수밖에 없는 또 다른 이유가 될 수 있다. 스페인 제국이 세상의 중심이 되기 위해 전쟁 준비에 열을 올리고 또 큰 왕궁을 짓고 있었기에 이로 인한 일반 백성의 고초와 억압은 이루 말할 수 없이 컸을 것이다. 이러한 억압과 고통을 해소하는데 신비주의만큼 좋은 것도 없었다. 이는 억압이 고통이 심했던 스페인만의 독특한 현상은 아니었다. 신비주의에는 현실을 벗어나 새로운 세계로 도피하거나 그 속에서 초월적 자기를 찾아 현실을 극복하게 하는 힘이 있다. 스페인이 고통의 현실을 초현실로 극복하는 신비한 나라가 될 수 있었던 것도 이러한 영향을 무시할 수 없을 것이다.

17세기의 벨라스케스
✦

벨라스케스가 활동하던 17세기는 스페인의 위대한 제국이 서서히 붕괴하기 시작할 때이다. 그래서 과거만큼 절대적인 권위와 억압은 조금 느슨해졌기에 예술적 영역은 좀 더 자유로워질 수 있었다. 스페인이 과거보다는 힘들었지만, 그래도 귀족과 왕실은 여전히 부유하고 풍족한 삶을 누리고 있었다. 그래서 17세기를 예술적인 면에서 황금세기로 부른다. 유럽의 미술도 르네상스와 르네상스의 천재들을 답습하던 매너리즘을 벗어나 독자적인 바로크 시대로 접어들었다.

바로크 미술의 선두주자는 네덜란드였다. 벨라스케스Diego Rodriguez de Silva y Velazquez(1599~1660)는 펠리페 4세의 궁정화가로 활동하였다. 그도 바로크 화풍을 따랐지만, 역시 스페인 화가답게 그만의 독특한 세계를 추구하였다. 바로크의 그림은 빛의 효과를 통해 그림을 새롭게 구성하였다. 그래서 그림이 빛의 이야기로 살아날 수 있었다. 네덜란드의 바로크 화가들은 이를 통해 분명하고 강렬한 그들의 이야기를 전달하였다.

그러나 벨라스케스는 달랐다. 그도 빛으로 이야기하고 있었지만, 다른 화가들과는 다른 관점으로 접근하였다. 그의 그림은 빛의 이야기가 분명하고 강력하기보다는 모호하고 다중적이었다. 이렇게도 볼 수도 있고 저렇게도 볼 수 있는 다양하고 중첩적인 이야기를 하려고 하였다. 이러한 성향은 현대 미술이 지향하는 바였기 때문에 그의 그림은 피카소와 달리와 같은 스페인의 후배 작가에게 적지 않은 영향을 주었다. 이러한 특성은 엘 그레코에서 나타났었기 때문에 이를 스페인 미술의 특징으로 볼 수 있을 것이다. 그리고 앞으로 이러한 성향이 후배 스페인 작가들에게 어떻게 발전적으로 전개되고 있는지를 살펴볼 것이다. 그리고 그 심층적인 배경에 대해서도 분석해볼 것이다.

그러기 위해서는 우선 벨라스케스의 작품을 먼저 분석해보자. 그의 가장 대표적인 작품인 〈시녀들〉를 통해 이를 살펴보려고 한다. 이 작품은 언뜻 보면 자연스럽고 평범한 궁정의 모습을 담은 그림처럼 보인다. 보통은 궁정의 그림은 궁정의 주인인 왕이나 직계가족이 중심이 된다. 그러나 이 그림은 제목부터가 '시녀'이다. 그러나 이 제목도 사실 여러 번 바뀌었다고 한다. 그림은 다양한 사람이 다양한 모습으로 나타난다. 그림의 전면에 나오는 인물은 공주인지, 귀족인지 소녀가 등장하고 그 옆에 시중드는 시녀 2명과 2명의 어릿광대와 개가 있어 공주가 주인공인 것 같기도 하고 다른 모두가 다 주인공인 것 같기도 하다.

그러나 그 외의 인물들이 있다. 그림을 그리고 있는 벨라스케스 자신도 있고 가장 중요한 것은 거울에 있는 부부이다. 이들은 펠리페 4세와 왕비이다. 그렇다면 그림의 장면이 주제라기보다는 자신이 왕의 부부를 그리고 있는 것이 더 중심이 될 수도 있다. 아무리 왕권이 약화되었다 해도, 왕의 부부를 희미한 거울 이미지로 남겨둔다는 것은 불경스러운 일이다.

왜? 왕 부부를 중심에 안 내세우고 거울 이미지로 남겼을까? 아니면 그림을 그리는 자신이 주인공일까? 아니면 그 누구도 아니고 그들을 멀리서 보고 있는 또 다른 인물이 실권을 가진 주인공일까? 무슨 추리 소설을 쓰는 것처럼 복잡한 이야기가 나온다. 이에 대한 많은 이야기가 있다. 이런 복잡한 이야기가 바로 이 그림이 추구하는 중첩적인 여운이고 공명이다. 이것이야말로 현대 미술이 추구하는 입체적, 초현실적 내용이다. 그래서 피카소와 달리가 이 그림을 그렇게 좋아하였다.

거울을 통해 본 자기

✦

이것만으로도 이 그림의 현대성은 충분히 이해할 수 있다. 그런데 이 그림을 스페인의 정체성과 연관시켜보면 더 흥미로운 사실을 관찰할 수 있다. 벨라스케스는 그림 안에 거울을 도입함으로 그림의 다중성과 신비성을 가중시켰다. 거울은 그의 다른 그림 〈거울을 보는 비너스〉에도 나온다. 그래서 벨라스케스 거울의 의미를 분석하는 많은 이야기와 이론들이 있다. 이 글에서는 '거울과 자기'라는 정체성의 관점에서 스페인을 생각해보려고 한다.

우선 거울을 은밀한 것을 몰래 들여다보는 관음觀淫적인 측면으로 설명하는 경우가 있는데 벨라스케스 경우에는 해당되는 것 같지는 않다. 그는 그림에 모든 것을 다 노출하는 편이지 은밀한 것을 숨겨놓지는 않았다. 당시 궁궐에는 숨겨놓을 만큼 은밀하고도 신비로운 것이 없었다. 그렇다고 그는 모든 것을 명확하게 노출하지는 않았다. 그의 그림은 전체적으로 모호하고 중첩적이었다. 이러한 맥락에서 그의 거울을 이해해야 할 것이다. 다른 것은 명확한데 거울에서만 모호하게 무언가를 숨겨놓은 것이 아니라는 것이다. 그렇지만 모든 것이 모호하다는 뜻은 아니다. 그는 앞서 그림에서도 언급하였지만, 특별히 주체성에 대해 고민하였다. 그래서 이와 연관해서 거울의 의미를 생각해보려고 한다.

거울의 여러 의미가 있지만, 정신분석에서 거울은 이러한 주체성과 깊은 연관성이 있다. 그것은 주체인 자기가 대상이라는 거울을 통해 형성되기 때문이다. 내재적인 자기가 있지만, 자기를 볼 수 있는 거울 즉 대상이 있어야 자기를 볼 수 있다. 이는 몸의 자기인 면역계에서 그대로 일어난다. 내재적인 자기의 유전자가 있지만, 외부대상인 항원이 있어야 자기인 항체가 형성되기 때문이다. 그래서 항원은 항체의 거울이 된다. 대상이 없이는 자기가 누구인지 모른다는 것이다. 아이는 어머니가 반응해주는 대로 자기를 알아간다. 어머니가 적절하게 잘 반응해주면 자기는 좋은 자기로 인식되고 자기에게 적절하게 반응해주지 못하면 자기는 나쁜 자기로 인식된다. 어머니가 아이의 첫 거울이 되는 것이다.

벨라스케스는 어떻게 주체성에 관해 관심을 가지게 되었을까? 아마도 그가 이 그림을 그릴 당시의 스페인 왕궁의 모습 때문이었을 것이다. 스페인은 펠리페 3세 때부터 기울기 시작하여 그다음 왕인 펠리페 4세 때 제국의 몰락이 절정에 이르렀다. 바로 이때 벨라스케스가 궁정화가로 있었다. 그 속에 있으면서 왕실의 혼돈과 몰락을 그대로 피부로 느꼈을 것이다.

이미 펠리페 3세 때부터 왕실의 실세는 재상들에게 돌아갔고 그들의 부패와 실정을 엄청났지만, 왕은 호화스럽고 문란한 성생활에만 몰입해 있었다. 펠리페 4세가 가장 심했다. 그가 얼마나 성적으로 문란했는지 사생아를 30명이나 낳았다고 한다. 그리고 합스부르크 왕가가 30년 전쟁에서 패하여, 엄청난 전쟁배상금을 물고 또 영토까지 상실하였다. 스페인의 속국이었던 네덜란드도 독립하였다. 그리고 스페인 내부에서 여기저기에서 반란이 일어났고 누구도 이러한 혼란과 실정에 대한 책임을 지는 주체가 없었다. 이에 대해서 벨라스케스는 과연 누가 이 땅의 주인인가? 아무도 책임지지 않고 힘없는 백성들만 고통당하는 것을 보며 그는 주인 없는 스페인을 통탄하였을 것이다. 그런 뜻에서 그는 그림을 통해 왕실의 주인이 누구인지 묻고 싶었을 것이다.

스페인 주체에 대한 질문
✦

왕실은 개가 주인인가? 개판인가? 아니면 광대가 주인인가? 왕은 희미한 거울에만 있고 멀리서 재상이 왕실을 살피고 있고 이런 고민을 하는 사람들도 없는 나라와 왕실이다. 그런데 그림에 나타난 벨라스케스의 표정과 복장이 예사롭지 않다. 그의 표정은 스페인과 왕실을 걱정하듯 수심에 가득 차있다. 무엇보다도 가장 인상적인 것은 그의 옷에 있는 문양이다. 이는 '산티아고 기사단'의 십자가이다. 그는 1659년 산티아고 기사단에 입단하였다. 산티아고 기사단은 스페인의 가장 영예스럽고 전통적인 기사단이다.

산티아고는 스페인 기독교의 고향이고 근원이다. 영성의 고향이고 그 신앙심으로 이슬람으로부터 기독교 왕국을 지켜내었고 드디어 이슬람을 물리치고 국토회복까지 할 수 있었다. 그 중심에 이 기사단이 있었고 이는 스페인 정신과 영성의 근원이었다. 그는 이 기사단의 옷을 입고 그들을 보고 있었다. 스페인의 주인과 정체성은 바로 이 십자가였다. 그는 이 옷을 입고 왕실을 보고 있었던 것이었다. 곧 그가 주인이었고 그 가슴 속에 있는 산티아고의 정신과 영성이 스페인의 주인이고 정체성이라는 것을 외치고 싶었던 것이었다.

그리고 이 그림은 이러한 스페인 왕실의 실상을 고발하는 것으로 끝

♦◇ 벨라스케스의 대표적 작품인 '시녀'(1656). 평범한 화폭에 수많은 내용을 중첩적이고 입체적으로 담아 피카소가 입체주의를 발전시키는 데에도 영향을 주었다.

나지 않고 스페인의 정체성에 대한 질문을 동시에 던지는 것이었다. 여기서 진정한 거울을 의미를 찾아볼 수 있다. 스페인 역사에는 무수한 대상 즉 타자들의 거울이 있었다. 켈트, 이베로, 그리스, 페니키아, 카르타고, 로마, 서고트, 이슬람, 기독교, 유대인, 신성로마제국의 합스부르크 왕가와 프랑스의 부르봉 왕가까지 수많은 이방인이 자기가 주인인 것처럼 스페인에 살았었다. 수많은 민족이 거쳐 갔는데, 과연 그 땅의 주인은 누구인가를 묻지 않을 수 없었다.

　모든 거울상이 나인가? 그 대상들이 모두 스페인인가? 이는 우리가 살아가면서 세상에서 적응하면서 어쩔 수 없이 요구되는 수많은 대상을 모방하면서 만들어가는 우리의 인격과도 같다. 부모가, 학교에서, 친구 관계에서, 직장에서, 가정에서 요구되는 인격을 만들어가면서 나는 과연 누구인가 묻는 것과 같다. 각기 다른 나의 모습을 보면서 과연 나는 누구인가를 묻는 것이다. 이것이 정체성의 혼돈이다.

　스페인은 진정 누구인가? 처음부터 내려온 누구인가가 없이 그때그때 밖에서 유입되어 온 모든 사람이 스페인인가? 내부적으로 스페인이라고 말할 수 있는 본토박이가 정말 있는 것인가? 그들은 웬만하면 모두를 스페인으로 저항 없이 받아들였다. 그들의 개방성과 포용성은 대단하다. 그러나 한편으로 보면 줏대가 없거나 자기가 없는 나라로도 볼 수 있을지 모른다. 이러한 질문을 스페인을 진지하게 고민해본 사람이라면 질문해볼 수 있을 것이다. 벨라스케스는 산티아고 기사단에 가입할 정도로 스페인의 정체성에 관심이 깊은 사람이기에 당연히 이러한 질문을 해보았을 것이고 그러한 질문에 대한 나름의 답을 이 그림에 남기고 있는지 모른다.

　산티아고 기사단만이 스페인의 주인일까? 아니면 개와 어릿광대까지 모두가 주인일까? 그 못쓸 왕도, 시녀와 나쁜 재상도 스페인의 주인이 될 수 있을까? 과거의 역사 속의 모두가 스페인의 주인이 될 수 있을까? 하는 질문과도 같은 것이다. 이 책은 이러한 스페인의 주체와 정체성을 찾아보기 위해 긴 여정을 지나고 있다.

입체주의와 초현실주의가 시작되다
✦

어떻게 보면 스페인은 뒤죽박죽이다. 이해가 안 되는 것들이 그대로 다 드러나는 것이 스페인이고 그들의 역사이다. 도저히 하나가 될 수 없는 모순적이고 양극적인 것들이 공존하고 또 싸우면서 같이 살아가는 것이 스페인이다. 그러나 스페인은 겉으로는 조용하다. 아름답다. 아무 일이 없는 것처럼 평온하고 여유롭다. 이는 스페인을 여행하는 사람들이 늘 느끼는 감정이다. 그러나 조금만 들어가 보면 스페인은 이처럼 복잡하고 혼돈되고 도저히 같이 있을 수 없는 것들이 모순적으로 중첩되어 있다. 이것이 스페인이고 그들의 초현실인 것이다.

바로 이 그림이 스페인의 모습을 보여주고 있다고 생각한다. 이 그림은 언뜻 보면 평화스럽고 자연스럽고 재미있어 보인다. 신비롭기도 하다. 공주, 시녀, 광대와 개가 평화롭게 있고 왕도 있지만, 가장 중요한 왕은 거울에 숨어있어 무척 흥미롭다. 그러나 조금 들어가서 보면 정말 끔찍하다. 누가 주인인가? 라는 질문을 해보면 혼돈스럽다. 아무도 책임을 지지 않는 나라이다. 개판인 나라이다. 그러나 평화스럽고 재미있는 광대와 축제의 나라이기에 문제가 없어 보인다. 이것이 스페인이라는 것을 벨라스케스는 자신의 그림을 통해 표현해본 것이었다. 물론 우리는 그가 정말 그러한 의도를 가지고 그렸는지 무의식적으로 그렇게 표현하였는지는 알 수 없다.

　이 단순한 그림에서 이렇게 많은 의미와 느낌들을 포함할 수 있다는 것은 그의 그림이 얼마나 입체적이고, 또 그의 인상을 깊이 드러내면서 초현실적인 내용을 담고 있는가를 볼 수 있을 것이다. 그래서 현대 작가들이 가장 좋아하고 깊은 영감을 주는 그림이 되었다. 그의 그림에는 이러한 무수한 모순적인 내용이 중첩되어 나타나고 있다. 이 중첩성이 바로 스페인의 성격과 인격이기도 하다. 하나의 정체성이 아니라 무엇이라고 말할 수 없는 중첩적이고 수많은 대상과 타자를 수용하며 이 모두가 아우르는 것이 스페인이라고 볼 수 있다.

　자신과 거울의 대상관계의 관계는 정체성이란 끊임없는 나의 대상관계의 역동에서 오는 것이라는 뜻이기도 하다. 면역학의 항체가 이미 결정되어있는 것이 아니라 끊임없는 대상의 항원과 자기의 반응에서 생산되듯이 자기도 결정되어 있기보다는, 본래의 자기와 대상이 주고받는 관계에서 형성되는 것이다. 이것이 진정한 거울이론의 의미이다. 그런 뜻에서 스페인의 정체성이란 결정되어 있기보다는 자기와 외부대상의 관계에서 형성된다고 보아야 할 것이다.

　벨라스케스의 그림에서도 그림의 주체가 결정되어 있기보다는 그림을 감상하는 사람을 포함해서 그림에 있는 모든 대상이 상호 관계에서 역동적으로 형성된다고 볼 수 있을 것이다. 그래서 그의 그림은 더욱 중첩적 의미를 내포하게 된다. 스페인에서는 이러한 모든 복잡성의 관계가 그들의 실존이고 존재가 된다.

18세기 후반과 19세기 초의 고야

✦

스페인은 16세기에 전성기를 누리다가 17세기부터 붕괴의 조짐을 보였지만 아직 겉으로는 전성기였다. 그러나 스페인 제국이 18세기로 접어들며 본격적으로 쇠퇴하다가, 고야 Francisco Jose de Goya(1746~1828)가 활약한 18세기 후반에는 밑바닥으로 몰락하였다. 왕족과 정치는 무능하고 부패하였고 세상은 너무도 참담하고 암울하였다. 이러한 시대를 산 고야였다. 그도 시대와 같이 파란만장한 삶을 살았다. 그의 그림에는 이러한 시대가 어떻게 반영되었을까? 그 속에 있는 고야와 스페인을 찾아보려고 한다.

고야는 또 다른 스페인의 모습이었다. 고야는 평범한 가정 출신이었다. 그는 화가로서 능력을 인정받아 당시 화가로서 가장 성공하는 길인 궁정화가가 되고 싶었다. 그는 이를 위해 엄청나게 노력하여 드디어 궁정화가가 되었다. 이는 스페인의 한 모습이기도 하다. 스페인은 어렵고 가난했지만, 귀족과 왕족은 여전히 화려하고 풍요로웠다. 그래서 그들의 인정을 받으면 출세가 보장되기에 모두 다 이 길을 염원하였다. 그러나 한편으로는 모두가 귀족과 왕족을 혐오하였다. 그러나 모두에게 세상에 대한 욕망이 있다 보니 한편으로는 그들과 잘 지내고 싶은 이중성이 있는 것이었다. 고야도 그런 사람이었다. 한편으로는 그들을 혐오했지만, 한편으로는 화가로 출세하고 싶은 욕망에 그들의 비위를 맞추며 살아야 했다. 이러한 이중성이 곧 스페인의 모습이었고 고야였다.

그래서 그는 꿈을 이루었지만, 그렇게 행복하지 않았다. 거기에다 결

♦◇ 고야의 '아들을 삼키는 사투르누스'(1820~1823). 그가 질병에 시달리던 말년의 어둡고 살벌한 '검은 그림'의 대표작이다. 그는 더욱 사실주의적이고 표현주의와 초현실주의적인 그림을 통해 그가 느낀 삶과 권력에 대한 환멸, 인간의 광기와 악의 본능 등을 표현하려고 하였다.

혼 후, 자녀들이 계속 죽었고 그도 당시 스페인에 유행하던 매독에 걸려 고통을 받았다. 그럼에도 그는 열심히 그림을 그려 인정을 받았다. 처음에는 귀족들의 인정을 받기 위해 그들이 좋아하는 로코코 풍의 밝고 낙관적인 그림을 주로 그렸다. 그러나 그의 내면의 인상주의적인 색채가 묻어나오지 않을 수 없었다. 그는 매독으로 청각을 잃고 뇌와 정신 이상 증상도 나타났다. 그는 이러한 고통 속에서 더 이상 겉과 속이 다른 이중적인 그림을 그릴 수 없었다. 그래서 자신 속에 있는 것을 그대로 드러내기 시작했다.

그때부터 그림에서는 그의 내면의 어두운 부분이 나타나기 시작했다. 음울하고 어두운 자신의 마음과 시대를 그림에 그대로 표현하였다. 병으로 인해 때로는 환청과 망상에 시달릴 때도 있었다. 그래서 그의 그림이 단순히 침울한 정도가 아니라 다소 초현실적 형상으로 괴기한 모습을 보이기도 했다. 그리고 정치와 사회에 대해서도 저항적이고 비판적인 내용을 그대로 표현하였다. 그래서 그의 그림이 더욱 사실주의적이고 표현주의와 초현실주의적인 경향으로 변해갔다.

그는 극단적이었다. 한편으로는 관능적이고 화려한 그림을 추구하면서도 속에서는 이러한 저항과 초현실의 어두운 면을 극단적으로 표현하였다. 그의 인생이 그러했고 그의 그림이 그랬다. 이는 스페인의 모습이기도 했다. 고야는 19세기 초반까지 활약하였다. 그전까지 스페인은 절대왕정과 나폴레옹 왕정이 오고 가면서 혼돈기를 보내고 있었다. 백성들은 이러한 왕정에 대해 저항하며 독립적인 스페인 정부를 수립하기를 투쟁하고 있었다. 그러다가 자유주의자들이 의회군주제 헌법을 선포하는 등 자유주의자들의 저항이 거세게 일어났다. 이에 맞서 절대왕정과 보수파들도 억압정치를 강화하면서 맞서다가, 결국 여러 번의 내전까지 일어났다. 이것이 19세기와 20세기 초까지의 스페인의 모습이었다.

이러한 극단적인 갈등이 이미 고야에게서 일어나고 있었고 그의 그림에 이미 반영되고 있었다. 엘 그레코에 숨어 있었고 벨라스케스에서 조짐을 보였던 스페인의 이중성과 중첩성이 드디어 고야에게서 폭발하고 있었다. 그 폭발의 양상은 강렬한 표현주의와 초현실주의였다. 사회적으로도 양극의 내전으로 폭발해가고 있었다. 그러나 19세기와 고야는 아직 본격적인 폭발은 아니었다. 폭발의 전야 혹은 전조 상태라 보아야 할 것이다. 이제 20세기가 되면서 스페인과 스페인의 미술은 본격적으로 폭발하기 시작하였다. 이제 이 폭발의 현장을 살펴보자.

피카소의 자기 찾기
✦

피카소Pablo Ruiz Picasso(1881~1973)는 현대 미술의 최고봉이다. 그래서 이미 그에 대한 소개와 분석이 수없이 많다. 그러나 이 책에서는 그를 조금 다른 차원으로 분석해보려고 한다. 미술사나 미학적인 면으로 분석하기보다는 그를 심층적으로 이해하고 분석해보려는 것이다. 그리고 한 개인만이 아니라, 스페인의 심층을 표현하는 사건으로써 그를 이해하고 분석해보려는 것이다. 이는 분명히 새로운 시도라고 생각되며 스페인을 미술사적인 맥락으로 다시 보는 계기가 될 것으로 기대해본다.

피카소는 스페인의 남지중해인 그라나다의 말라가에서 태어나 성장하였다. 그곳은 스페인에서 가장 정열적인 곳이다. 플라멩코, 집시 등으로 유명하고 뜨겁고 자유분방한 곳이다. 그래서 그는 열정적이고 자유분방하였다. 보헤미안처럼 하나에 오래 머물지 못하며 방랑하기도 하였다. 아버지는 그렇게 성공하지 못한 화가였다. 그러나 아버지는 피카소에게 어려서부터 그림에 놀라운 재능이 있는 것을 알아보고 전적으로 그를 후원하기로 하였다. 피카소 자신도 자신의 재능을 의식하며 이를 통해 성공해보고 싶어 했다. 이를 위해 더 큰 도시인 바르셀로나의 미술학교에 진학하였다. 그러나 그는 정규적인 수업이나 학업을 견디지 못하고 방황하다가 다시 마드리드의 미술학교로 옮겼다. 그러나 여기서도 역시 적응하지 못했다. 그러나 거기서는 좋은 미술관이 있어 선배들의 그림을 보며 자신이 무슨 그림을 그릴 수 있는지를 찾기 시작하였다. 이를 위해서 선배 화가들의 그림을 무수하게 모방하거나 스케치하였다.

특히 마드리드의 프라도 미술관에서 본 엘 그레코와 벨라스케스의 그림에 빠져 한동안 유사한 그림을 그리기도 했다. 그는 단순히 모방을 위한 작업이 아니었다. 선배들의 다양한 그림 기술을 배우고 어떠한 영감

♦• 피카소의 15세부터 90세까지의 자화상. 그는 자화상을 많이 그린 화가로도 알려져 있다. 그만큼 그는 그림을 통해 자신을 찾으려는 욕구가 강했다. 그래서 그의 그림을 자기 찾기의 역사라고 볼 수 있다. 그는 다른 것은 변해도 무언가를 찾는 그의 강렬한 눈만은 일생을 통해 변하지 않았다. rarehistoricalphotos.com

을 얻기 위해서 먼저 모방 작업을 무수하게 반복하였다. 이를 통해 자신만의 그림을 조금씩 그리기 시작하였다. 그 후 그는 다시 바르셀로나로 가서 그곳에 있는 전위 예술가들과 교제하며 자신의 세계를 더욱 다양하게 실험해보았다. 그러나 그곳에서 더 깊은 자신을 만나는데, 한계를 느껴 가까운 친구들과 파리로 떠났다. 거기서 당시 여러 유명한 화가들을 만났지만, 가난하고 무명인 젊은 그들이 그곳 생활을 제대로 적응하기 어려웠다.

그래서 그는 몇 번을 파리와 바르셀로나를 왔다 갔다 하며 불안정한 생활을 하였다. 그러다가 파리에서 자신을 인정해주며 편이를 제공해주는 시인인 막스 자코브Max Jacob(1876~1944)를 만나 그곳에서 안정을 찾았다. 그러면서 파리에 전시되고 있는 많은 작가의 그림을 접하게 되고 그는 열정적으로 그들의 그림을 모방하는 스케치를 반복하였다. 당시 파리의 주류는 인상주의였지만, 서서히 이를 벗어나 후기 인상주의와 여러 전위적인 예술이 실험되고 있었다.

그는 자기 자화상을 많이 그린 작가로 알려져 있다. 이는 그만큼 자의식이 강했다는 뜻이기도 했지만, 그 누구보다 그림을 통해 자신을 찾고 싶은 욕구와 열정이 컸기 때문일 것이다. 그의 자화상에 나타난 그는 특별히 눈이 크고 어떠한 섬광이 번뜩이는 것처럼 강렬하였다. 무엇을 찾고 있는 갈망과 열정의 눈이었다. 자기를 찾고자 하는 강한 욕구에서 나온 것일 것이다. 그래서 선배들의 그림을 엄청나게 연구하고 연습하였다. 이를 통해 자신 속에 있는 것을 끄집어내고 싶었던 것이었다. 그러나 쉽지 않았다. 다들 잘 그린다고 그를 인정했지만, 그 정도로 만족할 사람은 아니었다. 무언가 자신 속에 있는 것을 잘 표현할 수 있는 그 이상의 무언가를 찾았던 것이었다.

그러한 방황 속에서 충격적인 사건이 발생했다. 그와 같이 파리에 그림 공부하러 왔던 절친인 카사헤마스가 권총 자살을 한 것이었다. 그의 죽음은 단순한 상실을 경험하는 정도로 끝나지 않았다. 그는 그의 죽음을 자신과 동일시하여 오랫동안 우울의 감정에서 벗어나지 못했다. 친구의 좌절은 자신의 좌절이었다. 친구는 사랑하는 사람의 사랑에 좌절되어 자살하였다. 피카소가 찾던 것도 바로 사랑이었다. 물론 그가 이를 의식한 것은 아니었겠지만, 인간의 궁극적인 갈망은 모성적 사랑을 찾는 것이다. 이는 인간의 근원이기도 하고 가장 심층의 욕구이기 때문이다. 그림에서 자신을 찾고자 하는 마음 역시 자신의 심층적 모성의 갈망을 그림으로 표현하고 싶은 것이기도 했다.

청색과 장밋빛의 내면을 찾다
✦

친구를 상실한 다음 그의 그림은 온통 청색으로 변해버렸다. 이를 '청색시대'의 그림이라고 한다. 청색은 원래 바다색이다. 바다색은 모성이다. 그는 지중해라는 바닷가에서 태어나 줄곧 바다를 보면서 자라났다. 원래 바다의 청색은 깊고 부드럽다. 그런데 그의 마음의 바다는 좌절된 모성으로서의 청색이었다. 그래서 어두운 색조의 청색이라 차갑고 슬펐다. 그는 이렇게 상실한 마음으로 현실을 보니, 현실은 온통 차가운 푸른색이었다.

어떻게 보면 그의 마음을 처음으로 대면한 것이었다. 그가 찾던 자신의 마음이었다. 역으로 좌절을 통해 자신으로 돌아간 것이었다. 친구의 죽음이 자신을 찾는 계기가 되었다. 밖에서 찾으려는 자신을 안에서 찾은 것이었다. 그래서 그때부터 현실에 대한 차가운 사실주의 그림을 그리기 시작했다.

이것은 곧 스페인의 숨은 마음이기도 했다. 겉으로는 열정적이기도 하고 평온해 보이는 스페인이지만, 그 속은 상실과 좌절의 어둠이 있는 것이 스페인이었다. 그도 이러한 마음을 찾음으로 스페인의 어두움을 그리게 되었다. 한동안 그는 고향 같은 바르셀로나로 돌아와 그곳의 밑바닥 인생을 주로 그렸다. 바르셀로나의 창녀들의 어둡고 슬픈 모습

◆◇ 피카소의 청색시대 그림 '유대 노인과 소년'(1903). 차갑고 어두운 청색을 통해서 그의 마음을 표현하였다.
pablo-ruiz-picasso.net

과 장애인의 슬픈 모습 등을 청색으로 표현하였다. 그러다 2년 후 그는 다시 파리의 몽마르트로 돌아왔다. 그러면서 그는 조금씩 청색에서 벗어났다. 결정적인 계기가 된 것은 그가 그리던 여인의 사랑을 만난 것이었다. 페르낭트 올리비에라는 여인을 만나면서 그의 그림이 바뀌기 시작했다. 따스하고 아름다운 장밋빛의 그림으로 바뀌게 되었다.

차갑게 좌절된 모성이 아니라 새롭게 일어나는 모성의 따스함이 흘러나오는 그림이 시작된 것이었다. 그 이후의 그림을 '장밋빛 시대' 그림이라 한다. 그러면서 그는 또 다른 원초적인 모성을 만났다. 그것은 바로 아프리카의 원시미술이었다. 애인 페르낭트와 피레네산맥의 작은 마을에 머물면서 스페인의 조상인 이베로 인의 조각상을 보며 그는 스페인의 조상인 아프리카인의 원시미술에 관심을 가지고 한동안 인류학 박물관을 다니며 흑인미술에 탐닉하였다. 이는 자신과 스페인의 근원적인 모성의 회복이라는 차원에서 그에게 적지 않은 충격파였다. 그가 찾고 싶은 자기가 서서히 모습을 드러내기 시작한 것이었다.

입체주의에서 다층적 자기를 찾다

✦

그래서 그가 찾은 자기가 서서히 모습을 드러내었는데 그 모습은 다소 충격적이었다. 그 모습이 드러난 것이 바로 입체파 그림의 효시인 '아비뇽의 처녀들'이었다. 그렇다면 왜 이 그림이 그가 찾은 자기였을까? 물론 입체주의는 그가 처음 시작한 것은 아니었다. 입체주의는 이미 그가 존경하고 친하게 지내던 화가들인 세잔느Paul Cezanne(1839~1906), 마티스 Henri Emile Benoit Matisse(1869~1954)와 브라크Georges Braque(1882~1963)에 의해 조금씩 모습을 드러내고 있었다. 그런데 그가 본격적으로 이를 도입한 것이었다. 이러한 과정을 보면 단순히 시대적인 흐름에 의한 것 같지만, 이런 표층적인 이유보다는 심층적인 흐름으로 살펴볼 필요가 있다. 그래야 그의 그림을 더 역동적으로 이해할 수 있기 때문이다.

피카소는 모방을 잘하는 작가이지만, 맹목적인 모방을 하지는 않았다. 자기 것으로 만들어 자신 속에 나오는 것으로 작품을 만들었다. 그는 다른 작가에게서 영감을 받았지만, 이를 통해서 자신 속에 꿈틀거리고 있던 무언가를 발견하고 이를 끄집어내는 작업을 하였다. 입체주의도 이렇게 해서 탄생된 것이었다. 그래서 그의 입체주의는 시대적인 영향도 있었지만, 그의 내면에서 필연적으로 선택된 것으로 보는 것이 더 적절할 것이다.

그는 그림에서 자기를 찾고 싶었다. 자기가 누구이며 어떤 그림으로 자기를 가장 잘 표현할 수 있을지를 깊이 갈망하며 고민하였다. 겉에는 뜨거움과 자유함이 있었지만, 그 속에는 어두움과 차가움이 있었고 또

♦◦ 피카소의 입체주의를 시작한 그림 '아비뇽의 처녀들'(1907). 그의 다양하고 중첩된 마음을 입체주의로 표현하였다. **pablo-ruiz-picasso.net**

따스함과 부드러움도 있었다. 이를 각각 청색과 장밋빛으로 표현하였다. 이 모두가 모성의 사랑이 좌절될 때와 회복되었을 때 일어난 자신의 모습이었다. 그리고 더 근원적인 모성과 자기를 아프리카의 원시미술에서 발견하였다. 그래서 그는 이러한 작업을 통해 자신에 대한 많은 이야기를 찾은 것이었다. 더욱이 스페인 사람으로서 자신이 찾은 뿌리는 너무도 신비롭고 깊은 세계였다. 이러한 복잡하고 깊은 심연을 2차원이라는 화폭에 제대로 담기 위해 심각하게 고민하지 않을 수 없었다. 이는 사실 선배 화가들의 고민이기도 했다. 그래서 그들은 새로운 색과 빛으로 그리고 새로운 터치와 구도로써 이를 표현해보려고 했다.

특별히 스페인 화가들이 이러한 고민을 많이 하였다. 그들의 이중적이고 중첩적인 복잡한 마음을 화폭에 담기 위해서 그들은 특별한 시도들을 많이 하였다. 엘 그레코, 벨라스케스와 고야에서 이러한 고민과 시도를 앞서 설명한 바 있다. 인상주의, 상징주의와 표현주의에서도 이러한 시도가 있었지만, 그는 이것으로도 충분하지 않았다. 그러다가 그는 위에서 말한 세잔느, 마티스와 브라크의 그림에서 이를 가능하게 하는 힌트를 얻은 것이었다. 그것이 공간과 차원을 확장하는 것이었다. 이는 수학자나 물리학자가 새로운 현상을 포함한 원리를 발견할 때 시도하던 과학적인 방식이었다. 그래서 그도 과학에서 하는 것처럼 차원의 확장을 시도한 것이었다.

이러한 혁명적인 시도가 바로 '아비뇽의 처녀들'이었다. 그러나 대부분 사람과 전위적인 화가들조차 이러한 차원의 그림을 제대로 이해하지 못했다. 무슨 그림이 저렇게 괴기스럽냐는 반응이었다. 그러나 그는 차원의 확장을 통해 놀라운 이야기들이 새롭게 표현할 수 있었다. 그림이 2차원 이상으로 확장되면서 그 안에 수많은 이야기와 이미지가 서로 오고갈 수 있었던 것이었다. 이 그림에 대해 누가 뭐라고 하든 그는 이 그림에 만족하였고, 이 길이 그가 갈 길이었고 자신을 찾는 길임을 확신하였다.

이러한 그의 시도는 스페인과 인류에게 새로운 가능성을 심어준, 과학으로 치면 상대성이론과 같은 혁명적인 사건이었다. 아인슈타인Albert Einstein(1879~1955)의 상대성이론은 공간을 4차원으로 확장한 이론이었다. 이처럼 입체주의는 2차원의 화폭을 그 이상의 차원으로 확장한 새로운 수학의 발견과도 같은 것이었다. 물리학과 수학으로 치면 상대성이론을 넘어 다차원을 발견한 초끈 이론과 같은 것이기도 했다.

아비뇽의 처녀에는 많은 여인이 나온다. 그녀들은 아비뇽이라는 사창가의 직업여성들이다. 그러나 그 속에는 자기가 찾던 수많은 사랑과 모성의 이야기가 포함되어 있다. 그리고 더 근원적인 모성으로 아프리카 여인의 얼굴까지 포함되어 있다. 그리고 그의 상실의 청색과 사랑의 장밋빛 그리고 흑인의 검은 색이 동시에 나타난다. 이 색은 자기의 중첩적인 모습이기도 했다. 이처럼 자신에게서 일어나는 수많은 이야기와 이미지를 이런 식이 아니면 도저히 설명할 수 없었기에 그는 이러한 입체적 그림과 색채를 고안하고 시도한 것이었다. 그 속에는 자기만 알고 있는 그동안의 자신의 수많은 사랑의 이야기가 숨어있었다. 서로 엉켜있고 서로 대화하며 새로운 이야기를 만들어가는 살아있는 그림이었다. 숨겨질 듯하면서 감추어지고 차가울 듯하면서 따스하고 현재의 분명한 이야기면서도 잘 알 수 없는 까마득한 태고의 이야기까지 너무도 다양하고 복잡하고 깊은 이야기들이 그 속에 있는 것이었다.

입체주의의 정보이론적 이해

✦

이러한 다차원의 그림을 이해하기 위해 정보이론이 도움이 될 수 있다. 우리가 표현하는 모든 세계의 중심에는 정보가 있다. 언어가 대표적이지만 비언어도 결국 정보로 되어있다. 정보의 가장 낮은 차원은 기호이다. 이 기호는 1차원으로 되어 있다. 이 기호들이 모이면 언어가 되고 형상이 되어 더 많은 내용을 포함하게 된다. 그래서 1차원의 정보가 2차원의 정보로 확장되는 것이다. 이 2차원은 우리가 사는 세상이다. 2차원의 핵심적인 원리는 알고리즘이다. 어떠한 불변의 진리와 형식이 있어 이를 중심으로 움직이는 것이다. 논리와 합리성과 같은 것이다. 이를 활용하는 인간의 능력을 지성이라고 한다. 과학은 뉴턴의 역학으로 움직이는 것처럼 세상도 이러한 법들로 움직인다. 사회를 움직이는 법, 조직, 질서와 권위도 이러한 알고리즘 차원의 2차원 정보이다.

그러나 우리는 합리적인 알고리즘만으로 충분하게 모든 것을 이해하고 설명할 수 없다. 합리적 언어를 넘어서는 영역이 존재하고 우리는 이를 추상과 상상의 세계라고 한다. 구상 언어로 표현할 수 없는 것을 추상 언어로 표현할 수 있다. 이러한 언어가 바로 시이다. 거기에는 상징과 비유 같은 다차원적 의미를 포함하는 언어가 중요한 역할을 한다. 이 세계는 인간에서 감정과 더 심오한 이성과 도덕의 세계라 할 수 있다. 칸트Immanuel Kant(1724~1804)는 그의 이성 분석에서 이러한 세계의 차원을 잘 구별하여 분석한 바 있다.

이를 과학에서는 복잡성의 차원이라고 한다. 논리로 잘 설명하기 어려운 세계인 것이다. 복잡성도 3차원적 복잡성이 있고 시간까지 포함되는 4차원의 세계도 있다. 3차원까지는 인공지능과 같은 학습으로 다차원의 정보처리를 할 수 있지만, 시간까지 포함하는 4차원은 아직 인간이 전산을 통해 처리하기 어려운 영역이다. 대부분의 복잡한 자연과 사회, 경제 현상이 이에 속한다. 이러한 현상은 그 누구도 예측할 수 없다. 지진과 일기예보 같은 현상이 그렇고 정치, 금융위기와 전쟁 등도 이러한 현상에 속한다. 이것이 인공지능의 한계이기도 하다.

그러나 정보의 차원은 여기서 멈추지 않는다. 더 섬세한 느낌과 복잡하고 깊은 영역이 있다. 예술적이고 영성적인 깊은 세계가 그러한 세계이다. 이는 모호하고 중첩적이고 어디서 어떻게 왔다가 사라지는지 알기 어려운 깊고 섬세한 세계이다. 깊은 사랑의 차원도 여기에 속한다. 이는 양자정보로써만 표현하고 처리할 수 있다. 그러나 현재 인간의 양자컴퓨터 수준은 걸음마 상태이다. 이러한 세계를 5차원 이상의 정보라고 할 수 있다. 이러한 정보 차원에 대해서는 저자의 또 다른 저서인 '정보인류'와 '정보과학과 인문학'을 참고하기 바란다. 그리고 '인격발달로 본 유럽문명사'란 저자의 다른 책에서 문명과 정보 차원의 관계에 관해 설명한 바 있다.

그렇다면 미술에 있어서 정보 차원은 어떻게 나타나고 있을까? 미술은 선과 색으로 2차원의 화폭에 정보를 담는 것이다. 대부분 구상적이고 합리적인 색채와 형태를 담고 있기에 이를 알고리즘적 정보라고 할 수 있다. 그러나 언젠가부터 색채와 형태가 구상적이기보다는 추상성과 상징성을 띄게 되었다. 모호하고 중첩적인 표현들이 나오기 시작했다.

이러한 세계가 바로크부터 시작되어 인상주의, 상징주의와 표현주의로 발전되었다. 2차원의 화폭을 3차원으로 확장한 것이었다. 이를 알고리즘적 그림에서 복잡성의 3차원의 그림으로의 확장된 것으로 볼 수 있다. 구상적인 색과 형상을 유지하면서 추상성을 가미하는 것이었다. 대부분 근대미술이 시도한 것들이었다.

그러나 입체주의도 이러한 발전과정에서 나온 것이었다. 처음에는 자연의 알고리즘을 벗어나는 입체적인 형태가 자연의 그림들 속에서 돌출적으로 나오기 시작했다. 공간이 분할되는 시도도 있었다. 그러나 피카소의 입체주의는 이러한 부분적인 시도를 넘어서, 3차원의 복잡성을 뛰어넘어 4차원의 입체로 도약하였다. 다양한 공간과 구도와 색채 그리고 시간성까지 포함하면서 그 속에서 일어나는 이야기와 정보는 4차원적 복잡성을 보이는 것이었다. 그래서 이를 4차원의 아인슈타인의 상대성이론에 견줄만한 것이었다. 인간의 마음은 이처럼 복잡하였다. 자기를 찾는다는 것은 이처럼 모호하고 하나로 표현할 수 없었다. 그래서 이러한 자기를 발견하였고 이에 적합한 표현 수법을 발견한 것이었다. 그래서 그의 입체주의 미술은 미술계의 상대성이론이었다.

멈추어질 수 없는 자기 찾기
✦

그 이후 피카소의 자기 찾기는 어떻게 되었을까? 그는 멈추지 않았다. 많은 화가는 입체주의라는 사조를 흉내 내면서 기술로써 발전시켰다. 그는 입체주의로 세계적인 대가가 되었고 엄청난 명성과 부를 누릴 수 있게 되었지만, 그는 멈출 수 없었다. 그의 눈에는 결코 멈출 수 없는 빛이 발하고 있었다. 그는 성공한 다음 이런 말을 한 적이 있다. "성공한 화가는 성공에 만족할 수 없다. 오직 영원하고 고통스러운 화가의 삶을 살 뿐이었다"라고 말하였다. 그래서 그는 자기를 찾는 고통의 길을 계속 걸어갔다.

그 길은 두 가지의 길이었다. 하나는 자기를 계속 찾아가는 것이었고 이러한 자기를 미술을 통해 표현하는 길이었다. 그래서 이 길을 가는 것을 멈추지 않았다. 그중에서 가장 중요한 것은 자기를 계속해서 찾아가는 작업이었다. 입체적인 자기를 찾은 것은 바로 사랑과 모성을 통해서였다. 그는 계속해서 사랑과 모성을 찾으며 갈구했다. 그는 이미 알고리즘의 2차원적 사랑의 제도를 초월한 사람이었다. 더욱 깊은 다차원의 자기를 찾기 위해서는 지속적인 사랑을 갈망했다. 자기의 심층을 찾는데 사랑만큼이나 적절하고 정확한 것은 없었다. 예술가에게서 사랑은 그저 사생활의 하나가 아니라, 그들의 예술적 영감을 주는 특별한 원천이었다. 그래서 예술가들에게는 항상 상상할 수 없는 그들만의 사랑 이야기가 있었다. 피카소도 예외는 아니었다.

우리가 잘 아는 대로 피카소는 적어도 6명 많으면 8명의 여인과 깊은 부부의 사랑을 나누었다. 우리는 이 이야기를 그의 사생활의 가십거리나 플레이보이 정도로 이야기하지만, 그는 사랑을 거의 예술적 작업 이상으로 진지하고 깊이 들어갔다. 어떠한 한 여인과도 가벼운 성적인 대상으로서만 만난 적이 없었다. 목숨과 바꿀 정도의 깊은 사랑을 그들은 나누었다. 그래서 보통의 사랑에서 일어날 수 없는 많은 이야기가 있지만, 여기서는 이를 다 이야기하는 것이 적절하지 않기에 이 정도로 끝내려고 한다.

모든 여인이 그 사랑에 깊이 빠졌고 그도 작품에 몰입하는 것처럼 진지하고 깊은 사랑을 나누었다. 그의 사랑은 이처럼 특별했다. 이 글은 그의 이러한 행위를 도덕적으로 판단하려는 것은 아니다. 이를 넘어서서 그의 예술을 이해하기 위해서 분석해보는 것이다. 그가 찾는 길은 바로 사랑과 모성을 통한 자기 탐구였고 이를 통해서 작품의 생명과 영감을 얻을 수 있었기에 누가 뭐라고 하던 그 길을 갔던 것이었다.

그의 그림이 다차원적 중첩이었다면 그의 사랑과 모성도 알고리즘 차원을 넘어선 다차원의 중첩이었다. 그래서 많은 여인과의 사랑을 추구하였다. 그의 사랑도 입체주의였다고 볼 수 있다. 그는 삶과 예술 모두가 남들이 이해할 수 없는 입체주의였다. 우리가 익숙한 알고리즘을 벗어나기에 그가 경험한 깊고 아름다운 사랑의 세계를 어떻게 느끼고 설명해야 할지 알기 어려운 것이었다. 그만이 아는 입체적인 다중세계였다. 요즘 유행하는 다중우주 같기도 하였다.

그의 예술은 무한정 실험되었고 다양하게 확장되었다. 그림으로만 다차원이 아닌 콜라주, 조각, 도자기 등과 결합하며 실제 공간 속에서 다양한 형태와 색채로 자신을 표현하고 실현하였다. 그리고 그는 4차원의 공간에 만족하지 않고 결국 모든 알고리즘을 해체하는 초현실과의 만남도 추구하였다. 초현실주의는 다음의 달리에서 다시 언급할 것이지만, 그 시작은 피카소라고 볼 수 있다. 초현실은 거의 양자정보의 수준인 5차원 이상의 정보처리이다. 현실의 흔적은 거의 해체되고 꿈과 현실이 중첩되는 그러한 세계를 추구한다. 색과 형상이 더욱 자유스럽고 혼돈스럽다. 그래서 그의 예술은 더욱 복잡해지고 깊어지고 다양해졌다. 일반인들이 더욱 이해하고 따라가기 어려워졌다.

스페인의 입체주의를 향하여
✦

마지막으로 피카소와 스페인에 대해서 한 번 더 정리해보려고 한다. 도대체 스페인에 있어서 피카소는 누구이고 피카소에 있어서 스페인은 무엇이었을까? 부분적으로 이미 많은 이야기를 했지만, 마지막으로 종합적인 정리를 해보려고 한다. 피카소는 거의 스페인에 살지 않고 프랑스에서 활동하며 살았다. 그러나 그는 결코 스페인을 떠날 수 없었다. 그가 주로 활동하던 20세기 초반의 스페인은 아주 암울하였다. 모두가 조국의 이야기를 듣고 싶지 않을 정도로 극심한 고통과 분열가운데 있었다. 정치는 극단적으로 불안정했고 경제는 바닥을 치고 있다. 그러다가 드디어 심한 내전 가운데 들어가 서로를 잔혹하게 죽이는 참혹한 조국의 현실을 마주해야 했다. 이런 이야기는 정말 듣고 싶지 않았을 것이다. 외국이라면 그저 피하고 싶은 사실이었다. 그러나 한편으로는 부인할 수 없는 괴로움이기도 했다.

    대부분 사람은 이러한 나라의 문제보다 자기의 삶이 중요했다. 피카소도 빨리 자기의 그림을 그리고 외국에서 자기의 위치를 찾아야 했기에 조국의 문제에 개입할 수 있는 여유는 없었다. 그래서 현실을 억압하고 도피할 수밖에 없었다. 그러나 언제까지나 억압할 수만은 없었다. 억압하는 것도 한계가 있기에 자기도 모르게 억압된 것이 그의 그림에 터져 나올 수밖에 없었을 것이다. 그래서 그가 입체주의로 폭발하는데, 스페인의 문제는 하나의 동력이 되었을 것이다.

그는 본질적으로 자유를 추구하는 예술가였고 바르셀로나 출신이기에 친구들은 대부분 자유주의자와 무정부주의자였다. 그리고 친구 중에는 공산주의자들도 많았다. 그리고 그도 나중에 공산주의자가 되었다. 스페인 내전이 결국 프랑코의 파쇼정권이 승리함으로 막을 내리고 그 이후 스페인은 피카소가 살아있는 동안 프랑코가 정권을 잡고 있었다. 특별히 초기 프랑코정권의 탄압은 극도로 심했다. 자신의 친구들도 탄압의 고통가운데 있었다. 이러한 소식을 접할 때마다 자신이 이를 겪는 것처럼 고통스러웠을 것이다. 물론 그는 자신의 그림으로 도피할 수 있었지만, 그의 억압된 마음을 결코 편할 수 없었을 것이다.

그리고 그는 누구의 편에 서기보다는 조국이 극단적으로 분열되어 있고 또 이를 억압하는 것에 대해 강한 저항을 보였다. 그를 비롯해 대부분 백성이 원하는 것은 하나의 스페인이었다. 서로 싸우는 것이 아니라 하나의 스페인이 되는 것을 원하였지만, 결코 프랑코식 전체주의적 하나가 아닌 다차원적 하나를 원했을 것이다. 프랑코는 힘과 질서로 스페인을 통제하였다. 이는 2차원적 공간에 다차원적 인간과 스페인을 축소해 넣은 것이었다. 피카소는 이를 결코 수용할 수 없었다. 그는 저차원의 그림에서 다차원의 예술로 확장하고 있었기 때문에 스페인도 그렇게 확장되길 원했을 것이다. 그러나 스페인이 프랑코의 저차원에 머물러 있는 것을 그 누구보다 안타까워했을 것이다.

그래서 프랑코와 독일의 히틀러가 스페인의 게르니카가 파괴되었을 때, 그 누구보다 고통하며 그는 게르니카의 참혹한 현실을 그림으로 그려 전 세계에 알렸다. 그리고 그는 저차원적인 전체주의에 대해 그 누구보다 강하게 저항한 예술가였다. 그리고 공산주의자로서 현실 문제에 참여하였다. 그는 공산주의를 다양한 모두가 공존하는 입체적인 사회로 이상화했는지 모른다. 그러나 그는 어디까지나 예술가였다. 예술가로서 현실의 문제를 풀고 싶었을 것이었다. 그래서 그는 입체주의 미술을 통해 차원의 확장에 힘썼던 것이었다.

무엇보다 스페인이 억압적인 그리고 이분법적 갈등에서 나와서 다차원적인 중첩과 공존의 나라가 되길 강하게 원했다. 그래서 그는 예술을 통해 미리 이를 실험하며 보여주었던 것이었다. 그는 조국에 대해서 어떻게 보면 선지자와 같았다. 앞으로 스페인이 갈 길을 미리 보여주었고 스페인이 이 길을 갈 수 있도록 하였다. 그래서 스페인은 굴곡은 있었지만, 그 길을 점진적으로 가고 있었다.

스페인은 역사적으로 다원적인 민족이 그 땅에 살았다. 그래서 스페인은 자신의 정체성에 혼돈이 있었고 피카소도 이러한 정체성의 혼돈 속에서 자기를 찾는 작업을 하였고 그가 찾은 자기를 스페인에 적용하고 싶었을 것이다. 그에게는 아프리카의 원시성과 이베로, 켈트, 로마, 게르만, 이슬람과 기독교의 모든 것이 있었다. 그래서 그의 수많은 것들을 하나로 표현하는 길을 입체주의에서 찾은 것이고 그는 이를 스페인이 갈 길로 보여주었다. 물론 그가 그렇게 의식하고 의도하는 것은 아니겠지만, 무의식 안에 있는 자기가 그의 예술과 삶에 베여 나왔다고 볼 수 있을 것이다.

이 책은 이러한 무의식을 분석하려는 것이다. 스페인은 자기가 없이 너무도 다양한 타자가 스쳐 간 나라이다. 그 속에서 어떻게 스페인의 자기를 찾을 것인가? 스페인에 있는 다양한 타자가 서로 갈등하고 분열하거나 서로 무관하게 살아가서는 스페인의 정체성을 찾을 수 없을 것이다. 그가 발견한 태고의 모성과 초월적 자기 위에서, 이를 다차원으로 소화하는 고차원적인 입체적 세계를 통해서 그들만의 정체성을 찾을 수 있을 것이다. 이 책은 이를 계속해서 찾는 작업을 하고 있다. 이제 피카소 다음으로 스페인의 정체성을 찾아 예술의 여정을 떠난 또 다른 천재 예술가가 있었는데, 그는 바로 이 책의 도입부에서 소개한 살바도르 달리이다. 이제 그가 추구한 것을 다시 정리해서 설명해보려고 한다.

거짓 자기를 허문 달리
✦

스페인의 현대 미술의 거장인 살바도르 달리 Salvador Dali(1904~1989)에 대해서는 책의 서두에서 이미 설명하였다. 그래서 여기에서는 스페인의 미술사에서 흐르는 스페인의 자기 찾기의 한 과정으로서 다시 이해하고 정리할 필요가 있어 다시 언급하려고 한다. 그는 어려서부터 과잉보호와 많은 사랑을 받았지만, 자기로서 받은 것이 아니라 죽은 형이라는 타자로서 받은 사랑이었다. 그래서 그의 인격과 생명은 진정한 사랑을 받지 못했기에 어려서부터 심한 정신 병리를 보였다. 그는 대충 부모가 원하는 대로 형의 모습으로 살 수 있었는데, 이를 거부하고 자기를 찾아갔다. 자기를 바로 보기 위해 격한 몸부림친 결과, 그는 초현실이라는 상징을 통해 자신을 발견하고 표현하였다. 이 역시 스페인이 가야 할 길을 보여준 것으로 생각된다.

스페인은 자기를 찾지 못하고 외부로부터 들어온 타자들이 자기인 것처럼 살아왔다. 이것이 허구적인 스페인의 정체성이었다. 그러나 그 속 깊은 곳에 억압되어 있던 스페인만의 것이 일어나면서 스페인은 진정한 자기 찾기의 많은 시련을 겪었다. 스페인은 겉으로 보면 억압된 것 같지 않다. 편해 보이고 게으르고 유순하고 여유가 있어 보인다. 이렇게 느슨한 그들이 억압되어 있다고 생각하는 것은 잘 이해되지 않는다. 독일인이라면 맞는 말이지만, 축제와 노는 것을 즐기는 라틴계열인 스페인에게는 어울리지 않는 말인 것 같다.

여기에 그들의 신비가 있다. 겉으로는 편해 보이지만 그 속은 그렇지 않다는 것이다. 그들이 편해 보이는 것은 하나의 방어이다. 그래야 살 수 있기 때문이다. 하나의 도피요 회피방어이다. 그리고 많은 관광객이 와서 편하게 즐기고 갈 수 있게 해주는 하나의 생존전략일 수도 있다. 물론 지중해와 라틴계열이라는 유전인자와 문화가 그들을 그렇게 만드는 것도 있지만, 대부분 하나의 생존 방어로써 그렇게 살아가고 있다는 것을 잊으면 안 된다. 달리도 대부분의 스페인 사람들처럼 자기가 아닌 형의 모습으로 혹은 자신을 회피하고 방어하며 대충 즐기면서 살아갈 수도 있었을 것이다.

그러나 그는 이런 길을 가지 않았다. 갈 수도 없었다. 어려서부터 그는 자신을 드러내어 놓고 나는 이런 사람이요 하며 아픈 곳을 마구 드러내었다. 그러나 커서도 계속 그렇게 하면 정신질환자가 된다. 그런데 그는 좋을 길을 찾았다. 그것이 미술이었다. 미술의 세계에서 그의 속에 있는 무의식을 마구 드러내도 문제가 되지 않았다. 오히려 새로운 도전으로 인정받을 수 있었다.

달리의 초현실로 폭발한 스페인
◆

그래서 그는 초현실주의의 삶을 살았으며 초현실주의 예술가가 되었다. 하나의 절묘한 승화의 길이었다. 스페인도 사실 초현실의 역사라고 했다. 그들은 자기 아닌 삶을 살았다. 겉으로 융화된 것처럼 보일지 모르지만, 결국은 타자의 삶을 살았다. 그러나 자신의 속에서 끓어오르는 것을 계속 억압하고만은 살 수 없었다. 어떠한 시기에 터져 나올 수밖에 없었다. 깊은 무의식의 모습이기에 그것은 초현실이었다. 이해하고 통합될 수 없는 기이한 것들이 그들의 역사에 수없이 나타났었다. 그래서 책의 서두에서 이런 초현실적 현상을 설명하였었다.

이런 달리가 갑자기 나타난 것은 아니었다. 스페인의 미술사를 보면 엘 그레코로부터 시작된 무의식적 작업이 벨라스케스와 고야를 통과하고 현대에 와서는 피카소를 통해 무르익었었다. 무의식에 있는 스페인의 복잡한 모습이 고전적인 미술로 도저히 표현할 수 없었기에 16세기부터 스페인은 이미 현대미술의 요소를 포함할 수밖에 없었다. 그래서 스페인 미술이 특별하고 위대하였다. 그들은 이미 앞서고 있었다. 이러한 역사적인 흐름 때문에 위대한 피카소가 나올 수 있었다. 그리고 피카소가 시작한 입체주의의 영향으로 위대한 달리가 탄생될 수 있었다.

  이러한 미술의 역사는 스페인과 유럽이 갈 역사를 미리 보여주었다. 예술가는 선지자와 같이 인류가 갈 길을 미리 보여준다. 그래서 그들이 16세기 때부터 조금씩 보여준 그 길로 가고 있었다. 그렇다면 그들은 이제 어디에 왔고 어디로 가야 하는가? 그들은 피카소와 달리에 의해 현실의 차원을 해체하고 초현실의 무의식을 드러내었다. 그러나 그들은 이러한 역사를 잊고 억압하며 살아가고 있었다.

스페인이 갈 길을 보여준 피카소와 달리
✦

스페인은 늘 갈림길에 서 있었다. 그들의 혼돈된 무의식을 그대로 방치하면 정신병이 된다. 달리가 그 갈림길에서 놀라운 초현실주의를 선택함으로 승화한 것처럼 스페인도 승화의 길을 가야 한다. 그러기 위해서는 먼저 피카소와 같은 입체주의로 가야 한다. 피카소가 입체주의로 자신의 갈등과 분열을 하나로 모아 놀라운 승화의 길로 간 것처럼 스페인도 그 길을 가야하는 것이다. 그리고 다시 달리의 길을 더 갈 수 있어야 한다.

  스페인이 피카소와 달리의 길을 가야한다는 것은 구체적으로 무엇을 의미할까? 스페인의 다중이고 분열된 무의식을 억압만 하지 말고 이를 입체주의와 초현실주의라는 길을 통해 승화시켜야 한다는 뜻이다. 앞서 피카소를 설명하면서 말하였지만, 입체주의란 고차원적 정보사회를 의미한다. 스페인이 그들 속에 있는 고차원적 정보를 찾아 고차원의 나라로 가야 한다는 것이다. 고차원은 예술과 문학, 영성 속에 있다. 그들의 역사는 이미 고차원적이다. 그들의 관광 자원도 고차원적이다. 그들의 문화와 역사 속에 있는 고차원적인 자산을 개발하여 이를 보여주어야 한다는 것이다. 그래서 유럽과 세계를 고차원의 사상과 문화로 선도해야 한다.

그러기 위해서는 입체주의, 초현실주의, 모더니즘과 포스트모더니즘과 같은 현대문화와 산티아고 순례 길과 같은 영성문화와 학문 등을 더욱 고차원적으로 개발하고 발전시켜야 한다. 이러한 문화는 새로운 것이 아니다. 이미 그들과 그 땅 깊이 스며들어 있다. 그러나 그들은 회피적인 성격 때문에 이를 깨우지 못하고 덮어두며 살았다. 그래서 자신들 속에 있는 고차원적인 것을 깨우며 원래의 모습을 회복하자는 것이다.

그리고 그들의 사회가 무엇을 하든 입체적으로 통합되어야 한다는 뜻이기도 하다. 이에 대해서는 나중에 다시 설명할 것이지만, 그들은 지역마다 너무도 다양하게 살아간다. 그들은 서로 좋은 것들을 정말 많이 가지고 있다. 그러나 지금까지는 서로 다른 점으로 인해 갈등하고 반목하며 살았다. 서로 다른 것이 한 평면에서는 갈등할 수 있을지는 모르지만, 이를 입체화하면 서로 다른 것들이 충분히 통합되고 융합될 수 있다. 이를 피카소와 달리가 이미 보여주었다. 스페인이 이를 따라 입체적이고 초현실적인 문화가 보편화될 수 있다면, 어떤 다른 것이 있다고 해도 하나로 융합될 수 있을 것이다. 이렇게 되면 스페인 자체가 고차원적인 사회와 국가가 될 수 있을 것이다. 과거 프랑코식의 저차원적인 통합으로는 스페인은 죽고 병든다. 그러나 고차원적인 문화 안에서는 입체적이고 초현실적인 통합이 가능하다면, 스페인 속에 있는 잠재력과 생명력이 더욱 활력을 찾을 수 있을 것이다.

　이제 스페인 미술을 마무리하면서 두 거장을 소개하고 끝내려고 한다. 바로 미로와 가우디이다. 그들이 스페인에 주는 의미는 무엇일까? 스페인의 미술사에서 그들의 의미는 무엇이고 그들이 스페인에 대해 말하고 있는 메시지는 무엇인지를 살펴보려고 한다.

미로와 가우디 그리고 이슬람 예술

✦

미로Joan Miro(1893~1983)와 가우디Antoni Gaudi(1852~1926)는 서로 별 연관이 없어 보이는 예술가이다. 미로는 초현실주의 화가이고 가우디는 건축가이다. 공통점이 있다면 바르셀로나를 거점으로 활동한 예술가라는 점이다. 그리고 또 하나의 공통점이 있다면 이슬람 예술의 영향을 받았다는 점이다. 그래서 이 글에서 이 두 사람을 묶어서 이야기하려는 것도 이슬람의 영향에 대한 것을 말하기 위함이다.

　스페인이 이슬람을 몰아내고 기독교 왕국을 세웠다고 해도 800년간 지배했던 그들의 문화적, 예술적 흔적을 지울 수 없었다. 그들의 전통에 묻어 있는 이슬람의 영향은 이미 그들의 것이 되었다. 그리고 여전히 아름다운 이슬람의 건축물이 그 땅에 있고 수많은 관광객이 이를 찾고 있다. 그리고 스페인은 이에 자부심을 느끼며 자랑스럽게 생각하고 있다. 이로 인한 경제적인 혜택도 적지 않다. 결코 그들과 무관하다고 잘라낼 수 없는 부분이다. 그래서 그들 속에 있는 이슬람 예술에 관해 이야기해보려는 것이다.

　지구상에서 가장 억압이 강한 민족을 들라하면, 아마 유대인과 모슬렘일 것이다. 그들은 같은 아브라함의 하나님을 믿고 그들의 경전을 최고의 가치로 지키며 살았다. 그들은 의지적인 강한 노력이 없이는 어려운 삶 속에서 이러한 신앙을 지키기 불가능했을 것이다. 그래서 억압이 많을 수밖에 없다. 억압이 많아지면 생명이 좌절되고 힘들기에 분노도 그만큼 커진다. 그래서 계속 억압만 하고 살 수 없다. 생명체는 이를 적절하게 풀어야 한다. 그러나 그들의 신앙과 배치되는 세속적인 방식으로 이를 풀기는 어렵다. 그래서 인간의 방어기제는 적절하게 풀 수 있는 길을 찾는다. 민족마다 억압의 방식이 다르고 푸는 길이 다르다. 유대인과 모슬렘은 이를 어떻게 풀었을까?

　억압이 많다는 것은 완벽하고 강박적인 요구가 많다는 것을 의미한다. 그래서 그들은 이러한 성격으로 살아간다. 억압과 요구가 많아지면 겉으로는 완벽해지지만, 속으로는 생명이 눌리고 쪼그라든다. 그래서 큰 것보다 작고 세밀한 것에 관심을 가지고 섬세해진다. 그리고 분노와 불안이 올라오는 것을 방어하기 위해 이러한 것에 몰두한다. 아이들이 세밀한 컴퓨터 게임에 몰두하는 것과 비슷하다. 모두가 그런 것은 아니지만, 세밀한 것을 잘 할 수 있는 사람들은 대체로 억압이 강한 경향이 있다. 그리고 그들의 경전에서 가장 중요한 것은 우상숭배이다. 우상이란 어떠한 보이는 형상을 만드는 것이다. 그래서 그들은 큰 형상을 만들 수 없었고 형상이 해체된 작고 섬세한 것에 몰두하는 것이다. 이러한 현상은 억압이 심한 독일과 일본인에서도 나타난다. 독일과 일본인도 작은 것을 아주 정밀하게 잘 만든다.

　유대인들에게서 가장 중요한 것은 생존이었다. 그들은 나라를 잃고 남의 나라에 흩어져서 살아야 하기 때문에 생존이 최우선이었다. 거기에다 가는 곳마다 박해를 받았기에 그들은 서로 뭉치며 살아남아야 했다. 그들이 살아남는 길은 돈과 교육이었다. 철저한 손익을 계산할 수 있어야 돈을 번다. 그래서 그들은 고리대금과 금융업에 종사했다. 치밀한 계산과 회계가 가장 중요한 일이었다. 그리고 그들은 치밀한 교육도 하였다. 그래서 남들이 할 수 없는 엄밀하고 섬세한 능력을 개발하여 의술, 과학과 예술에도 탁월한 능력을 보였다. 이것이 그들이 살아남는 길이었다. 그래서 유대인은 이러한 일을 통해 생존도 하고 자신의 억압된 것을 방어하고 풀 수도 있었다.

　이슬람은 어떻게 이를 방어하고 풀었을까? 그들 역시 작은 것에 몰두하였고 이러한 능력을 개발하였다. 그래서 그들도 계산을 잘했다. 그래서 수학과 과학이 발달하여 중세 유럽에 그들의 학문을 수출하기도 했다. 그리고 그들은 세밀한 예술이 크게 발달하였다. 그래서 그들은 작고 섬세하고 정밀한 아름다움을 추구하는 예술과 건축을 잘 할 수 있게 된 것이었다. 큰 것은 우상이 되기에 신을 모시는 모스크 외에는 거대한 건축을 하지 않았다. 알 안달루스 왕조 때 코르도바에 아사하라 대궁전을 지었다가 오래 못가고 파괴되고 말았다. 그다음부터 큰 궁궐을 짓지 않았다. 그들에게는 알람브라 궁전 정도가 가장 적당한 것이었다. 그리고 그들은 그 속에서 아담하면서 작은 것을 즐기는 삶을 산 것이었다. 이것이 그들이 억압된 것을 방어하며 푸는 방식이었다.

스페인이 가야 할 융합의 길

✦

이제 스페인을 보자. 그들의 억압에 대해서는 앞서 설명한 바 있다. 겉으로는 이완된 삶을 사는 것 같지만, 그들의 깊은 곳에는 아주 심한 억압이 있다고 했다. 그리고 그 억압이 임계점을 넘게 되면 폭발한다고 했다. 스페인은 넓은 땅을 가지며 자유롭게 살아간다. 라틴계는 그렇게 작고 정밀한 것을 좋아하지 않는다. 자연을 즐기며 자유롭게 살기를 원하는 것이었다. 그래서 그들은 유대인과 모슬렘의 삶의 방식을 그렇게 좋아하지 않는다.

그러나 그들이 할 수 없는 것이었기에 그들의 도움이 필요했다. 그래서 유대인인 재정을 맡아주고 의술을 제공해줌으로 그들의 부족한 면을 메꾸어줄 수 있었다. 그리고 무어인의 노동이 그들의 경제에 많은 도움을 주었고 이슬람의 섬세한 미술이 그들의 건축에 적지 않은 도움을 주었다.

그러나 국토회복 이후 그들을 배척함으로 스페인은 엄청난 어려움을 겪었다. 그 이후 스페인은 그들의 흔적을 지우며 살았다. 반쪽의 삶을 산 것이었다. 그들이 배척한 유대인들이 유럽으로 들어가 유럽이 경제와 과학으로 부흥하는데 중요한 역할을 하였다. 그러나 유대인들은 가는 곳마다 박해를 받아 최종적으로는 그들을 받아준 영국으로 가서 영국의 산업혁명을 지원하고 그들이 금융 강국으로 우뚝 설 수 있게 도왔다. 그리고 미국으로 건너가 미국이 최고의 강국이 되는데 유대인들이 여러 분야에서 도움을 주었다. 이제 스페인이 다시 일어서는 데, 그들이 상실한 반쪽을 다시 회복할 필요가 있다. 먼저 유대인은 경제와 과학의 기초를 세우는데 아주 중요하다. 과거 그들 조상에게 박해한 것을 반성하며 구체적으로 유대인들에게 도움을 청할 수 있어야 할 것이다.

이미 스페인에는 북아프리카의 모슬렘들이 많이 이주하여 그들의 노동에 적지 않은 도움을 주고 있다. 이를 통해 점진적으로 과거의 반쪽을 회복해가고 있다. 그들을 회복하는 또 다른 길은 그들의 예술과 스페인의 예술이 융합하는 것이다. 이를 시도한 예술가가 바로 미로와 가우디로 생각되어 이들을 소개하려는 것이다.

융합 예술 – 미로
✦

스페인의 이슬람 미술을 현대 미술에 도입한 화가는 마티스이다. 그가 이슬람의 강력하고 섬세한 색조에 감명을 받아 그의 그림에 더욱 강렬한 색을 도입하였다. 그래서 그의 그림을 야수파라고 한다. 스페인 화가인 피카소, 미로도 강렬하고 화려한 색을 도입하였다. 미로는 색만이 아니라, 이슬람의 장식과 세밀한 조형도 도입하였다. 미로의 그림에는 스페인의 원시 동굴화와 아라비아 문학의 내용도 나타난다. 입체주의와 초현실주의 현대 미술은 미학적인 가치는 높아도 일반 대중이 접근하기에는 아직도 어렵고 난해하다. 그러나 미로의 초현실주의는 단순하고 재미있고 소박하여 일반인들이 친근하게 접근할 수 있다.

이러한 점은 현대 미술을 통해 본 스페인의 모습을 앞으로 어떤 방향으로 끌고 가야 하는지, 그 방향성을 제시해준다. 피카소의 입체주의와

♦◇ 미로의 '어릿광대의 사육제'Harlequin's Carnival(1924-25). 그는 무의식의 초현실을 더욱 친근하고 재미있는 형상과 색채로 표현하였다. 그의 무의식 속에 있는 이슬람 미술의 흔적도 찾아볼 수 있다. joan-miro.net

달리의 초현실주의는 스페인을 이해하는데 많은 도움이 되지만, 현실에 있어서 난해한 그들의 현상을 그대로 두면 혼란스럽다. 이를 잘 설명하고 하나의 흐름으로 스페인을 이해할 수 있도록 하는 작업이 필요하고 누구든지 스페인을 아름답고 신비로운 나라로 받아들일 수 있도록 해야 한다. 미로가 이슬람 문명을 도입한 것처럼 과거의 다양한 자기를 하나로 잘 통합하여 이들이 조화를 잘 이루어 아름답고 신비롭게 표현될 필요가 있다. 이러한 의미에서 초현실주의로서의 미로의 의미가 크다고 볼 수 있다. 이슬람은 스페인의 아픔이지만, 이를 잘 승화시켜 스페인의 긍지와 자랑이 되도록 해야 한다는 것이다.

스페인 미래의 상징 – 가우디

◆

그리고 가우디는 정형적인 건축형태를 지양하고 곡선과 자연에서 우러나오는 다양한 형태와 선을 건축에 도입하였다. 무엇보다 다양하고 섬세한 이슬람의 문양과 타일 등도 많이 도입하여 더욱 신비롭고 아름다운 건축을 선보였다. 건축은 개인적인 작업이 아니다. 엄청난 인력과 고도한 기술이 요구되는 산업의 한 분야이다. 예술로만 접근할 수 없는 큰 영역이다. 가우디가 설계한 거대한 '성가족 성당'이 아직도 바르셀로나에서 건축 중이다. 1883년에 시작하여 140년 이상을 짓고 있는 높고 거대한 성당이다. 곧 완공 예정이라고 한다.

♦◇ 바르셀로나에 있는 가우디가 설계한 '성가족 성당'. 1883년에 착공하여 140년 이상 건축 중에 있다. 수년 내에 완공 예정이다. 이 건물은 스페인의 상징이다. 스페인이 가장 어려울 때를 견디며 중단하지 않고 최고의 예술, 과학과 신앙의 완성을 향해 나아가는 모습에서 스페인의 정수를 집약적으로 볼 수 있다. britannica.com

이 건축은 어떻게 보면 스페인의 상징물이 될 수 있다. 스페인이 가장 어려운 시절에 시작하여 그 고통의 시간을 보내며 그래도 중단하지 않고 끝까지 그 아름답고 거대한 성당을 거의 건축하였다는 것은 아주 큰 의미가 있다. 실용성, 과학성, 예술성, 종교성과 신성, 경제와 정치 등이 하나 되어야 가능한 건축이다. 그리고 신성과 자연이 하나 되는 신비로운 성당이다. 스페인의 모든 것이 나누어지지 않고 하나로 만나는 그러한 스페인의 상징이 될 수 있다.

앞서 말한 스페인의 다양한 능력이 녹아 있는 건축으로써 미래의 고차적이고 입체적인 스페인의 모습을 상징적으로 보여준다고 볼 수 있다. 이것이 앞으로 스페인이 나가야 할 방향이어야 할 것이다. 무엇보다도 그가 1927년에 성당 앞에서 사고로 죽었다는 사실은 그의 죽음이 제물이 되어 이 성당과 스페인을 살리는 그러한 특별한 의미가 있다고 생각한다. 그들이 이 건축을 완성할 수 있다면 그 무엇을 못하겠는가? 민족적인 자부심과 정체성의 상징이 되기에 부족함이 없는 건축이라고 생각된다.

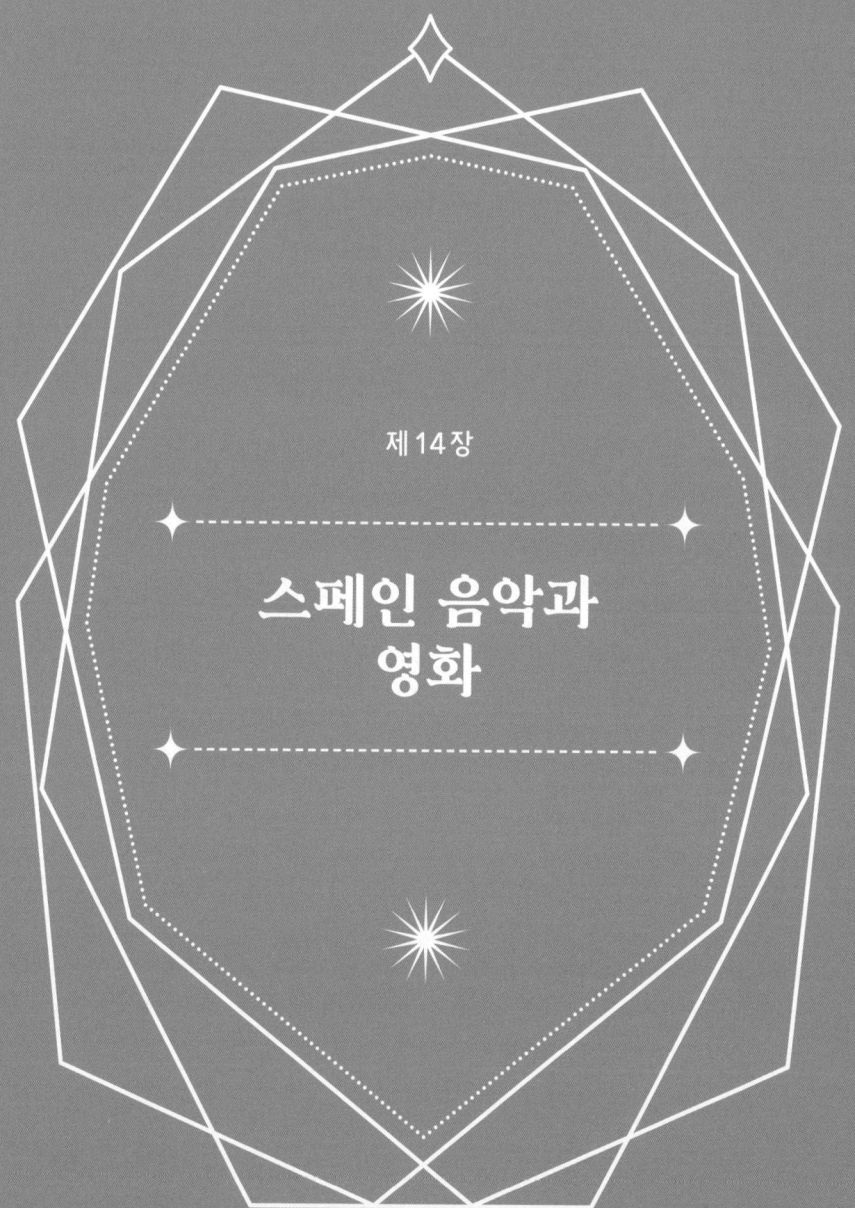

제14장

스페인 음악과 영화

1. 스페인 음악

민족성이 강한 스페인 음악
✦

스페인 음악은 다른 예술에 비하여 독특한 점이 있다. 이 책은 스페인의 정체성과 민족성에 관심을 가지고 추적하고 있는데, 다른 예술 분야에서는 이러한 면이 겉으로 뚜렷하게 드러나지 않아 이를 찾는 작업이 쉽지는 않았다. 그러나 음악에서는 이러한 것을 찾으려고 하지 않아도 너무도 강력하게 노출되고 있어 조금 생소할 정도이다. 스페인의 음악은 누가 들어도, '아, 스페인 음악이구나'할 정도로 특색이 뚜렷하다. 이러한 특징은 스페인의 작곡가만이 아니라, 다른 유럽의 작곡가들이 스페인을 주제로 하여 작곡할 때도 그러하다. 이처럼 음악에서 그렇게 강렬하고 특징적으로 스페인의 것이라고 할 수 있는 것이 도대체 무엇이며 모호하던 정체성이 왜 음악에서만은 그렇게 강하게 노출되고 있는 것인가? 이를 한번 생각해보려고 한다.

이를 위해 먼저 음악과 다른 예술과의 차이를 생각해보자. 문학은 언어를 통해서 표현되고 전달된다. 언어는 뇌에서 개념과 문법을 통해 이해된다. 그래서 마음과 인격의 언어인 감정을 표현할 때 언어는 간접적인 수단이 된다. 스페인 사람들은 생각을 복잡하게 하는 것을 좋아하지 않다 보니, 자신의 감정과 마음을 우회적인 사고와 개념으로 표현하는 것이 그렇게 익숙하지 않다. 그래서 문학을 통해서 스페인의 인격이나 정체성을 찾는 작업이 쉽지 않았다. 스페인이 그만큼 억압되어 있고 자신들의 생각을 잘 표현하지 않기 때문에 문학을 통해 정체성을 찾는 연구가 쉽지 않았다.

대신 미술은 언어를 통하지 않고 색과 조형, 구도를 통해 표현하기 때문에 더욱 감각적이고 자신의 감정을 더 쉽게 전달할 수 있다. 그러나 미술도 한계가 있다. 대부분 스페인 미술을 궁정에서 나온 것이었다. 그래서 서민들의 삶과 격리된 부분이 많다. 그리고 그림의 내용이 거의 구상적이고 개념적이기 때문에 일반인들이 그림을 통해 감정 자체를 느끼기가 쉽지 않다. 물론 스페인의 미술이 다중적이고 현대적인 요소가 많아, 같은 시대의 다른 나라 그림에 비해 감정을 많이 부딪히게 하는 것은 사실이다.

미술도 인상주의 이후 모더니즘으로 오면서 인간의 감정이 더욱 많이 표출되고 있다. 특별히 비구상적 현대미술은 개념적인 것보다 감정 자체를 더욱 강하게 표출하고 있다. 그러나 일반 대중이 이러한 감정을 쉽게 공감하고 공유하기는 어렵다. 그래서 미술 역시 스페인의 정체성을 직접으로 표현하고 느끼는 데 어려움이 많다. 스페인적 정체성이라는 것도 간접적인 해석을 통해서나 만날 수 있는 모호하고 추상적인 내용이었다.

그러나 음악은 아주 다르다. 비언어와 비개념이고 음과 리듬을 통해 몸으로 직접 전달된다. 머리로 해석할 것이 없다. 그냥 즉각적이고 감각적으로 느낀다. 문학의 언어적 개념이나 미술의 구상과 개념적인 내용을 통해 전달되는 것이 아니다. 소리와 리듬이고 모두가 그대로 느끼는 것이다. 그래서 음악은 가장 인간의 심층과 감정을 그대로 표현한다고 말할 수 있다. 스페인은 이렇게 음악을 통해 자신을 가장 그대로 표현할 수 있었다.

스페인 사람들은 주로 억압적인 분위기에서 살아왔기에, 여러 가지를 생각하면 마음이 복잡하고 괴롭기에 생각하기보다는 생활에 몰두하면서 느끼는 대로 사는 경향이 있다. 그리고 당장 살아가는 것도 힘들기에 다른 복잡한 생각을 하지 않으려는 습관이 있다. 그러다 보니 그들은 생각보다 느낌과 감각에 더 예민하게 되었다. 그래서 그들은 생각을 잊고 노래하고 춤추는 것이 더 편하고 좋은 것이었다.

그래서 그들은 춤과 음악 속에서 그들을 그대로 드러내었다. 그러다 보니 음악에서 가장 그들을 쉽고 빠르게 느낄 수 있었다. 이런 이유에서 그들의 정체성을 음악에서 가장 직접적으로 느낄 수 있었다. 그렇다면 그들은 음악에서 어떠한 정체성을 어떻게 표현하였을까? 그 속에 있는 그들의 인격과 정체성은 무엇이었을까? 이를 알아보기 전에 먼저 그들의 음악을 간단히 소개하려고 한다.

유럽과 다르게 발전한 스페인 음악

✦

다른 예술도 그러했지만, 그들 음악 역시 유럽 사조의 영향을 별로 받지 않았다. 유럽의 음악은 교회음악으로부터 시작하여, 궁중음악으로 가면서 바로크 음악이 나왔고 대중들이 참여하면서 고전주의와 낭만주의로 발전하게 되었다. 스페인도 교회가 중심에 있었기 때문에 종교음악이 발달하였다. 특히 오르간 음악이 발달하여 훌륭한 연주가들이 많았다. 오스트리아의 합스부르크와 프랑스의 부르봉 왕가가 오랫동안 지배하였기에 궁중을 중심으로 한 음악도 많이 발달하였다. 특별히 스페인 제국의 황금 세기에는 모든 예술과 함께 음악도 다른 유럽에 못지않게 성행하였다. 스페인은 음악과 춤을 좋아하는 민족이고 당시 좋은 시인들이 많았기 때문에 시를 노래로 부르는 세속 가곡도 많이 발달하였다.

당시 유명한 연주와 작곡가들로는 세롤레스(1618~1680), 까바니에스(1644~1712), 도메니꼬 스카를라티(1685~1757), 안토니오 소렐(1729~1783), 나르시스 까사노바스(1747~1799) 등이 있었다. 그들은 유럽의 바로크 풍을 따르고는 있었지만, 이미 스페인만의 고유한 선율, 정서와 열정 등을 담뿍 담고 있었다. 바로크적인 성향은 스페인의 정서와 잘 맞아 좋은 음악가가 많이 배출되었다. 유럽은 18세기 후반부터 바로크를 지나 고전주의로 넘어가고 있었지만, 스페인은 형식을 중시하는 고전주의 음악을 별로 좋아하지 않아 고전주의 음악은 거의 발달하지 않았다. 프랑스 혁명을 지나 19세기로 가면서 유럽은 낭만주의로 넘어가고 있었다. 그러나 스페인은 정서가 강하기 때문에 낭만주의 음악은 금방 받아들였다.

그러나 유럽의 낭만주의는 고전주의의 형식을 바탕으로 발전된 것이기 때문에 유럽의 낭만주의와 스페인의 낭만주의는 달랐다. 스페인은 그들만의 낭만주의로 갔는데, 그들의 낭만주의는 민족주의적이었다. 19세기 초에는 스페인의 민족주의와 독립의식이 고양될 때였다. 19세기 초 나폴레옹의 침략과 고야 그림의 영향으로 민족주의가 전국적으로 확산되었고 독립운동도 일어나고 있었다. 지난 300년간 외국 왕가에 의해 억압되었던 스페인의 민족성이 깨어나기 시작한 것이었다.

스페인은 19세기 초반과 중반까지 나폴레옹과의 전쟁, 정치적인 혼란과 내전 등으로 음악이 발달할 수 있는 환경이 조성되지 못했다. 그리고 내부적으로도 고전주의 음악의 기초가 없었기에 유럽풍의 낭만주의 음악을 따라가기도 어려웠다. 그래서 스페인에서는 19세기 중반까지 고전주의와 낭만주의 음악이 제대로 발달하지 못했다. 대신 이상하게도 유럽에서 스페인의 열풍이 불었다. 여러 낭만주의 작곡가들이 스페인을 주제로 작곡하였다.

쇼팽Frederic(-Francois) Chopin(1810~1849)의 '볼레로'(1833), 리스트Franz Liszt(1811~1886)의 '스페인 노래에 의한 론도'(1883), 글린카Mikhail Ivanovich Glinka(1804~1857)의 '스페인 서곡'(1845), 비제Georges Bizet(1838~1875)의 오페라 '카르멘'(1874)과 '스페인 세레나데'(1860), 랄로Edouard-Victor-Antoine Lalo(1823~1892)의 '스페인 교향곡'(1875), 림스키코르사코프Rimsky-Korsakov(1844~1875)의 '스페인 카프리초'

(1887) 등 다양한 유럽의 국가의 작곡자들이 약속이나 한 것처럼 스페인에 대한 음악을 발표하였다. 그 외에도 스페인을 주제로 여러 곡이 발표되고 연주되었다. 이러한 스페인 열풍에 자극을 받아 스페인의 작곡가들도 자신의 음악을 만들지 않을 수 없었다. 스페인과 무관한 음악가들이 이 정도의 음악을 작곡할 수 있다면, 스페인 사람인 그들은 훨씬 더 스페인적인 음악을 만들 수 있을 것이라는 기대감에 부풀어 그들의 음악을 작곡하기 시작하였다.

스페인의 유명한 음악가들
✦

그 선봉에 선 작곡가가 펠리페 페드렐Felipe Pedrell(1841~1922)이고 그들의 제자들인 3인방 작곡자가 바로 유명한 이삭 알베니스, 엔리께 그라나도스, 마누엘 데 파야이다. 이삭 엘베니스Issac Albeniz(1860~1909)는 피아노 연주가이자 작곡가이다. 〈에스파냐의 노래〉, 〈에스파냐 모음곡〉, 〈이베리아〉 등의 피아노곡이 유명하다. 제목에서 말하듯 그는 스페인 고유의 선율과 리듬을 찾아 이를 음악으로 표현한 대표적인 민족주의 음악가이다. 민속적인 선법과 독특한 화성, 섬세한 리듬 등을 통해 스페인의 멋과 열정을 느끼게 하는 음악을 선보였으며 프랑스의 드뷔시Claude Debussy(1862~1918)와 메시앙Olivier Messiaen(1908~1992)으로부터 찬사를 받은 바 있다. 그의 음악은 스페인의 멋과 열정만을 단순하게 표현하기보다는 그 속에 그들의 슬픔과 아픔을 승화시켜나가는 깊이와 아름다움이 있었기에 더욱 사랑을 받았다.

엔리케 그라나도스Enrique Granados(1867~1916)는 〈12개의 스페인 무곡집〉과 〈고예스까스〉(고야 그림 풍의 정경집)의 작품으로 유명하다. 역시 피아노곡을 주로 작곡하였고 그는 아름답고 섬세한 음악을 통해 감미롭고 깊은 스페인만의 서정성을 표현하였지만, 감정으로만 흐르지 않는 스페인만의 품격도 느끼게 해주었다.

마누엘 데 파야Manuel de Falla(1876~1946)는 피아노곡만이 아니라 관현악곡으로도 유명하다. 그리고 앞의 두 작곡가는 오래 살지 못하였지만, 파야는 오래 살며 다양한 곡을 많이 남겼다. 그는 관현악의 풍부한 음향과 섬세한 색조로 화려하지만, 신비롭고 몽환적인 세계로 몰입하게 하였다. 그리고 생기 넘치는 리듬의 정열과 잔가락의 멋만이 아니라 그 속에 있는 깊은 애환도 만날 수 있었다. 그리고 프랑스풍의 세련된 기법을 통해 동방의 향기도 느끼게 해주는 깊고 넓은 감성을 보였다. 그는 오래 산 덕에 그 고통스러운 스페인 내전과 프랑코정권의 압제를 겪어야 했다. 그래서 1939년 이후 고국을 떠날 수밖에 없었지만, 늘 스페인을 그리워하며 살았다.

그 외 잘 알려진 스페인 작곡가로는 〈스페인 고전 가곡〉으로 유명한 오브라도스Fernando Obrados(1879~1945)가 있다. 그는 가곡의 피아노 반주에 기타의 주법을 많이 도입하였고 화려하고 경쾌하면서도 어둡고 깊은 정서를 느끼게 하는 가곡을 작곡하였다. 그 외 많은 작곡가가 있지만 잘 알려진 작곡가로서는 파야를 이은 호아킨 뚜리나Joaquin Turina(1882~1949)와 유명한 〈아라후에스 협주곡〉 기타 협주곡을 작곡한 호아킨 로드리고Joaquin Rodrigo(1901~1999) 등이 있다.

그리고 스페인에는 명연주가가 많은 것으로 유명하다. 전체적인 음악의 수준이 높은 것은 아니지만, 천재적인 연주가들이 많은 것은 스페인이 그만큼 음악적인 감성과 재능이 풍부하다는 뜻일 것이다. 바이올린으로는 파블로 데 사라사떼Pablo de Sarasate(1844~1908)와 첼로로는 파블로 카잘스Pablo Casals(1876~1973)가 세계적으로 유명하다. 하프로는 니까노르 사발레따Nicanor Zabaleta(1907~1993)가 유명하다. 기타로는 스페인을 그 누구도 따라갈 수 없을 정도로 독보적이다. 스페인에는 훌륭한 기타리스트들이 즐비하지만, 가장 잘 알려진 연주가로는 안드레스 세고비아Andres Segovia Torres(1894~1987)와 나르시소 예뻬스Narciso Yepes(1927~1997)가 있다. 소프라노로는 빅토리오 데 로스 앙헬레스Victoria de los Angeles Lopez Garcia(1923~2005)와 몬세랏 카바예Montserrat Caballe(1933~2018)가 잘 알려져 있고, 메조 소프라노로는 테레사 베르간사Teresa Berganza(1935~2022)가 유명하다. 그리고 테너로는 알프레도 크라우스Alfredo Kraus(1927~1999), 플라시도 도밍고Placido Domingo(1941~)와 호세 카레라스Josep Carreras(1946~) 등이 세계적으로 유명하다.

무엇이 스페인의 음악적 정체성인가?

◆

지금까지 세계적으로 잘 알려진 작곡가와 연주가를 중심으로 스페인 음악을 소개하였다. 이제는 이러한 스페인 음악의 전체적인 특성을 스페인의 정체성과 관계 지어 생각해보려고 한다. 스페인의 음악에는 스페인의 민족적인 특성과 정체성이 아주 강하고 표출되고 있는데, 그 민족적 특성이 무엇인지를 살펴보려는 것이다. 그리고 이것이 어떻게 스페인의 정체성과 연관되는지도 알아보려고 한다.

사람들이 스페인 하면 제일 많이 떠 올리는 것이 정열의 나라, 플라멩코의 나라 그리고 알람브라의 궁전 등이다. 모두 남쪽의 안달루시아, 그라나다와 연관되어 있다. 그래서 음악도 이와 많이 연관되는 것 같다. 아주 리듬이 강하고 화려하고 정열적인 음악을 스페인의 민속 음악으로 생각하는 것이다. 그러나 스페인 사람들은 이는 스페인의 극히 일부이지 전부라고 할 수 없다고 한다. 그러나 워낙 안달루시아의 인상과 색채와 리듬이 강하기 때문에 이런 이미지를 지우기 쉽지 않다. 그래서 음악에서도 같은 문제가 일어난다.

언뜻 스페인의 음악을 들으면 모두가 비슷한 것 같다. 워낙 그 스타일이 강하고 특징적이기 때문에 그 차이를 느끼기가 쉽지 않은 것 같다. 그래서 과연 이들의 음악이 전체적인 스페인의 정체성을 표출하는 것인지, 아니면 안달루시아의 특징만을 부각하는 것인지 의문이 들 수 있다. 그래서 이들의 음악에 대한 세밀한 분석이 필요하다.

앞서 스페인이 왜 음악성이 뛰어난 지에 대해 설명하였다. 그들은 오래된 억압적인 역사와 정치로 인해 언어적 사고와 개념과 이념보다는 감정과 감각이 더 발달한 문화 가운데 살았기에 학문보다는 예술, 그중에서도 가장 비언어적인 음악이 발달할 수 있었다고 했다. 그리고 억압과 좌절 속에서 그들은 감정을 깊이 누르고 새기며 살아야 했다. 그래서 그 농축된 감정을 표현하는 데는 소리라는 음악과 몸을 움직이는 춤이 가장 적합하였다. 그들의 깊고 다양한 감정을 표현하기 위해서는 그만큼 다양하고 섬세한 음악이 필요하였다. 그래서 그러한 음악이 발달된 것이었다. 먼저 그들의 음악에 어떠한 요소들이 내재되어 있는지 살펴보자.

첫째로 그들 음악의 가장 특징적인 요소는 강한 리듬이다. 이 리듬은 춤과 연관되어 있다. 돈키호테의 저자인 세르반데스는 "스페인 사람은 어머니 뱃속에서부터 춤을 추면서 태어난다"고 했다. 스페인은 지역마다 다양한 춤과 리듬이 있다. 안달루시아의 플라멩코만 스페인의 춤은 아니다. 판당고와 볼레로 등도 있다. 스페인의 특징적인 리듬은 작게 분할된 3박자, 8분의 6박자, 4분의 3박자가 교차하면서 독특한 분위기를 자아낸다. 그리고 이러한 복잡한 리듬에다 변칙적인 악센트까지 더해지면서 리듬은 더욱 복잡하고 다채로워진다. 그리고 더욱 강하고 역동적인 율동감과 멋이 가해지면서 그들만의 흥겨운 리듬이 형성되는 되는 것이다.

스페인 음악에서 리듬이 뜻하는 것
✦

이 리듬이 의미하는 것은 무엇일까? 왜 그들은 이러한 리듬을 만들어야 했고 이를 즐기는 것일까? 태생적으로 가장 리듬을 즐기는 사람들이 아프리카인이다. 스페인은 아프리카와 아주 밀접한 연관이 있다. 태고의 조상이 아프리카에서 넘어왔고 이베로 인도 아프리카에서 넘어왔다. 그리고 이슬람도 아프리카인들이 적지 않았다. 그리고 지금도 스페인은 아프리카와 아주 가깝게 살아가고 있다. 피카소가 자신의 근원적인 모성을 아프리카의 원시미술에서 찾은 것처럼 스페인의 뿌리에는 분명 아프리카의 심장이 뛰고 있는 것은 사실이다.

그래서 그들은 그렇게 리듬을 좋아하고 춤을 즐길 수밖에 없었다. 그들은 겉으로는 유럽인이지만 그 속에 아프리카의 심장이 뛰고 있다. 흔히 유럽인들이 스페인을 비하卑下할 때 그들은 유럽보다 아프리카가 더 가까운 나라라고 한다. 그러나 여기서 그들이 아프리카의 심장을 가지고 있다는 것은 그들을 비하하는 것이 아니라, 그들에게 숨겨진 역동성과 힘의 근원으로써 말하는 것이다. 그들은 분명 한 면으로는 유럽인이지만, 유럽인에게 없는 아프리카적인 힘과 역동성이 있다. 그래서 이를 잘 살려 그들이 더욱 역동적이고 통합적인 스페인이 되었으면 한다. 그들에게 이러한 힘과 역동성이 내재되어 있기에 심한 억압을 받게 되면 그 힘이 강하게 분출되고 폭발할 수밖에 없었다. 마치 화산처럼 폭발하는 그들의 힘이 바로 아프리카의 심장에서 나오는 것이었다.

그리고 또 하나의 이유는 그들의 오랫동안 자신들을 눌렀던 억압 속에 잠재된 욕구와 분노를 분출할 수 있는 길로서 강한 리듬과 몸짓이 필요했다. 그래서 스페인의 리듬은 안달루시아만의 것이 아니고 스페인 전체의 근원적인 몸짓이라고 보아야 할 것이다. 그들은 겉으로는 조용하고 안정적인 것 같지만, 그들 깊은 곳에는 이처럼 강렬한 욕구와 아픔이 있다는 것을 그들의 리듬을 통해 간접적으로 느낄 수 있다. 이처럼 그들 속에는 폭발하지 않으면 안 되는 억압된 강한 감정과 힘이 내재되어 있는 것이다.

다양한 감성과 깊은 마음을 표현하는 음악

✦

두 번째 그들의 음악적 특성은 섬세함과 화려함이다. 그리고 숨겨질 듯 하면서 돌출되는 그들만의 멋이다. 앞서 스페인 미술의 세밀하고 화려한 문양을 설명하면서 이러한 특징이 안달루시아의 이슬람 문화에서 나온 것이라고 했다. 그리고 왜 이슬람이 그러한 세밀한 조형과 색채를 발전시켰는지 그 심층적 역동성에 대해서도 설명한 바 있다. 이 역시 이슬람의 강한 억압과 경전의 영향으로 그렇게 발전한 것으로 설명하였다. 그러나 그것만으로 이를 충분히 설명할 수는 없을 것이다. 그들의 억압된 감정이 이만큼 섬세하고 다양하게 분화되어 갔기 때문에 이러한 섬세한 음악이 필요하였을 것이다.

첫 번과 두 번째의 특징은 누구나 알 수 있는 스페인 음악의 표면적인 특성이 될 것이다. 그러나 이것만 있는 것은 아니다. 그 속에 숨겨진 엄청난 슬픔과 아픔이 있다. 그 슬픔은 거의 우리나라의 한恨과 같은 수준이다. 그리고 그 속에 깊은 인간의 정과 사랑을 느끼게 하는 인간성과 아름다움이 있다. 이를 세 번째의 특징으로 볼 수 있다. 이러한 특징이 스페인 음악의 아름다움과 깊이를 더해준다. 스페인 음악이 언뜻 강렬한 리듬과 화려한 색조로 되어있어 불꽃처럼 타올랐다가 이내 사라진다고 볼 수 있을지 모르지만, 그 아래에 이러한 선율과 감성이 끈질기게 흐르고 있기에 그들의 음악은 더욱 풍요롭고 깊이 우리의 마음을 울려주는 것이다.

그들은 겉으로 보면 낙천적이고 인생을 단순히 즐기면서 살아가는 것처럼 보인다. 그러나 그들 깊은 곳에는 쉽게 꺼내지 못하는 한(恨)과 같은 아픔이 있다. 그래서 그들은 즐거운 음악을 즐겨 찾지만, 이러한 음악만으로 만족하지 못하고 그 속에 깊이 흐르는 애환을 동시에 만난다. 그렇다고 그들은 좌절되고 상실된 아픔과 슬픔에 빠지지 않는다. 이를 사랑과 아름다움으로 극복하고 승화해가는 인간적인 이야기들이 많다. 이러한 복잡한 그들의 마음과 감정을 그들만의 선율과 절묘한 선법으로 들을 수 있다. 그래서 그들의 음악은 아름답고 깊다.

이 책에서 스페인의 특징을 말하면서 그들의 중첩성과 다중성에 대해 여러 번 언급하였다. 그들의 음악에도 이러한 특징이 여실히 드러나고 있다. 앞서 말한 대로 그들의 음악은 하나의 방향으로 가지 않는다. 기쁨으로 가다가 슬픔으로 가고, 다시 신나는 리듬으로 흥분하다가 그 속에 다시 아픔이 스며 나온다. 이처럼 여러 감정과 선율이 교차하면서 다중적이고 중첩적인 정서와 음악을 연출한다. 유럽 음악에서는 장조와 단조의 음계가 분명하고 박자와 형식도 안정적이다. 그러나 스페인 음악에서는 장조와 단조가 불분명한 독특한 선법을 보인다. 그리고 형식과 리듬도 아주 불규칙적으로 변한다. 이를 통해 그들의 다양한 감정을 동시에 중첩적으로 표출할 수 있는 것이다. 이를 통해서 그들은 억압된 불분명하고 이중적인 감정을 잘 표현하고 있다고 볼 수 있다.

마지막으로 그들의 음악은 깊고 신비롭다. 감정의 표현으로만 끝나지 않고 더 깊은 곳에서 올라오는 어떠한 힘과 신비감이 있다. 깊은 곳에 있는 그들만의 힘과 역동성이 느껴지는 음악이다. 그 신비의 원천에 대해서는 구체적으로 설명하기 어렵지만, 그들은 위기 때마다 신비로운 초월의 힘으로 극복해온 역사가 있다. 그들에게는 신비한 영성의 힘이 있었고 북부에서는 이러한 영성의 순례 길을 가기 위해 전 세계 사람이 모여들고 있다. 미술과 문학에서도 이러한 신비가 있었지만, 음악에서도 역시 이러한 신비를 느낄 수 있다. 이것이 그들의 음악이 더욱 깊고 아름다운 이유일 것이다.

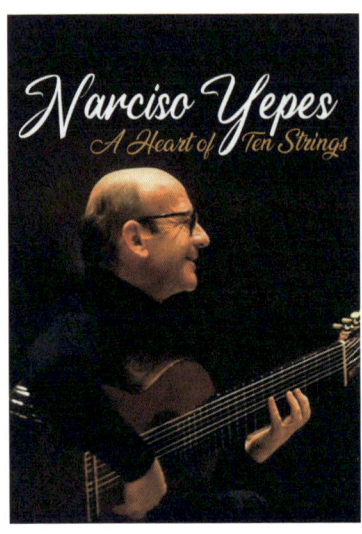

♦◇ 스페인이 자랑하는 세계적인 기타 연주자 나르시소 예빼스. 그는 10줄의 기타 연주로도 유명하다. 스페인에는 기타 연주자를 비롯하여 세계적인 연주자들이 즐비하다. 기타의 여러 기법과 선율이 스페인 정서와 마음을 표현하는데 아주 적합하기에 기타 음악이 특별히 발달할 수 있었다. 그리고 그들은 개인적인 음악성과 예술성이 특별히 깊고 뛰어나다. primevideo.com

스페인 음악에는
왜 개인적 연주가 많은가?

◆

그리고 마지막으로 그들의 음악적인 특징으로써 그들 음악의 장르를 들 수 있다. 그들은 웅장한 교향곡보다 개인적인 연주를 즐겼다. 같이 하는 협주나 실내악보다 개인적인 피아노와 기타곡이 많다. 유럽과 다른 이러한 특징은 어디에서 나온 것일까? 특별히 기타 음악이 선택적으로 발달된 이유는 무엇일까? 이는 스페인의 개인주의 성향에서 나온 것일 것이다. 그들은 아픔과 어려움을 혼자 조용히 새기면서 자신의 삶에 몰두한다. 그래서 음악도 극히 개인적인 성향이 강하다. 그래서 더욱 깊고 슬프다. 특별히 기타의 여러 기법과 선율이 스페인 정서와 마음을 표현하는데 가장 적합하지 않나 생각된다. 기타의 선율과 기법에 그들의 마음을 깊이 울려주는 특별한 무언가가 있기 때문일 것이다.

    그러나 그들은 개인만으로 끝나지 않는다. 때로는 집단으로 모여 자신의 감정을 풀고 춤과 노래를 즐긴다. 그리고 그들은 다시 개인으로 돌아간다. 이것이 그들의 삶이다. 음악에도 그들의 이러한 성향이 잘 느껴진다. 지금까지 음악을 통해 스페인의 정체성과 마음을 설명해보았다. 그들을 분석적인 이론으로 다 설명할 수 없다. 그들을 직접 느끼고 만나기 위해서는 그들의 음악을 듣고 그 속으로 들어가 보아야 할 것이다.

2. 스페인 영화

높은 수준의 스페인 영화

✦

앞서 설명한 대로 각 예술 분야마다 스페인의 정체성이 표현하는 방식과 내용이 다르다고 했다. 그렇다면 영화는 어떤 방식으로 어떠한 내용을 표현하는지를 아는 것이 중요하다. 영화는 문학, 미술과 음악에 비해 가장 늦게 발달한 매체이다. 그러나 영화는 그 표현과 내용이 아주 강렬하면서 특히 대중에 깊은 영향을 미칠 수 있다. 그리고 영화는 표현 방식이 언어와 비언어의 경계선이라는 것도 아주 중요한 특징이다. 문학은 언어적이고 음악은 완전히 비언어이다. 그러나 미술은 비언어이지만, 언어적인 내용이 포함되어 있다. 그러나 언어적 내용은 빈약하기에 비언어가 강하다고 볼 수 있다.

그러나 영화는 언어적인 스토리와 대화가 있어 언어적 성격이 강하지만, 비언어적인 이미지, 영상 그리고 음악 등을 종합적으로 추구하기에 비언어성도 강한 편이다. 그래서 다른 그 어떤 매체보다 작가가 말하고 싶은 것을 잘 표현할 수 있고 관객 역시 이를 잘 전달받고 공감할 수 있다.

이러한 영화의 특징 때문에 이야기하고 싶은 것이 많은 사람들이 영화를 만들고 싶어 한다. 그리고 이야기만이 아니라 사회를 진정으로 변화시키고 싶은 사람들이 영화에 참여하는 경우가 많다. 영화가 대중화되기 시작한 20세기 중반이후의 유럽은 변혁의 시대였다. 유럽은 전쟁 이후 각 나라가 부흥과 발전의 길을 열심히 가고 있었다. 그러나 스페인만은 프랑코의 철권통치 때문에 고립되고 정체되어 있었다. 20세기 초에 98세대, 1900세대와 27세대들이 열정적으로 스페인이 가야할 길을 외쳤지만 그 이후 스페인은 거꾸로 가고 있었다. 스페인을 걱정하는 많은 사람들이 있었지만, 그 누구도 이러한 스페인에 대해서 이야기할 수 없었다.

그러나 스페인은 항상 아무것도 없는 것 같을 때, 혜성 같이 천재들이 나타났었다. 영화에서도 이러한 천재들이 등장하였다. 이 역시 스페인에서만 일어날 수 있는 초현실적인 현상이었다. 그들은 다른 유럽과 비교하기 어려울 정도로 높은 수준의 영화를 제작하며 유럽 영화를 선도하였다. 그들은 영화를 통해 스페인의 문제를 다시 꺼내어 이야기하기 시작했다. 프랑코 통치 이후 스페인에 대해서 그 누구도 이야기할 수 없었던 내용이었다.

그러나 그들은 정치적인 구호나 행동이 아닌 영화의 예술성을 통해 자신들의 이야기를 조심스럽게 하기 시작한 것이었다. 그들은 먼저 영화라는 예술을 사랑한 사람이었고 예술의 아름다움을 통해 그들의 이야기를 하였다. 그래서 스페인 영화는 예술적 수준도 높았지만, 그 속에 우리의 마음을 깊이 움직이는 높은 차원의 이야기가 풍부했다.

해체적 작업으로 시작한 스페인 영화
✦

그들은 진정한 스페인을 찾고 싶었고 이를 위해서는 먼저 거짓과 허구를 과감하게 부수는 작업을 했다. 그들은 오랫동안 억압의 삶을 살았다. 그 억압은 절대왕정과 전통이었고 기독교로부터 나온 것이었다. 그렇다고 그들은 무력으로 권력과 싸우지 않았다. 무력 투쟁의 결과가 비참한 내전을 겪어야 했고, 그 결과 프랑코의 절대 권력이 들어섰기 때문에 무력이 해답이 아니라는 것을 잘 알고 있었다. 저항하기 위해 같은 무력을 사용하면 결국 그들과 같은 수준이 되어 악순환으로 갈 수밖에 없었기에, 그들은 영화라는 비폭력을 통해 이를 허물어뜨리려고 했다. 그렇다고 이런 저항의식을 노골적으로 영화에 도입할 수는 없었다. 영화가 심하게 검열을 받는 시기였기 때문이었다.

그래서 영화는 정치적인 권력 대신 기존의 모든 절대적인 질서와 규칙을 허무는 방식으로 영화를 만들었다. 그들이 만든 영화는 어떠한 인과적인 이야기도 없었고 논리적이고 도덕적인 어떠한 설명이나 이해가 불가능하였다. 상상하기 어려울 정도의 초현실적 내용의 영화를 제작한 것이었다. 이런 영화에 앞장선 감독이 루이스 부뉴엘Luis Bunuel(1900~1983)이었다. 이러한 그의 첫 번째의 영화가 '안달루시아의 개'(1929)였다. 이는 대학 동기인 살바도르 달리와 같이 만든 영화였다. 초현실주의 영화의 시작이었다. 의식의 논리적 흐름을 거부하고 초현실의 무의식을 영화에 도입한 것이었다.

그리고 기독교 교리와 가치관을 거부하는 영화를 만들어 기존의 가치와 권위에 도전하였다. 물론 대중들은 이 영화를 이해할 수 없었지만, 그의 영화는 유럽 영화계에 큰 충격을 주었다. 그는 기존의 권위에 대한 도전만 한 것이 아니라, 권위가 만든 대중의 삶에 대해서도 충격적으로 공격하였다. 이미 스페인의 사상가인 가세트가 대중들의 무지함과 안일함에 대해 비판한 바 있었다. 절대정권은 대중들을 바보로 만들었다. 아무 생각을 하지 않고 그냥 일상만을 그럴듯하게 즐기는 부르주의 관객들에게 심한 모욕과 경멸감을 느끼게 하여 그들이 이러한 영화에 대해 항의하도록 유도하였다. 그들의 그럴듯한 예절과 격식을 조롱하였고 영화를 통해 뭔가를 기대하고 보려고 하는 관음증을 거부하며 그 어떤 것도 그들의 기대대로 보여주지 않았다. 이를 통해 무지한 대중을 깨우고 싶었던 것이었다. 그리고 잘못된 스페인의 정체성과 전통에 대해서도 공격하였다.

그래서 그는 잘못된 거짓된 것을 과감하게 부수고 해체하여 그 속에 있는 스페인의 진실을 찾아보려고 하였다. 부뉴엘은 프랑코 정부로부터 추방당해 스페인에서 활동할 수 없어 주로 멕시코에서 영화작업을 하였다. 그러나 그와는 달리 스페인에 머물며 왜곡된 스페인을 부수고 더욱 구체적인 스페인의 참모습을 찾으려고 한 감독들이 있었는데, 후안 안토니오 바르뎀Juan Antonio Bardem(1922~2002)과 루이스 베르랑가Luis G. Berlanga(1921~2010)가 그들이었다. 부뉴엘은 초현실주의 영화를 통해 스페인이 나가야 할 전체적인 그림을 그려주었다면, 부뉴엘 다음 세대인 이 두 감독은 현실에서 더욱 구체적인 그림을 그렸다. 두 사람 모두 친한 친구와 동지로서 스페인 국민과 민중적 예술의 전통을 통해 민족적 의식을 깨우고 싶어 했고 프랑코 체제에 대해서도 비판적이었다.

해체 이후의 대안 찾기
✦

그러나 서로 추구하는 방향은 다소 달랐다. 바르뎀은 공산당에 가입하며 프랑코 정부에 대해 적극적인 반정부 투쟁을 벌여 투옥되기도 했고 영화를 이념적 투쟁의 도구로 생각하였다. 그러나 베르랑카는 현실 참여에는 소극적이었고 영화산업 자체의 성공을 추구하는 감독이었다. 바르뎀은 이탈리아의 신사실주의 영화의 영향을 받아 이를 도입하며 자신의 메시지를 전달하였다. 그는 스페인의 전통적인 민족 정체성을 추구하였지만, 전통에 대한 비판을 동시에 하였다. 보수적인 가족주의와 전통주의로부터 오는 억압을 타파하려고 하였다. 민중운동을 중요시하였지만, 잘못된 민중의식을 비판하기도 하였다. 두 사람 모두 영화에 대한 탄압이 심하였던 1950년대에 오히려 작품성이 좋은 영화를 만들어 전성기를 누렸다. 그 후 1960년대 프랑코 정부가 개방과 화합을 내세우면서 두 사람의 명암이 달라졌다. 바르뎀은 투쟁의 대상을 잃어버린 듯 작품성 있는 영화를 만들지 못하였고, 베르랑카는 계속해서 좋은 영화를 만들어 대중의 사랑을 받았다.

그다음 세대의 대표적 감독은 카를로스 사우라 Carlos Saura(1932~2023)였다. 그는 선배들과 같은 흐름에서 영화를 출발하였지만, 그의 방식으로 접근하였다. 그는 이념적인 접근보다는 스페인의 가장 어려운 시대를 살아온 사람들의 마음에 관심을 두었다. 유년시절 스페인 내전을 자신이 직접 겪으면서 자신의 세대가 경험한 육체적, 심리적 충격을 영화에 담으려고 하였다. 그리고 스페인의 숨어있는 현실을 고발하며 이를 치유할 길을 모색하였다. 그도 역시 선배들처럼 스페인의 민족 예술과 전통을 소중히 여겼지만 비판적이었다. 안달루시아의 예술이 스페인 민족성의 대표인 것처럼 포장되는 것을 반대하였다. 그리고 스페인의 전통적인 가족주의와 종교적 권위를 허물고 새로운 스페인의 정체성을 찾아가는 갈등과 방황을 영화에 그리기도 했다.

앞선 스페인 영화들의 가장 중요한 주제는 기존의 권위와 잘못된 것을 허물고 해체하는 것이었다. 기존의 것이 잘못되었다고 해서 이를 반대하고 저항하고 허무는 것도 쉬운 일이 아니었다. 특히 정치적인 탄압과 기득권의 저항이 아주 심했다. 그리고 비판하는 것도 비판받는 것도 감정이 상하는 일이기에 이러한 일 자체가 쉬운 일은 아니었다. 그러나 스페인의 감독들은 이런 고통을 감수하면서 스페인에 잘못된 것에 대해 과감하게 저항하고 비판하였다. 그리고 숨겨진 아픔을 고발하였다. 이러한 용기와 작가 정신을 높이 사야 한다. 또 이를 예술적인 은유와 영상미로 표현하는 그들의 높은 수준의 예술성 또한 칭송받기에 부족함이 없었다. 그래서 국제영화제에서 스페인 감독들이 많은 수상과 찬사를 받았다.

부뉴엘은 스페인을 초현실적으로 해체하였다. 그는 달리처럼 오랫동안 강하게 억압된 스페인을 살리는 길은 초현실적 해체밖에 없다고 생각하였다. 그러나 초현실은 해체로써는 중요한 의미가 있지만, 현실은 초현실로만 살아갈 수 없다. 그렇다면 현실적인 대안은 무엇인가? 그러나 초현실주의자에게는 사실 이러한 질문 자체가 의미가 없다. 거짓된 허구의 단단한 갑각류의 껍질에 갇혀 사는 그들에게 현실을 부수고 그 속에 신음하는 무의식을 해방시켜주는 것만으로도 큰 의미가 있다. 그는 이 작업을 유머와 냉소 그리고 아름다운 미학으로 승화시킴으로 고통가운데 있는 사람들에게 즐거움을 선사하였다. 그리고 무엇보다 많은 사람에게 영감을 주어 이러한 해방과 해체 작업을 계속할 수 있게 해주었다. 그래서 그의 후배인 베를랑가와 바르뎀 감독도 좋은 영화를 제작할 수 있었고, 한국의 홍상수 감독도 그러한 사람 중에 한 사람이었다.

초현실주의자들은 고발과 저항만으로 끝난다고 하더라도, 현실적으로는 초현실만으로 살아갈 수 없다. 대안과 해결이 없이 지속적인 고발과 비판은 과거 스페인의 내란처럼 또 하나의 혼란과 아픔이 될 수도 있다. 그렇다면 스페인의 영화인들은 스페인의 문제를 어떻게 보고 해결하려고 했을까? 의사가 바른 진단을 하는 것은 바른 치료를 하기 위해서이다. 그들은 스페인을 바로 진단하였다면, 그들의 치료는 무엇이었는가? 이에 대한 스페인 영화의 대안과 고민은 무엇이었는지를 살펴보려고 한다.

스페인의 상처와 치유의 길

✦

그다음 길은 바로 스페인이 남긴 상처를 치유하는 것이었다. 이에 대해서는 빅토르 에리세Victor Erice(1940~)감독이 깊이 다루었다. 그는 2편의 극영화와 한편의 다큐멘터리 작품을 남겼는데 모두 국제영화제 수상을 할 정도로 기념비적인 작품만 남겼다. 그가 제작한 두 편의 극영화는 〈벌집의 정령〉(1973)과 〈남쪽〉(1983)인데 스페인 영화의 최고 걸작으로 꼽힌다.

그는 〈벌집의 정령〉이란 영화에서 내전이 남긴 트라우마를 아주 섬세하게 표현하였다. 트라우마는 스페인에게 카스티야 고원처럼 텅 빈 부재不在를 남겼다. 벌이 벌집에서 반복적인 무의미한 일상을 사는 것처럼 트라우마를 입은 사람들도 자기를 느끼지 못하고 무의미하게 일상을 사는 것으로 표현하였다. 이것이 스페인의 문제로서 정확하게 지적한 것이었다. 영혼과 자기가 있지만 이를 느끼지 못한 채 괴물 같은 정령이 이끄는 대로 살아가는 스페인이 된 것이었다.

그다음 영화인 〈남쪽〉은 스페인의 문제를 더욱 깊이 다룬다. 남쪽은 스페인 내전의 아픔을 간직한 곳으로 상징화되어 있다. 그러나 주인공인 아버지(아구스틴)는 남쪽에서의 아픔을 도피하기 위해 북쪽으로 이주해서 많이 회복하고 화해하는 것 같았다. 그러나 도피와 망각만으로는 결코 바른 회복을 이룰 수 없었다. 남쪽의 상처는 결코 망각될 수 없었고 다시 드러난 그 상처로 인해 그나마 북에 와서 간신히 회복한 것마저도 파괴되고 말았다. 아버지는 결국 아픔을 이기지 못하고 자살하고 말았다. 그리고 딸은 다시 남쪽으로 떠나는 것이 영화의 마지막이다. 영화 제목이 남쪽인데 그 이후 남쪽으로 가서 딸이 어떻게 되었는지 마무리하지 못하고 영화는 끝나게 되었다. 하나의 여운으로써 남았다. 이것이 바로 스페인의 미래를 의미하는 여운으로 남긴 것이었다.

에리세 감독은 스페인의 문제를 가장 깊이 파헤친 감독으로 생각된다. 아니 영화감독 이전에 이렇게까지 스페인의 문제를 깊이 들여다본 학자와 작가가 있었을까? 할 정도로 그의 통찰은 너무도 깊고 정확하다. 그의 스페인에 관한 이야기를 더 들어보자. 결국 그는 스페인의 핵심의 문제를 사랑으로 보았다. 피카소가 사랑 속에서 자신을 찾아갔듯이 그도 스페인은 내전만의 문제만이 아니라, 이를 통해 모든 사랑이 단절되고 상실하게 된 것을 가장 핵심적인 문제로 본 것이었다. 그래서 아구스틴도 아버지, 연인과 딸의 사랑을 상실함으로 죽게 된 것이었다. 스페인은 이 사랑을 회복해야 한다는 것이 그의 해법이었다. 그래서 딸이 남쪽으로 가서 아버지가 이루지 못한 그 사랑을 찾아 회복하기 위해 떠나는 것이었다.

스페인에서 남과 북의 의미
✦

그런데 왜 이 영화의 제목이 〈남쪽〉이었을까? 이 영화에는 계속해서 남과 북이라는 지역이 아주 중요한 메타포로 등장한다. 그는 왜 남과 북을 이 영화의 주제로 삼았을까? 이 책의 앞부분에서 스페인의 남북과 중부의 지형, 역사와 심층적 의미에 대해 설명한 바 있었다. 남쪽은 지중해가 있고 정열적인 사랑이 넘치는 곳으로 인식되어 있다. 이것이 스페인의 표층일 수 있다. 겉으로 낭만과 사랑이 넘치는 것 같지만, 사실 스페인의 중심은 공허하고 단절되어 있다.

이것이 스페인이다. 깊은 곳의 사랑은 단절되어 있으면서 겉으로 사랑이 있는 척하며 살아가는 것이 스페인이다. 이는 물론 스페인만의 문제는 아닐 것이다. 우리 모두의 문제일 것이다. 에리세는 영화에서 남과 북으로 나누었지만, 사실 아구스틴이 이주한 북은 중부의 카스티야이다. 스페인 전체로 보면 카스티야보다 북쪽이 더 있다. 카스티야는 그의 전편의 영화 〈벌집의 정령〉에도 핵심적인 지역으로 나온다. 이곳은 스페인의 수도 마드리드가 있는 중심지역이지만, 공허하고 단절된 곳이다. 이것이 스페인의 참 내면의 모습으로 그는 고발하는 것이었다.

이 영화에서 진정한 북은 숨겨져 있다. 아주 은밀하게 숨겨져 있다. 이를 찾는 것이 이 영화의 묘미이고 신비라고 생각한다. 에리세 감독은 스페인의 진정한 사랑의 회복은 공허한 중부나 위장된 남부도 아닌 순수한 북부에서 내려와야 한다는 것을 암시한다. 이 영화에 숨겨진 신비는 진자振子이다. 아버지 아구스틴은 아내가 임신했을 때에 진자를 배에 흔들어 딸이라는 것을 알고 이름을 '에스트레야'라고 지었다. 진자는 수맥을 찾는 신비한 도구로 나온다. 딸 이름을 에스트레야라고 한 것은 스페인 가장 북쪽에 있는 아스투리아스Asturias를 연상시킨다.

아스투리아스는 스페인 기독교와 영성의 중심지였다. 아스투리아스의 동쪽은 알타미라 동굴이 발견된 칸타브리아Cantabria가 있고 서쪽에는 산티아고 성지가 있는 갈리시아 Galicia가 있다.

이처럼 아스투리아스는 스페인 북의 중심이면서 스페인의 뿌리가 있는 곳이다. 바로 모성이 자리한 곳이다. 스페인의 초월적 영성과 모성의 고향이다. 그래서 신비한 진자가 가리킨 곳이다. 그리고 딸의 영성체 수여식에서 딸과 처음으로 마음을 열고 소통한다. 바로 스페인의 회복 가능성을 이렇게 열어주고 있었다. 그러나 남쪽의 상처가 아물지 못해 이러한 회복을 다 망치고 말았

♦◊ 에리세 감독의 '남쪽'(1983)이란 영화. 그는 이 영화를 통해 스페인의 내전이 남긴 상처의 원인이 무엇이고 이를 어떻게 치유할 것인지를 깊이 다루고 있다. 그는 스페인의 아픔과 치유를 남과 북이라는 지역의 상징을 통해 접근하려고 하였다. 이를 통해 스페인이 가야할 방향을 제시하고 있다.

다. 이것이 바로 스페인의 문제이고 가능성이다.

딸이 남쪽으로 간다고 해결되는 것은 아니다. 그녀는 아스투리아스의 딸로, 진자의 딸로 가서 아픔을 풀어야 한다는 것을 암시한다. 진정한 치료를 위해서는 중자기가 있는 카스티야만으로는 부족하며 더 북쪽이며 내자기인 아스투리아스가 필요하였다. 이것이 에리세 감독이 제시한 스페인 치유의 해법이라 생각한다. 이 책에서 반복적으로 제시해온 방향과 일치한다. 이에 대해서는 나중에 더 자세히 설명하려고 한다.

집요하게 질문하고 답하는 스페인 영화

✦

스페인의 영화는 정말로 집요하다. 대충하고 끝나지 않는다. 스페인은 대충 살아온 나라였다. 골치 아픈 문제는 대충 덮어버리고 일상으로 도피하다가 일등 국가에서 바닥으로 몰락하였다. 그래서 이러한 문제를 너무도 분명하게 본 스페인 사람들은 다시는 과거로 돌아가지 않기 위해 자신의 문제에 대해 집요하게 질문하고 답하면서 살아간다. 영화인들이 이러한 문제의식에 가장 깨어있는 사람들이었다. 에리세 감독이 질문하고 답하였고 다시 질문하였다. 그리고 그의 후배 감독들이 다시 답하고 질문하며 스페인의 영화는 계속되었다. 이러한 진지한 질문과 답을 추구하는 것이 영화가 유일할 정도로 영화는 스페인에서 정말 소중한 대화의 통로였고 문화 자산이었다. 영화가 어떻게 이처럼 대단할 수 있었을까?

에리세가 던진 질문은 아픔의 치유와 사랑의 회복이었다. 이러한 문제를 다룬 감독들로서 하이메 차바리 Jaime Chavarri(1943~), 페르난도 콜모로 Fernando Colmoro(1946~)와 호세 루이스 가르시 Jose Luis Garci(1948~) 등의 감독들이 있었다. 내란과 프랑코정권 아래에서는 적이 분명했고 그들의 상처는 상대에게서 온 것이었다. 강한 피해의식 가운데 생긴 아픔이었다. 그래서 이 아픔의 치유는 적이었던 대상이 허물어지는 것이었다. 그 강력하던 프랑코와 그 정부가 허물어지고 새로운 정치가 시작되었다. 완전하지는 않았지만, 자유민주주의 시대가 온 것이었다.

그 속에서 그들은 어떻게 되었을까? 억압된 것이 해체되면서 일시적으로는 해방감과 치유가 온 것은 사실이었지만, 또다시 새로운 문제가 나타났다. 밖의 대상에게 있었다고 생각했던 문제가 자신에게 보이기 시작한 것이었다. 자기가 미워했던 적에게 있던 욕망과 폭력적인 억압이 자신 속에도 있는 것을 보면서, 자신을 비롯한 모든 것에 대해 환멸과 허망함을 느끼게 되었다. 더욱이 진실된 사랑이라고 생각한 것의 허구성을 보면서 더 큰 상실감과 좌절을 경험하였다. 위의 감독들이 추구한 영화 속에 나타난 스페인의 모습이었다.

특별히 가르시는 이러한 문제를 가장 예리하고 파고든 감독이었다. 그는 아스투리아스 출신이었다. 그래서 그런지 그의 접근은 아주 본질적이고 심층적이다. 그는 프랑코 이후의 스페인을 주로 다루었다. 모든 것이 프랑코 때문으로 생각하다가 그가 죽고 나니 모두가 자유를 누렸지만, 새로운 공허함이 다가왔다. 마치 부모를 잃은 고아 같은 상황이었다. 모든 것이 자유였지만 그 속에서 어떻게 자유를 누리고 사랑해야 할지를 잘 알지 못하는 어린아이와 같은 상태가 곧 스페인의 모습이었다.

억압하던 권력도 종교도 사라졌다. 맘껏 이야기하고 사랑할 수 있었다. 그런데 금지된 사랑을 나눌 때처럼 사랑이 뜨겁지 않았다. 권태가 오기 시작했다. 그리고 자유로운 성과 마약 등으로 마구 빠져드는 무질서를 경험하였다. 자유방임의 시대가 온 것이었다. 누구와도 사랑을 나눌 수 있기에 사랑의 소중함이 사라졌다. 그래서 일부에서는 프랑코 시대가 더 좋았다는 말이 나올 정도였다.

자유로운 사랑 속에서 외로움은 더 커졌고, 억압에서보다 자유로움 속에서 두려움은 더 크게 다가왔다. 그리고 혼자 살아갈 능력이 없음을

♦○ 가르시 감독의 '다시 시작하기'. 그는 이 영화로 1982년 아카데미 외국인 영화상을 수상하였다. 그는 이 영화를 통해 억압이 풀린 자유의 스페인이 나가야 할 방향을 제시하였다. 그는 젊은 세대들이 과거의 허상에 머물지 않고, 스페인의 근원적 모성을 회복하여 세계로 나아가길 기원하였다.

보면서 자신에 대해 좌절하게 되었다. 이것이 가르시 감독의 대표작인 〈미결 과목〉과 〈새벽에 홀로이〉의 내용이었다. 그러나 그는 이러한 질문에 대해 다음의 작품인 〈다시 시작하기〉로 답을 내어 놓았다. 이 영화의 주인공은 가장 어려운 시절에 성공적인 삶을 산 안토니오 알바하라$_{Antonio\ Albajara}$교수이다. 그는 노벨 문학상을 받고 스페인 국왕이 왕궁으로 초대받았으나, 그곳으로 가지 않고 자신의 고향인 아스투리아스의 히혼을 찾았다. 그는 곧 암으로 죽을 시한부 인생이었다. 그곳에서 어린 시절을 회상하며 과거 여자 친구도 만나 사랑도 나누었다. 그리고 그는 다시 미국 버클리 대학으로 떠났다.

이 영화에서 가르시 감독이 '다시 시작하기'로 말하려는 것은 무엇이었을까? 구시대의 알바하라 교수는 시한부로 죽고 새 시대가 열렸다. 그러나 새 시대는 역사의 단절과 연속성으로 열렸다. 그는 죽고 단절되었지만 연속되는 것이 있었다. 그 연속성을 에리세 감독이 상징적으로 지적한 아스투리아스를 가르시 감독도 지목한 것이었다. 그는 스페인의 연속성을 마드리드의 왕궁으로 보지 않고 아스투리아스로 본 것이었다.

이는 그의 고향이었기 때문은 아닐 것이다. 스페인의 모성이고 고향이었고 알바하라 교수도 이곳에서 모성 같은 첫사랑을 만났다. 그리고 다시 스페인이 아닌 미국으로 떠났다. 스페인의 초월적 모성을 회복하여 세계로 뻗어가야 한다는 뜻이기도 하다. 그래서 그는 새로운 시대의 출발은 과거와 단절되어야 하지만, 스페인의 모성을 기초로 해서 출발해야 한다고 암시하는 것이다. 이것이 단절과 연속성의 스페인의 새 시대가 될 것이다.

미래 스페인이 가야 할 길을 묻다
✦

이제 이를 더 구체적으로 다룬 감독을 소개하려고 한다. 그는 페드로 알모도바르Pedro Almodovar(1949~)이다. 스페인은 억압이 아주 강하였지만, 그 해체적인 폭발력도 엄청났다. 피카소와 달리를 비롯한 예술가를 비롯하여 스페인 영화의 대부인 브루넬 등의 초현실적인 폭발은 그 어떤 나라도 따라가기 어려울 정도였다. 정치적인 폭발 역시 엄청났다. 그러나 스페인의 일상은 여전히 억압적이다. 프랑코가 죽어도 그가 남긴 억압은 여전하다. 이를 해결하지 않으면 스페인의 미래는 없다고 생각한 한 감독이 있었는데, 그가 바로 알모도바르이다. 스페인만이 아니라 유럽과 미국 등에서 68세대의 청년 좌파 문화 운동은 대단했다. 그리고 스페인에서 가장 폭발적으로 일어났다. 그들의 억압이 그만큼 오래되고 강했기 때문일 것이다.

스페인에서는 70년대 말에 마드리드 모비다를 중심으로 '모비다'La Movida

언더그라운드 문화 운동이 일어났다. 이 운동의 중심에 알모도바르가 있었다. 그들은 광란적인 쾌락을 자유롭게 추구하는 문화 운동이었다. 프랑코 정부가 허물어진 후 환멸이라는 정서가 스페인에 팽대했을 때였기 때문에 이러한 문화 운동은 특히 젊은이들에게 엄청난 파급효과가 있었다. 그들은 성의 자유와 동성애와 같은 다양한 성의 자유를 추구하였다. 알모도바르는 이를 영화를 통해 과감하게 도전하였다. 그리고 포스트모더니즘의 유행과 함께 이러한 스페인의 자유주의는 하나의 문화로 자리 잡게 되었다. 그리고 이러한 것을 추구하는 스페인 영화도 스페인의 하나의 정체성이 되었다.

그는 가톨릭과 전통적인 가부장의 권위에서 나온 교육과 성 역할을 거부하면서 새로운 자유로운 교육과 성문화를 주창하기도 했다. 이러한 급진적인 주장에 대해 보수적인 스페인은 우려를 표하고 있었다. 그러나 스페인이 다시 과거의 전통으로 돌아갈 수는 없었다. 그렇다고 이러한 문화 운동이 하나의 자유와 쾌락으로서의 도피로만 끝나서도 안 될 것이다. 이것이 스페인의 새로운 정체성의 도전이고 미래이다. 이를 어떻게 풀어나가야 할 것인가? 이에 대해 스페인의 다양한 영화작가들은 질문하고 답해나가고 있다. 이제 미래의 새로운 정체성에 대해 그들의 영화가 무슨 이야기를 하는지 들어보자.

프랑크 정권의 붕괴 이후 스페인은 자유 가운데 있었다. 그 자유는 스페인을 어떠한 방향으로 인도하였을까? 절대 권력이 무너지게 될 때, 늘 우려하는 것은 대혼란과 무질서 그리고 가난이다. 그러나 스페인은 생각보다 정치와 경제는 그런대로 안정되었다. 그러나 이러한 안정은

♦◇ 스페인에서는 70년대 말에 '모비다'La Movida 문화 운동이 일어났다. 이는 억압을 거부하고 광란적인 쾌락을 자유롭게 추구하는 문화 운동이었다. 그리고 이 이후 이러한 운동은 스페인의 하나의 문화로 자리 잡았다. 이를 통해서 그들은 새롭게 스페인이 나아가야 할 방향을 고민하고 있다. i0.wp.com

이미 프랑코 정부에 의해 스페인이 거세되어 있었고 오랜 기간을 프랑코가 지배하면서 이미 프랑코 이후를 설계해 놓았기 때문에 그 설계대로 움직여 안정되었다. 단지 젊은이들만이 모비다를 통해 자유롭게 쾌락적 삶을 맘껏 향유하고 있었다. 어쩌면 이것마저도 프랑코의 계산 가운데 있었는지 모른다. 쾌락으로 욕구를 풀어야 정치와 경제에 대한 불만이 해소될 수 있기 때문이었다.

프랑코는 무척 현실적이었다. 스페인이 살 수 있는 길이 관광이라는 것을 알고 있었고 그래서 세계 사람을 끌어들일 수 있는 스페인만의 것을 만들었다. 그것은 안달루시아와 지중해풍의 열정, 사랑, 플라멩코 그

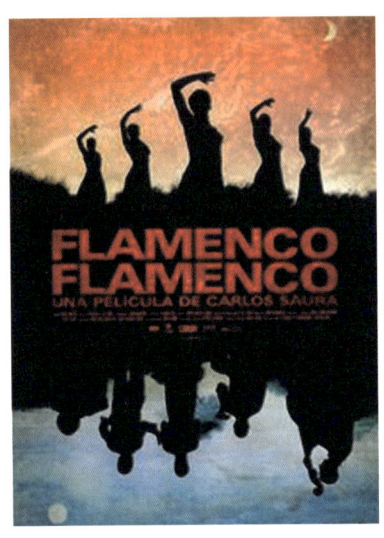

♦○ 사우라 감독은 영화 '플라멩코'(1995)를 통해 스페인의 진정한 정체성이 무엇인지를 질문하였다. 외국이 만들어 준 정체성과 민족성이 아니라 스페인의 내면에서 올라오는 진정한 정체성이 무엇인지를 이 영화를 통해 찾아보았다.

리고 투우와 같은 것들이었다. 그리고 스페인의 또 다른 이미지를 만들었다. 넓은 나라와 다양한 문명의 유산을 보유한 여유로운 나라였다. 그래서 그들은 조용하고 평화롭고 친절한 주인으로서의 이미지이다.

과거의 유산을 삶으로 보여주기 위해 그들은 현대가 아닌 그 시대의 사람처럼 살아야 했다. 이슬람, 중세기 혹은 왕정 시대의 사람처럼 그들이 그 시대의 배경이 되어주어야 했다. 그래서 그들은 현대를 누리고 미래를 향해 나가지 못하고 과거 속에서 무감각하게 살아야 했다. 물론 이는 억지로 하는 쇼나 연기는 아니었다. 실제 스페인의 사람들의 자연스러운 성격이기도 했다. 물론 그들도 일상과 축제 등을 통해 자신을 적당히 풀면서 살고 있다. 그리고 한편으로는 자유로운 성과 사랑을 자기들도 즐기지만 이를 상품화하기도 했다.

이러한 것을 다 나쁘다고 이야기할 수는 없을 것이다. 그러나 부정적인 면도 적지 않았다. 스페인은 과거 자신 속에서 올라오는 것을 주체로 하여 자신의 것을 만들어 가지 못한 아쉬움이 있었다. 늘 밖으로부터 온 손님을 맞이하느라 바빴다. 고대 그리스, 페니키아, 카르타고와 로마에서 시작된 손님맞이가 서고트, 합스부르크와 부르봉에 이르기까지 쉴 새 없이 계속되었다. 그런데 그들은 손님으로 왔다가 간 것이 아니라, 대부분 안방까지 차지하고 살았다. 이제는 한 민족이나 국가는 아니지만, 관광객도 결국 손님이고 그들을 위해 그들은 그들이 원하는 모습으로 단장하고 살아야 했다. 이것이 스페인의 역사이고 정체성이었다. 그들은 독립 국가이지만, 내용은 외국에 너무도 의존되어 있었다. 물론 그들의 역사와 유물이라는 주체가 있지만 이미 과거의 것이지 역동적으로 움직이는 새로운 힘이 되어주지는 못했다.

초현실이라는 새로운 정체성
✦

이러한 스페인의 모습을 그 예민한 영화작가들이 가만히 보고 둘 수만은 없었다. 그래서 그들은 이러한 문제에 대해 논쟁하며 투쟁했다. 가장 심하게 부각된 문제가 스페인의 민속과 문화적인 정체성이었다. 지금까지 계속 다룬 문제였다. 가장 상징적인 이슈가 플라멩코였다. 외국에서는 스페인 하면 플라멩코 춤이고 이것이 최고의 관광 상품인데, 이것이 과연 스페인의 것인가 하는 것이 가장 중요한 논쟁거리였다. 그래서 영화계의 거장인 사우라 감독과 스페인 국립 발레단 예술 감독인 안토니오 가데스Anronio Gades가 손을 잡고 플라멩코 3부작으로 불리는 〈피의 결혼식〉(1980), 〈카르멘〉(1983), 〈마법의 사랑〉(1986)을 만들었다.

사우라는 이 심각한 문제를 어떻게 풀어갔을까? 그는 플라멩코의 춤을 있는 그대로 화면에 담았다. 문제를 던졌지 스스로 결론은 유보하였다. 영화를 보고 앞으로 살아갈 스페인이 해결해야 할 문제로 보았던 것이었다. 물론 그는 플라멩코는 스페인의 하나의 춤일 뿐, 스페인의 대표할 수 있는 춤은 아님에도 지나치게 상품화되고 외국인의 기호에 맞추어 변절한 것임을 비판하였다. 그러나 이것 자체도 스페인의 하나로 인정하면서 새로운 스페인의 정체성과 민속을 찾아가야 작업이 필요하다는 것에 공감하였다. 그래서 그도 끊임없이 이를 찾아가는 작업을 계속하였다. 1995년에는 다큐멘터리 〈플라멩코〉를 제작했는데, 이 춤의 13개의 리듬을 분석하였고 영향을 준 다양한 민족과 문화적 기원에 대해서도 추적하였다. 결국 플라멩코도 다국적 예술이라는 것이 그의 결론이었다.

그리고 그는 스페인 음악에서 다양한 지역의 민속 음악을 찾아 작곡한, 이사코 알베니스 Isaac Albeniz(1860~1909)의 음악 〈이베리아〉을 소개하고 분석하면서 동시에 여러 민속적인 공연을 선보였다. 이처럼 그는 스페인의 민족적인 정체성을 찾기 위해 끊임없이 노력한 감독이었다. 그리고 그는 자신의 멘토였고 스페인 영화의 아버지 부뉴엘 탄생 100주년인 2001년에 스페인 3명의 초현실의 거장이었고 부뉴엘의 친구였던 부뉴엘, 로르카와 달리를 고도古都 톨레도에 '신비로운 솔로몬 왕의 탁자'에 초대한 영화를 제작했다. 그는 이 영화를 통해 그들이 추구하고 시작한 초현실주의가 스페인을 살리는 솔로몬의 지혜가 될 것임을 암시하였다.

초현실이란 어떠한 것도 스페인에서는 가능하다는 뜻이다. 아무리 모순되고 극단적인 것이라도 실험될 수 있고 이러한 것을 통해 스페인의 정체성과 정신이 찾아질 것이라는 뜻으로 받아들여야 할 것이다. 그리고 잘못된 것으로 굳어가는 스페인의 정체성을 과감하게 부수는 작업을 해야 하며 이를 위해서는 그들이 추구한 초현실주의가 중심에 있어야 한다. 이것이 없이는 스페인은 과거처럼 거짓된 정체성으로 죽어갈 수밖에 없을 것이다. 그리고 플라멩코도 스페인의 하나로써 받아들이지만, 그것으로만 끝나서는 안 되고 지속적으로 스페인에 숨은 것들을 발견하고 실험하는 정신이 스페인의 정체성을 찾는 길임을 이야기하고 있다. 그래서 해체하고 새롭게 창조하는 작업인 초현실주의를 스페인을 살리는 솔로몬의 지혜로 본 것이었다.

이러한 지혜는 프랑크푸르트학파의 아도르노 Theodor Wiesengrund Adorno(1903~1969)가 말한 부정의 변증법과 같은 흐름으로 볼 수 있다. 그는 문화와 예술이 표준화되고 도식화되는 것을 비판하면서 현대의 초현실적 아방가르드 예술을 자율적이고 순수한 예술로서 받아들였다. 그는 무한 부정의 변증법에다 부정의 변증법까지 부정할 수 있는 정도의 강력한 해체 정신을 주창하였고 포스트모더니즘의 초현실주의에서 그 정신을 찾았다. 스페인도 타자가 만든 상품적인 정체성이 아니라 속에서 올라오는 진정한 정체성을 찾기 위해서는 이러한 초현실주의가 스페인의 정체성의 하나로 자리 잡아야 할 것이다.

그의 삶이 곧 스페인의 정체성이었다. 그는 올해(2023년) 2월 10일 91세로 서거하였다. 그는 죽기 전까지 작품 활동을 쉬지 않았다. 죽기 한 주 전에 마지막 작품인 '벽이 말한다'라는 영화가 개봉되었다. 그는 스페인의 고대 알타미라의 동굴벽화에서부터 현대 거리의 벽화까지를 다큐멘터리로 탐구하면서 스페인의 것을 찾으려는 노력을 계속하였다. 이러한 그의 정신이 바로 스페인이 가야 할 길이고 정체성의 구현일 것이다. 그는 진

♦○ 사우라 감독은 2010년 부산 국제영화제에 초청을 받고 핸드 프린팅 행사에 참석하였다. 그리고 그는 2023년 2월에 91세로 서거하였다. 마지막 유작인 '벽이 말한다'를 개봉한 지, 한 주 후에 서거하였다. 그는 이 영화를 통해 스페인이 고대부터 현대까지 벽화의 발달을 탐구하였다. 이처럼 그는 한평생 스페인의 정체성을 연구하기를 쉬지 않았다.
starnewskorea.com

정한 스페인 정신의 표상이었고 정체성이었다. 그는 스페인 영화의 가장 명예로운 고야상 시상식에서 명예상을 받기로 되어있는데 그 하루 전에 서거하였다. 그는 이 상賞이 스페인에서 가장 명예로운 상이지만, 그의 공로와 명예가 이것으로도 결코 대신할 수 없기에 직전에 서거하지 않았나 생각된다.

그 이후 영화감독들도 이러한 사우라의 정신을 이어받아 스페인을 계속 탐구해갔다. 스페인의 상품 중 하나가 '욕망과 성性'이었다. 프랑크 이후 자유화의 물결을 타고 가장 자유화한 것이 그들의 욕망과 성이었다. 가톨릭과 절대 정권 아래에서 가장 심하게 억압된 것이 봇물이 터지듯 폭발적으로 분출되었다. 이러한 욕구는 영화에서 가장 현저하게 나타났다. 성과 노출을 과감하게 시도한 영화들이 쏟아져 나왔다. 마약과 함께 성의 자유화가 쓰나미처럼 밀려왔다. 그래서 이것이 거의 스페인의 상품으로 등장했고 새로운 정체성이 되었다. 이처럼 스페인은 양극적이었다. 정치와 이념도 양극적이지만, 욕망에 대해서도 그랬다. 한쪽은 심하게 억압하는 반면 한쪽은 지나친 자유를 추구한다. 억압이 큰 만큼 그 폭발력도 클 수밖에 없었다.

극단이 공존하는 초현실의 나라

✦

성의 문제를 영화에서 주로 다룬 감독이 앞서 말한 알보도바르였다. 그에게 못지않게 욕망과 성의 문제를 심층적으로 다른 감독이 있었는데 그가 후안 호세 비가스 루나Juan Jose Bigas Luna(1946~2013)였다. 그는 욕망과 사랑이란 창구로 스페인을 보고 해석하였다. 스페인을 욕망의 나라로 본 것이었다. 아주 놀랍다. 평온하고 모든 것을 다 내려놓은 것 같은 그들을 욕망이 꿈틀거리는 스페인으로 본 것이었다. 이러한 데는 스페인의 지중해를 미국의 캘리포니아처럼 성과 욕망의 해방구로 만들어 많은 관광객을 유치하려는 스페인 정부의 전략도 한몫했다.

스페인의 강렬한 태양, 투우와 춤을 성적인 욕망과 연결시켰고 무엇보다 마늘, 하몽과 같은 스페인이 대표적인 음식이 성욕을 증강시킨다 했다. 그는 이베리아 3부작을 제작했는데 이를 통해 육체를 과시하거나, 충동성과 매너의 파괴 등으로 동물성을 강조하였다. 그리고 야수적이고 투우와 같은 남성적인 매력을 부각시켰다. 이러한 남성상을 '이베리아 마초'라고 하였다. 그들은 엄청난 욕망이 있었지만, 이를 억압하고 살면서 음성적이고 부정적으로 이를 발산하였다. 그러나 이제는 그들은 당당하게 이를 자랑하며 발산하는 것이다. 이 역시 스페인의 상품이 되었다.

과거의 억압적인 문화에 비하면 너무도 극단적인 모습이다. 이처럼 그들은 늘 극단적이었고 그래서 초현실이었다. 초현실의 스페인에서 용해되고 흡수되어 새로운 스페인의 정체성으로 발전되어가는 스페인의 한 면이다. 그러나 초현실마저도 스페인의 상품으로 전락해서는 안 된다.

초현실은 결코 상품일 수 없는 스페인의 근본이고 고차원적인 정신이어야 할 것이다. 초현실로 끝나는 것이 아니라 이를 시작으로 받아들여 새로운 스페인을 창조해가야 한다.

그 외 스페인에는 많은 문제가 누적되어 있다. 새로운 젊은 세대들의 미래와 정체성, 가족의 해체와 외로움 그리고 소수자, 이민자들의 삶, 그리고 지역의 문제와 갈등, 빈약한 산업구조와 부동산과 부채 문제 등이 풀어야 할 현실적인 문제들이다. 이러한 모든 문제를 영화에서 다룰 수 없지만, 영화작가들은 이를 꾸준히 고민하면서 그들의 선배들이 한 것처럼 해법을 찾아가고 있다. 그러나 그들도 영화의 상업화 영향으로 이러한 정신이 자꾸 약화되어가는 것이 아쉽다. 그리고 영화도 허리우드와 다양한 영상 매체의 영향을 받지 않을 수 없어 위기에 처해 있다.

스페인의 음악과 영화는 다른 문화 영역에 비해 스페인의 정체성을 가장 깊고 진지하게 다루었다. 스페인의 음악에서 다양한 민속 음악이 어떻게 조화롭게 하나의 스페인 음악으로 표현될 수 있는지가 실현되었고 영화 역시 가장 깊게 스페인의 정체성을 다루면서도 대중과 같이 호흡하며 스페인을 이끈 문화의 주체였다고 평가해도 부족함이 없을 것이다. 스페인은 어렵지만 이처럼 스페인을 사랑하고 정체성을 찾으려는 수많은 작곡가와 연주가, 그리고 영화인들이 있었기에 스페인의 앞날을 어둡기만 한 것은 아니다. 앞으로도 스페인은 이러한 천재와 선지자들을 무수하게 배출할 것이고 그들에 의해 새로운 미래와 정체성이 창출될 것이다.

제15장

스페인 음식,
축제와 신앙

1. 스페인 음식

가장 스페인다운 음식
✦

음식은 사실 그 나라의 정체성을 이해하는데 가장 중요하다. 다른 것들은 역사적으로 왜곡되어 전해질 수 있고 주로 권력층이 만든 것이 중심이 될 수 있다. 그러나 한 나라의 사람과 역사 속에 가장 변함없이 늘 같이 있어온 것이 있다면, 그것은 언어와 음식일 것이다. 그리고 음식은 하루에 세 번씩 늘 먹는 것이고 사람의 정서와 인격 형성에 아주 중요하기에 그 나라를 바로 이해하기 위해서는 음식을 반드시 살펴보아야 한다.

    스페인의 복잡한 역사와 삶이 그들의 음식에 그대로 녹아 있다. 그들의 음식이 오랫동안 지속 될 수 있는 것은 그들의 성격이나 정체성과 어떠한 연관성이 있기 때문에 음식만을 소개하기보다는 그 속에 있는 그들의 문화와 역사 그리고 인격도 같이 살펴본다면 더욱 그들을 잘 이해할 수 있을 것이다.

음식을 살펴볼 때 한 가지 유념해야할 것이 있다. 그 나라의 음식으로 잘 알려져 있더라도, 실제로 그 나라의 문화와 인격성을 얼마나 잘 대표하고 있는지를 먼저 점검해야 한다. 그 음식이 어떤 과정으로 알려지고 발전되었는지를 알아야 한다는 것이다. 일반적으로 한 나라의 음식은 귀족과 궁정 음식 그리고 서민 음식으로 나누어져 있다. 물론 서민 음식이 그 나라 전체를 이해하는데 더 중요하지만, 궁정 음식도 중요하다. 나라마다 이렇게 나누어져 있지 않은 경우도 있고 구별되는 경우도 있다.

또 하나 고려해야할 점은 지금의 상업적인 식당음식과 가정음식이 다를 수 있다는 것이다. 과거 귀족과 궁정의 요리사들이 나와서 레스토랑을 차려 귀족 음식이 식당으로 옮겨간 경우가 많다. 특히 프랑스의 경우가 그렇다. 그러나 서민 음식이 상품화 되어 식당 음식으로 발전된 경우도 있다. 그리고 식당에서는 보기 어려운 가정음식이 따로 있는 경우도 있다. 이러한 여러 경우를 잘 생각하여 그 나라의 음식을 살펴보아야 한다.

일반적으로 우리가 아는 스페인 음식은 사실 레스토랑에서 상품화된 음식이 많다. 앞서 문화를 소개할 때도 외국인에게 상품화된 것이 진정한 스페인의 것인가를 질문한 것처럼, 음식에서도 비슷한 문제가 대두된다. 물론 음식점 음식도 분명 스페인에서 나온 것이지만, 상품화를 위해 변용되거나 혼합된 것이 많다. 그래서 그들을 더 잘 이해하기 위해서는 가정이나 일상적으로 즐겨 먹는 순수한 그들의 음식을 중심으로 살펴보아야 한다. 그리고 식당에서의 스페인 음식은 여러 지역의 음식이 골고루 만나기 어렵고 한쪽 지역에 치우쳐 있는 경향이 있다. 그래서 여기서 소개되는 음식은 일반 스페인 식당에서 보기 어려울 수 있다.

이 글에서도 다양한 그들의 음식을 다 소개하기는 어렵다. 그들의 인격적 특성과 정체성을 볼 수 있는 음식을 중심으로 간단히 소개하려고 한다. 스페인 음식의 특징을 지역적으로 소개할 때 자주 나오는 말이 있다. '북부에서는 푹 끓이고, 중부에서는 굽고, 남부에서는 튀긴다'는 말이다. 이 말을 통해 지역의 성격과 역사가 음식과 연관된다는 것을 볼 수 있다.

스페인에서 푹 끓이는 음식으로 유명한 것을 '오야'olla라고 한다. 오야란 큰 그릇을 의미한다. 그릇에 고기, 비계, 콩, 감자와 채소 등을 넣어 푹 끓여 이를 식사 전의 부드러운 스프로 먹는다. 시대와 경제 상태에 따라 그 속에 넣는 것은 다양하지만, 병아리 콩을 가장 많이 넣는다. 그러나 무엇을 넣든 그것의 형태가 허물거릴 정도로 푹 삶는 것이 중요하다. 이는 마치 스페인을 연상시킨다. 그들의 땅은 마치 오야와 같은 큰 그릇이고 그 땅에 다양한 민족과 사람이 들어와 살았지만, 스페인이라는 큰 나라에 녹아 하나가 되어버린 것 같은 것이다. 다양하지만, 다양한 것이 스페인화 되어 스페인이 되는 것이다. 그래서 이 음식이 스페인의 가장 대표적 음식이 되듯, 이 음식이 정말 스페인을 닮았다고 볼 수 있다.

그리고 이 음식이 북부에서 많이 발달했다는 것은 북부가 오랜 역사

♦◇ 스페인 북부의 대표적인 음식으로 유명한 '오야'. 오야란 큰 그릇을 뜻하며 그릇에 고기, 비계, 콩, 감자와 채소들을 넣어 푹 끓인다. 오야는 스페인을 상징한다. 무엇이든 스페인이라는 큰 그릇에 넣고 삶으면 스페인의 것이 된다. **wikipedia**

의 한과 아픔을 깊이 하나로 녹여 하나의 초월적인 힘을 간직한 곳이기 때문일 것이다. 그들의 깊은 영성과 신비는 이러한 그들의 역사를 깊이 녹이고 새긴 결과로 나온 것이다. 그리고 그 힘이 스페인의 자존심이 되고 위기 때마다 스페인을 구원하였다. 우리나라 음식에도 오랫동안 끓이는 것이 많다. 뼈 국물을 내어 깊은 맛을 보는 것처럼, 그들의 깊은 마음과 인격은 음식을 오래 고와서 나오는 깊은 맛과 같다. 그래서 북부 사람들은 가볍지 않고 진지하고 깊다. 오래된 고난의 역사와 습하고 깊은 산악지역의 자연환경도 그러한 성격을 형성하는데 적지 않은 영향을 주었을 것이다.

중부 스페인은 왜 고기를 좋아하는가?

✦

스페인 중부에서는 주로 고기를 구워먹는다. 이런 음식을 '아사도'asado 라고 한다. 고기를 주식으로 먹는 사람들은 북쪽의 게르만 족들이었다. 스페인은 지중해와 남방계열이다. 물론 게르만의 켈트와 서고트의 영향을 받았지만, 그들의 기후는 따뜻하기에 고기가 주식으로는 썩 어울리지 않는다. 같은 라틴계열인 이탈리아는 피자와 파스타처럼 곡류가 주식이고 가끔 고기류를 먹는다. 그래서 이탈리아인들은 다소 여성스럽고 부드럽다. 스페인도 비슷한 성향을 보여 그들은 곡류나 해물, 올리브 유 등이 주식일 것 같은데 의외로 육식을 즐긴다.

그런데 그들은 쇠고기보다는 어린 양이나 어린 돼지고기처럼 아주 부드러운 육식을 즐긴다. 그들은 고기를 직접 구워먹기도 하고 위의 빵 반죽에 넣어 파이처럼 구워먹기도 한다. 이를 '엠파나다'empanada라고 한다. 그런데 그들은 어떻게 육식을 좋아하게 되었을까? 중부는 권력의 핵심부가 자리하고 있는 곳이다. 그들의 수도였던 톨레도와 마드리드가 있는 곳이다. 권력이 있는 곳은 늘 욕망이 자극되는 곳이다. 그러나 한편으로는 권력과 기독교가 중심부에 있기에 이를 억압하고 살아야 한다. 특별히 주위에 수도원도 많다.

그러나 중부의 카스티야는 억압된 욕망을 풀기에 적당한 곳이 아니다. 주위는 황량한 광야에다 바다와 좋은 자연은 멀리 떨어져 있다. 그래서 그들은 고기를 구워먹음으로 억압된 욕망을 풀었을 것으로 생각된다. 고기는 억압된 욕구의 상징이기 때문이다. 그들은 고기를 먹음으로 억압된 분노와 욕망을 어느 정도 분출하고 보상할 수 있었을 것이다.

그리고 양과 돼지고기는 기독교의 상징이기도 했다. 과거 이슬람과 유대인들이 개종했을 때 그들이 완전히 개종한 증거를 돼지고기를 먹는 것으로 판단했다. 이를 먹으면 확실히 기독교인이 된 것으로 인정했기에 그들은 돼지고기를 좋아했다. 그리고 어린 양고기도 기독교의 상징이기에 이러한 육류가 발달하게 되었다고 볼 수 있다. 그러나 그들은 게르만과 다르게 속이 부드럽기에 어린 부드러운 고기를 즐겼다. 그들 속에는 억압된 분노와 욕망도 있지만, 동시에 부드러운 인성도 있기에 이러한 마음이 중첩적으로 음식을 통해 나타난다고 볼 수 있다. 고기를 즐기는 북유럽의 거친 켈트 족과 아프리카의 부드러운 이베로 족이 만난 셀티베로 족의 성향과 비슷하다고 볼 수 있다.

다양한 재료에서 우러나오는 새로운 맛
✦

그리고 남쪽은 주로 올리브유에 튀기고 굽는 음식들이 많다. 남쪽의 강렬한 태양의 영향으로 그들의 성격처럼 뜨겁게 튀긴 것을 좋아하는 것이다. 튀긴 것은 금방 먹어야 맛있는 것처럼 그들의 성격도 즉흥적이고 충동적이다. 그들은 해변과 태양이 있어 이처럼 그들의 억압된 것을 풀 수 있는 길이 있었다.

그렇지만 남쪽 사람이라고 해서 항상 즉흥적인 것만을 즐기는 것은 아니다. 과거 그들도 깊은 학문과 문화를 자랑하였고 그들의 음식 중에서도 깊이 숙성시킨 것도 있다. 대표적인 것으로 돼지 뒷다리를 숙성시

♦◇ 스페인 음식의 또 다른 특징은 여러 가지를 넣어 서로 섞이고 배이게 하여 새로운 맛을 내는 것이다. 그 대표적인 음식이 '까수엘라' cazuela이다. 생선 혹은 고기에다 여러 가지 재료를 넣어 조리는 것이다. 이것이 스페인 요리의 깊은 맛 중에 하나이다. 이 역시 우리나라의 음식과 비슷하다. 이것이 스페인의 국민성이기도 하다.
cawineclub.com

킨 하몽이 있다. 이는 스페인의 대표적 음식이지만 기후적으로 남쪽의 하몽이 가장 맛있다. 음식을 오래 보존하기 위해 건조시키면서 숙성시켜 왔지만, 그들의 인격과도 연관된다.

숙성은 그들의 억압된 감정과도 같다. 그들은 감정을 잘 푸는 것처럼 보이고 특히 남쪽 사람은 더욱 그렇다. 그러나 겉으로만 그렇지 그들의 깊은 마음과 감정은 깊이 새기며 산다. 그래서 감정을 깊이 새기다 보면 음식도 오래 숙성된 것을 찾게 된다. 한국인의 깊은 한을 달래기 위해서는 숙성한 된장과 고추장이 필요하듯이 그들에게도 이러한 숙성 음식이 필요했다고 볼 수 있다.

스페인의 음식의 또 다른 특징이 있다면 앞서 오야에서 말했듯이 여러 가지를 하나로 만들어 조리하는 것이 많다는 것이다. 그 대표적인 것 중에 하나가 '까수엘라'cazuela이다. 생선 혹은 고기에다 여러 가지 재료를 넣어 조리는 것이다. 그래서 그 재료가 음식에 깊이 베이게 하는 것이다. 이것이 스페인 요리의 깊은 맛 중에 하나이다. 이 역시 우리나라의 음식과 비슷하다. 우리나라 음식도 하나만을 요리하지 않고 여러 가지를 넣어 그 안에서 새로운 맛이 나도록 하는 것이 많다. 뚝배기 요리나 조림요리 등이 그렇다. 그들의 감정이 이처럼 복합적이고 하나로 표현하기 어려운 다중적이고 중첩적이기 때문에 그들의 음식도 이처럼 다중적인 맛을 즐기는 것이다.

지역에 따라 갈리시아의 문어요리와 전골요리(뽀데), 바스크의 대구요리, 바르셀로나의 생선과 해물요리인 사르수엘라, 발렌시아의 쌀요리(빠예야) 등이 있는데, 이를 요리할 때도 여러 재료를 같이 넣어 다양하고 깊은 맛을 내는 것이 특징이다. 그리고 스페인에는 다양한 스프들이 있다. 이 역시 다양한 재료를 넣어 다양하면서도 깊은 맛을 낸다. 카스티야의 마늘 수프, 안달루시아의 가스파쵸, 콩과 채소를 끓인 스프인 포타헤 등이 유명한데 이 역시 다양한 맛을 낸다.

그리고 지역마다 맛있는 와인들이 생산되고 이에 맞는 다양한 안주도 있다. 그중에 한국인이 좋아하는 감바스가 있는데, 이것도 다양한 재료를 올리브유에 넣어 끓인 것이다. 스페인 요리의 다양하고 깊은 맛 때문에 한국 사람이 특히 좋아한다. 스페인의 맛을 한 번 보면 끊지 못한다고 한다. 억압을 많이 받아 형성된 성격 때문에 음식의 취향도 비슷할 수 있을 것이다.

2. 축제의 나라

억압과 배설
✦

스페인을 축제의 나라라고 한다. 일 년 내내 축제를 볼 수 있다. 그들의 축제를 다 소개하기보다는 그들의 내면을 볼 수 있는 부분을 중심으로 특징적인 것만 소개하려고 한다. 축제의 가장 큰 동기는 강한 억압으로부터 해방되려는 욕구이다. 인간은 생존과 집단생활을 하기 위해서는 반드시 억압이 필요하다. 그러나 억압만하고 살 수 없다. 그래서 억압된 것을 배설하고 풀어야 한다. 이를 개인이 아닌 공동체로서 합법적으로 즐기면서 풀 수 있게 해주는 것이 축제이다. 억압에는 정치와 무력적인 것도 있지만, 더 중심에는 종교가 있다. 특별히 스페인은 종교적인 억압이 아주 강했다.

억압이 강했던 민족으로서 독일을 들 수 있다. 그렇다면 독일의 억압과 스페인의 억압은 어떻게 다를까? 독일은 강한 성격이 있어 억압을 성격화시켜 받아들이는 경향이 있다. 그래서 그들의 생활 자체가 강박적이고 억압적이다. 규칙과 질서를 중요시하고 완벽주의를 추구하는 성격이 형성된 것이었다. 그러나 스페인은 외적으로 그렇게 강하고 완벽한 성격이 아니다. 그들은 억압을 체질적으로 견디기 쉽지 않다.

그들이 힘이 없어 억압을 수용을 하더라도 바탕에는 부드러움과 열정이 있어 독일인처럼 이를 성격화하지 못한다. 그래서 그들은 억압된 것을 곧장 배설해야 한다. 너무 오랫동안 누르며 살기 힘들기에 그들은 감정을 표현하는 대화나 예술 혹은 축제 등을 통해 이를 풀어야 했다. 물론 그렇다고 그들이 이러한 것으로 억압된 것을 다 풀 수 있는 것은 아니다. 겉으로만 푼다는 것이지 깊은 곳에 숨겨진 억압은 여전히 한恨처럼 남아 있다가 다른 것으로 폭발한다.

그들의 축제 중심에는 기독교가 있다. 성탄, 동방박사의 날, 고난의 성주간과 부활절 축제는 전국적으로 시행된다. 그리고 다른 축제의 중심에도 종교축제가 동반되는 경우가 많다. 종교로부터 자유하고 해방되기 위해 축제를 하는데, 왜 종교축제가 중심에 있을까? 두 가지 뜻이 있다고 생각한다. 첫째는 엄숙하고 억압적인 종교를 자신들이 주인이 되어 축제 속에서 다시 만난다는 것이다. 조금 더 친근하고 토속적인 종교로 만나는 것이다. 권위적이고 무서운 아버지 같은 하나님을 축제를 통해 친근한 가족과 친구처럼 가까이 만나고 싶은 마음과 비슷할 것이다.

그러나 이러한 마음만 있는 것은 아니다. 실제로 고난과 부활에 참여하며 더 깊은 종교적인 체험을 축제를 통해 만나보려는 목적도 있다. 이는 아이가 신나게 놀기 위해서는 미루어둔 숙제나 공부를 먼저 하는 것과 비슷할 것이다. 나는 이렇게 열심히 공부했으니 이제는 부모의 간섭 없이 신나게 놀아도 된다는 그러한 심리이다. 더 엄격한 종교적 행위를 했기 때문에 이제는 종교에서 해방되어 더 자유롭게 자신을 표현해도 된다는 의미로 받아들일 수 있을 것이다. 스페인은 무엇에서든지 중첩적인 면이 강한데, 종교축제에서도 이러한 면이 드러나는 것이다.

지역마다 다양한 축제

✦

그런데 재미있는 것은 종교축제 전후로 스페인의 대표적인 축제가 거행되는 것이다. 성주간 전인 3월 19일에 열리는 유명한 축제가 있는데, 발렌시아의 불꽃 축제인 '라스파야스'이다. 도시가 온통 폭죽으로 물들 정도로 화려한 축제이다. 그리고 흥겨운 음악에 맞추어 춤을 추는 열정의 축제이기도 하다. 그러나 이러한 폭죽만 있는 것은 아니다. 이 축제의 가장 중요한 것을 쓸모없는 나무나 건조물을 태우는 것이다. 이는 시청 앞 광장이나 교차로 같은 곳에서 진행된다. 그리고 정치인이나 유명인을 우롱하고 풍자하기 위해 그들의 형상을 종이로 만들어 태우기도 한다. 불은 두 가지 의미가 있다. 하나는 태움으로 정화되는 것과 우리 속에 잠자고 있는 열정과 생명을 불러내는 것이다. 이는 어떻게 보면 기독교의 십자가와 부활을 상징하는 것일 수도 있다. 그래서 라스파야스는 곧 있을 성주간과 부활의 축제를 준비하는 축제이기도 하다. 이처럼 스페인에는 중첩적인 의미를 갖는 것이 많다.

4월 초가 되면 전국적으로 성주간과 부활절 축제가 진행된다. 성주간 축제가 가장 뜨겁고 화려하게 진행하는 곳이 가장 열정적인 안달루시아의 세비야이다. 성주간 축제가 끝나면 그들은 유명한 세비야의 축제로 들어간다. 이를 세비야의 '축제시장'이라 한다. 이 축제에는 스페인의 화려한 민속 의상과 조명, 마차, 다양한 음식과 술, 서커스와 목마, 수많은 무대와 플라멩코 그리고 투우 등이 펼쳐진다. 그 속에서 그들은 신나게 춤추고 먹고 마시고 떠든다. 그리고 수많은 관광객이 찾아오면서 그들

♦◇ 2023년 3월 발렌시아의 불꽃 축제인 '라스파야스'. 이를 통해 한 해 동안 억압된 것들을 맘껏 뜨겁게 펼치고 또 이를 통해 마음을 정화하기도 한다. telegraph.co.uk

과 같이 그들 속에 눌러두었던 감정과 열정을 폭발적으로 발산한다. 안달루시아가 스페인의 대표해서 가장 뜨겁게 축제를 벌인다. 이것이 스페인의 마음이고 감정인 것이다.

그 후 그들은 매달 각 지역을 돌아가며 축제가 계속된다. 그중에 가장 뜨겁고 격한 축제가 있는데 7월에 북쪽 밤블로나에서 열리는 '산 페르민' 축제이다. 이 지역을 나바라라고 하는데, 그 옆의 바스크 지역과 함께 스페인에서 아주 특이한 지역이다. 스페인의 일반적인 기질과 다르고 역사와 언어도 많이 달라 늘 독립과 자치를 요구하는 특별한 지역이다. 스페인 본토의 근원을 이루는 민족은 북쪽 유럽에서 내려온 켈트 족(셀따 족이라고도 한다)과 남쪽 아프리카에서 올라온 이베로 족이다. 처음에는 따로 살다가 두 민족이 혼혈이 되어 셀티베로celtibero 족이 나왔는데 이 민족이 결국 스페인 인종의 모태가 된다. 그러나 북쪽 산악지역에 사는 사람들은 산악의 영향으로 그래도 순수한 자신의 혈통을 지킬 수 있었다.

물론 아직 이 지역의 혈통과 역사를 잘 모르지만, 그들은 분명 남쪽의 이베로 피가 적게 섞인 것 같고 더 유럽인을 닮은 것 같다. 그들의 성격도 일반 스페인 인과 많이 다르다. 그들은 거칠고 공격적이고 강하다. 그리고 남쪽의 기질과 달리 근면하고 규칙적이고 질서정연하다. 그리고 공업이 발달했다. 이처럼 그들은 일반 스페인과 다른 문화, 성격과 언어를 가지고 있다. 그래서 그들의 축제는 남쪽 스페인과 다소 다르다. 그들도 평소에는 너무 성실 근면한 생활로 억압되어 있었기에 축제를 통해 무질서와 자유를 맘껏 누린다. 그들은 산 페르민 축제를 통해 적어도 남에게 해를 끼치지 않는다면 마음대로 행동한다. 이와 동시에 그들은 소몰이 축제를 통해 공격적인 성향을 맘껏 드러낸다. 거친 소들을 도시

♦◇ 4월 성주간과 부활절 축제가 끝나고 세비야에서 가장 화려하고 뜨거운 축제인 '축제시장'이 펼쳐진다. 그 속에서 그들은 신나게 춤추고 먹고 마시고 떠든다. 역시 이를 통해 억압된 감정을 뜨겁게 폭발하는 것이다.
sevillaactualidad.com

에 풀어놓고 그들을 피하면서 모는 그러한 위험천만한 축제이다. 관광객들이 잘못하다가 사고를 당하기도 한다.

스페인의 공격성
✦

북쪽 나바라와 바스크 지역 사람들이 특별히 공격성이 강하여 이러한 축제를 즐기지만, 사실 공격성은 대부분의 스페인의 축제에 나타난다. 스페인 사람들은 평소에는 조용하고 부드러운 것 같지만, 누가 조금이라도 자존심을 건드리면 쉽게 화를 내고 끝까지 싸우는 폭력적인 경향이 있다. 싸우다가 주교가 성채를 가지고 오면 서로 조용히 예식에 참여하였다가 주교가 간 다음 끝까지 싸운다는 이야기까지 있을 정도이다. 이처럼 그들 속에는 공격적인 분노가 쌓여있다. 그래서 공격성은 스페인 전체의 기질이기도 하다.

조금 남쪽으로 오면 다소 부드럽지만, 공격적인 축제가 있다. 이는 8월에 발렌시아에서 열리는 '토마토 축제'이다. 5백 톤의 토마토를 준비하여 2시간 동안 사람들에게 서로 던지는 축제이다. 축제는 억압된 감정을 푸는 것이 가장 핵심적인데 그중에서 가장 잘 풀어야 하는 것이 분노이다. 이것을 건강하게 풀지 않으면 분노의 공격성은 실생활과 정치를 어렵게 하기에 축제에서 공격성을 푸는 것이 가장 중요하다.

그러나 다른 감정과 달리 공격성은 다소 위험하다. 그래서 춤이나 소리를 지르는 정도로 푸는 것이 가장 적절하나 이것만으로는 충분하지 않을 수 있다. 과거 로마 시대에서는 이러한 공격성을 풀기 위해 검투사

♦◇ 7월에 되면 북쪽 나바라 지역에서 '산 페르민' 축제가 있다. 이 축제 역시 아주 뜨겁고 공격적이다. 사나운 '소몰이 축제'가 유명하다. 그들은 다른 스페인 지역과 다르게 평소에는 근면하고 성실하며 감정적이지 않다. 그러나 이 날은 그들 속에 억압된 공격과 폭력성을 맘껏 드러내며 폭발한다. elpais.com

경기를 열었다. 사람들이 싸우고 죽이는 끔찍한 경기이지만, 사람들은 이를 통해 자신 속에 미움과 살의 등의 공격적 감정을 해소하였다. 현대로 치면 잔인한 전쟁과 폭력적인 영화나 격투기, 레슬링과 권투 등의 격투 스포츠를 즐기는 마음과 비슷할 것이다. 그리고 청소년들이 잔인한 온라인 전투 게임을 하는 것과도 비슷하다. 그 시대에 로마의 검투사 경기와 가장 비슷한 것이 바로 투우이다.

스페인의 황소는 온순하고 농사일을 하는 일반적인 소와는 다르다. 거칠고 사람을 공격하기도 한다. 알타미라 동굴에서부터 황소가 있었고, 특히 그리스의 헤라클레스가 스페인에 다녀간 이후에는 황소가 스페인의 상징이 되었다. 헤라클레스가 붉은 황소를 가지러 스페인에 왔다가, 이를 도와준 것에 대한 답례로 스페인에 황소를 보냈다고 한다.

♦◇ 스페인은 소를 닮았다. 평소에는 온순하지만, 때로 아주 난폭하고 공격적인 성격을 보인다. 그래서 스페인의 역사는 이러한 소를 어떻게 다스리는 가에 따라 달라진다. 그래서 그들은 자신을 보듯 이 경기를 즐긴다.
skift.com

그다음 스페인은 황소를 헤라클레스에게 바치는 희생 제물로 드렸다고 한다. 그 이후 기독교가 들어와서도 황소는 여전히 희생 제물의 의미를 갖게 되었다. 제우스 시대에서부터 황소는 인간의 탐욕을 의미하였기 때문에 인간이 탐욕으로 죽어야 하는 것을 대신 황소를 희생시켰던 것이었다.

소의 의미는 이중적이다. 소는 온순하고 인간에게 많은 도움을 주기 때문에 다른 나라에서는 소를 신성시한다. 그러나 스페인에서는 사람을 해치는 공격적인 황소가 있었기에 소는 온순하면서도 공격적인 양가성이 있었다. 이는 스페인의 성격과도 유사하다. 그들은 겉으로는 온순하지만, 속에 엄청난 분노와 공격성이 있다. 이를 잘 감추고 살아야 한다.

스페인 사람은 자신의 탐욕적이고 공격적인 부분을 잘 조절하며 사는 것이 중요한 문제였다. 스페인 사람은 소를 자신과 동일시하였기 때문에, 황소를 잘 다루고 죽이는 투우는 단순한 오락 이상의 의미 있는 일이었다. 그리고 투우는 탐욕적인 자신을 희생 제물로 드리는 제의로서의 의미도 있었기에 투우는 그들에게 역시 다중적인 의미가 있었다. 자신의 공격성을 푸는 의미와 자신을 황소와 동일시하여 죽는 제의적 의미가 중첩되어 있는 것이다.

그러나 투우도 동물 학대라는 국제적 여론 때문에 스페인에서 보기가 쉽지 않다. 그래서 그들이 자신의 분노와 공격성을 문화적으로 푸는 기회가 줄어들었다. 스페인 국민이 그래도 가장 즐기는 스포츠가 있는데, 바로 축구이다. 그들은 큰 경기장에 모여 축구를 즐기면서 많은 사람이 한목소리로 노래도 부르고 함성을 지르며 열광적으로 응원한다. 이러한 축구 열기는 그들의 공격성을 푸는데 적지 않은 도움을 주고 있다. 지역마다 지역감정이 있어 어느 팀에게는 꼭 이겨야 하는 그런 게임이 있다. 특히 역사적으로 앙숙인 레알 마드리드와 바르셀로나의 축구 경기에서는 응원의 함성이 하늘을 찌를 정도로 크고 뜨겁다.

이러한 감정을 느낄 수 있는 또 다른 현상이 있는데 바로 그들의 언어이다. 스페인어는 이탈리아, 프랑스와 같이 로마제국의 때 들어온 통속 라틴어에서 시작되었다. 그러나 로마가 멸망한 이후 그들의 언어로 발전하였다. 스페인의 말은 부드러우면서도 거칠게 들리는 경향이 있다. 거칠게 들리는 '까딸루냐', '솜뽀르뜨'에서 처럼 ㄲ, ㄸ, ㅃ 와 같은 경음硬音이 많아서 그렇다. 경음은 성문을 좁혀 구강의 기압을 높이고 또 구강기

관의 긴장도를 높이면서 생기는 파열음이다. 그들은 왜 이런 발음을 필요로 했을까? 그들 속이 분노로 긴장되었기 때문일 것이다. 분노의 억압으로 인한 긴장감이 중심이 되지만, 분노는 모두 억압되지 않고 조금씩 새어 나오면서 이러한 경음이 발생되는 것으로 유추된다.

이처럼 그들의 언어에는 부드러움과 거친 것이 중첩되어 나온다. 이것이 그들의 일반적인 감정이고 성격이다. 한편으로는 부드럽지만, 그들 속에 있는 분노가 거친 반응으로 묻어나오는 것이다. 그들의 경음은 어떤 면에서 거칠기도 하지만 멋이기도 하다. 이처럼 그들이 즐기는 멋 속에는 중첩적인 감정이 숨어있다. 이것이 숨겨질 수 없는 그들의 마음이라고 볼 수 있다. 이러한 마음과 감정은 그들 문화 전반에 다 스며들어 있다.

3. 스페인의 종교성

엄격한 기독교와 토속적 신앙
✦

스페인은 누가 보아도 전형적인 가톨릭 국가이다. 로마가 들어오기 전부터 기독교가 들어왔고 스페인에 와서 순교한 성야고보를 수호신으로 섬기고 있다. 로마가 그들 깊이 정체성으로 뿌리내린 것처럼 기독교 역시 그들의 깊은 뿌리로부터 정체성이 되었다. 그래서 이슬람이 800년을 지배하였음에도 결국 기독교 왕국으로 국토를 회복하는 놀라운 기적을 일으켰다. 유럽대륙에서 처음에는 교황과 왕이 좋은 관계를 유지했지만, 나중에는 권력을 두고 갈등하며 싸웠다. 그러나 스페인의 왕들은 한때는 왕이라기보다는 교황이었다. 때로는 교황보다 더 교황다웠다.

그들의 신앙은 독실하여 기독교를 수호하고 전파하는데 앞장섰다. 문제는 많았지만, 그들은 신의 이름으로 국토를 회복하고 신대륙을 정복하여 세계 최대의 왕국이 되었다. 그 이후 종교개혁으로 신구교 갈등이 있을 때, 가톨릭 전통을 수호하고 전파하는데 가장 열심이었다. 나라의 살림이 어려울 정도로 수많은 종교전쟁에 개입하기도 했다. 일부 왕들은 사도들처럼 순수하게 기독교에 헌신되었을 정도였다.

모든 교육을 책임지는 곳이 수도원이고 사제들이었기에 그들은 어려서부터 기독교의 문화 속에서 살았다. 그러다 보니 그들의 기독교 신앙은 모든 삶과 문화에 배여 있었다. 그러나 그들의 기독교 신앙은 아주 독특하였다. 종교와 정치 지도층의 신앙과 일반 서민들의 신앙은 다소 달랐다. 서민들의 삶은 늘 힘들고 고달팠다. 그들이 한때 세계 최강국이 되었지만, 서민들은 이를 제대로 누린 적이 없었다. 전쟁에 참여하고 이를 뒷바라지하느라 늘 가난하고 힘들었다. 그리고 종교와 권력의 억압 속에 숨죽이며 살아야 했다.

그들은 어떻게 견디며 살았을까? 신앙의 힘이 많은 도움을 준 것은 사실이다. 그러나 그들의 신앙은 사제들이 가르쳐 준 그러한 교리적 신앙은 아니었다. 그들은 복잡한 교리나 가르침에는 관심이 없었다. 그리고 성경을 읽고 들을 수도 없었다. 그들은 이념적이고 개념적인 것에 익숙하지 않았다. 그래서 복잡한 생각을 싫어하고 그저 감각적이고 감정적인 것에 익숙했다.

그래서 신앙도 그렇게 흘러갔다. 자기 나름대로 하나님과 예수님 그리고 성모를 받아들이고 이해했다. 자기 나름이란 이미 있던 토속 신앙과 무속적인 신앙인 것이었다. 이미 알고 익숙한 방식으로 기독교 신앙을 받아들여 자신들의 삶 속에서 하나님을 만나고 있었다. 물론 기독교 교리와 신학적인 면에서 보면 문제가 있을지 모르지만, 그들의 신앙을 교리적으로만 판단해서는 안 된다. 이처럼 그들은 어려운 삶을 통해 자기들 방식으로 신을 만나고 그 힘으로 살아가고 있는 것을 모두 잘못된 신앙이라고 비판할 수 없을 것이다.

지역마다 성인을 수호신을 모시고 과거 토속적으로 내려오던 다양한 여성 신과 성모마리아를 중첩하여 섬긴다. 그들이 성주간에 다양한 마리아상을 만들어 그들과 친밀하게 교류하며 가무를 즐기는 것들은 전통 가톨릭 신앙으로 보면 이상할지 모르지만, 그들 방식으로 신을 더욱 친밀하게 삶 속에서 만난다. 그들은 종교적 교리나 형식에 의한 종교적 신앙보다 다소 형식에서는 벗어나더라도 자신들의 마음을 그대로 내어놓고 신을 가까이 만나기를 원하는 것이다.

세속 속에서의 신앙
✦

현대로 오면서 종교와 정치가 분리되고 특별히 프랑코 정권이 물러나면서 모든 것에 자유의 바람이 불면서 과거 종교생활로부터도 자유화되었다. 형식적인 신앙생활을 하던 것도 이제 하지 않게 되니 성당 미사에 참여하는 등의 종교 생활도 급격히 줄어들었다. 대신 맘껏 세속 생활을 즐기게 되었다. 무엇보다 낙태, 동성애, 이혼 등이 허용되고 성개방과 마약 등 젊은이들을 중심으로 과거에는 상상할 수 없을 정도로 자유와 쾌락적인 삶을 살아가고 있다. 유럽에서도 가장 자유화된 분위기이다. 과거에 억압이 심했던 만큼 그 반발력으로 자유화가 더욱 가속화된 것이었다. 그래서 이제는 더 이상 기독교 국가라는 말이 무색할 정도이다. 이는 스페인만이 아니라 과거 기독교 국가였던 유럽의 전반적인 모습이다.

그렇다면 그들은 완전히 신앙을 잃은 것인가? 그들의 신앙은 문화와 삶 속에 뿌리 깊이 내려져 있다. 그들의 삶이 세속화되었다고 해도 그들이 신을 완전히 떠났다고 말할 수 없을 것이다. 세속 속에서 그들 나름의 새로운 신앙의 길을 찾아나갈 것이다. 지금 그들은 과거 형식과 종교의 기독교에서 벗어나 욕망과 육신의 삶 속에서 새롭게 신을 만나는 것을 실험하고 있을지 모른다. 그들은 항상 새롭게 실험을 해왔고 때로는 초현실적 혼돈 속에서도 새로운 질서를 찾아왔기 때문에 그러한 기대를 해보는 것이다.

또 그들에는 교리와 신학을 넘어선 깊은 영성과 신비가 있었다. 과거 아빌라의 성녀 테레사와 성요한의 신비주의 기독교의 전통이 있었고 또 북부에는 아직도 산티아고의 성지순례자들이 전 세계에서 모여들고 있다. 이러한 신비와 영성이 깊은 나라이기 때문에 그들은 이러한 세속화 속에서 과거의 정통과 교리를 초월하는 새로운 영성과 신앙을 찾아갈 것으로 기대해보는 것이다.

엘 그레코, 벨라스케스와 달리 등에서 초현실주의와 신비주의의 초월성이 만날 수 있었던 것처럼, 그들도 세속적 초현실 속에서 신비의 초월성을 만날 수 있을 것이라 생각된다. 예수는 당시 거의 달리와 같은 초현실주의자였다. 그래서 그는 기존의 질서를 해체하는 죄로 십자가에 처형되었다. 그리고 순수한 십자가의 복음은 늘 현실의 질서를 해체하는 초현실에 기반을 두고 있다. 그리고 이를 넘어서는 용서와 사랑으로 고차원적 생명을 이루는 것이다. 그래서 기독교의 본질은 실제적으로는 스페인의 초현실주의와 상당히 근접하고 있다고 보아야 한다. 그리고 예수는 당시 가장 세속적인 세리와 창녀들과 가까이 지내며 그들을 초월의 길로 인도하였다. 그래서 스페인도 초현실 안에서 세속과 신앙의 접점을 찾을 수 있을 것으로 기대해보는 것이다.

제16장

다양한 스페인을 찾아서

서로 너무도 다른 지역성
✦

한 국가를 이루고 살아도 지역적 특색이 없는 나라가 없다. 어떤 경우는 지역 색 정도가 아니라 서로를 너무 싫어해서 분리 독립을 주장할 정도이다. 이탈리아의 북부와 남부가 그렇고 스페인도 지역의 특성과 문제가 간단하지 않다. 지역적 특성이 아주 강하고 그래서 자치와 분리 독립을 주장하기도 한다. 스페인을 인격적으로 이해하기 위해서는 지역의 특성과 그들의 인격을 반드시 이해해야 한다. 작은 인격이 모여 스페인이라는 큰 인격을 이루기 때문에 스페인의 다양한 지역적 특색을 알아볼 필요가 있다. 그리고 서로의 지역적 특성과 인격이 전체를 이루는데 갈등 요인이 되기도 하지만, 이를 상호 보완할 수 있다면 더욱 큰 발전을 이룰 수 있기 때문에 서로를 깊이 알고 이해하는 것이 아주 중요하다.

먼저 스페인을 자연환경으로 나누게 되면 북부, 중부, 남부 3 지역이 된다. 이 책의 앞부분에서 이에 대해서 언급한 바 있다. 이 세 지역은 기후와 자연환경이 완연히 다르고 역사적 배경도 많이 다르다. 그래서 이 세 지역은 체질적으로 아주 다른 것이다. 음식을 설명하면서 북부는 끓이고 중부는 굽고 남부는 튀긴다고 했다. 그래서 북부는 깊고 중부는 거칠고 남부는 즉흥적이다. 그리고 북부는 스페인의 심층적인 내면으로서 태고부터 현대까지 일관된 면을 보이는 반면, 중부는 지배 세력들이 늘 갈등하고 싸우는 중심부의 역할을 하였다. 그리고 남부는 여러 세력이 다양하게 공존하며 살았다. 그래서 인격으로 치면 북부는 심층적 내자기이고 남부는 세상을 살아가는 외자기이며 중부는 이 두 자기를 조절하고 중재하는 중자기 역할을 하였다. 이 세 자기가 하나의 스페인을 이루는 자기와 인격이 되는 것이다. 그래서 각 지역은 스페인을 이루는 중요한 구성요소가 된다.

스페인의 역사를 통해서 보면 지역을 4부분으로 나눌 수 있다. 남쪽 사람을 안달루시아인, 중심의 사람을 카스티야인, 북부 사람을 바스크인 그리고 동북부의 카탈루냐인으로 나눌 수 있다. 그들의 특징을 간단히 말하는 이야기가 있다. 안달루시아인은 낙천적이고 유머 감각이 많고 허풍이 심해서 '기도를 하고', 카스티야인은 명예에 집착하고 일을 경시하여 '꿈을 꾸고', 바스크인은 거칠고 부지런하고 근면하여 '일을 하고', 카탈루냐인은 경제관념과 이익에 밝아 구두쇠로 알려져 '저축을 한다'고 한다.

다시 스페인을 문화적으로 나누면 6 지역으로 나눌 수 있다. 카스티야는 스페인 권력의 중심부가 있던 곳이어서 권력과 세속적인 욕망이 강하면서, 허구적인 이상과 명예를 추구하면서 남에게 보이는 체면을 중시하는 곳이다. 안달루시아는 태양과 바다가 있어 감성적이고 열정이 넘치는 곳이었다. 그리고 플라멩코가 유명한 곳이다. 카탈루냐는 상업과 무역 등이 가장 발달하여 경제와 실익을 추구하는 곳이다. 북부는 문화와 전통이 각기 달라 다시 3곳으로 나눈다. 가장 서쪽에는 갈리시아가 있는데, 이곳은 상상과 창의성이 강하고 신화와 미신도 많은 곳이다. 그리고 토속 신앙이 강하면서도 기독교 성지인 산티아고가 있어 영성의 고향이기도 하다. 북부 중앙에는 아스투리아스가 있는데 이는 스페인의 독립정신과 기독교의 요람이기도 하다. 그리고 서북부에는 바스크가 있는데, 그들은 말보다 행동을 먼저 하는 경향이 강하다. 성실하고 일을 열심히 하여 산업이 발달한 곳이다. 그들은 지적으로도 뛰어나 스페인의 인재를 공급하는 곳이기도 하다. 그리고 지역 언어와 전통이 달라 자치와 독립을 강하게 주장하여 때로 폭력적으로 저항하기도 한다.

대개 이러한 특징으로 각 지역을 나눌 수 있을 것이다. 이제 각 지역을 더 구체적으로 살펴보려고 한다. 그러나 이 책에서는 각 지역의 일반적인 내용을 다 소개하기보다는 그들의 인격과 정체성과 연관된 부분을 중심으로만 소개하려고 한다.

스페인 중부
✦

스페인 중부는 중심에 마드리드가 있고 북쪽으로는 카스티야 이 레온이 있고 남동쪽에는 카스티야 라만차가 있고 남서쪽에는 엑스트라마두라가 있다. 엑스트라마두라는 비옥한 토지가 있지만, 나머지 지역은 고지에다 건조한 황무지 같은 곳이다. 스페인에서 가장 살기 어렵고 별로 좋은 것이 없는 곳인데 스페인의 모든 역사가 이곳을 중심으로 일어났다. 가장 없고 버려진 곳이 가장 있고 곳으로 집중 받고 있다. 이 지역을 역사적으로 '카스티야'라고 하기에 지금부터는 이렇게 부르려고 한다.

스페인의 유명한 철학자인 오르테가 이 가세트는 "카스티야가 스페인을 만들었고 카스티야가 스페인을 부수었다."고 했다. 이처럼 스페인의 모든 것이 이곳에 있다. 스페인의 기적도 이곳에서 시작되었고 스페인이 망한 것도 여기서 시작되었다. 스페인의 모든 신비와 병리와 극단적인 것이 모두 이곳에서 시작되었다. 그래서 이곳을 스페인의 중심부로 보고 이를 분석하고 이해해야 한다.

가장 쓸모없는 땅이 가장 값진 땅이 되었고 가장 버려진 땅이 가장 귀중한 땅이 되었다. 가장 평화롭고 여유로운 땅이 가장 피비린내가 나는 저주의 땅이 되었다. 어떻게 이런 땅이 가능할까? 중동의 사막에는 석유라도 있기에 그렇게 되었지만, 여기에는 그러한 자원도 없다. 과거 로마 시대에는 광물이 북부에서 나와, 카스티야를 종縱으로 광물을 운반하는 길이 만들어져 이를 '은의 길'이라고는 하였지만, 그저 수송로였을 뿐이지 카스티야 지역은 정말 볼 것 없는 곳이었다. 물론 엑스트라마두라는 비옥한 땅이어서 로마인들이 호화 은신처로 사용하고 신대륙 정복에 적극적으로 참여하여 아주 부유한 곳이 되었지만, 다른 카스티야는 정말 자체적으로는 귀중한 것이 거의 없다고 보아야 한다.

남쪽에는 비옥한 토지가 있고 지중해가 있어 많은 사람이 그곳에서 주로 살았다. 그리고 북쪽은 산악지역이라 살기도 어렵고 남쪽에서 멀어서 육로로는 아주 격리된 곳이었다. 그렇지만 해변을 끼고 있어 살만한 곳이었다. 그 중간이 카스티야는 황무지였기 때문에 사람들이 살기가 어려웠는데 어떻게 역사적으로 가장 중요한 중심부가 되었을까? 정말 신비롭다. 이를 이해하기 위해서는 역시 스페인의 역사를 잘 이해해야 한다.

카스티야의 간략한 역사
✦

앞서 스페인의 역사를 이미 다루었기 때문에 중복되는 부분이 있지만, 여기서는 카스티야를 이해할 수 있는 만큼 다시 간단히 소개하려고 한다. 특별히 그들의 심층을 분석하는데, 도움이 되는 사건을 중심으로 설명해보려고 한다.

스페인의 원주민은 기원전 10세기경에 아프리카 북부에서 들어온 이베로 족이다. 그들은 주로 남쪽과 동쪽 지중해를 중심으로 살았다. 그 후 북쪽에서 켈트 족이 들어왔고 그들은 주로 북쪽과 서쪽을 중심으로 살았다. 처음에는 서로 분리되어 살았으나 점차 그들은 혼합되기 시작했다. 그들을 셀티베로 족이라고 하여 그들은 자연 그들의 경계인 스페인 중앙의 카스티야를 중심으로 살았다. 나중에는 그들이 다수의 스페인 원주민이 되었다.

지중해의 최강국이었던 카르타고는 스페인의 중부까지 들어와 지배하였지만, 로마에 멸망당하고 말았다. 로마는 이베리아 반도 전체를 정복하기 위해 중부를 통해 북부까지 진출하려고 하였으나, 중부에서부터 원주민의 강한 저항에 부딪혔다. 그래서 그들을 다 정복하는데 200년이나 걸렸다. 이를 통해 그들은 처음으로 민족적 정체성을 형성하였다. 그 정신은 자연히 투쟁이 심했던 중부와 북부를 중심으로 형성되었다. 이때부터 북부는 민족 정체성의 뿌리가 되었고 중부는 정체성을 투쟁하는 곳이 되었다.

로마가 멸망하고 서고트 족이 들어왔다. 그들은 게르만이 주로 지배하던 북부와 중부를 중심으로 왕국을 건설하였고 남부는 로마 시민으로서의 자치권을 인정해주었다. 그래서 서고트는 자신들의 문명과 혈통을 지키기 위해서 기존 로마가 주로 지배하였던 남부와 분리하였다. 그래서 그들은 중부의 톨레도를 수도로 하여 그곳에서 폐쇄적으로 살았다. 그래서 중부가 정치적인 중심지가 되었다.

그 후 이슬람들이 들어왔는데 그들은 북아프리카로부터 들어왔기에 주로 남쪽 코르도바를 중심으로 살았다. 그것이 알 안달루스 왕조였다. 그들 이슬람은 유대교와 기독교를 인정하고 높은 수준의 문명을 발달시켰으나, 내분으로 인해 알 만수르 왕이 들어서면서 북쪽의 기독교 왕국들을 침공하였다. 그러자 그동안 분열되었던 기독교 왕국들이 힘을 합쳐 이슬람을 물리쳤다. 그 후 레온의 알폰스 6세가 남쪽의 카스티야 왕국을 복속시키고 더 남하하여 분열한 이슬람 소왕국들을 물리쳤다. 그리고 중부의 톨레도를 수복하고 더 남쪽으로 내려가 상당 부분의 영토를 확장하면서 자신을 전체 스페인 황제로 칭하였다.

그러나 북아프리카에 있던 이슬람 군대가 스페인을 다시 침공하여 알폰스 6세는 다시 북쪽으로 밀려가게 되었다. 그 이후로 남쪽은 이슬람의 알모라비드 왕조가 북쪽은 기독교 왕국(포르투갈, 카스티야, 아라곤과 나바로 왕국)이 지배하는 남북조 시대가 되었다. 그 이후 기독교 왕국은 가톨릭 부부 왕으로 연합하여 남은 이슬람을 물리치고 스페인을 기독교 왕국으로 다시 회복(1492년)하였다.

기독교 국가들이 국토를 회복하는 데는 그 중심이 된 도시는 카스티야의 북부인 레온, 바야돌리드와 부르고스이다. 물론 더 깊은 기독교의 정신과 영성은 더 북부인 갈리시아와 아스투리아스이지만, 실제적인 정치와 군사의 중심은 위의 세 도시였다. 특별히 레온이 기독교 정신과 영성과 정치적 스페인을 연결해주는 거점 도시였다. 그리고 산티아고 순례 길에도 이 레온은 산티아고 성지를 향해가는 아주 중요한 도시이다. 이러한 북부가 스페인 독립정신의 중심 지역이었다. 그들은 800년간 이슬람의 지배와 침공에도 굴하지 않고 위대한 스페인의 통일을 이곳을 중심으로 이룬 것이었다.

그 이후 스페인 제국의 중심지는 조금 더 아래에 있는 톨레도였다. 카를로스 1세와 펠리페 2세는 톨레도에 수도를 두고 정치를 하다가, 펠리페 2세는 더 넓고 조건이 좋은 마드리드로 궁정을 옮겼다. 그 이후 스페인의 중심지는 마드리드였다. 그 이후 이곳은 스페인에서 가장 부유하고 화려한 곳이 되었지만, 스페인 붕괴의 중심이 되기도 했다. 엄청난 내분과 투쟁으로 얼룩진 곳이기도 했다. 그래서 기쁨과 슬픔이 교차하는 곳이었다.

스페인의 정체성

✦

이베리아 반도에는 켈트와 이베로 족이 원주민으로 정착하고 살았다. 그러나 그들은 공동체적 응집력이나 정체성은 그렇게 강하지 않았다. 그러다가 카르타고와 로마의 침략이라는 위기를 통해 그들의 정체성이 깨어나기 시작했다. 그들은 200년 이상 끈질기게 저항하였으나, 결국 로마에 항복하고 말았다. 그 후 그들은 로마인의 정체성으로 살았다.

그 이후 서고트와 이슬람이 그 땅을 지배하였지만 관용을 베풀었기에 그들의 정체성을 강하게 유지할 필요성은 없었다. 그러나 이 동안 그들의 정체성은 로마에서 기독교로 넘어가고 있었다. 그들은 기독교 왕국을 이루고 살았지만, 그 정체성 역시 그렇게 강한 것은 아니었다. 그러나 이슬람이 관용을 포기하고 그들을 침략하면서 그들은 강력한 기독교의 정체성으로 단결하여 그들을 물리치고 결국에는 기독교 왕국으로 스페인을 통일하였다. 그 이후 그들은 스페인이라는 국가와 기독교가 그들의 견고한 정체성이 되었다.

건강한 인격은 내자기에서 올라오는 뿌리의 힘을 중자기가 잘 받아서 외자기를 통해 세상에서 실현하는 것이다. 그런데 어렵게 찾은 스페인의 정체성이 병적으로 변해가고 있었다. 세자기가 하나로 관통하지 못하고 외자기가 중자기와 내자기를 돌보지 못하고 억압하면서 문제가 생기게 되었다. 제국과 기독교가 백성을 돌보지 않고 기독교라는 허상으로 지나치게 억압하는 바람에 중자기와 내자기가 외자기로부터 소외되고 분리되었다. 그래서 겉은 그럴듯한 제국과 기독교 왕국이었지만, 속은 비고 병든 국가가 된 것이었다. 그래서 그들은 정체성이 없는 무척추의 나라가 되었다. 그리고 외적으로도 병들고 가난하게 되어 누더기를 걸친 스페인이 되었다. 정체성의 문제는 결국 외자기이고 중자기인 카스티야에서 시작되었다.

카스티야의 가상적 정체성
✦

카스티야는 원래 공허한 황무지였다. 그러나 가장 화려하고 권세가 있는 스페인의 중심이었고 정체성이 자리한 곳이었다. 원래 스페인 북부는 심층과 초월적 내자기가 위치한 곳이고 남부는 세상과 접하는 외자기가 있고 카스티야는 이를 이어주는 중자기 즉 무의식과 감정이 자리하는 스페인 인격의 핵심부라고 했다. 그러나 16세기 이후 스페인 제국시대부터는 외자기도 카스티야가 되었다.

카스티야는 치열한 정체성의 싸움터였다. 정체성의 원천인 내자기는 북부이지만, 실제적인 정체성의 힘은 카스티야에서 나왔다. 그렇다면 그 정체성이란 무엇일까? 실제일까 하나의 가상일까? 두 가지 다 일 수 있다. 정체성이 북부의 뿌리에서 올라와 중부와 남부 스페인을 관통할 수 있으면, 그 정체성은 실제가 되고 건강한 정체성이 된다. 그러나 뿌리의 정체성이 단절되거나 희미하면 카스티야가 가진 정체성은 가상이나 상징이 된다. 라캉이 말한 상상계가 되는 것이다.

기호학에서 말하는 기의記意가 아닌 기표記標가 되는 것이다. 그들이 말하는 정체성이란 실제적이고 진실된 스페인의 정체성이 아니라 만들어지고 공허한 가상의 게임이 되는 것이다. 처음에는 기의인 민족의 정체성을 포함하는 정체성으로서의 기표였지만, 나중에는 기의적 정체성이 단절되고 기표적 정체성만 남는 공허한 정체성이 되었다. 카스티야는 정체성의 싸움을 통해 권력과 명예라는 상징적 기표를 얻었다. 그래서 카스티야는 나중에 공허한 권력의 싸움터가 되었다.

카스티야의 성장 과정

✦

카스티야가 어떤 과정을 거쳐 이렇게 되었는지 일반적인 인격 성장과 비교하며 자세히 설명해보려고 한다. 성장기의 아이가 자기가 좋아하고 잘 할 수 있는 것을 속으로부터 찾아 이를 준비하고 표출할 수 있어야 건강한 정체성을 가질 수 있다. 그러나 대부분 부모는 마음이 조급해서 아이가 좋아하는 것보다 세상에서 쉽게 출세할 수 있는 직업을 택하도록 한다. 이렇게 되면 자신의 정체성에 혼돈이 생긴다. 흔히들 아이는 자신이 음악을 하고 싶은데 그것으로는 먹고살기 어려우니 전문인이나 공무원이 되라고 하는 것과 마찬가지이다. 자기가 선택한 인생을 사는 것이 아니라 타자가 선택한 타자의 삶을 사는 것이다. 이것이 정체성의 혼돈이다.

스페인은 이러한 정체성의 혼돈 속에 살았다. 이러한 혼돈이 가장 극심했던 것이 로마제국이었다. 자기가 마치 로마의 적자인 것처럼 착각하고 살았다. 그들은 자기가 아닌 자기가 자기인 것처럼 살았다. 이런 인격이 심한 병리로 가게 되면 'as if 인격'이라고 한다. 자기를 모르고 타자가 원하는 대로 그것이 자기인 것처럼 사는 인생이 되는 것이다. 열심히 자기를 산 것 같은데 사실은 부모와 세상이 정해준 인생을 살았던 것이었다.

외적 인격이 자기가 아닌 타자의 인격으로 살다 보면 원 인격은 억압되고 분리된다. 그런데 외자기가 부드러우면 별문제 없이 잘 타협하며 살아갈 수도 있다. 이럴 때가 초기 이슬람 지배 시절이었다. 알 안달루스 왕조 때에는 부드럽게 관용을 베풀어 이슬람, 기독교, 유대인이 공존하며 평화롭게 살았다. 적당히 외자가, 중자기와 내자기가 균형을 이루며 각자가 표출할 기회를 만들며 사는 것이었다.

많은 사람이 이렇게 살아간다. 자기가 아닌 직장인으로 살아가지만, 때로 자기가 원하는 여행, 취미 활동, 종교 생활 등을 하며 자신을 찾아가며 살기도 한다. 그러나 때로 직장에서 무서운 상사가 나타나, 일체 이런 개인 생활을 못하게 하고 파쇼적으로 일만 하고 실적을 내라고 압박하면, 중자기와 내자기는 반발할 수밖에 없다. 그래서 자기를 찾아 직장을 떠나 자기의 삶을 찾던지, 직장 상사와 싸우기도 한다.

스페인에게도 이러한 때가 있었다. 잘 지내던 이슬람이 갑자기 심하게 압박하기 시작했다. 알 만수로 왕이 바로 그러한 상사였다. 그랬더니 스페인이 기독교 왕국의 정체성을 강하게 표방하며 자기를 찾기 시작하였고 이것이 국토회복의 시작이 되었다. 그래서 마침내 내자기, 중자기와 외자기가 하나의 기독교라는 자기로 통일되었다. 얼마나 오랫동안 기다렸던 정체성의 통일이었던가? 거기에다 스페인만이 아니라 신대륙으로까지 자기를 확장해나가는 놀라운 기회를 얻었다. 그 중심에 카스티야가 있었다.

그 회사를 박차고 나와 자기 회사를 차리면서 자기가 사장이 되었는데, 해외 영업을 잘하여 해외 지사까지 생기고 큰 재벌 회장까지 된 것과 비슷했다. 마치 과기 작은 '대우'라는 회사가 세계를 경영하는 대재벌 회사가 된 것과도 비슷하다. 이처럼 스페인이 대박을 맞은 것이었다. 자기 찾기에서도 대박을 맞았다. 다른 유럽은 처절한 종교개혁을 통해 자기를 찾고 또 대항해 시대와 산업혁명과 계몽주의 등을 통해 점진적으로 어렵게 발전해왔는데, 스페인은 최근 대한민국처럼 단기간에 쟁쟁하던 유럽을 제치고 세계 최고의 국가가 되었다. 학교 꼴찌가 밤샘 몇 번 하더니 단번에 전교 일등이 된 것과 비슷한 것이었다.

그야말로 스페인은 모든 것을 다 이루었다. 자기 정체성도 통일하고 이제 세계와 유럽 경영에서도 선두를 달리고 있으니 부러울 것이 없는 나라가 되었다. 그런데 그 이후가 문제였다. 이를 분석하기 위해서 다시 카스티야로 돌아가 보자.

국토회복 이후의 실세는 카스티야였지만, 그 이전 스페인의 실세는 남부와 남지중 해였다. 남부가 스페인의 간판이었고 외적 자기였다. 카스티야가 원주민이었고 스페인의 정체성이었지만, 자신을 그대로 표출할 수 없었고 남부의 눈치를 보면서 억압적인 삶을 살아야 했다. 때로 자기주장을 하고 힘이 강해지면 남부의 실세들이 와서 괴롭혔다.

그래서 카스티야는 자신의 것이 별로 없고 가난하기에 늘 억압적인 삶을 살 수밖에 없었다. 잘 사는 곳은 북부 혹은 남부였지 카스티야는 가난한 곳이었다. 그래서 늘 억압에 익숙하였다. 억압하면 늘 그곳에 분노와 강한 욕망이 생긴다. 그래서 카스티야는 분노와 욕망의 땅이기도 하였다. 이러한 감정은 분출할 상징을 찾는다. 그래서 허구적인 권력, 명예 등의 꿈을 찾기 시작했다. 그리고 이를 얻기 위해 그 땅에서 치열하게 투쟁하였다.

욕망과 불안의 땅, 카스티야
✦

카스티야는 늘 권력투쟁의 땅이었다. 서고트가 카스티야에 있을 때도 권력투쟁은 아주 심했다. 3백 년 동안 30명의 왕이 나올 정도로 권력투쟁이 치열했다. 그리고 이슬람도 남부에만 있을 때는 권력이 안정적이었지만, 중부 이상을 지배하게 되면서 권력투쟁이 심해져 여러 번의 정변을 겪었다. 그리고 작은 소왕국으로 분열되기도 했고 나중에는 결국 내분으로 멸망하였다. 이처럼 카스티야는 권력투쟁의 중심이었고 늘 권력이라는 허상과 분노, 욕망의 감정이 뒤범벅되었던 곳이었다.

카스티야는 이슬람과 기독교가 서로 주고받던 분쟁지역이었다. 이슬람도 그랬지만 기독교 왕국도 매번 마찬가지였다. 기독교 왕국은 크게 서부, 중부, 동부로 나누어져 있었고 작은 왕국들이 흩어지고 모이기를 반복하다가 결국 카스티야, 나바라와 아라곤과 카탈루냐 연합왕국이 남았다. 특히 카스티야 왕국에서의 왕위계승 내분과 귀족과의 권력투쟁이 심했다. 아라곤 왕국도 심했다. 그 위기 가운데 서로 살아남기 위해 결혼한 부부가 페르난도 2세와 이사벨 여왕이었다. 그들은 정적들의 위협을 차단하기 위해 더 강력한 카스티야 아라곤 연합왕국을 세웠고 왕권을 강화하기 위해 기독교 이름 아래 스페인 국토를 기독교 왕국으로 통일하였다. 그리고 카스티야의 이사벨 여왕은 신대륙을 정복하였고 아라곤은 이미 이탈리아 남부와 시칠리아와 사르데냐, 이탈리아 남부, 그리스 일부까지 지배하여 왕국의 세력을 확장하였다.

그러나 그들은 큰 영토와 강력한 왕권에도 불구하고 늘 불안하였다. 과거 카스티야에는 분노와 권력의 욕망에 눈먼 귀족과 왕족들이 많았기에 왕위를 계승해야 할 때마다 권력투쟁이 극심했다. 그들은 자신을 지키기 위해 기독교의 권력을 끌어들였다. 그래서 종교 재판소를 설치하였고 무어인과 유대인도 추방하여 기독교를 강화하였다. 이것만으로 부족하여 자녀들을 모두 주위의 유럽왕국의 자녀들과 결혼시켜 왕국을 보호하려고 하였다. 과거에는 스페인 영토 안에서의 싸움이었는데 통일이 되고 국토가 확장되니 권력투쟁이 국제화되었다. 그러니 그 불안과 욕망은 더 커질 수밖에 없었다.

카스티야의 불안과 욕망은 자식들에게 환경적으로 유전되어 자녀들도 병들어 갔다. 그들의 자녀는 1남 4녀로 많았지만, 제대로 살지 못하거나 건강하지 못했다. 2녀인 후아나가 합스부르크 펠리페 대공과 결혼하여 아들 카를로스 1세를 낳았고 이사벨 다음으로 카스티야의 여왕이 되었지만, 남편이 죽은 다음 정신병을 보여 평생 격리되어 살아야 했다. 이처럼 카스티야는 이처럼 피해망상과 욕망의 땅이 되어갔다. 불안과 망상을 방어하기 위해 그들은 더욱 철저하게 기독교를 의지하였고 무력과 왕권을 강화했다.

병적 방어의 땅, 카스티야

✦

카스티야의 또 하나의 특징은 성城이 만개나 될 정도로 많다는 것이다. 서로의 피해의식과 불안이 성을 그렇게 많이 쌓도록 한 것이었다. 성은 심리적으로 방어기제를 의미한다. 그리고 성안에 갇혀 살며 외부와 차단된 폐쇄성을 의미한다. 그들을 방어할 수 있는 힘이 무력과 권력이 있었지만, 이것만으로는 부족하여 그들은 기독교라는 종교의 방어벽을 아주 단단히 세웠다. 그래서 기독교는 그들의 방어의 성이었다. 종교가 방어가 되면 아주 무섭다. 유대교가 너무 방어화되었기 때문에 기독교가 생겼다. 예수가 유대교의 방어를 허물고 용서와 사랑의 복음을 전했다.

그러나 카스티야 사람들은 두려움과 욕망 때문에 기독교를 다시 방어화하였다. 기독교는 원래 방어가 아니었고 스페인 심층의 신앙이었다. 깊은 영성에서 나온 신앙이 스페인의 기독교였고 그 힘으로 이슬람을 물리치고 그들의 왕국을 지키고 회복할 수 있었다. 그러나 그들의 두려움과 욕망을 복음으로 해결하지 않고 오히려 방어기제로 만들어 그 속에 숨어버렸다. 카스티야의 여러 성중에 가장 견고한 성으로 알려진 성이 아빌라 성이다. 이 성은 아직 파괴되지 않고 지금도 그 위용과 아름다움을 그대로 보여주고 있다.

스페인 제국의 전성기는 16세기이다. 카를로스 1세와 펠리페 2세가 다스릴 때였다. 이 두 왕은 기독교에 완전히 헌신된 왕이었다. 그들의 헌신과 신앙은 교황 이상이었다. 카를로스 1세는 세계에서 가장 넓은 영토를 소유한 왕이 되었는데, 이를 만족하기보다는 유럽 여러 곳을 다

♦◇ 마드리드 근방의 '만사나레스 엘 레알'Manzanares el Real 성이다. 15세기에 지어졌다. 카스티야 지역에는 이러한 크고 작은 성이 만개나 있다. 그만큼 전쟁이 많았고 또 자신을 방어해야 살아남는 지역이었다.
wikipedia

니면 전쟁을 벌였다. 그 이유는 유럽을 가톨릭 왕국으로 통일시키기 위해서였다. 이는 마치 하나님의 나라를 유럽에 건설하고 싶은 사도의 헌신과 같았다. 펠리페 2세도 막강한 무적함대를 거느리며 유럽을 가톨릭 왕국으로 통일하려고 하였다.

펠리페 2세는 자신의 왕궁을 엘 에스코리알에 세웠는데 왕궁이 검소하면서 이스라엘 백성들이 광야에 지은 초막의 개념으로 왕궁을 지었고 또 다윗이 자신의 왕궁만을 짓지 않고 그곳에 하나님의 성전을 같이 짓고 싶어 한 것처럼 그도 큰 성당과 수도원을 지었다. 그리고 그곳에 조상의 성묘를 두었고 자신도 은퇴한 다음 이 수도원에서 조용한 시간을 보내다가 여기에 묻히고 싶어 했다.

그러나 그들의 가톨릭 신앙은 대부분 방어기제였다. 그들의 불안과 욕망이 가톨릭 통일에 대한 욕망을 갖게 한 것이었다. 그들은 종교를 피해망상과 과대망상의 방어기제로 사용한 것이었다. 물론 그들의 개인적인 신앙이 모두 방어라는 것은 아니다. 순수한 신앙도 있지만, 방어화되는 것을 막지 못했다는 것이다. 두 왕의 신앙은 순수하고 깊었다. 그렇지만 계속 자신의 신앙이 방어화되는 것인지 아닌지를 잘 감시하지 않으면 누구라도 신앙이 방어로 넘어갈 수밖에 없다. 스페인의 기독교가 북부의 깊은 영성에서 출발되었지만, 기독교가 카스티야로 오면서 불안과 욕망 때문에 방어화된 것이었다. 기독교의 열린 용서와 사랑이 카스티야의 성에 갇혀버린 것이었다.

그런데 이때 카스티야에서 가장 견고하고 아름다운 성인 아빌라에서 이상한 일이 일어났다. 아빌라의 성녀로 알려진 성테레사와 십자가의 성 요한이 나타난 것이었다. 그들의 신비체험은 정말 놀라웠다. 그들은 기독교 역사상 가장 깊고 구체적인 영성 체험을 하였고 그들은 이를 기록하고 세상에 알렸다. 이 신비한 일의 의미는 무엇이었을까? 이 신비가 북부가 아니고 카스티야의 한복판인 아빌라에서 일어난 이유는 무엇이었을까? 바로 스페인 제국이 기독교를 방어화하고 있었기 때문에 이를 방지하기 위해 예방적으로 일어난 영적인 사건으로 볼 수 있을 것이다.

그러나 그들은 이러한 깊은 영성의 출현에도 불구하고 기독교의 방어를 허물지 못하였다. 스페인을 종교적 방어로 경영하였고 신대륙도 복음이 아닌 종교적인 야만성으로 약탈하였다. 신대륙으로부터 오는 막강한 재원을 쓸데없는 종교전쟁의 비용으로 낭비해버렸다. 그리고 잔인한 종교재판으로 많은 사람을 무고하게 희생시켰고 폐쇄적인 종교로서 무어인과 유대인을 박해하였다. 그래서 그들의 경제가 아주 어려워졌고 스페인 제국은 껍데기이었지 속은 더욱 부실해졌다. 이 모든 것이 종교의 방어화 때문에 일어난 일이었다.

폭발의 땅, 카스티야
✦

카스티야는 정치권력과 종교로 백성들을 억압함으로 그들의 불만과 분노는 더 깊어졌다. 스페인은 워낙 억압을 많이 받아왔기 때문에 웬만하면 그들은 참고 견딘다. 그러나 그 억압이 한계를 넘게 되면 폭발한다. 그래서 카스티야가 폭발하기 시작했다. 이에 대해서는 앞서 역사를 다루면서 자세히 설명한 바 있다. 여기서는 다시 간단히 언급하려고 한다.

카를로스 1세와 펠리페 2세 때에는 왕권이 워낙 막강하다 보니, 백성들은 가난하고 전쟁으로 힘들었지만 숨죽이며 살 수밖에 없었다. 그러나 그 이후 왕인 펠리페 3세와 4세는 무력하여 자신들이 직접 정치하지 않고 총신에게 맡겼다. 펠리페 4세 때에는 30년 전쟁에 패함으로 합스부르크 왕가와 스페인 제국의 경제 상태는 파산 상태였다. 그다음 왕인 카를로스 2세는 백치 왕으로 불릴 정도로 무능하였고 스페인 제국은 완전히 몰락한 상태였다. 민중들도 이러한 몰락에 대해 더 이상 참을 수 없어 여기저기에서 반란이 일어났다.

그 이후 세워진 부르봉 왕가는 실용적이고 현실적인 정치와 경제정책을 펼치며 개혁을 추구하였다. 그러나 그들은 절대왕권의 힘으로 이를 밀어붙였다. 자존심이 강한 스페인 사람들은 이러한 프랑스식 개혁에 저항하였다. 그들은 카탈루냐를 중심으로 반발하였지만, 무력으로 진압되고 말았다.

그러다가 나폴레옹이 스페인을 침공하였다. 그가 와서 다음 왕인 페르난도 7세를 폐위하고 자신의 형인 조셉을 왕으로 앉혔다. 이를 계기로 그동안 참고 있던 국민의 불만이 터지기 시작했다. 단순한 저항이나 반란이 아니라 이번에는 독립운동으로 민족주의적 정체성이 가동되었다. 그들은 마드리드를 중심으로 독립운동을 시작하였고, 이 운동은 곧 전국적으로 퍼졌다. 그러나 나폴레옹 군대는 이를 잔인하게 무력으로 진압하였다. 고야는 이를 그림으로 그려 민족적 저항 운동을 더욱 고취시켰다.

과거에도 그랬지만, 스페인은 개인적인 성향이 강하고 집단으로 잘 뭉치지 못하는 경향이 있다. 그리고 웬만한 억압도 잘 견디어 낸다. 그러나 억압의 강도가 강하여 자신들의 자존심을 건드리게 되면 그들은 불같이 일어난다. 국토회복 이후 오랫동안 참고 있던 그들의 억압된 무의식이 드디어 폭발하기 시작하였다. 과거와 비교가 안 될 정도로 강렬한 폭발의 조짐이었다. 그들은 이처럼 폭발의 민족이다. 평소에는 자기가 아닌 사람으로 살아가다가 어느 순간 자기가 돌아오면서 그동안 쌓여 있는 것을 토해낸다. 조용하던 사람이 갑자기 헐크가 되는 것이었다. 19세기와 20세기 초반까지 스페인은 폭발의 시대였다. 그동안 눌러 놓았고 쌓아놓았던 모든 것이 한꺼번에 터지기 시작하니 정말 정신없었다. 이 폭발의 진원지가 바로 카스티야였다.

분열과 초현실의 땅, 카스티야

◆

스페인은 조용하다가 폭발하면 정말 무섭다. 그들은 독립전쟁만 한 것이 아니라, 국민의 기본권과 삼권 분립을 기본으로 하는 입헌군주 헌법인 카디스 헌법을 제정하였다. 나폴레옹이 물러난 다음 과거 왕인 페르난도 7세가 복위되었는데, 처음에는 카티스 헌법을 받아들이는 것 같다가 곧 안정되니 절대 왕정으로 돌아섰다. 이러한 과정에서 전통보수파와 자유주의파가 형성되었고 자유주의는 다시 온건파와 급진파로 나누어졌다. 이러한 분파가 수면 위로 강하게 표출된 사건이 있었는데 바로 후계자 문제였다.

페르난도 7세는 아들이 없이 죽게 되자 동생 카를로스를 지지하는 보수파와 3살 이사벨을 지지하는 자유주의파가 극명하게 나누어졌다. 그리고 그들은 계속 정권을 쟁취하기 위해 격렬하게 싸웠다. 여왕이 재임한 35년간 정부가 41번 바뀌고 6번의 개헌이 있었고 16번의 군부 쿠데타가 있었다. 그리고 많은 내란과 전쟁 같은 내전이 3번이나 있었다. 과거처럼 단순한 민중봉기나 반란이 아니었다. 무기를 소지한 군인들이 참여한 내란이었다. 그래서 내란이 내전이 되었고 서로를 잔인하게 공격하고 살해하는 일까지 일어나게 되었다. 교회와 가옥도 화재로 파괴되고 신부와 사제들 그리고 무고한 일반 시민들도 살해되는 참혹한 내전으로 발전된 것이었다.

20세기로 들어오면서 무정부주의자와 공산주의 그리고 조직적인 노동조합 등 이념으로 무장된 집단들이 형성되면서 투쟁은 더욱 격렬하고 참혹한 양상으로 변해갔다. 1909년에 모로코의 민족주의 운동으로 스페인군이 포위되어 카탈루냐 지방의 예비군을 소집하여 모로코로 파병하려고 하였다. 그런데 중앙정부에 반감이 있던 노동자들이 이를 거부하고 총파업에 들어갔다. 그들은 파업만 한 것이 아니라, 보수층의 상징인 교회를 공격하였다. 그래서 200개 이상의 교회와 30개 이상의 수도원이 불타게 되었다. 그러자 중앙 정보의 군대가 가서 이를 진압하면서 반란을 일으킨 노동자들을 120명 이상을 살해하였다.

그 이후 더욱 참혹한 내전이 일어났고 내전은 4년간(1936~1939) 지속되었다. 내전 기간 동안 백만 명의 군인이 죽었고 시민은 20만 명, 그리고 교회는 2천 개 가옥도 50만 채가 파괴되었고 주교가 13명이 죽고 성직자가 7천 명이 살해되었다. 그리고 프랑코 정부가 들어서 다음에도 반대파들을 20만 명을 처형하였고 자유주의 지식인들이 해외로 50만 명이나 망명하였다.

왜 카스티야는 이러한 비극과 잔혹한 역사의 중심이 되었을까? 어떻게 보면 조용하고 온순한 사람이 갑자기 변화여 격렬하게 싸우고 파괴하고 죽이는 그러한 끔찍한 일을 벌인 것이다. 이런 행동을 광기 혹은 정신병으로 표현해도 지나치지 않을 것이다. 도저히 이해할 수 없는 일이었다. 책의 앞부분에서 이야기한 대로 현실에서는 도저히 일어날 수 없는 초현실적인 병리와 현상들이 거의 100년간 스페인에서 그것도 카스티야를 중심으로 일어난 것이었다. 달리의 초현실적인 것들이 카스티야라는 화폭에 100년 동안 일어난 것이었다.

스페인 폭발의 병리적 발생 과정

✦

이제 스페인의 억압된 무의식이 어떻게 폭발하였는지에 대해서 분석해 보려고 한다. 폭발이라는 의미는 무엇일까? 무의식이 처음부터 폭발하는 것은 아니다. 무의식은 안정을 추구한다. 그래서 여러 방어기제를 동원해 감정을 안정시키려고 한다. 카스티야에 성이 만 개씩이나 있었다고 했는데 이는 스페인의 무의식 방어가 많다는 것을 말한다고 했다. 그만큼 억압된 무의식의 복잡한 감정이 있기에 방어도 강하고 복잡해진다. 가장 많은 방어는 억압이다. 즉 참고 누르는 것이다.

일반적으로 무의식을 억압하지만, 감정이 차오르게 되면 가장 먼저 일어나는 현상이 불안이다. 불안이란 방어가 깨어지고 균열이 생기고 있다는 신호이다. 그러면 새로운 방어를 찾든지 무의식을 풀어주어야 한다. 그래서 그들의 욕구와 분노를 다른 여러 가지 문화와 삶으로 풀어간다. 소위 요즘 말로 스트레스를 푸는 것이다. 그러나 이것도 쉽지 않을 때는 억압의 강도를 강화한다. 더 꾹 참고 누르는 것이다. 억압이 성격화되기도 한다. 참고 조용하고 희생하는 그러한 성격이 되는 것이다. 우리는 이를 흔히 착한 사람이라고 한다. 그래서 일반적으로 스페인 사람들은 착하다.

그러나 이렇게 계속 억압하는 것도 한계가 있다. 그다음 터지는 길은 공황장애이다. 이것도 불안의 일종인데 일반적인 불안과는 다르다. 불안의 내용과 강도가 훨씬 더 심하다. 그래서 죽을 것 같은 감정이 폭발적으로 일어난다. 매번 그러한 것이 아니라 어떠한 상황에서 그러한 공황발작이 일어난다. 답답하고 폐쇄적인 상황에서 숨이 막힐 것 같게 되면 생기는 증상이다. 이것이 스페인에서 집단으로 일어나는 것이 바로 반란이나 폭동 같은 것이다. 일종의 저항 운동이다. 죽을 것 같다는 것이다. 숨을 못 쉬겠다는 것이다. 그래서 이런 공황발작이 스페인에서 간간히 일어났다. 그러나 힘없는 민중이라 무력으로 곧 진압되었다. 그러면 이런 발작도 할 수 없게 된다. 계속 누르고 살아야 한다.

그렇게 되면 일어나는 현상이 만성적 불안장애나 우울장애이다. 늘 삶이 불안하고 억압하는 것도 힘이 많이 들기에 지쳐버린다. 그리고 살기도 어렵다. 그래서 결국은 만성적 무기력과 우울에 빠지는 것이다. 아무 저항도 못하고 무감각하고 무감정한 상태로 살아가는 것이다. 어떠한 희망과 잘 살아보려는 의욕도 없는 상태이다. 스페인은 17세기가 주로 이러한 시대였다. 펠리페 3세(1598~1621), 펠리페 4세(1621~1665) 그리고 카를로스 2세(1665~1700)가 다스리던 시대였다. 겉으로는 스페인 제국이라고 했지만, 속으로는 아주 망해가는 시대였다. 나라를 책임지는 주인이 없는 시대라고 했다. 앞서 벨라스케스의 '시녀'라는 그림을 설명하면서 이에 대해 언급하였다. 백성이 버려진 시대였고 우울과 무기력의 시대였다.

그다음 부르봉 왕가가 들어와서 실용주의와 계몽주의로 백성들의 숨통이 트이게 되었다. 무기력에서 조금 벗어날 수 있었다. 그런데 얻는 게 있으면 잃는 것이 있었다. 경제적으로는 조금 살만해졌고 왕실이 스페인을 살려보려고 열심히 주인 행세를 했었다. 그래서 주인이 생긴 것은 좋았지만, 그 주인이 심한 독재를 했다. 프랑스식 절대왕권을 도입하여 억압을 강화한 것이었다. 이럴 때 어떤 방어기제와 병리가 나타날까? 무기력에서 벗어나 조금 살만하니 다들 사는 것으로 도피하는 것이다. 자기 개인의 생존에 매달리는 것이다. 열심히 일하면서 억압의 불만을 해소하고 도피하는 것이다. 일이 그들의 탈출구가 되었다.

이러한 방어기제를 부인 혹은 회피라고 한다. 열심히 일하면서 자기의 불만과 불안을 보지 않으려고 회피하며 억압하는 것이다. 이는 스페인에서 아주 보편적으로 일어나는 방어기제이다. 그러나 그 속에는 엄청난 분노와 욕망이 있다. 이러한 것을 회피만으로 부족하면 강박과 완벽이라는 방어기제를 보충하여 자신을 더 억압하기도 하였다. 이러한 방어기제는 겉으로 보면 큰 문제없이 지날 수 있게 해준다. 그래서 겉으로 보면 17세기보다는 조금 나아진 것 같았다.

그러나 여기에도 문제가 있었다. 부르봉 왕가의 정책의 이중적인 태도 때문이었다. 실용주의와 계몽주의를 하면서 절대왕권의 억압을 병행한 것이었다. 그래도 과거 기독교를 통한 억압은 조금 완화되었다. 그러나 모든 것이 어중간했다. 한편으로는 깨우면서 다시 억압하는 그러한 이중적인 상태였다. 이것이 그들을 불안정하게 했고 이러한 상태는 언젠가 터질 수밖에 없는 어중간한 상태로 지나게 되었다. 이것이 프랑스의 특징이었는데 스페인까지 전염된 것이었다. 그 불안정함이 터지기 시작한 계기가 프랑스 혁명과 나폴레옹의 등장이었다. 이 영향으로 19세기부터 스페인은 다시 터지기 시작했다.

19세기 초부터 반란이 일어났다. 무능한 카를로스 4세와 고도이의 부패에 대한 반란이었다. 그 이후 나폴레옹 정국이 들어섰으나 스페인은 물러서지 않고 피비린내 나는 독립운동을 6년간 전국적으로 진행하여 그들을 물리쳤다. 정말 대단한 변화이다. 그 이후 1812년 카디스에서 시민들이 모여서 의회군주제 헌법을 만들고 이를 도입할 것을 주장하였다. 그러나 페르난도 7세는 처음에는 하는 척하다가 다시 절대왕권으로 복귀하였다. 그러나 스페인의 민중들은 물러서지 않았다. 과거와는 확연히 달라진 것이었다. 이러한 것이 바로 폭발의 시작이었다. 과거는 한두 번 반란하고 억압하면 조용했지만, 폭발은 그 무엇으로도 누를 수 없었다.

그렇다면 폭발과 과거의 병리와는 뭐가 다를까? 과거 병리는 현실의 원리 안에서 발생한 병리이다. 이를 신경증neurosis이라고 한다. 신경증의 증상은 현실감을 유지하면서 나오는 증상이다. 불안장애, 공황장애, 우울장애와 강박장애 모두가 현실의 테두리 안에서 나타나는 증상이다. 그러나 19세기부터 나오는 스페인의 증상을 폭발이라고 하는 것은 현실감을 벗어나는 것이다. 그리고 현실의 감각과 힘으로 이를 통제하거나 견제할 수 없는 상태가 되는 것이다. 이를 정신의학에서는 정신병psychosis이라고 한다. 비현실적인 내용으로 터지는 것이 바로 정신병이다. 대표적인 질환이 조현병schizophrenis(과거에는 '정신분열병'이라고 하였음)과 조울병manic-depressive disorder(bipolar disorder, 양극성 장애)이다. 그리고 신경증과 정신병의 중간을 경계선 장애borderline disorder라고 하는데 이러한 병리 현상도 나타났다.

책 서두에서 말한 초현실의 증상과 현상들이 바로 이러한 정신병과 경계선 장애의 증상들이다. 정신병이라고 해서 모든 것이 비현실이나 초현실이라는 뜻은 아니다. 폭발하는 증상이 현실의 힘과 원리로 통제되지 않는다는 뜻이다. 19세기와 20세기 초까지의 스페인의 정치가 그러했다. 백성의 반발은 지배층의 억압, 폭력과 부패에 관한 것이었다. 정치와 무력 그리고 종교적 권위에서 나오는 억압과 폭력 그리고 부패에 대한 반발과 저항이었다. 이를 해결하는 길로써 그들은 카디스 헌법을 내세웠다. 처음의 저항은 현실의 테두리 안에 있었다. 그러나 왕권은 이를 받아들이는 척하다가 다시 억압을 강화했다. 그러다가 페르난도 7세의 후계자 문제로 인해 스페인은 분열되기 시작했다. 왕권과 교회를 강화하는 보수적인 절대주의와 민주주의를 주창하는 자유주의파로 나누어지게 되었다.

그래서 후계인 이사벨 2세 여왕이 재임한 35년간 동안 16번의 군사 쿠데타, 41번의 정부 교체, 6번의 개헌과 수없는 혼란과 큰 3번의 내전이 있었다. 그리고 직접 관계도 없는 사람들을 서로 죽이고 파괴하는 행동이 난무하였다. 특히 교회, 수도원의 파괴와 성직자들을 살해하는 일이 많았다. 이러한 현상을 그 누구도 통제할 수 없었다. 바로 이것이 비현실의 증상인 것이었다. 그리고 20세기에 일어난 4년간의 내란은 상상을 초월할 정도의 비현실과 초현실의 참혹한 현장이었다. 어떻게 그 착하고 조용하던 스페인이 이렇게까지 서로를 잔혹하게 죽이고 파괴하는 병을 보이게 되었을까? 우리는 간혹 정말 조용하고 착하다고 생각한 사람이 상상할 수 없는 잔혹하고 비현실적인 병을 보일 때가 있는데, 스페인이 바로 그러한 경우였다. 뭐가 그들을 이렇게 만들었을까? 다시 그들의 병적과정을 분석해보자.

야만적 폭력성의 이유

✦

폭력에도 두 가지가 있다. 단순한 폭력이 있고 비인도적인 잔혹한 폭력이 있다. 물론 폭력은 어떤 경우에도 비인도적이고 나쁘지만, 어떻게 인간이 저럴 수가 있을까? 의혹을 갖게 하는 폭력도 있다. 이러한 폭력을 우리는 야만적 폭력이라고 한다. 유럽의 국가들이 식민지에서와 양차 세계대전을 통해 보인 폭력을 야만적 폭력이라 할 수 있다. 제국주의 시절에 대부분 제국이 야만적인 폭력을 행사했지만, 야만성이 가장 심한 나라들이 있었다. 첫 번이 독일이었다. 가장 모범적이고 성실한 국민이었는데, 전쟁에서 상상할 수 없는 야만성을 보였다. 그 최정점이 유대인 학살이었다.

그 다음이 온순하고 착한 것 같았던 스페인이었다. 그들은 신대륙에서 상상할 수 없는 야만성을 보였고 내전을 통해서도 그렇다. 그다음이 신사의 나라라고 하는 영국이었다. 그들도 식민지에서 자행한 야만성은 이루 말할 수 없이 컸었다. 그다음이 질서와 남을 배려하기로 소문난 일본인이었다. 그들 역시 식민지에서 엄청난 야만적 행위를 벌였다. 그리고 아직도 이를 인정하기를 거부하고 있다. 프랑스도 야만성이 있었지만, 워낙 다른 나라가 심했기에 그래도 양호한 편이었다. 이탈리아는 무력하였기에 특별한 야만성을 보일 기회가 없었다.

우리나라도 조선시대에 선비들이 사화를 통해 보인 야만성과 한국전쟁을 통해 보인 만행 역시 상상을 초월했다. 그래서 우리도 겉으로는 평화를 사랑하는 백의민족이라고 하지만, 아마 우리도 강대국이었으면 앞서 그들과 별 다르지 않았을 것이다. 힘이 없으니 야만성도 약했을 뿐이었다. 이런 야만성을 순서로 평가하는 것은 그들을 윤리적으로 성토하기 위한 것이 아니다. 누구도 여기에서 자유할 수 없기 때문이다. 그럼에도 그들의 야만성 강도를 나열하는 것은 왜 그런 일이 생기는지를 분석하기 위해서이다.

야만성의 강도는 우선 억압의 강도에 비례한다. 물론 억압의 강도만으로 다 설명할 수 없는 부분이 있다. 프랑스는 절대왕권으로 엄청나게 억압하였다. 그러나 그들의 시민혁명이나 그들이 식민지에서 보인 야만성은 그렇게 심하지 않았다. 그리고 독일은 절대왕권이었지만, 강제적 억압이 그렇게 강한 나라는 아니었다. 자발적으로 국가의 정책에 참여한 나라였다. 스페인도 그렇게 강력한 억압이 있었던 것도 아니었다. 그렇다면 억압의 강도와 다른 그 무엇이 있었다면, 그것은 무엇이었을까? 바로 이상주의이다. 이상과 환상이라는 가상적인 이념으로 억압한 경우와 단순히 무력과 권력으로 억압한 경우가 다르기 때문이다. 독일과 스페인은 전자의 경우이고 프랑스는 후자의 경우였다. 영국과 일본도 이상적인 면이 강한 편이었다. 우리나라도 유학과 이념 등의 이상이 강하였다. 이처럼 이상주의의 첫 번의 문제는 폭력성이었다.

병적 이상주의
✦

스페인의 이상은 기독교였다. 십자군 전쟁 때 십자군이 만행을 저지른 이유도 종교라는 이상으로 그들을 억압하였기 때문이었다. 독일도 이상주의였다. 독일은 개신교의 이상도 높았지만, 그 외에 스스로 완벽함에 대한 이상주의가 전통적으로 강했다. 그래서 현실적으로는 말도 안 되는 신성로마제국도 이상을 추구하는 그들의 전통 때문에 그렇게 오랫동안 지속될 수 있었고 그 이후 30년 전쟁의 패배로 현실로 돌아온 것 같았지만 다시 프로이센이라는 이상주의 국가로 발전하였다. 그리고 결국 히틀러 같은 병적인 이상이 가능할 수 있는 나라가 되었다.

스페인도 기독교 왕국에다 합스부르크의 이상주의가 합쳐져 유럽을 기독교로 통일하려는 망상을 갖게 되었다. 그리고 가장 이상이 강한 종교가 이슬람인데 그들 역시 자살폭탄과 테러 등의 야만성을 보인다. 공산주의도 이념적 이상이 높다보니 그들의 폭력성이 잔혹하게 나타났다. 우리나라도 유교와 이념의 이상이 강하여 앞서 지적한 야만성이 나타났다.

왜 이상주의는 이러한 문제를 야기하는가? 무력과 권력에 의한 억압보다 종교적 억압이 느슨할 것 같은데, 결과적으로는 가장 강한 억압을 보이는 이유는 무엇일까? 첫째로 강제적 억압과 자발적 억압의 차이이다. 강제적 억압은 반발할 수 있는 가능성이 있지만, 자발적 억압은 스스로 반발할 기회가 거의 없다. 그래서 종교는 대부분 자발적 신앙의 발로이기 때문에 더 강한 억압을 보이고 반발하지 못한다. 그리고 초월적 힘과 권위로 감시하고 통제하기 때문에 억압이 더 깊다. 그리고 억압에 대한 보상을 내세에서 기대하기에 더욱 강한 억압과 희생이 가능한 것이다. 그래서 종교가 잘못되면 정말 무섭다. 합리성과 현실성이 무시하는 괴물이 될 수 있다. 우리는 역사에서 이를 무수하게 보아왔다.

현실을 무시하는 것이 이상주의의 두 번째 문제이다. 인간은 현실에서 살아간다. 그리고 인간이 현실에서 살아가는 가장 큰 원리는 합리성이다. 항상 이 두 가지 원리로 인간을 점검하고 변화시켜야 인간은 발전한다. 로마제국이 위대한 제국을 오랫동안 유지할 수 있었던 결정적 이유는 바로 이 현실에 바탕을 둔 합리성이었다. 가장 후진국이었던 영국이 대영제국이 될 수 있었던 이유도 이것이었고 미국이 패권 국가가 될 수 있었던 것도 이 철학을 따랐기 때문이었다. 이것이 로마가 후손들에게 남겨준 가장 큰 교훈이고 유산이었다. 이를 잘 따르게 되면 그들은 로마제국처럼 위대한 국가가 될 수 있었다.

그런데 이상과 환상을 가지면 현실의 원리를 이것으로 대신한다. 현실과 합리성의 소리를 듣지 않고 이상에 집착하는 포로가 된다. 조선시대가 그러했다. 그들은 현실을 보지 않고 주자학의 이상에 메여 살다가 망하였다. 스페인은 기독교의 이상에 메여서 스페인의 현실을 보지 못했다. 신대륙이라는 특수를 제대로 누리지 못했다. 그 망상에다 돈을 다 쓰느라 백성의 현실이 얼마나 어렵고 나라의 현실이 어떻게 돌아가는지 알기를 거부했다. 기독교 이상주의에 빠져 나라에 중요한 자원인 무어인과 유대인을 추방하고 박해하였다. 이런 어리석은 일이 바로 이상주의에서 나오는 것이다. 그 속에서 백성들은 소외되고 고통을 받았던 것이다. 그 현실이 바로 돈키호테였다. 그들은 돈키호테처럼 이상주의 기사였다. 과대망상 환자였다.

이분법적 분열

✦

세 번째 이상주의의 문제는 이분법으로 자신을 분열시킨다는 것이다. 이상과 비이상 즉 선과 악으로 나누어 좋은 것은 이상화시키고 아닌 것은 경멸한다. 그래서 자신이 선악의 이분법으로 분열되고 서로를 경멸한다. 내면의 이분법이 사회적인 것으로 투사되면 그 때부터는 아주 무서운 폭력이 일어난다. 이것이 가장 심각한 병리현상이다.

독일도 그래서 자신들의 이상주의적 이분법 때문에 전쟁을 일으키고 유대인을 학대하였다. 일본도 자신들을 황실국민으로 이상화하고 식민지를 경멸하고 학대하였다. 기독교 국가들인 식민지를 약탈할 때도 자신들을 이상화하고 원주민을 동물로 취급하였다. 아메리카 원주민과 흑인들에게 동물에게 하듯이 마구 대했다. 유대인들도 자신을 선민으로 이상화하고 다른 민족을 이교도로 돼지처럼 경멸했다. 스페인도 제국주의 시절에 기독교와 자신을 이상화하고 이슬람과 유대인을 경멸하였다.

이분법은 억압하는 것과 억압받는 세력으로 나누어진다. 억압하는 세력은 이상과 전통을 존중하는 절대주의자들이다. 억압받는 자들은 경멸받는 비이상적인 대상이다. 경멸과 학대를 받던 비이상도 처음에는 억압받지만 가만히 죽어지내지만은 않는다. 그 속에서 자신의 힘을 키워 자기를 학대하던 이상을 다시 공격한다. 이를 통해 그들 속에 눌려 있던 분노와 폭력성이 폭발하는 것이다. 이와 함께 억압되었던 욕망도 같이 나온다.

그래서 현상적으로 보면 억압하던 자와 억압받던 자가 서로 다를 것이 없는 것이다. 그래서 서로 교대로 죽이고 정권을 다시 탈취하는 악순환에 빠지는 것이다. 폭력의 악순환에 들어가게 되면 그동안 자신들을 이끌던 이념과 이상도 사라지고 오직 분노, 복수 등의 폭력과 파괴만 남게 된다. 그래서 무정부주의와 맹목적인 파괴와 폭력이 난무하는 것이다. 모든 질서와 이상을 거부하고 파괴와 해체를 추구하는 것이다. 이것이 스페인의 19세기와 20세기 전반부의 모습이었다. 파괴와 해체와 분노와 욕망이 난무하는 시대였다. 비현실과 초현실의 시대였다. 그야말로 달리의 초현실이 바로 스페인의 모습이었다. 현실의 원리로는 그 누구도 막을 수 없는 초현실적 정신병이었다.

절대 권력의 출현

✦

거의 자폭하는 수준의 스페인이었다. 이를 가만히 둘 수는 없었다. 달리도 현실이라는 성이 필요해서 그의 아내가 그 역할을 하였다. 스페인이 아무리 초현실의 나라라고 해도 지구라는 현실을 무시할 수 없다. 먹고 살아야 하는 현실이 필요하다. 그래서 100년 이상 이러한 초현실의 나라를 그대로 두었다가는 모두가 죽고 만다. 이런 경우를 막기 위해서는 두 가지가 필요하다. 강력한 독재가 나타나는 것과 그 힘으로 정신병 환자를 폐쇄 정신병원에 입원시키는 것이다. 그래서 이러한 혼란의 난국에는 이러한 독재가 나타난다. 그리고 국민이 파괴와 해체에 염증을 느껴 독재를 지지한다. 그래서 독일에서는 히틀러가 나타났고 이탈리아에서는 무솔리니가 그리고 스페인에서는 프랑코가 나왔다. 그리고 우리나라에서는 박정희 군사정권이 나왔다.

앞서 프랑코 정권에 대해 자세히 설명하였기 때문에 여기서 반복하지 않으려고 한다. 그는 강력한 독재로 나라를 탄압하였지만, 나라가 안정되고 나서 나름 스페인을 치료하려고 애를 쓰고 자신이 죽고 나서 스페인을 프랑코 정신병원에서 퇴원시켜 자립하며 건강하게 살도록 준비시켰다. 그 이후 스페인은 예전 같이 심한 병을 보이지 않았다. 얌전하게 의회군주제와 민주주의를 정착시키고 경제발전까지 이루었고 유럽에서 선진국으로 대접받는 놀라운 일이 일어났다.

그렇다면 프랑코 정신병원에서 스페인을 어떻게 치료하고 재활시켰을까? 스페인이 회복되었다면 제대로 치료된 것인지, 아니면 대충 겉으로만 치료한 것인지 살펴보아야 할 것이다. 이것은 현대 스페인의 문제이고 미래 스페인의 문제가 될 것이다. 이 부분에서 대해서는 다음의 두 장에서 자세히 분석할 것이다.

카스티야의 요약
✦

카스티야가 스페인의 중심이기에 카스티야를 중심으로 다시 스페인의 역사를 살펴보았고, 그 속에 있는 그들의 마음을 심층적으로 분석하고 이해해보았다. 이제 카스티야를 좀 더 요약해서 설명해보려고 한다. 카스티야는 가장 없는 곳이었지만 중심이 되었다. 그 이유는 정치적인 권력이 있었기 때문이었다. 권력이란 인간의 집단이 효율적으로 응집하기 위해 만든 가상의 힘이다. 인간이 가장 가지고 싶어 하는 가장 강력한 힘이다. 이것만 가지면 다른 것이 없어도 모든 것을 소유할 수 있는 마력과 같은 힘이다. 카스티야는 다른 실제가 없이 가상의 힘을 서로 가지려고 갈등하고 투쟁하는 곳이었다. 카스티야는 현실에서 근면하게 일을 하며 자신의 것을 차근하게 이루어 나가기보다는, 권력이란 힘을 통해 현실의 것을 단번에 이루고자하는 다소 비현실적인 허상과 꿈을 쫓는 곳이었다.

그들은 이상과 허상을 쫓아 살다 보니 현실을 등한시하고 이를 제대로 인식하지 못하였다. 꿈과 허상가운데 있었고 현실이 어떻게 되는지를 제대로 파악하지 못했다. 그래서 그들은 엄청난 힘과 풍요로움 속에서도 나라와 백성의 현실을 제대로 파악하지 못했다. 그래서 그들의 찬란한 제국은 허망하게 허물어지고 말았다. 그들의 모습을 잘 풍자한 소설이 바로 돈키호테였다. 이상과 망상으로 현실을 제대로 인식하지 못하는 늙은 기사였다. 그리고 그들은 그 이상과 환상이 그들을 엄청나게 억압하였다. 그 이상에 종살이하며 늘 압박과 요구가운데 살아야 했다.

그래서 억압은 좌절과 욕망, 분노, 두려움과 피해의식 등을 낳았다. 그래서 이러한 부정적인 감정들이 서로를 힘들게 하였다. 서로 필요 이상으로 감정적으로 싸웠다. 그리고 가장 심한 병폐는 이분법적 사고와 감정이었다. 한쪽을 이상화하는 반면에 한쪽을 경멸하고 무시하였다. 그래서 이분법으로 스페인이 엄청난 혼란과 고통을 겪게 되었다. 현실에서 하나하나 해결하지 못하고 이상으로 밀어붙이기에 엄청난 시행착오와 실패를 경험했다. 가장 큰 실패가 무어인과 유대인을 추방한 것이었다. 그리고 신대륙으로부터의 부유함을 자신들을 위해 사용하지 못하고 허구적인 이상을 쫓는데 허비하고 말았다.

그들은 과대망상으로 한 때 최고 제국이 되었으나, 허망하게 가장 가난한 나라가 되고 말았다. 조울장애 환자와 같았다. 그리고 현실감이 없이 무의식과 자신들의 이분법적 감정에 휘말려서 비현실과 초현실적 증상에서 헤어나지 못했다. 서로를 죽이고 파괴하는 비현실적인 증상을 보였다. 이 역시 조현병적 증상이라고 볼 수 있다. 그들은 내적인 정체성이 형성되지 않은 채 허상과 환상을 쫓다가 이런 심각한 정신질환을 집단으로 앓았다고 볼 수 있다. 그들만이 아니라 카스티야가 스페인의 중심이었기에 스페인 모두가 이 병에 휘말려 큰 고통과 혼란을 겪었다.

안달루시아의 영광
✦

스페인은 지역마다 다른 특징을 보인다. 남쪽의 안달루시아는 카스티야와 정반대라고 볼 수 있다. 어떻게 보면 카스티야에서 싫증나고 힘든 사람들이 여기에 와서 맘껏 자기가 하고 싶은 대로 사는 곳인지도 모른다. 그리고 그들의 전통과 자연환경도 이렇게 살 수 있게 해준다. 늘 태양이 비추이고 지중해가 있으며 자연환경이 너무도 좋은 곳이다. 어떻게 보면 지상 낙원과 같은 곳이다. 이곳에 오면 모든 것을 내려놓고 쉬고 놀고 인생을 즐기고 싶은 마음이 절로 생긴다. 세상에서 허망을 한 것을 왜 그리 집착하며 살았는지 후회하기도 하고 그냥 하루를 살아도 평안하고 즐기면서 살고 싶은 곳이다. 그래서 이곳의 사람들은 이렇게 산다. 많고 적은 것을 따지지 않는다. 소유와 힘이라는 허상을 쫓지 않고, 있는 그대로를 즐기고 누린다.

그래서 카스티야에서 병을 얻으면 이곳에 와서 치유할 수 있다. 물론 여기 살다가 다시 카스티야로 가면 또 그곳의 병이 도지겠지만, 적어도 여기 사는 동안은 이상과 허상을 내려놓고 있는 그대로 만족하고 즐기면서 살 수 있는 것이다. 그래서 여기는 유럽의 부호들의 별장도 많고 많은 사람들이 와서 그렇게 맘껏 인생을 즐기고 향유한다. 좋은 음식점, 술집, 공연장, 호텔, 리조트, 클럽과 고급 요트들도 많다. 정말 인생을 즐길 수 있는 곳이다. 꼭 돈이 많아야 즐길 수 있는 곳은 아니다. 없으면 없는 대로 기죽지 않고 자신과 인생을 있는 그대로 사랑하며 즐길 수 있는 곳이다. 특히 세비야는 이러한 삶의 상징이고 대표적인 도시이다.

어떻게 보면 이곳은 세속적이고 향락적이고 육체와 감각을 즐기는 곳으로 생각할 수 있다. 그러나 항상 그렇지만은 않았다. 과거 안달루시아는 그런 곳만은 아니었다. 로마와 이슬람 왕국 때에는 세계 최고의 문명이 존재했던 곳이었다. 로마 시대에는 카이사르와 아우구스투스 다음으로 위대한 황제로 불리는 트라야누스와 하드리야누스를 배출한 곳이고 로마의 위대한 학자인 세네카와 루카누스를 배출했다. 서고트 왕국 때에는 세비야의 대주교인 이시도로 성인이 나와 서고트를 개종시키고 도서관, 학교 등을 세우고 백과사전과 같은 책들의 필사본을 남겨 암흑시대에 빛을 비추었다.

그리고 이슬람이 지배하던 시대에도 알 안달루시아 왕국의 수도였던 코르도바를 중심으로 최고의 문명을 꽃피웠다. 당시 유럽은 중세의 암흑기였지만, 이곳 문명은 정말 찬란하였다. 당시 파리의 인구가 2만 명

정도였지만, 코르도바는 10만 명이 넘었다. 무엇보다 이곳의 학문의 수준은 어떤 나라와도 비교할 수 없을 정도로 높아 유럽으로 수출될 정도였다. 특히 아리스토텔레스를 소개하고 전공한 이슬람 학자 아베로에스를 배출하였고 이를 통해 토마스 아퀴나스는 '신학대전'을 완성할 수 있었고 이 책이 유럽학문의 르네상스와 근대사상의 기초가 되었다. 철학만이 아니라 수학, 천문학 등의 과학도 발달하여 이를 유럽에 전하기도 했다. 그 외에 직물, 유리와 도자기 제작과 세공 기술이 발달하였다. 요즘으로 말하면 세계 최고의 기술, 학문과 문화를 자랑하던 곳이었다.

그리고 로마와 유럽의 건축은 어둡고 무거운 반면 그들의 건축은 화려하고 아름다웠다. 모든 면에서 그들은 문명은 최고봉이었다. 다른 건축물들은 많이 파괴되었지만, 아직 남아 있는 최고의 건축물은 알함브라 궁전이었다. 기하학적 도형과 아름답고 섬세한 문양과 무늬 그리고 아름다운 정원과 호수, 분수들이 자연과 어우러져 있는 모습은 그야말로 이곳을 지상천국이라고 부르지 않을 수 없을 것이다. 그곳 마지막 왕이 이 궁전을 떠날 때, 왕국이 멸망한 것보다 궁전을 떠나는 것을 더 슬퍼했다고 한다. 그들은 마치 실낙원의 아담과 이브와 같았을 것이다.

그리고 안달루시아의 세비야는 신대륙 시대까지는 스페인 최고의 도시였다. 세비야는 신대륙으로 통하는 강이 있어 이곳에서 모든 물자가 오고가고 하였다. 마드리드보다 더 크고 부유한 도시였다. 이처럼 안달루시아는 스페인의 최고를 누리던 곳이었다. 그러나 지금은 그저 즐기고 쉬는 관광지로 전락한 것이 아쉽다. 과거의 영광을 찾을 수 있다면 스페인은 더 발전할 수 있을 것이다.

스페인은 이처럼 엄청난 문명과 학문을 발달시켰던 시절이 있었다. 그러나 그들은 이를 계승하지 못했다. 허상에 메여 실제적인 학문과 문명을 계승할 수 있는 인재들을 추방하고 말았다. 이제 그들은 과거의 그 영광의 흔적을 관광자원으로 먹고 산다. 자신들 속에 있는 위대한 문명의 능력을 망각한 채, 과거만을 바라보며 살아가는 것이 안타깝다. 언젠가 그들 속에 있는 이러한 능력을 다시 재현하길 꿈꾸고 기대해본다.

그러나 이러한 소원만으로는 이루어지는 것은 아니다. 준비하고 행동해야 한다. 안달루시아 사람들은 이러한 부분이 약하다. 이러한 실행 능력은 다른 곳에서 찾아보아야 한다. 스페인을 여행하면 그들 속에 있는 다양한 유전자와 능력을 볼 수 있다. 이를 잘 찾아 서로 교류하고 협력하며 위대한 스페인을 재현할 수 있다면 정말 좋을 것이다. 그들은 충분히 그럴 수 있는 잠재력이 있기 때문이다.

동부 지중해(발렌시아와 바르셀로나)

◆

스페인 남부로 내려왔다가 이제 시계 반대 방향으로 가보자. 지중해 동부 지역이다. 이곳은 정말 자연환경이 좋다. 특히 발렌시아와 그 아래 무르시아는 유럽의 과수원라고 할 정도로 각종 과실, 쌀, 채소 등을 일년에 3~4모작할 수 있는 천혜의 자연 농원이다. 그리고 풍부한 해산물까지 더해 정말 살기 좋은 곳이다. 그래서 고대에서부터 많은 민족들이 돌아가며 그곳에 정착하였다. 그리스, 페니키아, 카르타고, 로마, 이슬람, 스페인의 엘시드 그리고 다시 무어인 등이 차례로 들어와 살았다.

그들은 자연과 더불어 살았다. 그러나 근대에 공화주의자들이 끝까지 항거하는 바람에 프랑코에 의해 도시가 많이 파괴되었다. 과거 무어인들이 있을 때는 열심히 농사짓고 풍요로운 삶을 살았지만, 그들을 추방한 다음 스페인은 이 좋은 자연 환경을 충분히 누리지 못했다. 그들은 자연을 누리기만 하지 그렇게 고생스럽게 일하려고 하지 않았다. 적당히 일하고 힘든 것은 회피하려는 경향 때문에 그들은 하늘이 준 풍요로움을 충분히 누리지 못하는 아쉬움이 있었다.

그러나 발렌시아 위에 있는 바르셀로나는 그들과 많이 다르다. 열심히 일하고 스페인에서 가장 부유하게 산다. 그들은 자신과 지역에 대한 전통적인 자부심이 대단하다. 그들은 지금 스페인에 속하지만, 그들은 과거 프랑스 영토에 속한 적도 있었고 과거부터 '백 명의 시의회'를 결성하여 자치적으로 살아왔다. 그래서 그들은 자신들 정체성을 스페인에서보다 스스로 찾고 있고 언어도 '카탈란' 언어를 독자적으로 사용한다. 이곳을 전통적으로 '카탈루냐'라 한다. 그들은 과거부터 무역과 상업으로 열심히 일하여 번영을 누렸다. 한때 아라곤 왕국에 속하여 이곳을 통해 이탈리아를 식민지로 삼는 등 지중해로 뻗어나가는 전초기지 역할도 하였다. 그리고 여러 기술도 발달했고 특히 조선소가 번창하였다.

이곳에는 스페인 원주민보다 이주민이 많다. 그래서 스페인의 원래 기질과 다르게 열심히 일하며 스스로의 자부심을 갖는다. 그리고 이상주의보다는 현실적인 실용주의를 표방하기 때문에 늘 중앙의 카스티야의 부딪혀 많은 갈등을 빚었다. 그래서 마드리드와는 앙숙의 관계이다. 그리고 중산층과 부르주아 층이 일찍이 형성되어 공화주의와 자유주의 사상이 강하게 형성되어 있었다. 그래서 카스티야의 절대 권력과 정치적인 갈등이 잦았고 내란 때에는 그러한 갈등이 극에 달하였다. 아직도 그들은 자치권을 강하게 주장하고 있어 중앙정부와 사이가 안 좋다.

그들은 이상주의보다 실용적이기 때문에 이 땅에서 누구든지 열심히 일하면 받아들인다. 그리고 과거의 문명에 대해서도 개방적이다. 그곳은 로마문명, 카르타고, 이슬람과 기독교 문명의 흔적을 볼 수 있다. 그리고 콜럼버스가 신대륙을 발견한 후 방문한 곳이어서 그의 동상도 볼 수 있다. 이처럼 스페인 역사의 대부분 흔적을 간직하고 있는 곳이다. 이 모든 것이 공존하는 이상적인 스페인의 모습이다. 바르셀로나란 이름도 카르타고의 장군의 이름에서 유래했다.

그리고 그곳은 전통 건축과 현대 건축이 조화를 이루고 있다. 그들의 건축과 예술에도 이슬람을 흔적을 많이 볼 수 있다. 가우디와 미로를 그 예로써 자세히 설명한 바 있다. 그들은 과거의 유산만으로 살아가지 않는다. 그들은 현대가 있고 미래가 있다. 그곳은 스페인에서 파리와 같은 곳이었다. 당시 깨어있는 지성인, 예술가들이 몰려들었다. 파리로 가기 전 여기에서 자신들의 사상과 예술을 실험하며 교류하였고 그래서 자신감을 갖게 되면 파리로 도전해보는 그러한 실험적이고 현대적인 도시였다. 파리의 전초기지 같은 곳이었다. 그래서 현대 예술과 모더니즘의 작가들이 활동하였고 그들의 작품을 볼 수 있는 곳이다. 피카소, 달리, 미로와 가우디 등의 세계적인 예술가들이 활동하였던 곳이었다. 이러한 유물과 예술품 외에 풍부한 해산물과 맛있는 음식이 있어 많은 관광객들이 즐겨 찾는다.

이곳은 살아 움직이는 미래의 스페인이다. 과거의 유산만을 전시하는 수동적인 스페인이 아니고 과거, 현재와 미래가 하나가 되어 살아 움직이는 스페인이다. 그래서 1988년 세계박람회가 열렸고 1992년에는 올림픽이 열리기도 했다. 이만큼 역동적이고 발전적인 스페인의 모습이다. 그래서 이곳은 과거의 세비야와 코르도바를 보는 듯하다. 그래서 미래 스페인의 가능성을 실험해보는 곳이기도 하다. 가우디의 성가족 성당은 스페인 미래의 상징이기도 하다. 그래서 바르셀로나는 스페인의 실제적으로 가장 중요한 도시이고 지역이다.

북동부 지역(아라곤, 나바라, 바스크)
✦

스페인의 중부는 북부와 동부와 많이 다르다. 카스티야에서 북부와 동부로 가려면 아라곤을 거쳐야 한다. 아라곤은 그래서 카스티야처럼 사막과 광야와 같은 황량한 지역도 있고 덥고 추운 점이 비슷하다. 그러나 북부와 동부로 가면서 자연이 달라진다. 국립공원도 있고 피레네 산맥으로 가는 길에 등산로, 스키장, 아름다운 자연과 폭포도 볼 수 있다. 무어인들이 아라곤의 수도인 사라고사를 한때 점령하였다. 그 이후 기독교 왕국이 다시 지배하였지만, 서로 공존하며 평화롭게 살았다. 무어인들이 있는 곳에는 늘 유대인들이 같이 따라와, 세 민족이 하나가 되어 풍요롭게 살았다. 그리고 기독교 왕국 이후에 종교재판소가 설치되었지만, 그들은 재판소장을 살해할 정도로 완강히 저항하였다. 특히 동쪽에 있는 바르셀로나를 통해 무역과 상업을 발전시켜 부르주아들이 많았고 진보적인 사상도 받아들여 공화주의 편에서 카스티야에 투쟁하기도 했다.

그들은 그만큼 융합과 상생의 정신이 강했다. 그 힘으로 그들은 한 때 지중해를 재패하였다. 그리고 카스티야와도 연합하여 위대한 국토회복을 이루었다. 그들은 지역적으로 중간 혹은 매개의 역할을 잘 활용하여 놀랍게 발전하였다. 그들은 개방적이고 수용적이고 잘 융합함으로 큰 발전을 이루었기에 앞으로 스페인이 가야 할 길을 보여주는 중요한 예표가 될 수 있다. 스페인에는 다양하고 좋은 것들이 많다. 물론 서로 다르기 때문에 갈등하지만, 아르곤처럼 스페인도 서로 잘 융합하고 공존할 수 있다면 그 잠재력과 가능성은 너무도 크다.

나바라와 바스크는 같은 바스크인인 데도 많이 다르다. 그들은 가장 북쪽 산악지역에 위치하였고 그들의 무사武士 기질이 강하여 스페인을 점령한 외국군대가 침략하기가 어려웠다. 로마와 서고트 그리고 이슬람 때도 그러했다. 그래서 그들은 그들의 순수한 전통을 지킬 수 있었다. 특별히 그들은 아프리카에서 온 이베로 족의 피를 많이 받지 않아 북쪽 유럽 사람처럼 거칠고 성실한 면이 강하다. 그렇다고 바스크 족은 자신의 조상을 켈트나 게르만 족으로 보지 않고 아주 태고에서부터 살던 스페인의 순수한 조상의 피를 받았다고 주장한다. 그리고 그들의 언어도 게르만이나 라틴계열이 아니다. 그들만의 아주 독특한 언어인 에우스케라 언어를 7천 년 전부터 사용했다고 한다. 그리고 그들 주변에는 태고의 동굴, 구석기 유적인 고인돌과 거석들이 많이 있다.

그러나 같은 바스크인이지만, 나바라는 스페인의 전통으로 소중히 여기며 스페인의 뿌리로서 자부심을 갖는다. 그리고 그들은 이슬람, 유대인들과도 공존하는 화합의 정신을 보이고 있다.

그들은 자신의 문화도 소중히 여기지만, 다른 문화, 종교 그리고 언어도 받아들여 자유와 관용적 문화를 이루었다. 그들에게는 무사로서의 공격 정신이 강하였다. 그래서 778년 샤를마뉴 대제가 침략해왔을 때도 그들을 기습하여 유명한 장군인 롤랑드 군대를 전멸시키기도 했다. 그리고 그들은 매년 소몰이 축제인 산 페르민 축제를 벌인다. 이를 통해 그들의 공격성을 맘껏 표출한다. 그러면서도 산티아고 순례길로 가는 길이 이곳에 있어 여러 수도원과 성당도 있다. 그래서 무사 기질과 영성적인 면이 조화를 이루고 있다.

그러나 바스크는 나바라와 다르다. 그들은 스페인과 융화되기를 싫어하고 늘 독립과 자치권을 요구한다. 그들은 자신들만의 뿌리를 주장한다. 그래서 과격한 바스크 분리주의 무장 테러 단체ETA도 활동하고 있다. 그들에게는 우수한 인재가 많이 배출되었고 풍부한 자연환경인 아름다운 산악과 해면이 있어 독립적으로 살아왔다. 그들은 일찍이 산업을 발전시키고 해외로 진출하여 스스로 독립할 만큼 늘 부강하였다. 그들은 카스티야의 귀족이 바스크 족에서 시작되었다고 믿고 스페인의 대부분 엘리트가 바스크인이라는 자부심이 있다. 바르셀로나가 자부심과 독립정신이 강하다고 하지만, 바스크인과 비교할 수 없다. 그들은 뿌리에서부터 자신들은 다르다는 정신이 있고 그들은 우수하고 근면하여 스페인의 산업을 선도하고 있기에 독립을 추구하기에도 부족함이 없어 보인다.

특히 그들은 산업만이 아니라 풍부한 음식과 문화도 자랑한다. 그래서 외국 관광객들이 늘 들끓는다. 그들의 음식은 세계적으로 유명하다. 오징어 먹물 요리, 대구 요리, 가지 요리, 장어 새끼 요리 등 그 맛을 보면 깊고 다양한 맛에 푹 빠지게 된다. 음식은 결국 그들의 오래된 전통에서 나온다. 그들은 성실하고 완고하고 전통을 사랑한다. 그리고 내성적이고 권위적이다. 그들은 스페인만이 아니라 세계적인 명사를 많이 배출하였다. 그들은 스페인 인이지만, 스페인 인이 아닌 창조적 이방인으로 불린다.

  이러한 바스크인의 의미는 무엇일까? 그들은 카스티야, 안달루시아의 스페인과는 너무도 다른 면모를 보인다. 도저히 한 나라의 민족이라고 볼 수 없는 독특하고 극단적인 면이다. 이를 서로 인정하고 교류하고 배울 수 있다면 스페인의 가능성은 정말 무궁무진하다. 이처럼 다양한 면을 보이는 나라가 어디에 또 있을까? 서로를 반목하지 않고 서로를 이해하고 협력할 수 있다면 그들의 발전 가능성은 너무도 무한하다. 이것이 스페인의 희망이다.

북서부 지역(칸타부리아, 아스투리아스, 갈리시아)

✦

같은 스페인 북부이지만 이 세 곳은 동쪽의 북부(나바라, 바스크)와는 다소 다른 특징을 보인다. 동쪽은 주로 바스크 족의 순수성이 있는 곳이지만, 서쪽은 켈트와 게르만 족을 중심으로 유럽의 다양한 민족들이 이주해와서 살았다. 동북부는 민족적인 특성이 정체성이 되었다면, 서북부는 역사와 환경적인 특성으로 정체성이 형성된 곳이다. 바스크지역은 스페인의 원주민으로서 정체성이 있고 이곳은 켈트이베로 족 이전의 태곳적인 원주민으로서의 정체성이 있다. 바스크는 생물학적이면서 민족적인 뿌리로서의 정체성이라고 볼 수 있다면, 이곳은 역사적인 의미에서 스페인의 뿌리가 된다고 볼 수 있다. 어떠하든 북부지역은 스페인의 뿌리를 형성하는 정체성이 자리한 곳이다.

칸타부리아에는 스페인의 가장 태고의 뿌리라고 볼 수 있는 알타미라 동굴이 있다. 이러한 환경으로 인해 이 지역을 스페인의 태곳적 뿌리로 여기는 자부심과 정체성을 갖게 되었다. 그리고 아스투리아스는 깊은 산악으로 인해 폐쇄되어 있어서 로마와 서고트 그리고 이슬람을 끝까지 저항하였다. 그리고 옆에 있는 산티아고 성지 순례를 보호하기 위해 기사단이 형성된 깊은 기독교와 영성의 전통이 있는 곳이다. 갈리시아와 네온이 같이 아스투리아스 왕국을 형성하여 이슬람 세력에 저항하며 기독교 왕국을 지켜낸 중심 지역이었다. 그래서 이러한 기독교의 정체성이 뿌리내리고 있었기에 여기서부터 국토회복을 시작한 스페인의 모성적 자궁과도 같은 곳이었다.

그리고 갈리시아는 산티아고 콤포스텔라 즉 성야고보의 무덤이 있는 곳으로 스페인의 성지이며 유럽에서 예루살렘과 바티칸 다음으로 사람들이 많이 찾는 성지이다. 중세부터 많은 사람이 성지 순례를 한 곳이다. 이곳은 스페인의 영성과 신앙의 고향이다. 그래서 이 세 개 주는 스페인 사람의 정신과 신앙의 뿌리를 형성하는 곳이며 그들의 내자기이기도 하다. 그들 정체성의 가장 깊은 뿌리를 형성하는 상징적이고 신비한 지역이다. 갈리시아는 그래서 신비롭고 상상력과 환상이 가득한 곳이기도 하다.

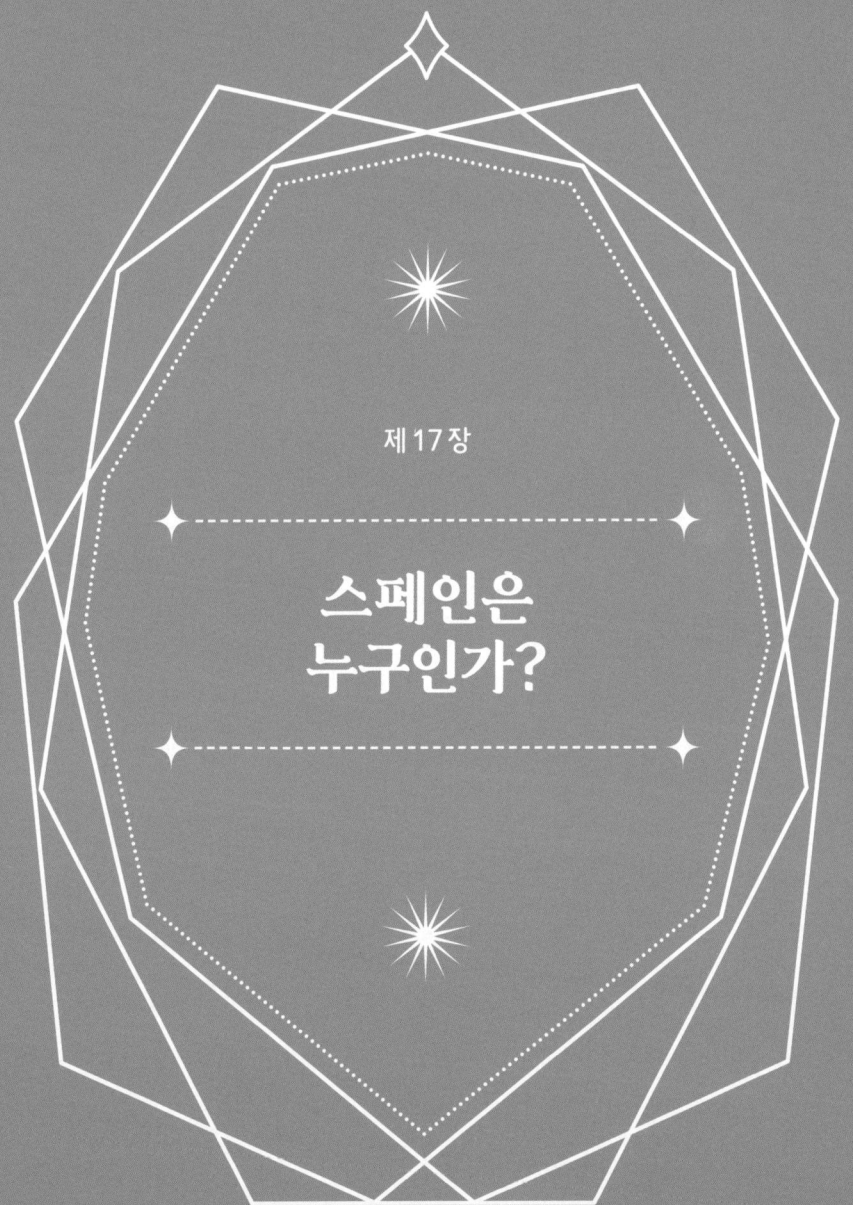

제17장

스페인은
누구인가?

스페인의 일반적 성격
✦

17세기 이후 스페인이 붕괴하기 시작하면서 스페인에 대한 유럽인들의 인상은 상당히 부정적이었다. 그들은 거만하고 불손하며 체면을 내세우면서 고집이 세고 편협하다는 것이 대체로 본 스페인 인의 일반적인 성격이었다. 그리고 그 이후 그들이 가난한 후진국이 되면서 그들을 유럽보다 아프리카에 가까운 나라로 폄하하고 무시하였다. 그러나 지금은 스페인이 선진국이 되었고 유럽 공동체의 당당한 회원 국가이면서 많은 유럽인이 가고 싶은 나라 중에 하나가 되었다. 휴가 때 가장 가고 싶은 나라가 스페인이 될 정도이다. 그래서 지금은 과거의 그들이 아니고 다른 성격을 보인다.

물론 아직 과거의 그런 면들이 깊이 숨어 있지만, 겉으로는 스페인의 성격이 많이 달라졌다. 많은 사람이 관광을 가서 만나는 스페인 사람들의 인상은 친절하고 부드럽고 여유가 있으면서 평화로워 보인다고 한다. 정말 그들은 이렇게 변했을까? 아니면 관광객들에게만 접대용으로 그런 성격을 보이는 것일까? 속으로는 다른 성격일까? 정말 그들의 성격은 요지경 같다. 뭐가 그들의 참 성격일까? 쉽게 이야기하기 어렵다. 한편으로는 그들은 감정적이고 말도 많고 시끄럽다. 그리고 쉽게 화를 내고 잘 싸운다. 한번 싸우면 끝까지 가는 과격성과 폭력성도 무시할 수 없다. 물론 이런 면들은 관광객들에게는 잘 노출되지 않을 수 있다.

앞서 자세히 설명하였지만, 과거 그들의 역사 속에 드러난 성격은 정말 무시무시하였다. 심한 병적인 모습이었다. 이런 면은 다 사라졌을까? 아니면 아직 그 속에 잠재되어 있을까? 여기서는 이런 그들의 다양한 성격을 살펴보려고 한다. 과거가 아닌 지금 스페인의 보편적인 성격이 있을까? 앞서 살펴본 대로 특별히 스페인은 지역성이 강하다. 지역적인 성격은 분명히 존재하지만, 스페인 전체를 관통하는 보편적인 성격이 있을까? 있다면 그것은 어떤 모습일까?

앞서 관광객들이 겉으로 본 그들의 성격도 분명 그들의 한 단면이다. 그렇다고 이 성격을 인위적이고 표층적인 것만으로 볼 수는 없다. 그들 속에서 자연스럽게 나온 것이기도 하다. 그러나 밖으로 보이는 모습과 그들끼리 살아가는 모습은 조금 다를 수 있다.

그들은 먹고 마시고 놀면서 늦게까지 이야기하는 것을 좋아한다. 일은 적게 하고 식사를 오래 하며 또 낮에는 낮잠을 자야 한다. 그리고 낙관적이고 긍정적이다. 인생을 누리고 즐기려고 한다. 그렇게 미래를 위해 열심 일하며 고생하려고 하지 않는다. 한국 사람들이 보면 좀 한심해 보일 수 있다. 한국 사람이 개미같이 일한다면, 그들은 베짱이처럼 노래 부르며 즐기면서 사는 것 같다. 물론 모든 스페인 사람이 다 이런 것은 아닐 것이다. 이런 경향은 남쪽 사람들에서 많이 나타난다. 다른 지역 사람들은 근면하고 열심히 일하는 사람들도 많다.

좋은 이야기를 잘 하고 서로 불편한 것을 피하려고 한다. 그리고 깊이 생각하며 고민하기보다는 쉽게 잊고 좋은 것을 즐기려고 한다. 의지적으로 노력하기보다는 복권을 사서 대박을 꿈꾸는 것처럼 요행을 바란다. 긍정적이다 보니 약간 허풍도 있다. 쉽게 좋다고 해놓고 잊어버린다. 약속해놓고도 이를 꼼꼼하게 챙기지 않는다. 그리고 자신의 실수를 잘 인정하려고 하지 않고 변명을 잘 한다. 기분에 쉽게 좌우된다. 자신의 말과 행동에 책임지려고 하지 않는 경향이 있다. 곤란하고 힘든 일을 직면하려고 하기보다는 회피하는 경향이 강하다.

정신이나 이념, 추상적인 것이나 이성적인 것을 그렇게 즐기지 않는다. 감각적이고 감정으로 몸에 부딪히는 것을 중요하게 생각한다. 보이지 않는 추상 세계보다 보이는 현실을 중시한다. 그래서 그들의 경향을 현실적이고 사실주의적이다. 물론 지역마다 다소 다르지만, 현실적이라고 해서 합리성과 실용성을 내세우지는 않는다. 이것보다 감정적인 관계를 더 중시한다. 가상적인 전체나 집단보다 개인의 실제 생활을 중시한다. 그래서 개인주의적인 성향이 강하다. 개인의 생활과 일상을 전체보다 우선하는 것이다. 그러나 가족이나 친구 관계를 중요하게 생각하고 그들과 좋은 관계를 유지하려고 한다.

이처럼 자연스럽게 형성된 관계 말고 인위적인 모임이나 관계는 별로 중요하게 생각하지 않는다. 이념이나 가치관을 내세우는 모임을 그렇게 반기지 않는다. 물론 지역마다 조금씩 다르다. 과거에는 그들이 이념적인 집단과 가치를 중요하게 생각하고 목숨을 걸 정도로 투쟁했다. 특히 카스티야 사람들은 가상적이고 이상적인 것을 많이 추구하였다. 그러나 그들은 깊고 투철한 이념보다는 감정적으로 이념에 빠지는 성향이 강했다. 이제 그나마 이념적 이상이나 사상도 많이 허물어졌다. 과거 너무 그러한 것으로 억압받아서 그럴 수도 있지만, 그들의 국민성이 심각한 것을 싫어하는 경향 때문이기도 하다.

과거처럼 권위나 체면 등을 내세우는 것은 약해졌지만 아직도 이러한 습관과 성격이 남아있다. 공무원들은 아직도 권위적이고 불친절하다. 오만하고 고집도 세고 무례한 면도 있다. 그리고 자존심이 아주 세다. 자기의 잘못을 인정하지 않고 이를 비판하며 엄청나게 화를 낸다. 한번 화를 내면 끝까지 싸우는 공격성이 있다. 이런 면을 보면 그들의 깊은 곳에는 과거의 감정과 성격이 숨어 있는 것은 확실하다. 단지 그들이 좋은 면으로 길들어진 것은 사실이지만, 그 속에는 과거의 과격하고 공격적인 면이 숨어 있는 것을 부인하기 어려울 것이다.

순화된 스페인

✦

그렇다면 과거에는 서로를 죽일 정도로 과격하였는데 어떻게 이렇게 순해지고 조용해졌을까? 이는 프랑코 정권의 치료(?) 혹은 길들이기 덕분으로 볼 수 있을 것이다. 내란이 절정이었을 때 그들은 입원이 필요할 정도로 미쳐있었다. 어떤 이념이나 이상보다는 분노와 공격성만으로 서로를 죽이고 파괴할 때였다. 제정신이라고 보기 어려울 정도로 집단적 광기를 보였다. 그래서 프랑코가 나타나 이 광기를 무력으로 진정시키고 그들을 장기 입원시켰다. 스페인이 곧 정신병원이었다. 국민이 환자였고 프랑코가 정신과 의사였던 것이었다. 그는 환자를 무력으로 무조건 잠재웠다. 그 결과 만들어진 성격이 요즘의 스페인의 성격이 되었다고 볼 수 있다.

과격한 그들이 어떻게 이렇게 온순해졌을까? 내전으로 많은 사람이 죽었고 프랑코가 정권을 잡은 후에 반대하던 많은 사람이 외국으로 추방되었다. 국내에 남은 사람들도 검거되거나 살해되었다. 그리고 37년을 집권하는 동안 그 세대의 사람들은 자연사하거나 노화되었고 이를 경험하지 못한 새로운 세대로 교체되었다. 그래서 분노와 공격의 광기로 가득 찬 세대들은 자연히 사라지게 되었다. 물론 그 세대가 사라진다고 모든 문제가 해결되는 것은 아니다. 그들이 겪은 아픔은 집단적 무의식으로 전달된다. 그래서 그들의 광기는 늘 무의식에 남아있다.

누구에게든지 상처와 아픔은 있다. 이를 건강하게 잘 방어하고 살면 된다. 방어가 깨어지거나 방어가 성숙하지 못할 때 무의식의 아픔이 올라와서 병들게 되는 것이다. 스페인도 마찬가지였다. 그들의 억압이 너무 심했고 방어가 깨어져 그들은 무서운 병을 앓아야 했다. 보이는 병은 다시 억압되고 어느 정도 사라졌지만, 그 아픔은 아직 무의식 속에 있다. 이를 건강하게 방어할 수 있는 것이 필요했다. 프랑코는 처음에는 억압하였지만, 후반부에는 새로운 스페인의 방어를 만드는 작업을 하였다. 그의 나름대로 치료였다.

프랑코 정부는 통제와 폐쇄에서 자유와 개방으로 전환하였다. 그리고 경제부흥, 문화와 스포츠 등을 활성화하는 데 힘을 쏟았다. 다른 산업도 많이 발달하였지만, 그들이 경제적으로 회복하는 데 가장 큰 도움이 된 것은 관광이었다. 관광과 관계된 서비스업이 경제의 활력을 넣는데 큰 도움이 되었다. 스페인의 관광은 놀랍게 성장하였다. 스페인이 경제적으로 활력을 찾게 되었다. 관광이 중요하다는 것을 전 국민이 인식하였고 그들도 관광을 통해 자부심을 갖게 되었다.

과거 스페인은 한때의 영광이 있었지만, 너무도 허망하게 붕괴되었기에 자신에 대한 열등감과 자괴감이 심했다. 특히 서로를 죽이고 파괴하는 끔찍한 내전을 통해 스스로 모멸감과 좌절감은 극에 달했다. 그러나 그들은 전 세계 사람들이 특히 자신들을 무시하던 유럽 사람들이 스페인을 찾으며 스페인을 좋아하게 되니 그들의 자존감과 자부심이 많이 회복되었다. 그리고 경제적으로도 많이 회복되어 유럽 공동체의 회원도 되고 선진국에 반열에 들어서니 그들의 자부심과 자존감은 더욱 견고해졌다. 그리고 문화, 축제와 스포츠 등을 통해 자신을 즐길 수 있는 다양한 출구가 생겼다. 그리고 과거 그들은 서로를 미워하고 죽이는 결과가 어떠했는지를 너무도 깊이 학습했기 때문에 다시는 그러한 과격한 투쟁을 자제하였다.

그들의 과격한 모습은 감추고 여유롭고 부드러운 모습을 보여주려고 노력한 결과, 그들의 성격도 그렇게 변해갔다. 원래 그들에게는 그러한 모습이 있었기에 그렇게 될 수 있었다. 그리고 그들 속에 분노와 부정적인 감정이 올라오면 다양하게 풀 수 있는 출구가 있었기에 그들은 그렇게 자신들의 문제를 방어하며 살아간 것이었다. 일단은 성공적인 재활과 치료이다. 좋은 방어기제가 생긴 것이다.

그러나 그들이 앞으로 해결해야할 문제는 적지 않다. 자신들의 문제를 직면하고 풀어가면서 이러한 방어를 갖는 것은 바람직할 수 있지만, 이러한 방어기제로만 자신의 문제를 회피하면 앞으로 과거의 문제를 반복할 수도 있다. 과거부터 그들은 문제는 직면하지 못하고 늘 회피하는 경향이 있었다. 그러다가 문제가 쌓여 더 이상 방어할 수 없게 되면 한꺼번에 문제가 폭발하였다. 그런데 이번에도 이러한 회피의 방어가 다시 강화되고 있는 것이 걱정이다.

아직 해결하지 못한 문제
✦

그들이 그렇게 염원하던 자유민주주의가 찾아왔다. 과거의 권력과 종교로부터 온 권위와 억압은 거의 사라졌다. 그리고 경제도 그런대로 회복하고 발전하고 있다. 그래서 그들의 자존심도 많이 회복되었다. 어떻게 보면 스페인 역사상 가장 이상적인 국가가 되었는지 모른다. 이를 온 국민이 즐기고 누려야 할 것이다. 겉으로는 분명히 이를 누리며 좋아 보인다. 그러나 그들이 기대한 만큼 그렇게 행복한 것 같지는 않다. 그들에게 풀지 못한 문제가 아직도 있다는 이야기이다. 그렇다면 그것은 무엇일까? 이러한 문제를 고민한 영화인들이 있었고 앞서 분석한 스페인 영화에서 이를 진지하게 다루었다.

그 첫 번의 문제를 에리세 감독이 그의 기념비적인 두 영화 〈벌집의 정령〉과 〈남쪽〉에서 잘 표현하였다. 이는 바로 스페인이 집단적 광기 가운데 있을 때 서로가 받은 트라우마에 대한 것이다. 트라우마는 세월이 흐르면서 조금씩 망각되어져 갔지만, 그 속에 남아있는 집단적 트라우마는 아직 충분히 치유되지 않았다. 프랑코가 한 치유는 억압과 회피의 방어였지, 본질적인 치유는 아니었다. 이것이 치유되지 않으면 그들에게 주어진 진정한 자유와 행복을 누릴 수 없었다. 그들이 삶을 즐기고 있지만, 그것은 회피와 망각이지 진정한 행복일 수는 없었다.

두 번째의 문제는 가르시 감독이 그의 영화 〈미결 과목〉, 〈새벽에 홀로이〉와 〈다시 시작하기〉에서 제시한 문제이다. 그들은 억압하던 권력과 종교가 허물어진 후 금방은 자유를 누리고 기뻐했지만, 그 이후 허탈, 무기력과 두려움을 느끼게 되었다. 그들이 누리던 자유와 사랑에 대한 권태가 찾아온 것이었다. 그들이 미워하고 투쟁하던 대상을 상실하고 새로운 대상을 찾아야 하는데, 이를 찾지 못하고 오히려 무기력과 두려움에 빠지게 되었다. 자유와 사랑을 제대로 누리며 행복하지 못하고 오히려 허탈에 빠지게 된 것이었다. 그리고 감정적이고 감각적으로 흘러가는 자신들을 보며 미래에 대한 두려움을 갖게 되었다.

세 번째 문제는 알모도바르 감독이 그의 여러 영화에서 제시한 문제들이다. 젊은이들이 '모비다'라는 언더그라운드 문화 운동을 하면서 자유와 쾌락을 추구하는 삶이 하나의 문화로 자리 잡게 되었다. 과거에 지나친 억압 가운데 있었기 때문에 억압된 것을 풀 수 있는 길을 연다는 뜻에서 긍정적인 면도 있지만, 부정적인 시각도 적지 않다. 자신들의 문제를 직면하지 않고 회피와 도피적인 문화로 정착되고 이것이 스페인의 정체성으로 자리 잡게 된다면 그렇게 바람직한 방향을 아니라고 생각된다.

네 번째의 문제는 비가스 루나 감독이 제시한 문제이다. 그는 스페인을 욕망과 사랑의 창구로 보았다. 그들 속에 억압되어 있던 욕망을 찾고 이를 제대로 분출하는 것은 필요하지만, 그 방향이 앞서 지적한 대로 너무 말초적이고 쾌락적으로만 발산해서도 안 될 것이다. 이러한 욕망을 건강한 방향으로 승화시키는 문제가 앞으로 스페인이 풀어야 할 문제인 것이다.

다섯 번째 문제는 사우라 감독이 제시한 스페인의 정체성에 대한 것이다. 그는 플라멩코를 통해 스페인의 진정한 민속적 정체성에 대한 문제를 탐구하였다. 정체성이란 자신으로부터 나오는 것이어야 한다. 그래서 남들이 심어준 정체성과 자신의 정체성을 구분할 수 있는 탐구가 필요하다. 지금 스페인의 정체성에는 프랑코가 심어주고 관광객들이 만들어 준 정체성이 대부분이다. 이를 잘 분리하여 진정한 정체성을 찾고 확립하는 문제가 앞으로 풀어야 할 중요한 문제이다.

영화는 그 시대의 문제를 가장 잘 반영하기에 스페인 영화에서 제시한 문제들을 중심으로 앞으로 풀어야 할 스페인의 문제들을 생각해 보았다. 그러나 이러한 문제들은 각각의 문제라기보다는 서로 연결되어 있다. 다음 장에서 이를 어떻게 해결한 것인지에 대해 생각해보려고 한다.

스페인의 역동성

✦

스페인은 누구인가를 탐구하며 스페인의 성격 중에 가장 특징적으로 나타나는 것이 있는데, 그것은 스페인의 역동성이다. 흔히들 그들의 역동성은 그들이 라틴계열이고 지중해 권에 속하고 있기에 그럴 수 있다고 생각한다. 이러한 점도 분명 있지만, 환경적 요인만으로 다 설명하기 어려운 점도 있다. 스페인과 가장 유사한 환경으로써 이탈리아를 들 수 있다. 이탈리아도 다른 유럽에 비해 역동적이다. 그들은 정열적이고 감정적이고 감각적이다. 그들은 말이 많고 시끄럽다. 그리고 많은 몸짓을 보이며 말을 한다. 쉽게 흥분하고 작은 일에도 화를 내듯이 이야기한다.

그러나 스페인은 이탈리아와 비슷하면서도 조금 다르다. 그들은 이탈리아 인처럼 늘 말이 많고 시끄러운 것은 아니다. 늘 감정이 앞서는 것도 아니다. 평소는 조용하기도 하고 감정을 누르고 사는 경우가 많다. 그러다가 말을 하기 시작하면 이탈리아 사람 이상으로 말도 많고 감정도 강렬하다. 역동성과 강도가 더 강한 면이 있다. 이런 것들이 그들의 음악과 춤에 잘 나타난다. 이탈리아의 음악과 스페인의 음악이 많이 다르다. 이탈리아의 벨칸토와 스페인의 강렬한 리듬의 음악은 역동적인 강도가 다르다. 이탈리아는 몸짓이 강하기는 하지만, 춤이 그렇게 많이 발달되지는 않았다. 그러나 스페인에는 춤이 많이 발달하였고 춤도 아주 강렬하다.

그리고 이탈리아의 축제와 스페인의 축제는 많이 다르다. 스페인의 축제가 더 강렬하다. 그리고 스페인은 폭발적이고 공격적인 면이 강하다.

조용하다가 한번 시작하면 폭발적으로 터지는 경향이 있다. 그들의 역사를 보아도 그렇고 그들의 예술도 그러하다. 특히 그들의 미술이 그러했다. 피카소와 달리가 그러했다. 스페인은 포스트모더니즘이나 초현실주의적인 폭발이 있었지만, 이탈리아에서는 그러한 현상은 심하게 나타나지 않았다. 달콤한 낭만주의적 감정에 머무는 경향이 있었다.

이런 점을 보면 스페인 인은 평소에는 이탈리아 인보다 더 조용하지만, 일단 역동성이 폭발하면 훨씬 더 강하다는 것을 알 수 있다. 이탈리아는 해변의 파도처럼 늘 찰랑거린다고 하면 스페인은 자주 그런 것은 아니나, 심해에서 크게 몰려오는 큰 파도나 때로는 쓰나미같이 강렬해서 모든 것을 집어삼키기도 한다. 그래서 이 책에서는 스페인을 초현실적이라고 말하는 것이다. 이탈리아도 어렵게 살아왔지만, 그래도 꾸준한 면이 있었다. 그래서 세계 최고의 명품 장인과 최고의 산업 기술도 발전시켰다. 그러나 스페인은 갑자기 일등이 되었다가 갑자기 꼴찌가 되는 극심한 변화를 보였다. 꾸준하게 실력을 쌓아가기 보다는 갑자기 천재가 나타나는 그러한 나라였다.

이러한 그들의 역동성을 어떻게 이해해야 할까? 그들은 투우의 황소와 비슷하다. 황소의 역동성을 잘 활용하면 엄청난 생명력과 창의성을 보일 수 있지만, 이를 잘못 다루면 그 황소에 치여서 죽을 수도 있다. 그래서 그들에게는 황소를 다루는 투우가 국기가 될 수 있었는지 모른다. 이를 어떻게 이해하고 해결할 수 있을까?

그들의 독특한 역동성은 어디에서 온 것일까? 그들의 조상과 땅에서 그 답을 찾을 수 있을 것이다. 앞서 스페인은 다른 유럽과 다른 독특한 지리적 특성을 가지고 있다고 했다. 그들은 사실 유럽보다 아프리카에 더 가까웠다. 유럽은 피레네산맥으로 유럽과 435킬로미터 떨어져 있는 반면에 아프리카와는 바다로 14킬로미터 떨어져 있다. 그래서 한때에는 유럽 사람들이 스페인을 비하하면서 그들을 아프리카라고 했다. 그리고 그들은 확실히 전형적인 유럽인과는 많이 다르다. 그리고 같은 환경의 이탈리아인과도 많이 다르다. 그것은 그들에게 아프리카가 있기 때문이라 생각한다.

그들의 태곳적 조상인 크로마뇽인도 아프리카에서 왔고 그들의 원주민으로 생각하는 이베로 족도 아프리카에서 왔다. 그리고 그 땅을 지배한 카르타고, 이슬람 사람에게도 아프리카인들이 많았다. 그리고 수시로 아프리카인들이 드나들었다. 물론 그들에게는 켈트와 게르만 족의 피가 있었다. 그래서 그들의 머리는 유럽이지만 그들의 심장은 아프리카일 수 있는 것이다. 피카소도 스페인의 원형을 아프리카에서 찾았다. 그의 입체주의의 폭발도 아프리카의 역동성에서 나왔다고 볼 수도 있다. 달리와 초현실주의도 아프리카의 열정과 동력에서 출발했을지 모른다.

유럽의 머리와 아프리카의 심장
✦

스페인은 유럽인의 머리와 아프리카의 심장을 가졌다고 볼 수 있다. 그들의 뜨겁고 강렬한 역동성은 바로 아프리카의 심장에서 나온 것이라고 보는 것이다. 그들의 역사를 머리와 심장이 조화를 이루며 하나 되었을 때와 머리와 심장이 서로 싸웠을 때로 나누어 볼 수도 있다. 그들이 세계 최고의 문명을 누렸을 때가 있었다. 로마제국 시대의 세비야가 그러했고 이슬람 왕조 때 코르도바가 그러했다. 그리고 스페인을 회복하고 신대륙을 발견하면서 세계 최고의 제국이 되었을 때였다.

세계 최고는 아니었지만 카스티야 왕국의 알폰소 6세 때 톨레도가 엄청나게 부흥했었고 그 후 알폰소 8세와 10세 때에는 스페인이 문화와 학문의 강국이 되었다. 그 후 아라곤 왕국 때에는 그들이 지중해로 뻗어나가 지중해의 여러 섬과 이탈리아 남부까지 정복하며 큰 왕국을 이루기도 했다. 그때 바르셀로나가 중심 도시였다. 그리고 지금의 스페인도 선진국으로서 과거 어느 때보다 풍요를 누리고 있다.

스페인이 이처럼 부흥하고 강했을 때의 공통점이 있었다. 그것은 수용과 관용이었다. 로마제국 때 로마는 이스파니아 인을 압제하지 않고 로마 시민으로 수용하고 관용을 베풀었다. 이슬람의 알 안달루스 때에도 그들은 원주민과 유대인에게 수용과 관용의 정책을 베풀었다. 그래서 코르도바의 문명이 세계 최고가 될 수 있었다. 국토회복도 카스티야와 아르곤이 연합하였기 때문이었다. 그들은 과거 서로 적대시하며 싸웠으나 결혼을 통해 연합함으로 국토회복이 가능할 수 있었다. 그러나 그들은 무어인과 유대인을 배척함으로 그들의 풍요와 발전이 오래가지 못하였다. 그들까지 수용하고 관용을 베풀었다면 세계 역사는 바뀌었을 것이었고 스페인이 지금까지도 세계 패권 국가를 유지하고 있을지도 모른다. 그리고 아라곤 왕국이 그렇게 강성해질 수 있었던 것도 그들이 무어인과 유대인을 수용하였기 때문이었다.

수용과 관용은 유럽인의 머리와 아프리카의 심장이 조화를 이루며 하나 되게 하는 길이었다. 그래서 그들은 유럽의 냉철한 이성과 아프리카의 뜨거운 심장으로 살았기에 무엇이든 할 수 있었고 그 힘으로 세계 최강이 될 수 있었다. 그러나 스페인이 몰락하고 가난하게 되었던 배경을 보면 유럽의 이상理想과 이성理性이 아프리카의 심장을 억압하고 학대하면서, 서로 갈등하였기 때문이었다. 이를 보면 스페인의 미래는 분명히 보인다고 생각된다.

지금 스페인이 가진 문제를 해결하는 데는 그들이 그 역동성을 어떻게 건강하게 회복하는가에 달려있다고 생각한다. 현재 스페인은 큰 문제가 없어 보이지만, 그것이 큰 문제일 수가 있다. 그들은 프랑코 시절을 지난 후 엄청난 발전과 자유를 누리게 되었지만, 거기서 잃어버린 것도 많다.

지금 스페인은 균형을 잘 잡아나가고 있다. 이러한 균형이 생명의 건강한 조화로 주어졌다면 아주 바람직한 것이다. 그러나 균형이 방어기제로 주어진 것이라면, 그 균형은 생명력을 도리어 억압할 수 있다. 생명력은 스페인의 역동적인 힘이다. 과거의 그들은 병적이었지만, 그 속에는 엄청난 힘과 역동성이 있었다. 창조성과 초현실적인 폭발력도 있었다. 문화와 예술에서 세계적인 천재들이 배출되었다. 이것이 원래 스페인의 모습이다. 조용한 것 같지만, 그 속에는 엄청난 역동성과 창조성이 있었다. 아무리 안정과 균형이 중요하다고 하지만, 이로 인해 그들이 원래 가진 그 활력과 생명력을 잃는다면 이는 다시 생각해 보아야 할 문제이다.

그들에게는 과거처럼 병적 생명력의 폭발이 아니라, 건강한 생명력의 폭발이 필요하다. 이를 위해서는 그들 깊은 곳에 아직 숨어 있는 아픔과 부정적 감정을 건강하게 풀어내고 치유할 필요가 있다. 방어기제는 완전한 치유는 아니다. 아픔이 올라오지 않도록 하는 것일 뿐이다. 아픔만 통제되는 것이 아니라 그 속에 생명력도 억눌릴 수 있다. 물론 그 누구도 자신을 완전하게 치료하고 사는 사람은 없다. 적당히 방어하고 살뿐이다. 그런 뜻에서 스페인이 비정상이라는 뜻은 아니다.

그러나 그들은 과거의 유산만을 먹고 사는 수동적인 삶에서 더 능동적이고 창조적인 활력을 찾아야 한다. 그들 속에는 정말 좋은 능력과 잠재력이 있다. 그들 속에서 뛰고 있는 심장의 고동 소리를 들으며, 그들 속에 꿈틀거리고 있는 꿈과 능력을 현실에서 이룰 수 있어야 한다. 그들이 더 이상 자신의 문제를 덮고 회피하는 것으로 끝나서는 안 된다. 그래서 그들 속에 있는 생명력이 스페인이라는 땅에서 한 번 더 건강하게 폭발할 수 있어야 할 것이다. 이제 그러한 그들의 미래에 대해서 더 깊이 그리고 구체적으로 생각해보려고 한다.

제 18 장

스페인의 자기 찾기와 미래

스페인 현재와 미래의 문제
✦

스페인 미래를 위해 풀어야할 여러 문제들이 있다. 가장 먼저 생각해보아야 할 점은 정치와 경제이다. 이는 한 국가의 가장 중요한 근간이다. 이 부분이 안정되고 발전적이야 하는데, 과연 스페인의 미래는 어떠할까? 프랑코 이후 스페인은 모든 면에서 발전하였다. 무엇보다 정치와 경제가 발전되고 안정되었다. 이와 함께 그들의 자부심과 자존감도 회복되었다. 과거 유럽에 대해 가졌던 열등감과 독재국가라는 부끄러움도 많이 치유되었다. 그리고 이제는 당당한 유럽연합의 중심국가가 되었고 세계 속에서 자랑스러운 선진국의 반열에 올랐다. 그러나 그들의 미래는 그렇게 밝지만은 않다.

정치는 그런대로 안정을 찾아가고 있지만, 경제가 불안정하니 정치도 불안할 수밖에 없었다. 그들의 경제구조는 취약하다. 지나치게 관광과 서비스업에 의존하고 있다. 제조업과 중공업도 발전되었지만, 경쟁력이 그렇게 강하지 않다. 생산보다 소비가 많은 나라이다. 그래서 재정적자가 가장 큰 문제이다. 그리고 가장 큰 문제는 20%를 웃도는 실업률이다. 여기에서 오는 재정문제로 인해 유럽연합에 큰 부담을 주고 있다. 그래서 그들의 자존심이 상해있지만, 이를 돌파할 뾰족한 수가 보이지 않는다. 어떻게 이 문제를 풀어가야 할까? 나름대로 이런 문제를 돌파할 정책이 없었던 것은 아니었다. 이미 전문가들이 해법을 제시하며 이를 해결하기 위해 많은 노력을 하였다.

어떠한 해법이 주어지든 국민이 같이 참여하여야 한다. 정책만으로는 쉽지 않다. 대한민국의 경우 과거 IMF의 위기 때 온 국민이 같이 참여하고 하나가 되어 극복하였기에, 그들도 어떠한 어려움이 오더라도 국민이 하나 되어 적극적으로 참여하면 풀지 못할 문제가 없을 것이다. 이러한 점에서 그들의 현재 국민성에 대해서 생각해보려고 한다.

앞 장에서 이미 그들의 공통적 성격에 대해 이야기한 바 있다. 한 사람의 성격에는 다양한 면이 있다. 그러나 이러한 성격 중에서 그 사람의 발전 가능성이나 어려움에 대처하는 능력은 평소의 일반적 성격과는 다소 다르다. 사회생활에서 성공할 수 있는 가장 중요한 요인은 근면과 성실성이다. 그리고 위기를 극복하는 데는 일에 대한 합리적 사고, 집중력, 의지, 용기, 대인 관계와 자신감 등이 중요하다. 이처럼 국가적 성격에서도 국가의 발전 가능성과 위기 극복 능력 등은 일반적인 성격과 다르게 보아야 한다. 앞서 스페인의 일반적 성격 중에 특히 국가발전과 위기 대처 능력과 연관된 부분을 따로 생각해보려고 한다.

이러한 면에서 그들의 성격 중 가장 두드러진 면은 그들은 문제에 대해 직면하기보다는 연기하거나 회피하려는 경향이 강하다는 것이다. 좋게 보면 그들은 낙관주의적이다. 잘될 것이라 생각하며 미래를 걱정하며 준비하기보다는 현재에 집중하고 즐기려는 경향이 강하다. 그래서 힘들게 일하려고 하기보다는 시간이 있는 대로 먹고 이야기하며 재미있게 지내려고 한다. 물론 이것이 모두 잘못되었다고 이야기할 수는 없다. 그들의 장점일 수도 있다. 그러나 때로는 어떠한 목표를 세우고 의지적으로 노력해야할 때가 있다. 그러나 그들은 미래의 부담으로 현재를 희생하려고 하지 않는다.

돈이 많거나 그동안 열심히 살아왔던 은퇴자에게는 바람직한 인생의 모습이지만, 미래를 위해 준비해야 하는 젊은이에게는 이러한 생활 습관은 그렇게 바람직 한 것은 아니다. 앞서 스페인 영화를 소개하면서 스페인 젊은이들의 문제에 대해 언급한 바 있었다. 그들은 프랑코 이후의 세대이다. 그들은 민주와 자유를 얻기 위해 집단적으로 행동하여 민주화를 이루어내었다. 그러나 이를 쟁취한 이후 그들은 자유와 풍요 속에서 방향을 잃어가고 있다.

과거에는 불가능하였지만, 이제는 그들이 하고 싶은 것을 맘껏 할 수 있었다. 그들의 억압되었던 욕망을 거침없이 표현하는데 그 어떠한 제재制裁도 받지 않았다. 맘껏 즐기고 사랑하며 살아보았다. 그리고 마약도 하면서 쾌락을 누려보았다. 그런데 그들은 그 이후 허탈감과 권태를 느끼기 시작했다. 그들에게는 쟁취해야할 대상이 사라졌다. 그래서 그들은 자신 속에 있는 욕망의 방향을 잃어버리고 방황하기 시작했다.

　이러한 그들의 자유가 잘못된 것은 아니다. 과거 그들이 너무 심한 억압 가운데 있었기 때문에 이러한 자유와 해방감은 필요하다. 그리고 해체주의적인 무질서와 초현실도 필요하다. 그러나 그들은 스페인의 미래를 살아가야 한다. 한편으로는 미래를 위해 준비해야할 것도 분명히 있다. 물론 모든 스페인의 젊은이들이 이렇게 산다는 것은 아니다. 열심히 미래를 위해 공부하고 준비하는 사람들도 많을 것이다. 그러나 전반적으로 이러한 분위기가 형성되어 있는 것도 사실이다.

　그들에게는 관광과 서비스업이 발달되어 있기 때문에 언제든지 쉽게 일할 수도 있고 놀 수도 있다. 그러나 이러한 삶의 형태도 좋지만, 좀 더 생산적이고 지속적인 일을 축적해나가는 삶의 의지와 습관도 중요하다는 것이다. 물론 이러한 문제의 책임이 청년들에게만 있는 것은 아닐 것이다. 그들도 지속적인 일을 할 수 있는 여건이 충분하지 않은 것이 사실이다. 실업률이 높고 생산적인 일을 할 수 있는 여건도 부족하다. 이러한 문제는 경제인과 관료들이 같이 노력해야 한다.

　앞서 말한 문제는 지도자나 관료들에게도 있다. 그들은 권위적이고 현상을 유지하려고만 하지 생산적인 일을 계획하고 새롭게 추진하려고 하지 않는다. 새로운 변화를 싫어한다. 과거 17~18세기 때 스페인을 그 누구도 걱정하지 않다가 주저앉은 것처럼 지금도 나라의 뚜렷한 주체 세력이 없는 것 같다. 우리는 벨라스케스 〈시녀〉라는 그림을 분석하면서 이에 대해 자세히 설명한 바 있다. 과거에는 국왕이 나라를 걱정하였지만, 이제는 국왕은 상징적인 존재일 뿐 그 누구도 스페인의 주인이 되어 나라를 새롭게 변화시킬 주체가 없어 보인다. 모두가 주인인 것 같지만, 누구도 고민하며 주인으로 나서지 않는다.

스페인이 가장 어두운 시대에 선지자처럼 나타난 작가이며 철학자인 가세트가 우려한 문제가 지금 스페인에서 다시 일어나고 있다. 그가 지적한 척추가 없는 나라. 주인이 없는 나라가 되어가고 있다. 민주주의는 백성이 주인이지만, 백성들은 자기 살기 바빠 나라 걱정을 별로 하지 않는다. 불평은 하지만, 참여하지 않는 것이다. 무지한 대중의 모습이다. 가세트는 스페인에는 창조적 소수가 부족하고 우매한 대중이 너무 많다고 탄식하였었다. 자존심이 강한 스페인 사람들이 자신들을 우매한 대중이라고 비판한 것을 참지 못하고 가세트를 공격하였지만, 그는 용기를 내어 스페인을 그렇게 꾸짖었다. 이러한 지적은 스페인이 가장 비참하게 몰락한 19세기와 20세기 초의 상황에서 나온 것이지만, 이러한 비판은 현재 스페인에 여전히 유효할지 모른다.

이 문제를 해결하기 위해서는 그들을 하나로 결집할 수 있는 정체성이 중요하다. 그리고 그들을 움직이게 하는 생명력이 필요하다. 생명은 머물지 않는다. 잠시 쉬고 즐길 수는 있지만, 정체되지는 않는다. 새로운 방향을 찾아 발전하고 진화해간다. 스페인은 생명과 자기를 찾아 생명이 힘차게 미래를 향해 나아가야 한다. 그리고 앞서 말한 스페인의 역동성을 회복해야 한다. 이 중심에 카스티야가 있어야 한다. 과거 스페인이 발전할 때 그 중심에 카스티야가 있었고 망할 때도 그 중심에 카스티야가 있었다. 이러한 문제를 모든 스페인이 한꺼번에 해결할 수 없다. 우선 카스티야가 이렇게 변하면 카스티야와 함께 전 스페인도 변해갈 수 있을 것이다. 그래서 앞서 카스티야에 대해서 자세히 분석하였다.

절망과 희망의 땅 카스티야
✦

98세대의 대표적 작가인 우나무노는 스페인의 대부분 사람은 자기를 모른 채 일상의 삶에 매몰되어 살아가고 있다고 하였다. 앞서 설명한 대로 98세대의 작가들은 과거 절망적인 상황에서도 소망을 찾아 나섰다. 그리고 그들은 그 소망의 빛은 그들의 땅에서 찾았다. 그들의 땅에서 석유나 금이 나는 것도 아닌데, 사실 그들의 대부분 땅은 황무지 같은 땅인데 거기서 무슨 희망을 찾을 수 있을 것인가? 그러나 그들은 그 척박한 땅에서 위대한 국토회복을 이루었고 해가 지지 않는 스페인 제국도 건설했다. 그리고 그 땅에서 모든 것이 허물어졌다. 그 땅에서 병적인 돈키호테도 그리고 위대한 돈키호테도 나왔다. 그 땅은 바로 스페인의 중심을 이루고 있는 카스티야이다. 이 카스티야를 잘 이해하고 새롭게 하면 스페인의 빛이 될 수 있고 이 카스티야를 버리면 스페인도 희망이 없다는 이야기이다.

과거 카스티야는 스페인의 뿌리의 힘으로 스페인의 회복하고 통합하는데 성공하였지만, 그 이후 뿌리의 힘을 잃고 병적인 가상과 이상의 힘으로 스페인을 망치고 말았다. 이를 보면 이제 스페인이 어떻게 회복할 수 있을지 분명히 보일 것이다.

카스티야가 스페인의 해답을 쥐고 있다. 카스티야가 잘되면 스페인이 살고 카스티야가 안 되면 스페인은 나아질 수 없는 것이다. 카스티야, 특히 마드리드는 스페인의 심장과 같다. 그곳은 스페인의 심장부로서 스페인을 살리는 피를 공급해야 한다. 그러나 과거 스페인이 망할 때는 스페인을 죽이고 분열시키는 독소를 내뿜었다. 이제는 스페인을 하나 되게 하고 서로 교통하고 살리는 진정한 생명의 중심인 심장이 되어야 한다. 심장은 병든 정맥의 피를 받아 건강한 동맥피로 다시 흘려보내야 한다. 카스티야가 이러한 건강한 심장이 되어야 한다. 그렇다면 카스티야가 어떻게 건강한 심장으로 회복할 수 있을까?

스페인이 회복해야 할 '생기적 이성'
◆

스페인을 사랑하고 연구하는 사람이라면, 스페인의 가장 중요한 문제가 그들의 정체성이라는 것에 대부분 공감한다. 개인이든 집단이든 생명체가 중심이기에 생명력이 있어야 발전할 수 있다. 생명력이 있어야 활력을 가질 수 있고 또 자신의 잠재력과 능력을 발휘할 수 있다. 아무리 좋은 것이 많아도 생명력이 없다면 무기력한 삶을 살 수밖에 없다. 그런데 그 생명력이란 생명의 중심이 있어야 가능하다. 그 생명의 중심이 정체성이다. 생명은 전체가 응집될 수 있는 중심이 있어야 생명력이 살아난다. 중심이 없으면 무기질과 다를 바 없다. 기계와 같은 무기질은 동일한 기능만 반복하지 스스로 진화하거나 발전하지 못한다.

그리고 그들에게 지금 가장 절실한 것이 현실의 합리성과 실용성이다. 그들은 과거 로마 시대에 세비야를 중심으로 엄청난 학문과 현실적인 합리성을 발전시켰다. 그리고 이슬람 시대에는 코르도바를 중심으로 세계 최고의 학문을 발전시켰다. 그러나 그 이후로 기독교라는 이상과 억압적인 삶 속에서 자신의 이러한 능력을 잃어버리고 살았다. 이러한 능력을 이성이라고 말할 수 있을 것이다. 스페인은 감성과 감각은 발달하였으나 이성의 능력이 충분하지 않아 유럽에 비해 발전이 늦었다.

이를 날카롭게 지적한 학자가 가세트였다. 그러나 그는 놀랍게도 일반적인 이성만으로는 한계가 있기에 스페인 고유의 이성을 개발해야 한다고 하였다. 그는 이를 '생기적 이성'이라고 하였다. 스페인에 이성도 필요하지만, 유럽의 이성이 아니라 스페인 고유의 생명에서 나오는 이성이어야 한다고 했다. 그래서 스페인이 발전하기 위해서는 단순한 기능의 회복이 아니라 생명의 중심인 자기와 정체성을 회복해야 하고 그 안에서 이성을 발전시켜야 하는 것이다.

건강한 심장으로서 카스티야
✦

스페인의 회복은 그 심장인 카스티야의 치유와 회복에 달려있다. 심장은 온몸을 연결하는 역할을 한다. 온몸을 하나로 연결하는 허브와 포탈의 역할을 하는 것이 심장이다. 정맥을 통해 문제를 받아 이를 해결하여 동맥으로 새로운 피를 공급하는 역할이다. 카스티야에 뭐가 있다고 이런 일을 할 수 있을까? 카스티야는 없지만, 스페인의 다른 곳에 엄청난 자원들이 있다.

카스티야는 이를 연결하는 플랫폼이 되어야 한다. 어떻게 보면 카스티야는 권력이라는 허상 외에는 자체적 자원이 없기에 서로 연결할 수 있을지 모른다. 예전에 아르곤이 이런 역할을 잘하여 지중해를 정복하기도 했다. 그래서 카스티야도 충분히 이러한 역할을 할 수 있을 것이다. 정보시대에는 심장과 허브를 플랫폼이라고 한다. 이는 서로를 연결하고 돕고 상생하는 연결망이다.

이를 위해서는 수용하고 포용하는 힘이 가장 중요하다. 심장은 모든 것에 열려있고 모든 것을 다 수용한다. 심장은 좋은 것만을 골라 받지 않는다. 온몸에서 아프고 힘든 것을 받아 새로운 것으로 만들어 다시 그곳으로 보낸다. 그러나 심장이 이를 하는 것은 아니다. 장과 간 그리고 폐가 이러한 치유의 기능을 하는 것이다. 심장은 이들 장기와 잘 연결되어 피를 새롭게 할 수 있다. 스페인에는 이러한 치유를 할 수 있는 좋은 장기들이 있다. 그래서 카스티야가 아프리카의 역동적인 뜨거운 심장으로 회복하여 스페인의 중심이 된다면 스페인은 분명 다시 살아날 수 있을 것이다.

스페인이 과거 가장 좋은 시절이 있었다면, 로마제국과 안 안달루스 왕국 때일 것이다. 그때의 공통점이 있었다면, 개방적이었고 현실에 대해 합리적이고 실용적이었다는 것이다. 당시 경제만이 아니라 문화와 예술 특히 학문의 발전이 두드러졌다. 그 결과 그곳이 문명의 중심이 되었고 아주 풍요롭고 평안했다. 지금 필요한 것이 이러한 로마와 안달루스의 정신이다. 이는 가세트가 말한 생기적 이성과도 통하는 개념이다. 생명은 서로를 수용한다. 하나가 되어 연결되는 것이 생명의 힘이다. 서로를 비교하고 갈등하면 생명으로 존재할 수 없다. 모든 것이 필요하며 수용하여 하나 되어 움직이는 것이 생명이다. 심장은 몸의 모든 장기에 열려있다. 이를 통해 몸의 생명력을 회복하는 것이다.

현실과 합리성과 실용성을 추구한다고 해서 이상理想을 포기해야 한다는 것은 아니다. 생명 안에서는 합리성과 이상은 조화를 이룰 수 있다. 생명은 이상을 추구하지만, 현실을 도외시하지 않는다. 현실에서부터 자신의 힘을 쌓아 이상을 실현한다. 그래서 생명은 현실을 합리적이고 실용적으로 접근한다. 이러한 힘으로 로마와 안달루스가 강해졌고 그들의 이상을 이루었다. 이것이 생명의 힘이다. 바로 이러한 정신과 힘이 카스티야에 필요한 것이다.

허상을 내려놓기

✦

카스티야가 어떻게 이 힘을 회복할 수 있을까? 가장 먼저 필요한 것이 앞서 말한 대로 과거의 병적 자기를 내려놓는 것이다. 과거처럼 허상적 이상과 권력이라는 허구에 메이면 카스티야도 망하지만, 스페인 모두가 망한다. 이러한 허상을 허물고 비우는 것이 첫 번째 치유가 될 것이다. 이를 위해서는 남부의 도움을 받아야 한다. 안달루시아 사람들은 이러한 허상을 비우고 현재를 즐기고 누리는 사람들이다. 그들과 함께하면서 마음을 비울 수 있을 것으로 기대된다. 그리고 그들 속에 있는 달리와 같이 초현실적이고 해체적인 문화도 이를 비우고 해체하는데 도움이 될 것이다.

지금의 스페인에는 과거의 종교나 이상주의가 많이 허물어졌다. 너무 많이 허물어져서 걱정할 정도이다. 그들은 이제 기독교 국가라고 하기에는 너무 세속화되어 있다. 이상보다 현실과 육신의 감정과 감각으로 살아간다. 젊은이들을 성의 자유와 마약을 즐기며 말초적 삶에 익숙해 있다. 그렇다고 그들에게 기독교를 대신할 어떤 사상과 정신이 있는 것도 아니다. 과거에는 많은 이념과 정신으로 무장되어 억압하며 서로 극심하게 투쟁하기까지 하였다. 그러나 이제는 그들은 너무 느슨해지고 해체되어 중심이 없을 정도이다.

그렇다면 카스티야도 이렇게 해체되어 부드러워졌을까? 남부가 그렇다는 것이지 카스티야는 여전히 과거의 허상가운데 있다. 아직도 권력과 종교의 이상과 허상이 남아있다. 이를 더욱 깊이 해체하고 비우는 작업이 필요하다. 달리의 초현실과 포스트모더니즘적인 해체가 더욱 필요한 곳이 카스티야이다. 보수적이고 전통을 집착하는 방어를 더욱 허물어야 한다. 왜 그들은 아직도 허상을 붙들고 있을까?

그것은 그들 속에 아픔이 있기 때문이다. 카스티야는 특별한 자원이 없는 지역이다. 그래서 이 권력이라는 허상을 내려놓는 것이 두렵다. 아직 그곳에는 마드리드가 있고 중앙행정부와 의회 그리고 왕실이 존재한다. 모든 정치권력의 힘이 그곳에 집중되어 있다. 그래서 이를 내려놓기가 쉽지 않다. 기능적으로 심장과 같은 중심 기능이 필요하지만, 그 속에 허구적인 권력과 전통으로 스페인을 지배하려고 해서는 안 된다. 그러면 스페인은 분열되고 하나의 정체성으로 모이기 어렵다. 스페인과 국민을 위해 섬기고 희생하는 심장으로서 마드리드와 카스티야가 되어야 한다. 이를 내려놓으려면 그 속에 있는 두려움을 인정하고 치유해야 한다.

치유를 통한 생명회복

◆

스페인에는 다 아픔이 있지만, 가장 아픈 곳이 카스티야이다. 그래서 그곳에서 먼저 아픔을 인정하고 드러내어 이를 치유받아야 한다. 카스티야 속에 있는 아픔은 앞서 분석한 대로 두려움, 피해의식, 욕망과 좌절의 분노 등이다. 이러한 부정적 감정을 모두는 아니라도 병으로 가지 않을 만큼은 치유해야 한다. 과거 그들은 수용과 관용가운데 있었을 때 부흥한 것은 그 속에 치유가 있었기 때문이었다. 수용과 관용은 역시 치유에도 도움이 된다. 치유의 시작은 수용이다. 우리는 자신의 아픔을 인정하지 않고 이를 숨기고 방어하려고 한다. 그래서 카스티야는 허구적인 권력과 종교의 이상으로 갔다. 이를 내려놓고 자신의 아픔을 수용해야 한다. 부족하고 아픈 것에 대해 관용을 베풀어야 한다. 수용과 관용은 사랑으로 나아간다. 그 마음이 사랑으로 발전되는 것이다. 없고 아픈 자신을 용서하고 사랑하는 것이다. 이것이 생명이 치유되는 길이다. 생명은 수용과 사랑을 통해 회복되고 힘을 얻는 것이다.

이러한 치유는 이미 그들 속에 있었다. 바로 카스티야의 바로 아래에 있는 안달루시아의 마음이다. 그들은 허상에서 벗어나 현존을 누리고 즐기는 삶을 살고 있다. 물론 그들을 쾌락과 육체적 감각을 추구하는 저차원적 삶이라고 비난할지 모르지만, 이러한 판단 역시 허구적인 이상에서 나온 것일 수 있다. 그래서 그들의 삶을 포스트모더니즘적인 해체주의로도 볼 수도 있다.

그들의 삶을 선악의 이상으로 판단하지 않고 있는 그대로를 수용하고 사랑한다. 그리고 있는 것을 감사하며 누린다. 부정적인 마음보다 긍정적인 마음으로 인생을 즐기는 것이다. 이것이 그들의 치유하는 마음이다. 물론 너무 이러한 마음에 머물게 되면 발전이 없을 수도 있다. 치유와 회복은 이를 통해 생명을 회복하여 생명이 주도하는 삶을 살기 위해서 필요한 것이다. 그러나 계속 수용과 관용에만 머물면 발전이 없을 수 있다. 그래서 한쪽으로 치우치지 않고 중용中庸을 지키는 것이 중요하다.

　수용과 관용을 통해 생명이 회복되면 생명은 현실 속에서 자신을 실현하기를 원한다. 그래서 현실을 바로보고 현실의 법으로 자신을 실현하기를 원하는 것이다. 현실의 법은 지성과 이성이라고 했다. 그래서 생명은 이를 탐구하고 연마한다. 학생들이 세상에 나가기 전에 학교에서 배우고 연마하는 것이 바로 지성과 이성의 법이다. 그리고 현실과 자연을 연구한다. 이것이 바로 스페인이 찾아야 할 생기적 이성인 것이다. 이를 통해 현실의 합리성과 실용성을 추구하게 되고 이를 통해 발전해 나가는 것이다. 다른 유럽과 과거 스페인이 발전하였을 때, 이러한 과정을 거쳤다.

　그러나 합리성과 실용성에만 머물면 현실의 법에 갇히게 된다. 지속적인 발전을 위해서는 이러한 법을 깨는 개방성이 다시 필요하다. 과거 로마제국이 지속적으로 발전할 수 있었던 것은 현실의 합리성과 개방성 모두를 가지고 상호 보완할 수 있었기 때문이었다. 이는 생명 안에서 자연히 가능할 수 있다. 생명은 현실의 법을 따르지만 그 법에 갇히지 않는다. 새로운 것을 추구하고 창조적인 삶에 열리는 것이다. 생명은 현실을 중요하게 여기지만, 늘 새로워지고 변화를 추구한다. 같은 것을 반복하는 것은 무기질의 기계가 하는 일이기 때문이다.

생명이 흐르는 하나의 땅 스페인
✦

생명이 현실의 합리성과 실용성을 유지하면서 개방성을 갖는다는 것이 사실 말처럼 쉬운 것은 아니다. 그래서 나중에 로마제국도 이 개방성을 상실함으로 멸망하고 말았다. 생명은 이러한 양면성을 갖지만, 스스로 늘 이러한 생명력을 유지하기가 쉽지 않다. 그런데 스페인은 정말 절묘하다. 남쪽 안달루시아에 치유와 해체의 힘이 있었다고 했다. 그런데 그 이후 생명의 합리성, 실용성 그리고 개방성 등도 스페인의 다른 지역에서 도움을 받을 수 있다. 스페인의 북동부와 북서부 쪽에 이러한 생명이 흐르고 있기 때문이다.

 스페인 북동부에는 바르셀로나, 아르곤, 나바라와 바스크가 있다. 그들 역시 지역마다 다른 차이가 있지만, 그래도 공통적인 면이 있다면 현실성이 강하다는 점이다. 그들은 현실의 합리성과 실용성을 중시한다. 그래서 그들은 이상과 허상에 메여 있는 카스티야와 늘 갈등 관계에 있었다. 카스티야가 안달루시아로부터 허상을 벗고 생명을 회복한 다음 북동부의 그들로부터 현실의 합리성과 실용성을 도입할 수 있다면 카스티야가 생명의 현실성을 유지하고 발전시켜 나가는데 많은 도움을 받을 수 있을 것이다. 이러한 생명이 흘러가는 길목이 사라고사가 될 수 있을 것이다. 그러나 북동부는 너무 현실을 강조하다보니 다소 메마르고 답보적일 수 있다.

그래서 생명은 새로운 것을 추구하는 개방성과 현실을 뛰어넘는 초월성이 필요하다. 이를 창조성이라고도 말할 수 있을지 모른다. 이러한 생명의 힘은 북서부의 세 지역으로부터 공급받을 수 있을 것이다. 그곳의 칸타부리아, 아스투리아스와 갈리시아가 이러한 역할을 충분히 해줄 수 있을 것이다. 그곳에 있는 영성, 초월성, 신비성과 창조성의 강물이 카스티야로 흘러들어가 생명의 개방성을 늘 유지할 수 있게 될 것이다. 이러한 생명이 흘러들어가는 길목의 도시가 레온이 될 수 있을 것이다.

그리고 아래 남쪽에서는 수용과 해체의 치유의 강물이 카스티야를 통해 흘러들어갈 수 있다. 이 치유의 생명이 흘러가는 길목이 세비야가 될 수 있을 것이다. 그래서 카스티야의 중심인 마드리드와 남쪽의 세비야, 북동부의 사라고사, 북서부의 레온이 서로 연결되면서 스페인의 생명의 망을 완성할 수 있을 것이다. 이렇게 스페인의 생기적 이성 즉 심장의 생명력이 마드리드에 충만하게 채워지면, 이를 통해 다시 스페인의 각 지역에 건강한 피를 흘러 보낼 수 있을 것이다.

스페인을 2차원의 평면으로 본다면 서로 다른 것이 갈등할 수도 있지만, 피카소가 도입한 입체주의를 스페인에 적용한다면 서로 다른 것을 다차원적으로 수용하고 융합하여 피카소의 혁명처럼 새로운 세계를 열어갈 수 있을 것이다. 피카소가 사물을 입체적으로 보고 표현한 것처럼 카스티야가 스페인을 입체적으로 보고 모든 것에 열려 서로 소통하고 융합할 수 있다면 스페인은 진정으로 새로운 세계를 열어갈 수 있을 것이다. 앞서 말한 세 도시가 치유적인 장기臟器가 되어 마드리드가 생명의 피를 스페인에 공급하는 것을 도와 줄 수 있다면, 스페인은 놀라운 고차적 입체주의 나라가 될 것이다.

사실 심장은 단순하다. 하나의 역동적인 펌프이다. 생명이 살아 움직이도록 하는 생명의 역동성이다. 아프리카의 심장과 같은 생명력이다. 그러나 과거 카스티야는 이 생명력을 잃고 허상과 이상에 눌려 있었기에 심장이 제대로 뛰지 못했다. 이제 그 허상을 벗고 힘차게 박동해야 한다. 스페인의 조직과 세포들을 살리는 건강한 피를 보내야 한다. 그러나 카스티야가 그 건강한 피를 생산할 수는 없다. 심장은 펌프의 힘이지 건강한 피를 스스로 만들 수는 없다. 이는 옆의 장기에서 도와주어야 한다.

앞서 말한 세 도시가 바로 그 장기가 될 수 있다. 먼저 장에서 음식과 영양분을 공급해주어야 한다. 우선 남부는 풍성한 곡창지대이다. 실제로 스페인의 영양분을 공급해줄 수 있다. 그리고 관광이 가장 활발하여 많은 경제적인 영양분도 공급해줄 수 있다. 그리고 남쪽은 열정적이고 에너지가 풍부하다. 그래서 에너지를 공급해줄 수 있다. 그리고 치유적이다. 지치고 힘든 몸이 그곳에서 쉬고 치유 받으면서 에너지를 재충전할 수 있다. 치유는 에너지 회복을 의미한다. 그래서 남부는 스페인의 에너지원이다. 영양을 공급하는 원천인 것이다. 그래서 남부는 스페인의 장腸을 의미한다. 세비야가 바로 이 장의 기능을 담당해야 할 것이다. 과거 신대륙을 지배할 때 세비야는 신대륙의 모든 자원을 공급받아 스페인 전체에 공급하는 일을 했다. 바로 그 일을 세비야가 다시 해야 할 것이다.

그러나 이 에너지와 영양분을 고효율의 에너지로 변용하고 부가가치가 높은 상품으로 제조하여 판매하는 경제활동을 해야 한다. 이것이 바로 간肝이 하는 일이다. 그래서 간을 몸의 공장이라고 한다. 이 공장의 역할을 할 수 있는 곳은 스페인의 북동부이다. 그곳은 현실의 법이 발달된 곳이다. 에너지를 현실에서 부가가치가 높은 제품을 생산하여 이를 판매하는 일을 할 수 있을 것이다. 이를 위해서는 근면과 성실성 그리고 이성과 지성이 중요하다. 나바로, 바스크, 아르곤, 카탈루냐, 바르셀로나 등이 이러한 일을 해줄 수 있을 것이다. 그 길목이 바로 사라고사가 될 것이다.

제품은 성실성과 완벽한 제조공정만으로 완성되지 않는다. 이탈리아의 명품이 세계적인 명품이 될 수 있는 것은 그 제품 속에 그들의 혼이 깃들어 있기 때문이다. 이탈리아인들만 할 수 있는 그들의 품격과 창의성이 있기 때문이다. 세계적인 경쟁력을 가지기 위해서는 스페인의 제품에도 이러한 정신과 혼이 있어야 한다. 가성비만으로 승부할 수만은 없다. 이런 면에서는 중국을 이길 수 없기 때문이다. 그들만의 깊이와 혼이 깃든, 그리고 그들의 문화와 역사의 품격이 깃든 것이어야 한다. 우리가 빠져드는 스페인의 매력을 담는 무언가가 있어야 한다.

그러한 힘은 바로 스페인의 북서부 칸타부리아, 아스투리아스와 갈라시아에서 나온다. 그 지역은 스페인의 모성, 영성과 신비성을 간직한 곳이다. 그들의 혼이 거기서 나온다. 그들의 깊은 매력과 생명의 힘이 그곳에 있는 것이다. 고차원적이다. 그래서 창의적이다. 스페인만이 간직한 매력의 힘이 그곳에서 나온다. 그래서 전 세계 사람들이 아직 산티아고 순례길을 찾는 이유이다. 이를 산소酸素라고 말할 수 있을 것이다. 그곳은 스페인과 세계인들에게 산소를 공급해주고 있다. 보이는 것은 아니지만 그들이 숨 쉬고 살 수 있게 해주는 생명의 근원을 제공해주고 있는 것이다.

이곳을 스페인의 폐肺라고 할 수 있을 것이다. 이를 이어주는 도시가 바로 레온이 될 것이다. 그래서 이 세 장기를 통해서 스페인은 건강하고 깨끗한 피를 생산하고 공급할 수 있을 것이다. 이처럼 완벽하고 좋은 장기를 가진 나라가 이 지구상에 또 있을까? 이를 스페인이 놓친다면 얼마나 억울할까? 그 중심에 심장인 마드리드가 있다. 어떠한 병든 피도 이 세 장기를 통과하면 건강한 피가 될 것이다. 이제 마드리드는 심장의 펌프가 되어 이를 신나게 스페인과 세계로 내어보낼 수 있다면, 그 미래는 엄청나게 밝을 것이다. 과거 카스티야는 허구적이었지만, 이제 마드리드의 심장은 더 이상 막연한 상징이나 허구가 아니다. 이 심장은 현실 속에서 의학적인 실제와 과학으로써 스페인의 중심이 되어 살아 움직일 것이다.

이를 통해 마드리드는 스페인 각 지역을 교류하고 보완하는 허브의 플랫폼이 될 수 있을 것이다. 마드리드는 하드나 소프트웨어를 통해서, 또 아날로그와 디지털을 통해 각 지역을 연결하고 융합시켜나가는 작업을 구체적으로 해야 할 것이다. 앞서 여러 번 밝힌 대로 스페인에는 각 지역에 없는 것이 없을 정도로 정말 다양하고 좋은 자원과 잠재력이 풍부하다. 이를 서로 교류하고 융합하면 더 풍부한 시너지 효과를 낼 수 있을 것이다.

모든 분야에서 새롭게 발전해야 하지만, 우선 그들이 가장 잘 할 수 있는 것부터 이러한 융합적인 협력이 시작해야 할 것이다. 그렇다면 그들이 현재로 가장 잘 할 수 있는 것이 무엇일까? 그것은 당연히 관광과 관련된 서비스업이 될 것이다. 현재도 이 분야는 가장 발달되어 있고 중앙 정부가 이미 전력을 다해 각 지역의 관광 전략을 세우며 서로 협력하고 있다. 그러나 현재의 관광전략은 다소 수동적인 차원에 머물러 있는 경향이 있다. 관광 자원 속에 있는 매력과 생명력을 더욱 극대화할 수 있는 능동적이고 창의적인 관광산업으로 발전할 필요가 있다. 이를 위해서는 더 부가가치가 높은 수준의 관광으로 향상시켜 나가야 한다.

스페인에는 관광과 서비스업에 엄청난 자원이 있고 이미 이 분야에서는 세계적이다. 이와 함께 그들이 가장 잘 할 수 있는 것은 문화, 예술과 연관된 것이다. 그들은 19세기와 20세기에 나라가 그렇게 어려울 때도 이 분야만은 세계적이었다. 그들은 음식, 축제, 문학, 음악, 미술과 영화 등에서 정말 탁월한 경지를 보였다. 그렇게 어려운 가운데서도 그 어떤 나라도 따라올 수 없는 창의성과 깊이를 보였다. 천재들이 즐비했다. 그리고 이러한 문화가 뒷받침되었기에 관광과 서비스업도 꾸준하게 발전할 수 있었다. 높은 수준의 문화적 소프트웨어가 있었기 때문에 문화유산이라는 하드웨어가 더욱 빛을 발할 수 있었다.

스페인 문화의 깊이와 섬세함, 역동성, 아름다움, 조화, 창의성과 초월성 등은 정말 비교할 수 없을 정도로 탁월하다. 최근 한국이 한류 혹은 K 문화로 세계인의 사랑을 받듯이 스페인의 문화도 충분히 자랑할 수 있다. 그들 문화의 깊이와 수준은 그 어느 나라도 추종할 수 없을 정도로 대단하다. 이를 누군가 나서서 기획하고 정책적으로 개발하고 발전시킨다면, 그야말로 이 분야에서 최고의 강국이 될 수 있을 것이다. 이러한 모든 기획과 추진을 카스티야가 잘 수행할 수 있다면, 스페인의 미래는 상상할 수 없을 정도로 밝을 것이다.

앞으로 찾아야 할 스페인의 정체성
✦

그동안 부분적으로 스페인의 정체성에 대해 많은 이야기를 하였다. 이제 이 책을 마무리하면서 스페인이 찾아야 할 현재와 미래의 정체성에 대해 최종적으로 정리해보려고 한다. 스페인에서 속자기, 중자기와 외자기가 하나 되어 가장 건강한 정체성을 보였을 때, 스페인은 위대한 나라가 되었다. 그때가 국토회복과 신대륙발견을 통해 스페인 제국을 이루었을 때였다. 물론 스페인 제국은 건강하게 지속하지 못하고 정체성이 병들어 갔지만, 한때는 통일된 정체성으로 번창한 것은 사실이었다. 두 번째로 위대한 나라를 이루었을 때가 로마제국 때였다. 이때는 외자기와 중자기가 온전히 하나가 되었을 때였다. 그러나 내자기는 억압되어 있었다. 세 번째가 알 안달루스 왕국 때였는데 이때 중자기는 전적으로 외자기와 하나 되지 못하였지만, 나름대로 외자기와 중자기가 하나 되어 번창한 나라를 이루었다.

그렇다면 지금 스페인의 자기와 정체성은 어떤 상태일까? 현재 스페인의 외자기는 선진국으로써 나름 자랑스러운 상태이다. 그리고 스페인을 다들 좋아하며 사람들이 찾는다. 물론 외자기로서의 내용은 아주 견실하지 않다. 그래서 지금은 잘 유지되고는 있지만, 미래가 밝은 편은 아니다. 중자기는 나름 자부심을 가지면서 적당하게 억압된 것을 풀어가고는 있지만, 깊은 곳의 중자기는 많이 아프고 억압되어 있다. 내자기는 더욱 억압되어 있다. 이를 전체적으로 보면 현재 스페인의 정체성은 아주 심하지는 않지만, 그렇다고 건강하지는 않기에 치유가 필요하다.

그렇다면 정체성을 어떻게 회복하고 통일할 수 있을까? 스페인 제국은 기독교로 세 자기를 통일하였고, 로마는 로마정신으로 그리고 안달루스는 이슬람으로 두 자기를 부분적이지만 통일하였다. 현대 스페인은 종교로는 통일하기 어렵다. 이미 스페인이라는 국가와 민족으로서의 정체성은 확실하게 형성되어 있다. 그러나 그 정체성의 생명력과 역동성이 부족하다. 그리고 국가와 민족이라는 중심성과 전체성도 다소 약한 편이다. 그래서 중심성과 생명력을 더 강화하는 것이 필요하다. 앞서 스페인이 어떻게 생명력과 역동성을 회복할 수 있을 지에 대해서 자세히 설명하였다.

과거 로마제국에서는 로마와 그 시민이라는 자긍심 그리고 합리성과 개방성의 로마정신이 그들의 정체성의 중심에 있었다. 그것이 그들의 생명력을 강화하였다. 이처럼 스페인에서도 스페인에 대해 자부심을 가질 수 있는 것을 찾아 스스로를 인정하고 격려하면서 자부심을 강화해야 한다. 그들은 먼저 스페인이라는 땅이 너무도 자랑스럽다. 98세대의 시인들이 외친 것처럼 스페인의 땅은 특별하다. 신이 축복한 땅이다. 물론 그 땅에 석유나 다이아몬드와 같은 자원이 있는 것은 아니다. 그러나 이것보다 더 고차적이고 귀한 것들이 많다. 앞서 살펴본 대로 그 땅에는 정말 없는 것이 없다. 그들의 땅에는 너무도 다양하고 깊고 좋은 것들이 많다. 그 잠재력과 자원은 너무도 풍부하다.

   그다음 그들인 자부심을 가져야 할 것은 스페인 사람에 대한 것이다. 그들은 유럽의 머리와 아프리카의 심장을 가졌다고 했다. 이는 정말 특별하다. 이것들이 서로 충돌하면 심한 병리를 보이지만 서로 조화를 이루면 그 어떤 민족에게도 볼 수 없는 놀라운 능력과 역동성을 보일 수 있다. 대체로 유럽은 지성이나 감성이 한쪽으로 흐르는 경향을 보인다. 이 두 가지가 같이 하나로 나타날 수 있다면 그 폭발력은 대단할 것이다. 지금 이를 가장 잘 보이는 나라가 미국이다. 이 두 가지 즉 지성과 감성적인 생명력을 동시에 보인 나라가 세계 역사를 주도했다.

   대한민국이 단기간 선진국이 될 수 있었던 것도 이러한 조화의 힘이 있었기 때문이었다. 이를 한마디로 말하면 가세트가 제시한 '생기적 이성'이 될 것이다. 이것이 바로 스페인의 자부심이 될 수도 있고 그 정신이 될 수 있을 것이다. 그리고 이를 통해 스페인이 발전하게 되면 그들의 자부심과 정체성도 더욱 강화되어질 것이다. 그렇게 되면 생명력과 역동성이 넘치는 정체성이 더욱 빛을 발할 것이다.

스페인의 성장발달 단계

✦

유럽의 5개국은 로마를 아버지 그리고 교황을 어머니로 한 5형제라고 저자의 다른 책 '인격발달로 본 유럽 문명사'에서 밝힌 바 있었다. 그러나 그들의 성장발달 과정은 다소 달랐다. 북쪽의 3개국 프랑스, 독일과 영국은 비교적 유사한 성장과정을 밟은 반면, 남쪽의 이탈리아와 스페인은 다른 성장과정을 보였다. 유럽의 북 3개국은 르네상스라는 사춘기, 종교개혁의 성인식을 통해 성인으로 발달하였다. 그리고 지성과 이성의 외자기를 개발하여 산업혁명, 과학과 대항해시대를 열었고 그 이후 19세기 낭만주의와 철학을 통해 감성의 중자기를 발전시켰다. 그 후 참혹한 세계대전을 통과하면서 초월성이라는 내자기까지 발달시켰다.

그러나 이탈리아는 이런 과정을 밟지 못했다. 그들이 르네상스의 사춘기를 먼저 시작하였지만, 종교개혁이나 이성과 지성의 중자기를 먼저 발전시키지 못하였다. 그래서 그들은 산업혁명과 대항해시대도 제대로 경험하지 못했다. 그러나 그들은 특이하게도 먼저 감성적 중자기를 발달시켰다. 그리고 그 다음 늦게 이성과 지성의 외자가를 발달시켜나갔다. 그러나 감성과 감각을 통해 초월적 내자기에도 접근하고 있지만, 이탈리아는 감성과 감각이 중심이 되어 발달하는 나라였다. 북의 3개국과 순서가 조금 다를 뿐 감성과 감각을 중심으로 이성, 지성과 초월성을 발전시켜가고 있다. 아직 균형적인 인격을 온전히 찾지는 못하고 있지만, 이를 향해 부단히 노력하고 있다. 이에 대해서는 저자의 다른 저서 '모성의 나라 이탈리아'를 참고하기 바란다.

그렇다면 스페인의 인격발달은 어떻게 진행되고 있을까? 그들은 다소 이탈리아와 닮았지만, 이탈리아와는 다른 길을 갔다. 물론 북 3국과도 다른 길이었다. 아주 독특한 길이였다. 그들은 르네상스다운 르네상스도 없었다. 종교개혁과 계몽주의, 산업혁명도 없었다. 단지 대항해시대를 가장 먼저 열었지만 그 주도권을 곧 영국에 빼앗기고 말았다. 앞서 스페인 정체성을 설명하면서 그들의 자기 찾기에 대해 설명하였지만,

뭔가 뚜렷한 자기인격의 발달이 없었다. 그렇다고 아주 없었던 것도 아니라고 했다. 애매모호한 자기 발달이었다. 분명한 인격의 발달이 없었고 억압과 자기가 모호한 상태로 존재해있었다. 자기가 아닌 타자로 오래 살았다. 이런 경우를 심각한 병리적 상태라고 볼 수 있다고 했다. 그래서 그들은 분열적인 심한 정신병으로 폭발하고 말았다.

이 책의 서두에서 그들의 초현실이 건강한 인격에서 나온 것인지 병적인 것이지를 진단하며 정체성의 세 가지 요인을 분석한 바 있었다. 정체성 자체, 대상과 자기와의 경계성 그리고 현실 조절 능력 등을 분석하면서 이 세 가지 모두에서 문제가 있었다고 했다. 그래서 초현실적 현상이 심한 병리적 증상으로 나온 것으로 설명하였다. 그들은 아주 없는 것도 아니었고 있는 것도 아니었다. 아주 잘하다가 아주 바닥으로 내려앉기도 했다. 이런 경계성적, 초현실적 현상은 그들의 인격발달이 정상적이지 않기 때문에 일어나는 증상이었다. 그들의 인격발달은 선형적으로 지속적으로 일어나지 못했다. 정상적인 단계를 밟지도 못했다. 어떤 때는 정상적인 발달이 있다가 한참 멈추었다가 다시 발달하기보다는 오랫동안 퇴행의 길을 가기도 했다. 아주 이상하고 특이한 발달과정이라고 볼 수 있다.

빅뱅 같은 폭발적 인격발달

✦

그러다가 그들의 문제가 19~20세기에 한꺼번에 터지고 말았다. 극한적인 정신병으로 폭발하고 만 것이었다. 그렇다면 그들의 인격발달은 어떻게 된 것일까? 그들은 그 이후에 다시 멀쩡해진 모습으로 유럽사회에 등장하였다. 그리고 정치와 경제적인 발전을 이루어 당당히 선진국이 되었다. 정말 설명하기 어려운 일이었다. 정말 프랑코 정신병원에서 잘 치료해서 그런 것인가? 결코 그런 것은 아니다. 프랑코가 한 일이라면 더 이상 악화되지 않도록 보호하고 수감한 것밖에 없다. 그리고 조금씩 재활준비를 한 것이지 그가 근본적인 치료를 한 것은 아니었다.

그럼 그토록 이상한 모습의 스페인이 이렇게 멀쩡해진 것을 어떻게 이해하고 설명할 수 있을까? 이것도 스페인의 신비이며 초현실이기도 한다. 이해할 수 없는 모든 것을 초현실로 얼버무리자는 것은 아니다. 스페인은 정말 독특한 성장과 발달의 길을 갔다. 그것은 초현실적 발달이라고 설명할 수밖에 없다. 그들의 광기적 폭발은 돈키호테의 병적 광기와 같았다. 그러나 이러한 돈키호테를 치료할 수 있는 것도 결국 돈키호테라고 했다. 광적인 폭발을 통해 그들의 병이 드러난 동시에 그 속에서 치료와 인격발달도 한꺼번에 일어났다고 설명할 수 있는 것이다. 아주 특이한 인격발달이었다. 그들은 정신병을 통해 성장하고 발달했다고 볼 수 있다. 그래서 정신병은 병이었지만, 치료와 성장의 길이기도 했다. 그들은 대폭발을 통해 나쁜 것만이 아니라 좋은 것들도 같이 폭발하였다.

나쁜 것만 나온 것이 아니라 나쁜 것이 정화되기도 했고 그 속에 그동안 멈추고 역행했던 인격발달도 한꺼번에 폭발적으로 일어났다고 볼 수 있는 것이다. 아주 독특한 폭발이고 광기였다. 정신병을 치료의 길로서 이해할 수 있다는 것이다. 폭발하지 않으면 안 되었기에 그들은 이를 통해 그동안 하지 못한 것을 마치 빅뱅처럼 폭발시킨 것이었다. 그래서 그들의 초현실은 하나의 새로운 시작과 성장의 빅뱅으로서도 이해할 수 있다. 그들의 초현실은 증상이면서 치료이기도 했다. 달리의 초현실과 피카소의 입체주의가 그러했다.

그들은 진정으로 돈키호테의 나라였다. 그리고 초현실의 나라였다. 그래서 그들의 병도 초현실로 폭발하고 그들의 성장과 발달도 초현실로 일어난 것이었다. 그들을 돈키호테와 초현실을 빼고서 도저히 이해하기 어려운 것이다. 그들은 초현실적 빅뱅이후 정신병원을 박차고 나와서 정상적인 생활을 하나하나씩 풀어가기 시작했다. 그렇다고 그들의 초현실이 모든 것을 다 해결해주었다고 볼 수는 없다. 다른 유럽이나 이탈리아와는 다른 인격발달이지만, 그들은 빅뱅이후 그들의 조각나고 산만한 인격발달을 제대로 된 인격으로 성숙시키고 완성시킬 필요가 있다.

다시 과거로 돌아가면 그들은 계속해서 과거의 역사를 반복할 수밖에 없다. 그들의 인격발달에 필요한 요소들은 다 발산되었지만, 이것이 한 스페인이라는 인격으로 통합되고 성숙되어야 한다. 이 과정이 바로 앞에서 말한 카스티야가 해야 할 역할이다. 흩어진 그들의 인격의 조각들을 카스티야가 중심이 되어서 하나의 인격으로 통합해야 온전한 인격발달을 완성해갈 수 있는 것이다. 이 작업을 잘 수행하지 못하면 그들의 폭발은 단순한 초현실적 현상으로 끝나고 만다. 더 발전적인 인격발달로 가서 세계에 우뚝 선 스페인으로 일어나기 위해서는 그들의 인격이 더욱 하나가 되고 통합되어지고 연마되어야 하는 것이다.

초현실의 나라 스페인

✦

그들의 초현실을 어쩔 수 없이 터진 수동적인 증상으로만 볼 것이 아니라 이를 스페인의 정신과 정체성으로 적극적으로 활용할 필요가 있을 것이다. 앞서 생기적 이성이 스페인의 가장 중심이 되는 정신이 될 수 있다고 했다. 그런데 이것이 정말 살아 움직이는 생기적 이성이 되기 위해서는 이러한 초현실주의와 같은 역동적인 힘이 필요하다. 그래서 초현실주의를 단지 예술적 사조로서가 아니라 스페인의 중심 사상과 정신으로 도입해보자는 것이다. 초현실주의는 스페인이 가장 자랑하는 돈키호테의 정신이기도 하다. 초현실과 돈키호테는 하나이다.

로마는 늘 유럽이 따라야 하는 아버지이고 롤 모델이다. 우리는 이미 로마가 어떻게 흥했는지는 잘 알고 있는데, 이와 함께 그들이 패망한 원인도 잘 알아야 한다. 스페인도 로마처럼 흥한 적이 있었다. 그러나 중요한 것은 흥하는 것보다 망하지 않고 지속적으로 발전하는 것이다. 인류 역사상 이러한 문명을 보인 나라는 없다. 모든 문명이 인간의 생명처럼 흥망성쇠를 보였다. 그러나 이것이 반드시 우주와 자연의 법이라고 생각하지 않는다.

우주와 자연은 지속적으로 진화하며 발달해가고 있기 때문이다. 이를 가능하게 하는 가장 중요한 것은 해체의 법이다. 보존의 법은 발전을 지속하게 하는 힘이지만, 한편으로는 쇠망의 힘이 되기도 한다. 그래서 우주는 보존과 해체를 반복하며 진화해왔다. 인류의 문명이 지속적으로 발전하기 위해서는 우주처럼 보존과 해체를 반복해야 한다. 주름 운동처럼 이를 반복하면 그 문명은 지속적으로 진화해나갈 수 있는데, 많은 경우 해체를 멈춤으로 발전을 멈추게 되는 것이다. 그러나 스페인에게는 이 놀라운 해체력이 있다. 그 해체력이 바로 초현실과 돈키호테의 정신이었다. 이것이 병리적으로도 나타나기도 했지만, 생명력으로도 나타나기도 했다. 어떠하든 그들은 이 초현실이 있었기 때문에 지금의 스페인으로 발전해왔다. 그래서 그들이 더욱 발전을 지속하기 위해서는 이 초현실을 늘 바탕에 두어야 한다는 것이다.

그리고 초현실을 단순한 해체와 무질서로만 생각해서는 안 된다. 피카소와 같은 입체주의적 해체도 있고, 달리가 후기 작품에서 시도한 초월성을 향한 초현실도 있다. 그리고 미로와 같은 융합적 초현실주의도 가능하다. 그 모든 초현실의 결정체가 가우디이다. 이처럼 그들의 예술은 초현실의 보고寶庫이다. 이들은 인류의 큰 자산이다. 스페인의 초현실은 병리적인 해체력을 보이지만, 이를 통해 병든 것을 치유하는 힘이 되기도 한다. 그리고 새로운 인격발달의 길을 갈 수 있게 하는 초월적인 힘도 있다. 정말 신비로운 힘이다.

이 지구상에서 초현실을 지향하고 가장 잘 할 수 있는 나라가 스페인이다. 그래서 인류의 진화를 선도할 수도 있다고 생각한다. 그래서 초현실의 나라 스페인은 그들의 가장 중요한 능력이고 덕목이며 이것이 인류의 중요한 자산이기도 하다. 스페인으로부터 늘 이 초현실을 배우고 전파 받아 모두가 발전하고 진화해 갈 수 있어야 할 것이다. 그래서 이 책은 초현실로 시작하여 초현실로 마무리하려고 한다.

스페인과 대한민국은 너무도 닮았다

✦

지금까지 스페인에 대해서 많은 이야기를 하였다. 결론적으로 그들에게는 엄청난 잠재력과 생명력이 있다는 것을 말하였다. 이를 어떻게 살릴 수 있을 지에 대해서도 다양한 차원으로 설명하였다. 그러나 생명은 실제이다. 실제로 움직여야 한다. 어떤 과정과 길을 통해 그들의 생명이 깨어나서 폭발할 수 있을까? 여러 길이 있겠지만, 그중의 하나의 가능성으로 스페인과 대한민국과의 만남을 생각해보려고 한다.

다들 스페인을 좋아하지만, 한국 사람들의 스페인 사랑은 좀 더 독특하다. 더 깊이 빠지고 그들과 공유하는 점이 다양하고 깊다. 그들을 좀 더 본능적으로 좋아하게 되는 것 같다. 다른 유럽에게서는 다소 이질감을 느끼지만, 스페인에 대해서는 편안하면서 별 이유 없이 좋아하며 빠진다. 이를 어떻게 설명할 수 있을까? 그들과의 많은 공통분모가 있어서 그런 것이라 생각한다. 그래서 그들을 좀 더 쉽게 이해하고 그냥 자연스럽게 하나가 되어버리는 것이다.

그들과의 공통점이 무수하게 있지만, 대표적인 몇 가지를 중심으로 생각해보려고 한다. 우리도 참혹한 내전인 한국전쟁을 3년간 겪었고 그 이후 군사 독재정부가 들어섰고 그 이후 경제발전과 민주화를 단번에 이루어 이제 선진국에 반열에 서게 되었다. 스페인도 참혹한 내전을 겪고 프랑코 독재정부 가운데 경제발전을 이루었고, 그 이후 의회군주제라는 민주주의를 이루었다. 그리고 그들 역시 아주 가난한 시절을 지나 단번에 선진국이 되었다.

스페인을 이태리처럼 반도 국가라고 할 수는 없지만, 옆의 포르투갈을 포함하면 3면이 바다인 것도 유사하고 그 위에 그들을 늘 넘보는 강대국 유럽이 있다. 세대는 달랐지만 그들은 지중해 너머의 로마 속국이었던 것처럼 우리는 옆의 일본의 속국으로 살기도 했다. 그리고 그들은 겉으로는 독립 국가였지만, 내용적으로는 유럽의 강대국인 합스부르크와 부르봉 왕가의 지배를 받았다. 우리나라도 비슷한 경험이 있었다. 고려 말과 조선 내내 독립국이었지만, 내용적으로는 중국의 간접적인 지배를 받으며 살았다. 그리고 이런 과정을 통해 스페인제국도 비참하게 몰락하였고 조선도 비참하게 몰락하여 일제 강점으로 들어갔다. 외적인 환경과 역사만 비슷한 것이 아니라 내용적으로도 유사한 점이 많다.

가장 공통점은 이상주의였다. 스페인은 그들의 제국시절에 현실주의와 실용주의를 도외시하고 기독교라는 병적 이상주의에 빠져 나라를 망쳐버렸다. 우리도 조선시대에 유학이라는 병적 이상에 빠져 실용 학문과 현실을 무시하여 두 번 참혹한 전쟁을 겪어야 했다. 스페인은 100년 이상을 서로 분열하여 서로를 죽이는 참혹한 내전을 벌였다. 우리나라도 4색 당파로 너무도 많은 사람들이 억울하게 죽었다. 그리고 지금도 양극적 분파가운데 빠져있다.

그리고 성격적으로도 유사한 면이 많다. 평소는 조용한 편이지만, 그 속은 아주 열정적으로 뜨겁다. 그리고 정이 많다. 예술성이 깊고 강하다. 한번 폭발하며 아주 공격적이다. 음식도 비슷하다. 여러 가지를 섞어서 끓이고 서로 스며들게 하는 음식이 많다. 깊은 맛을 좋아한다. 발효음식들이 많다. 자기를 처음부터 잘 표현하지 않는다. 다중적이고 모호하고 중첩적이다. 말과 행동 그리고 이상과 현실이 아주 달라 이중적이다. 잘 참는다. 자기 과시가 심하고 체면을 중시한다. 자존심이 아주 강하다. 자존심이 상하면 쉽게 화를 낸다. 자기가 잘못해도 사과를 잘 안 한다. 가족을 중요하게 생각하고 감정적이다. 그리고 춤과 리듬을 좋아한다. 흥이 많고 멋을 좋아한다. 권위적이다. 그러나 권위에 대해 이중적이다. 권위적이지만, 권위에 반발도 잘 한다. 종교성과 영성적인 면이 강하다. 손님에게 친절하다.

서로에게 절실하게 필요한 관계

✦

그렇다고 서로 성격이 모두 같은 것은 아니다. 같은 만큼 다른 점도 많다. 가장 다른 점은 한국인은 조급하고 느긋하게 기다리지 못하고 뭐든지 빨리 빨리 해치워야 한다. 대체로 근면하다. 해야 하면 밤 세워서 해야 한다. 그리고 염려 근심 걱정이 많다. 그리고 남의 탓을 많이 한다. 누구 때문이라고 늘 불평한다. 남을 비판하고 판단하는 것을 즐긴다. 내로남불의 모순적인 이중성을 보인다. 그러나 스페인 인은 느긋하다. 스로우 한 것을 좋아한다. 그리고 낙관적이다. 급할 것이 없다. 일하기보다는 쉬고 즐기는 것을 좋아한다. 서로를 웬만하면 이해하고 그러려니 하며 무관심한 편이다. 이중적이나 내로남불 까지는 아니다.

한국 사람은 교육열이 뛰어나다. 공부하는 것을 좋아한다. 미래를 위해 현재를 희생한다. 그러나 스페인은 그렇게 목숨을 걸고 공부하는 편은 아니다. 현재를 더 즐긴다. 그래서 한국은 공부를 열심히 하고 좋은 학벌의 똑똑한 엘리트 집단이 형성되는 반면, 스페인은 이러한 엘리트 집단이 잘 형성되지 않았다. 그래서 가세트는 이를 걱정하였다. 그리고 한국 사람은 평소 별로 친하지 않고 서로 미워하다가도 위기가 오면 뭉쳐서 위기를 극복하는 힘이 있다. 그래서 한국은 위기가 올 때마다 엘리트 관료와 경제인들이 앞장서고 백성들이 잘 협조하여 여러 번의 위기를 넘겼다. 한국전쟁, 가난과 부패, IMF위기, 고유가 파동, 금융위기와 코로나 팬데믹 때 그러했다.

그리고 한국은 시대의 변화에 빠르게 적응하며 자신들을 변화시켜 나갔다. 그래서 빠르게 경제발전을 하였고 다양한 중공업, 반도체, 이차전지, 디지털과 정보사회 등의 급변하는 사회를 빠르게 헤쳐 나왔다. 그리고 여러 분야에서 세계적인 경쟁력을 갖추고 있다. 최근에는 방산과 우주산업에 까지 경쟁력을 갖추며 급속도로 발전하고 있다.

그러나 스페인은 이러한 면에서 그렇지 못하다. 시대의 변화에 빠르게 대응하지 못한다. 엘리트 집단이 잘 형성되지 않아 나라를 이런 면에서 기획하고 주도해나가지 못한다. 그들은 부르봉 왕조에서부터 변화와 개혁을 좋아하지 않았다. 그러나 마냥 무기력한 나라는 아니었다. 앞서 분석한대로 그들의 폭발력은 무섭다. 우등생이라는 엘리트 집단은 없지만, 놀라운 천재들이 폭발적으로 나타났다. 병적인 폭발만이 아니라 천재들을 통해 건강한 폭발도 일어났다. 이제 천재가 아니라 스페인 전체가 건강하게 폭발할 때가 되었다. 대한민국도 폭발의 나라이다. 70년대 이후부터 폭발적인 성장을 거듭해왔다. 최근 저성장의 늪에서 헤어나지 못하고 있지만, 폭발의 잠재력은 여전하다. 앞으로 기회가 오면 다시 폭발할 것이다.

　이러한 폭발이라는 점에서 스페인과 한국은 많이 닮았다. 스페인의 미래는 그들 속에 있는 뜨거운 열정과 생명력이 어떻게 폭발하느냐에 달려있다. 그런데 폭발은 원한다고 마음대로 되는 것이 아니다. 폭발은 우선 폭발의 잠재력이 축적되고 숙성되어야 한다. 그리고 폭발의 촉매 혹은 불쏘시개가 필요하다. 그리고 기름처럼 폭발을 돕고 활성화시키는 것도 필요하다.

　앞서 말한 스페인의 생명력과 폭발이 가능하기 위해서는 대한민국의 성장 경험이 도움이 될 수 있다. 스페인은 엄청난 잠재력이 있는 나라라고 했다. 너무도 좋은 것들이 많다. 이러한 것들이 폭발로 집결되기 위해서는 이것들이 축적되고 숙성되는 과정이 필요하다. 이를 교육이라 할 수 있다. 과거 스페인의 교육을 걱정하고 교육을 개혁해야 한다는 소리가 많았다. 그들에게는 우수한 인재가 많다. 좋은 교육제도도 이미 형성되어 있고 훌륭한 교육기관도 많다. 이러한 교육의 자원들을 활성화시키는 작업이 필요하다.

　그러나 자원의 축적은 학교 교육만으로 되는 것은 아니다. 미래의 교육은 탈학교화의 방향으로 가고 있다. 정보화 사회가 학교를 대신하고 있다. 좋은 강의와 정보들이 인터넷, 유튜브 등에 엄청나게 유통되고 있다. 이를 잘 활용한다면 그 사회는 자신들의 자원을 개발하고 활성화시킬 수 있다. 이런 점에서 대한민국의 그동안 경험을 공유할 수 있을 것이다. 공유를 위해서는 많은 인적 자원의 교류가 필요하다. 최근 청년들을 중심으로 교류가 일어나고 있지만, 더욱 활성화시킬 필요가 있다. 우선으로 가능한 교류는 문화적인 면이다. 젊은이들을 중심으로 한류 문화와 스페인 문화가 만날 수 있다면 그 폭발력은 대단할 것으로 기대된다.

　스페인을 활성화하기 위해서는 스페인에 가장 시급한 것은 신속한 대용량의 디지털 통신이다. 카스티야가 스페인의 허브와 플랫폼이 되기 위해서는 스페인이 디지털화를 통해 빠르게 정보통신 사회로 진입해야 한다. 이 역시 대한민국이 잘 도와줄 수 있는 점이다. 대한민국 미래의 폭발은 4차 산업과 정보화 사회의 가속화에 달려 있다. 정보가 축적되고 숙성되어 대한민국이 다시 한 번 폭발할 수 있을 것이다.

　이러한 대한민국의 폭발이 스페인을 점화하는데, 도움을 줄 수 있을 것이다. 스페인이 스스로 자신을 점화하기 어렵다면, 대한민국이 그들의 잠재력을 자극하고 결집하여 그 힘을 폭발로 이끌 수 있을 것이다. 일단 그들이 폭발되기 시작하면 여러 분야에서 연쇄적인 폭발이 일어날 수 있을 것이다. 그들의 폭발 잠재력은 무한하기에 충분히 가능할 것이라 생각한다. 이를 통해 스페인과 대한민국이 더욱 가까이 만날 수 있다면, 서로에게 무척 유익할 것이다.

　스페인과 한국은 서로 공통적인 면이 있으면서 서로 다른 점은 상호 보완적으로 도움을 줄 수 있다. 가장 다른 점이 스페인은 여유롭고 현재를 즐기는 면이고 한국은 급하고 미래를 위해 현재를 희생하며 바쁘게 사는 것이다. 이런 점은 서로 보완적으로 도움을 줄 수 있다. 스페인과 한국은 모두 열정적이지만, 한국은 일에 열정적인 반면 스페인 인은 놀고 즐기는데 열정적이다. 서로의 열정을 공유하고 교류할 수 있다면 건강하고 이상적인 방향의 열정이 될 것이다.

스페인은 너무 느슨한 점을 한국으로부터 보완 받을 필요가 있지만, 한국의 조급하고 너무 바쁘게 사는 점에 대해서는 스페인으로부터 배울 필요가 있다. 한국은 급하게 발전하느라 스트레스가 너무도 많다. 스페인식의 힐링이 가장 필요한 나라이다. 자살율과 이혼율이 세계 최고이다. 한국인들은 스페인을 보며 과연 우리는 무엇을 위해 이렇게 열심히 사는지를 질문해보아야 한다. 진정한 행복을 모르고 너무 맹목적으로 살아간다. 다행히 요즈음 젊은 세대들은 성공보다 행복을 위해 살아가려는 경향이 두드러진다.

이런 점을 스페인으로부터 배울 필요가 있다. 그들이 추구하는 진정한 행복을 배우고 경험할 필요가 있는 것이다. 스페인은 한국을 가장 잘 치유해 줄 수 있는 나라라고 생각한다. 이러한 점 때문에 한국 사람이 스페인을 좋아한다. 이러한 점에서 상호보완적이기에 상호 교류가 활성화 될 수 있다고 생각된다. 이를 통해 서로가 쉬고 여유를 가지면서 또 필요할 때는 열심히 일하는 그러한 역동적인 리듬을 가진 나라가 될 수 있을 것이다. 그리고 양국이 양과 질에 있어서 더욱 성숙한 나라로 발전할 수 있을 것이다. 그리고 서로의 만남으로 융합적인 새로운 분야가 창출될 수도 있을 것이다. 이러한 창의적인 만남을 통해 다양한 분야에서 상승적 결과를 낳을 수 있을 것이다.

참고문헌

스페인

1. 신정환, 전용갑, 『두 개의 스페인』, 휴인, 2020.
2. 서희석, 호세 안토니오 팔마, 『유럽의 첫 번째 태양, 스페인』, 을유문화사, 2019.
3. 이강혁, 『스페인 역사, 다이제스트100』, 가람기획, 2019.
4. 임호준, 『한국인의 눈으로 본 스페인』, 한국학술정보, 2021.
5. 이기성, 『자신의 반쪽을 지워버린 사람들』, 에세이, 2011.
6. 서희석, 『한 권으로 읽는 스페인 근현대사』, 을유문화사, 2018.
7. 존 H. 엘리엇 편집, 『히스패닉 세계』, 김원중 외 옮김, 새물결, 2003.
8. 김종옥, 『스페인 문학사』, 전북대학교출판문화원, 2020.
9. 카를로스 블랑코 아기나가 외, 『스페인 문학의 사회사 3』, 정동섭 옮김, 2013.
10. 안영옥, 『왜 스페인은 끌리는가?』, 리수, 2018.
11. 안영옥, 『스페인 문화의 이해』, 고려대학교출판문화원, 2005.
12. 안영옥, 『올라 에스파냐』, 고려대학교출판부, 2012.
13. 마상영, 『스페인 문화예술의 산책』, 청동거울, 2006.
14. 호세 오르테가 이 가세트, 『돈키호테 성찰』, 신정환 옮김, 을유문화사, 2020.
15. 호세 오르테가 이 가세트, 『대중의 반역』, 황보영조 옮김, 역사비평사, 2015.
16. 전기순, 『스페인 이미지와 기억』, 지식을만드는지식, 2010.
17. 최도성, 『스페인을 만나라』, 21세기북스, 2009.
18. 니코스 카잔차키스, 『스페인 기행』, 송병선 옮김, 열린책들, 2013.

19. 쥘리 비르망, 클레망 우브르리, 『피카소』, 임명주 옮김, 미메시스, 2016.
20. 팀 힐튼, 『피카소』, 이영주 옮김, 시공아트, 2010.
21. 프란체스코 갈루치, 『피카소, 무한한 창조의 샘』, 김소라 옮김, 마로니에북스, 2007.
22. 이현민, 『스티브 잡스가 반한 피카소』, 새빛, 2020.
23. 살바도르 달리, 『살바도르 달리』, 이은진 옮김, 이마고, 2003.
24. 재키드 버카, 『살바도르 달리』, 심지영 옮김, 부커스이마고, 2022.
25. 임호준, 『스페인 영화』, 문학과 지성사, 2014.
26. 와타나베 마리, 『세계사를 품은 스페인 요리의 역사』, 권윤경 옮김, 따비, 2019.
27. 숀 호머, 『라캉 읽기』, 김서영 옮김, 은행 나무, 2006.
28. 자크 라캉, 『욕망 이론』, 권택영 엮음, 민승기 등 옮김, 문예출판사, 1993.

유럽 문명사

1. 정기문, 『처음부터 다시 배우는 서양고대사』, 책과 함께, 2021.
2. 김덕수, 『그리스와 로마, 지중해의 라이벌』, 살림, 2015.
3. 브라이언 타이어니, 시드니 페인터, 『서양중세사』, 이연규 옮김, 집문당, 2021.
4. 허버트 조지 웰스, 『세계사 산책』, 김희주, 전경훈 옮김, 옥당, 2017.
5. 에드워드 기번, 『로마제국 쇠망사』, 강석승 옮김, 동서문화사, 2019.
6. 노명환, 『역사를 통해 본 유럽의 서로 다른 문화 읽기』, 신서원, 2011.
7. 노명환, 박지배 등, 『서양 사람들은 어떻게 살았을까?』, 푸른역사, 2016.

유럽문화. 예술

1. 데이비드 블레이니 브라운, 『낭만주의』, 강주현 옮김, 한길아트, 2004.
2. 아르놀트 하우저, 『문학과 예술의 사회사 2』, 백낙청, 반성환 옮김, 창비, 2020.
3. 아르놀트 하우저, 『문학과 예술의 사회사 3』, 백낙청, 반성환 옮김, 창비, 2021.
4. 아르놀트 하우저, 『문학과 예술의 사회사 4』, 백낙청, 반성환 옮김, 창비, 2021.
5. 프레더릭 바이저, 『계몽, 혁명, 낭만주의』, 심철민 옮김, 도서출판 b, 2020.
6. E.H. 곰브리치, 『서양미술사』, 백승길, 이종숭 옮김, 예경, 2017.
7. 다카시나 슈지, 『르네상스미술, 그 찬란함과 이면』, 재승출판, 2021.
8. D.J. 그라우트, C.V. 팔리스카, J.P. 버크홀더, 『크라우트의 서양음악사 상』, 민은기 등 옮김, 이앤비플러스, 2013.
9. D.J. 그라우트, C.V. 팔리스카, J.P. 버크홀더, 『크라우트의 서양음악사 하』, 민은기 등 옮김, 이앤비플러스, 2013.

유럽 사상. 철학

1. 스털링, P. 렘프레이트, 『서양철학사』, 김태길, 윤명로, 최명관 옮김, 을유문화사, 1992.
3. 김용민, 『키케로의 철학』, 한울, 2018.
4. 모르치오 비롤리, 『공화주의』, 김동희, 김동주 옮김, 인간사랑, 2012.
5. 프레드릭 코플스턴, 『후기스콜라 철학과 르네상스 철학』, 이남원, 정용수 옮김, 북코리아, 2021.
6. 김상환 외, 『니체가 뒤흔든 철학 100년』, 민음사, 2000.
7. 김상환, 『니체, 프로이트, 맑스 이후』, 2002.

정보이론

1. 이성훈, 『정보과학과 인문학』, 성인덕, 2019.
2. 이성훈, 『정보인류, 뇌와 몸 정보』, 성인덕, 2019.
3. 이성훈, 『바닥에서 본 영화이야기』, 성인덕, 2019.
4. 이성훈, 『한국인의 아픔과 힘』, 성인덕, 2020.
5. 이성훈, 『인격발달로 본 유럽문명사』, 성인덕, 2022.
6. 이성훈, 『모성의 나라 이탈리아』, 성인덕, 2023.

초현실의 나라 스페인 : 유럽 오형제 차남 이야기

초판 1쇄 발행 2023년 8월 14일

지은이 이성훈
발행인 이의영

펴낸곳 도서출판 성인덕
출판등록 제2019-000115호
주소 (06241) 서울시 강남구 테헤란로4길 46, 100동 118호(역삼동, 쌍용플래티넘밸류)
전화 02-564-0602
팩스 02-569-2917

ISBN 979-11-978917-1-7(03920)

- 책값은 뒤표지에 있습니다.
- 이 책의 일부 또는 전부를 재사용하시려면 반드시 도서출판 성인덕의 동의를 얻어야 합니다.
- 잘못 만들어진 책은 구입하신 곳에서 교환해드립니다.